高等商科系列教材

中国饮食文化概论

李维冰　　主　编
华干林

中国商业出版社

图书在版编目(CIP)数据

中国饮食文化概论/李维冰,华干林主编. 一北京:中国商业出版社,2006.6(2021.8重印)
ISBN 978-7-5044-5620-5

Ⅰ.中... Ⅱ.①李... ②华… Ⅲ.饮食—文化—中国—高等学校—教材 Ⅳ.TS971

中国版本图书馆 CIP 数据核字(2006)第 030019 号

责任编辑:刘树林

中国商业出版社出版发行
010-63180647　www.c-cbook.com
(100053　北京广安门内报国寺1号)
新 华 书 店 经 销
三河市天润建兴印务有限公司印刷

* * *

850 毫米×1168 毫米　32 开　12 印张　463 千字
2006 年 6 月第 1 版　2021 年 8 月第 6 次印刷
定价:36.00 元

* * *

(如有印装质量问题可更换)

编审说明

随着我国社会主义市场经济体制的建立与完善,高等教育改革的深化,要求对教学内容进行充实和调整,以反映我国改革开放出现的新经验,吸收近年来本学科发展的新成果,经研究,决定对原部编的"高等商科教材"饭店管理系列进行配套建设和全面修订。

根据我国已经加入世贸组织的客观实际,面对21世纪经济全球化、信息化、网络化的时代要求,我们在吸收国内外饭店管理新经验的基础上,组织力量精心编写了《客房服务与管理》《前厅服务与管理》《中国饮食文化概论》《中餐烹饪基础》等新书,使本系列教材内容更新颖、更突出管理运行实际,从结构体系和理论知识等多方面都有新的提高。

本书是为高等院校饭店(酒店)管理、旅游管理、烹饪等专业本、专科编写的教材,也可作为同层次成人教育、函授、自考及高等职业技术院校和本行业管理人员培训用教材。

本书在编写过程中得到有关部门、院校及编审者的大力支持,在此一并致谢。

为了进一步提高本教材的质量,培养 21 世纪经济管理人才,望各有关院校和广大读者提出宝贵意见,以使之更加完善。

全国高等商科学科建设指导组
2006 年 1 月

前　言

近20年以来,中国饮食文化研究一直为人们所关注,并有丰富的研究成果问世。从这些研究成果中,我们大致可以看出近20年来中国饮食文化研究的基本脉络,即由对烹饪业的重视引发了对烹饪文化的研究;由对烹饪文化的研究,向茶文化和酒文化研究的发展;由对技术文化或食物的研究,扩展到对饮食风俗的研究;由注重对饮食文化历史的研究,拓展到对近现代饮食文化的重视;由偏重资料整理,发展到学术性和实用性研究。在这一发展过程中,研究者的视野也由初期的侧重文字学、史学、文学,扩展到对哲学、美学、民俗学、心理学、消费学、社会学、政治学、宗教学等多学科知识和方法的综合运用。

促进中国饮食文化研究不断深入和发展的原因是多方面的,但有3个重要的事实是我们所不能忽视的:首先,改革开放以来旅游专业、烹饪专业和餐饮服务专业被纳入中国高等教育系列。这一举措不仅为国家培养了大批旅游业或餐饮服务急需的高级技术和管理人才,培养了一批从事高等专业教育的师资队伍和研究人才,同时也为中国饮食文化的研究提供了良好的学术研究空间和诸多支持。其次,则是中国饮食业的迅猛发展和餐饮市场的日渐繁荣,使公众和餐饮业的管理者和经营者越来越感受到饮食确实是一门文化,而且这一"文化"既能给消费者带来"文化"的享受,也能给经营者带来现实的或潜在的巨大商机。其三,随着中国国际政治、经济、文化地位的日益提高,传统中国饮食文化正吸引着越来越多的外国人的目光。中国饮食文化,不仅让外国人体验到它的独有魅力,还成为他们了解中国文化的一个重要窗口。

中国是一个具有5000年文明史的国度,而我们的饮食文化发展史则可以追溯到更远的年代。在我们感叹中华饮食文化积淀之深厚的同时,中国饮食文化的学习者和爱好者也常常对这一"博大精深"的文化感到某种困惑。因为,读大部头作品或学术著述既费时、又费神,还往往不得要领;读普及性、休闲性的读物,又常有意犹未尽之感,或感到缺乏一定的系统或深度。有感于此,全国高等商科学科建设指导组提议编写一本既适合高等学校在校生学习之用,也能适应饮食文化爱好者阅读,并可给餐饮业经营者以一定启发的,关于中国饮食文化的读本,并慎重地将此任务交给了我们。

本着对读者和委托方负责的态度,本书的编写人员在认真讨论和研究的基础上,确定了本书的编写大纲。基本的编写思路是:在中国社会历史发展的大背景下,扼要叙述饮食文化发展的总体历程;较全面地介绍中国的饮食风味特色和民俗风情;着重探讨食文化、酒文化和茶文化的历史渊源、特点,对相关知识作了较全面的介绍;并对传统的宫廷饮食、家庭("名门")饮食和市肆饮食状况作了简要描述。我们力图使读者在阅读此书后,能对中国饮食文化有比较系统和深入的了解,能感受到中国饮食文化的"博大精深",能体会到中国饮食文化是一个知识的宝库,能认识到饮食文化是中华文化的重要组成部分之一。当然,最终的结果还有待读者评价。

本书的编写人员及分工是:李维冰(第一、二章)、华干林(第三、四章)、费坚(第五、六章)、徐晓明(第七、八章),由李维冰和华干林任主编,并负责全书的统稿和总纂,费坚、徐晓明任副主编。

本书如用作相关专业高等教育的专业教材,建议教学时数以

36~54课时为宜。

尽管本书的编写人员均为专业教师或饮食文化的研究者、爱好者,但要在有限的篇幅中把中国饮食文化说得比较明白亦非易事,疏漏乃至错讹在所难免,还希望读者不吝赐教。

编　者

2006年1月

目　录

编审说明	1
前　言	1
第一章　绪论	1
第一节　文化与饮食	1
第二节　饮食文化与社会	10
第三节　世界视野中的中国饮食文化	13
第二章　历史	21
第一节　远古饮食	21
第二节　三代饮食	29
第三节　秦汉饮食	34
第四节　魏晋南北朝饮食	37
第五节　隋唐五代饮食	43
第六节　宋元饮食	49
第七节　明清饮食	54
第八节　近代饮食	61
第三章　风味	69
第一节　概述	69
第二节　地方风味	80
第四章　食俗	98
第一节　概述	98

第二节　节令食俗 …………………………………………… 108
　　第三节　少数民族食俗述略 ………………………………… 117
第五章　食文化 …………………………………………………… 138
　　第一节　饮食观念 …………………………………………… 138
　　第二节　饮食礼仪 …………………………………………… 156
　　第三节　烹饪技术 …………………………………………… 162
　　第四节　食用方式 …………………………………………… 175
第六章　茶文化 …………………………………………………… 197
　　第一节　源流 ………………………………………………… 197
　　第二节　历代之茶 …………………………………………… 203
　　第三节　茶品 ………………………………………………… 231
　　第四节　品饮 ………………………………………………… 241
第七章　酒文化 …………………………………………………… 260
　　第一节　起源 ………………………………………………… 260
　　第二节　古代酒政 …………………………………………… 266
　　第三节　酒品 ………………………………………………… 277
　　第四节　酒用 ………………………………………………… 286
　　第五节　酒事 ………………………………………………… 296
第八章　宫廷、家庭、市肆 ……………………………………… 318
　　第一节　宫廷饮食 …………………………………………… 318
　　第二节　家庭饮食 …………………………………………… 334
　　第三节　市肆饮食 …………………………………………… 346
主要参考书目 ……………………………………………………… 374

第一章

绪 论

第一节 文化与饮食

一、文化的一般理解

(一)文化的基本解释

"文化"是一个既简单又复杂的概念。说其简单,因为这是一个使用率非常高的名词,即使目不识丁之人,偶尔也会冒出一两句夹杂着"文化"一词的话语;说其复杂,因为"文化"一词虽然随处可见,随处可闻,但是要把"文化"一词解释清楚又不是简单的事情。现实中,"文化"一词的解释一般在两个层次上进行,即广义的和狭义的。广义的"文化",指人类在社会实践过程中所获得的物质、精神的生产能力和创造的物质、精神财富的总和;狭义的"文化",指精神生产能力和精神产品,包括一切社会意识形式:自然科学、技术科学、社会意识形态。有时又专指教育、科学、文学、艺术、卫生、体育等方面的知识与设施……(《辞海》1999年版缩印本)

(二)汉语中的"文化"

据考证,汉语中"文化"一词的源头可以追溯到《周易》。《易传》云:"观乎人文,以化成天下。"但这里的"文"与"化"是分而述之的。到了西汉刘向所著之《说苑》中,"文"与"化"已合而为一,其文云:"凡武之兴,为不服也,文化不改,然后加诛。"这里的"文化"意指文治教化。据语言学家的研究,古代汉语中的"文化"在19世纪末被借用到日语中用以翻译英语中的"Culture"一词,而后又在中日文化交流中回流到汉语中。这时的"文化"在汉语中已被赋予了新的,更多的是文化人类学意义上的含义。例如,梁漱溟先生认为"你且看文化是什么东西呢?不过是那一民族生活的样法罢了。"(《梁漱溟全集》第一卷第342页)

20世纪80年代以来,"文化"研究在中国得到前所未有的重视和发展,很多研究领域都被冠以"文化"的头衔,一时间也引起诸多的争论。例如,当烹饪/饮食文化研究在20世纪80年代开始在中国兴起时,就曾出现一些怀疑的声音——烹饪是文化吗?烹饪美学能成立吗?……但时至今日,已很少有人再会如此设问了。究其原因,应该是人类学或文化人类学知识的普及,使人们在更广阔的层面上加深了对文化含义的理解。

(三)文化的基本认识

从人类学的角度看,"文化"是极为普通的东西。美国人类学家拉尔夫·林顿在其《个性的文化背景》一书中,对什么是文化曾有过非常直白的阐述,他认为:

> 文化指的是任何社会的全部生活方式,而不仅仅是被社会公认为更高雅、更令人心旷神怡的那部分生活方式。这样,当把文化一词用到我们的生活方式上时,它与弹钢琴和谈勃朗宁的诗没有任何关系。对社会学家来说,这些行为只是我们整个文化中的若干组成部分而已。整个文化还包括诸如洗碗、开汽车等世俗行为,而且,对文化研究来说,这些世俗行为与那些在生活中被认为高妙雅致的事物相比,并没有什么高下之分。

在人类学或文化人类学看来"文化"具有以下基本特性:

"人"是文化的主体——文化是人类社会的财富,是人类所从事的改造自然、发展自我的活动及其成果。在这一意义上,"文化"成为"人"的一种标志,如果没有文化,"人"与其他动物之间也就没有什么区别了。

动态性——文化的动态性是与人类社会永不停息的改造自然及自我的活动过程紧密相连的。在这一过程中,一些新的元素会不断地充实到现有文化中来;一些原来认为是正确的东西会被证明实际上是错误或不合时宜的。

多样性——当我们从时间和空间两个尺度考察人类文化时,可以发现其在内容上的多样性,不同时代、不同人群均有其各自的文化模式;当我们从意识形态角度分析人类文化时,可以看到其在观念上的多样性,不同人群之间、人群与个体之间的文化会对同一问题有不同的看法和认识;此外,由于主客观因素的影响,人们在同一种生活行为中有时会表现出不同的方式和方法。

结构性——文化具有其内在的结构是一种客观事实,习惯上,人们将文化分为物质和精神两大类,然后根据不同的尺度进行分类和细分,但目前尚无"一致公认"或通行的结构分析方法。

共同享有——一般认为,一种思想或行为能否成为一种文化,取决于它是否为一个群体所共享,这个群体可以是一地之居民,也可以是一特定的人群。

强制或规范——作为群体的一分子,个人的行为通常会受到某种或某些无形力量的制约,这种力量使你在做某些事情时首先要考虑如何做得得体或恰当,不能有违为群体所认同的某些规范、要求或尺度。

后天习得——就个人而言,其所拥有的文化是通过后天的学习而获得的。这一学习过程包括了对前人文化成果的传承、积累、改造和发展,学习的重要手段则是语言。

二、文化视野中的饮食

在人类学或文化人类学的视野中,与人类饮食相关的诸多活动和成果毫无疑问地都是"文化"。但我们需要了解的是,饮食在文化研究中的意义,以及其内在的结构和内容。

(一)饮食的含义

饮食一词的字面解释一般有两层含义:一是吃的和喝的东西;二是吃东西和喝东西。但如果进一步探究下去,我们就会发现"饮食"并非如字面解释那么简单。首先,人吃饭往往并不仅仅是为了吃饱喝足;其次,人对饮食是有所选择的,这种选择受诸多因素的影响,有时是不以你的意志为转移的;第三,生活于特定环境中的某一人群会在饮食行为上表现出某些与众不同的特点。

(二)饮食的功用

满足生理的需要——这是饮食最基本的功能,如果没有饮食供给的保证,人类社会的延续将面临巨大的危机。总体而言,当人们吃饱喝足的目标实现以后,会越来越重视饮食的健康、安全与享受,尽管现在世界上还有许多人仍然过着食不果腹的生活。

满足心理的需要——饱食终日的人通常难以体会为衣食而奔走之人的内心痛苦和烦躁,而安贫乐道之士在粗茶淡饭中体味到的乐趣也丝毫不逊于豪奢一族在珍肴玉馔之中得到的快感。一般而言,当人们无须为饮食而犯愁的时候,会使人在心理上有一种潜在的安全感,并能保持良好的精神状态。当然,对于那些喜好"面子"的人来说,一场盛宴则足可以使他感受到自我的价值;对于那些博古通今或深谙食理的"文化人",一道精致或寻常的肴馔足可使其发思古之幽情,抒人生之感慨,叹世事之沧桑……

满足"公关"的需要——古往今来,饮食一直扮演着极其重要的交际媒介的角色,觥筹交错之间不知上演了多少出人间悲喜剧,即使是在人们的日常生活和工作中,餐厅、茶馆、酒吧及家中小酌也是人们交流情感和沟通信息的重要场所。

(三) 人对饮食的选择

人类学的研究表明,一个特定的人群或个人吃什么与不吃什么受到诸多因素的影响。日本文化人类学家祖父江孝男在其《简明文化人类学》一书中说:

> 像类似的从孩提时代形成的习惯,无论如何也是根深蒂固的吧?……食物这个东西,是经历了很长时期,作为形成所谓食欲的"文化性"条件,开始被接受的东西。因此,改变饮食生活这件事是极为困难的。……

那么,又是哪些因素在影响着人对食物的选择呢?人类学家们认为这些影响主要来自三个方面,即家庭因素、个人因素和环境因素。

1. 家庭因素的影响。家庭作为社会群体的基本组成单位,是群体文化延续的主要途径,其文化首先表现为其所归属的群体的共性特点;其次,则由于食物供应状况、生活观念、生活状况、人口结构、食物制作水平等因素的影响而表现出每个家庭的个性特征。因此,人的饮食习惯或对食物的选择通常都带有明显的家庭文化的烙印。俗话之"隔锅饭香"当是最好的注脚。

2. 个人因素的影响。家庭文化对个人饮食习惯的形成固然重要,但个人的成长过程也对其饮食选择具有相当的影响力,个人的教育背景、价值观、生活经历、职业、生活方式、经济状况及心态等因素都会对个人的食物选择模式产生直接的或间接的影响。

3. 环境因素的影响。在现实生活中,人对自己的行为选择虽说有相当的自主权,但毫无疑问的是,人有时也会因外界的因素而调整自己的行为,以使之适应环境的要求。例如,年轻的都市白领如果不谙酒吧生活,恐怕连自己都会觉得有点另类,尽管他(她)本来并不喜欢"酒";城市里的小孩鲜有没有吃过肯德基和麦当劳的,同学和邻居的小朋友都去吃过了,"我"能不去吗?从大的方面看,政治、经济和文化环境的变化会影响到一个人对饮食的选择;从小的方面看,参照对象和团体归属、商业促销和流行趋势、人员流动与文化交流,以及生态、营养、健康和卫生知识的普及也会对人们的食物选择模式产生影响。例如,新潮食品广告大量地选用各色"明星"做代言人,目的就在于利用目标人群对这些"明星"的崇拜和模仿心理。

三、饮食文化

(一) 基本释义

文化概念的复杂化使得要找出一个能令大家满意的,关于"饮食文化"的定义变为一件困难的事情。就本书的实际内容和当今饮食文化研究的情况看,我们认为所谓"饮食文化",一般是指(特定群体)关于食物制作及食用的观念、知识、技术、方式、习俗和制度。当然,在更为普遍的意义上,因饮食活动而引发的其他生产活动、精神活动也可纳入饮食文化研究的范畴,例如,诗文、绘画、影视,以及茶器、酒具、餐厅装潢等。

(二) 观念

饮食观念,是指特定群体对待饮食的态度和看法,简言之就是对饮食的价值、作用、宜忌,以及何味为美?何为合理?何为规矩?……等一系列问题的理解与认识。这些观念或意识有时会很直接地在饮食行为中表现出来,有些则表现得不那么强烈和直接。例如,某些宗教关于饮食禁忌的明确规定就对其教徒或信仰者有直接的制约作用。在"药食同源"思想影响下,中国饮食传统中有诸多的食物搭配宜忌,在现实中偶尔想起这些"经验"并遵守一下的大有人在,但切实"遵照执行"的人恐怕数不出几个。

特定群体饮食观念的产生与其所生活的自然和社会环境,以及文化传承密切相关,或者说是一定的自然和社会条件使一定的群体具有了属于自己的对于饮食的独特看法和认识,并通过具体的饮食行为表现出来。但是,这些观念并非一成不变,它会随时代或社会的进步而发生变化。20多年前被许多中国人视为"马尿"的啤酒,现在不是大行其道吗?曾经向往"大块吃肉,大碗吃饭"的人,现在大概有不少正在为了身体健康而吃"粗茶淡饭"。

饮食观念作为人类精神层面的产物,其对人类行为的指导意义是显而易见的。在对某一群体饮食文化的具体研究中,如果不能在种种表象的背后找出其内在的"精神元素",其研究往往流于一般和空泛,因为我们仍然只是停留在知其然的层面上,未能深入到所以然的境地。而只有当我们知道了某一现象的所以然,才能够使我们的研究进一步深入下去——解决一些摆在我们面前的问题。例如,吃喝之风在中国盛行已久,普遍的社会舆论对其也是大加抨击,我们也曾经采取过诸如"四菜一汤"之类的行政手段,但是你说归你说,我吃照样吃。如果我们不弄清楚吃喝之风盛行的深层次缘由,并采取持之以恒的有效手段,是无法扭转这种风气的。

(三) 获取

人类的食物获取一般包括食物选择、制作技术、饮食结构和餐饮方式等具体内容。相对于饮食观念的"精神性",获取则可以称作饮食文化中的"物质性"或"技术性"内容。

1. 食物选择。食物选择上的差异是不同群体之间的饮食差异最显著的特征之一。不同群体的日常饮食会在对原料种类,食物种类,原料和食物的品质等的要求上表现出与众不同之处。当然,这种群体的共性特征并不排斥其成员间个性的存在。

2. 制作技术。

(1) 加工器具与设备。例如,中式烹饪所使用之器具设备就与西式烹饪存在着很大的差别,家庭厨房与餐馆厨房在器具和设备上也是不可同日而语。

(2)工序与程序。工序,是指食物加工过程中的特定加工环节;程序,是指不同加工工序进行合理组合之后形成的特定食物加工方式。例如,同样是以面粉为原料,中国的特色是包子和馒头,而西方的代表则是面包和蛋糕,形成这种差别的关键则是各自不同的加工工序和加工流程。

(3)专业术语或行话。不同的食物加工技术体系会有自己一套独特的术语或行话,如中式烹饪加热法之炒、爆、熘、炸,这些术语或行话是研究和识别食物加工技术特征的重要"符号"。由于受到文化传统、语言及技术自身因素等的影响,不同食物加工技术体系的"术语"或行话在相互对应上存在着较大的麻烦,例如,中式烹饪与西式烹饪的诸多术语就很难一一对应。客观地说,术语上的差异正是不同食物加工技术体系的特色所在,但同时也应该看到术语对应上的麻烦和困难会给相互间的交流带来障碍。

3. 饮食结构。

(1)主副食结构。一定群体的主副食结构与其食物选择及食物制作技术特征密切相关,也可以把主副食结构特征看成是食物选择和制作技术特征的具体表现。

(2)餐制结构。一日三餐制是现在最为常见的餐制,但它不是唯一的餐制形式,现实生活中一日两餐、一日四餐和一日五餐者时有所见。一定群体对某一餐制的选择受到经济、文化、传统、生活方式、生活信念、工作状况等诸多因素的影响,而一旦选定某一餐制之后,餐制本身也会对该群体的日常生活和工作产生特有的制约作用。

4. 饮食方式。

(1)饮食器具。不同地区及不同群体在饮食器具的使用上有时会表现出极大的差异,如筷箸与刀叉之别;有时则表现得不那么突出,如小酒杯与大酒盅之分。这些差异的形成既有食物获取方面的原因,也有文化传统及相关技术发展方面原因。

(2)分食与合食。一般认为:分食更符合卫生的要求;合食则更能营造"其乐融融"的气氛。

(3)食法。食法可从取食方法和具体食物的食用两个层次进行分析。取食方法有三种基本形式,即筷箸取食、刀叉取食和"手食"。具体食物的食用方法则要复杂一些,一些食物需要有专门的烹具、盛具、餐具、配料及程序或技巧。例如,"正宗"吃淮扬汤包的方式是"轻轻提,慢慢移,先开窗,后喝汤",在这一过程中,食者自会体会到吃汤包的种种乐趣。现在则以一吸管来对付汤包,自然是方便了许多,但也失去了应有的乐趣。食法看似简单或寻常,但有时却能表现出特定群体的某些精神或性格特点,如"孔乙己"之茴香豆与"老夫子"之迂腐的对应。

(4)宴会。宴会是体现不同群体文化特点的重要载体,因为宴会程式、菜肴组合、酒水配置、服务方式和宴会礼仪等诸多因素的组合,在展示特定地区或群体的饮食技术风格之时,也在很大程度上表现出他们的社会文化风情和人文精神。对一些贫困地区或并不富裕的人在招待宾客时表现出的热情,我们常称之为"穷大方";对一些富裕地区或有钱人在请客时的"小气",我们常称之为"越有钱越小气",实际情况恐怕不是"大方"和"小气"这么简单。经济因素对宴席的丰简肯定有所影响,但绝不是唯一的影响……

(四)风俗与制度

1. 风俗。风俗,是指历代传承的、波及于社会和集体的、在一定环境条件下经常重复的行为方式。风俗除具有传承性、社会性的特点之外,它还是自发的,因此,由制度、规定等导致的行为,即使在社会上普遍流行,也不能称之为"风俗"。饮食文化中的风俗,通常是指与饮食行为相关的礼仪、习惯,以及与节令、民事活动相关的饮食活动。前述食物"获取"中的一些内容也与饮食风俗有关。

2. 制度。制度作为规范社会群体行为的一种手段,有多种表现形式,如法律、法规、条例、标准等;其制定者则有国际组织、联盟、国家、地方政府、非政府组织、企业等。制度有强制性的,也有非强制性的。制度对现代人饮食生活的影响随处可见,例如,与保护野生动物相关的制度的出台,就在一定程度上限制了人们对被保护的野生动物的滥捕滥杀和公开招徕食客。

第二节　饮食文化与社会

一、社会发展的标志

饮食文化作为人类文化的重要组成部分,其发展与人类社会的整体发展水平或文明程度息息相关。生产力的发展不断促进着饮食技术水平的提高,社会文明程度的提高使得人们的饮食行为越来越合乎理性,而不断变化的饮食需求也在同时推动相关技术的进步。因此,如果以一特定的群体为研究对象,我们可以清楚地看出他们的饮食技术水平和文明程度与其所处的社会环境是相互交融的。当我们以一个特定的地域尺度对相关群体的饮食文化进行分析时,其饮食文化状况在一定程度上可看作是其所处社会环境的一个缩影,并具有某种标志性的作用。

(一)经济发展

人们在评价一国或地区之经济发展水平时,经常使用的一个指标是"恩格尔系数",即家庭食品开支与家庭消费支出总额之比。根据这一系数推论:系数值在 59% 以上为绝对贫困,50%~59% 为勉强度日,40%~50% 为小康水平,30%~40% 为富裕,30% 以下为最富裕。而一国或一地"恩格尔系数"的高低与该国或地区的经济发展水平直接相关,因为经济发展状况总是与当地居民的经济收入联系在一起的。人们只有在有了较多的收入之后,必需性消费在家庭消费支出总额中的比重才会降低,才会有"多余"的钱用于非必需性消费,而非必需性消费的"量"与"质"对于人的自我完善有重要意义。

(二) 社会文明

饮食行为作为日常生活的重要内容,从中也会反映出人们的文明程度。以前如果有谁想把饭桌上的"残汤剩羹"带回家需要有极大的勇气——丢不起面子,时至今日吃不完打包已是再平常不过的事情了。人还是那些人,但事情的做法已完全不同了。当然,文明总是相对于不文明而言的,在社会文明程度总体提高的前提下,不文明现象也会时有所见。曾经在中国闹得沸沸扬扬的"人乳宴""女体盛"当是其典型。至于那些动辄上万元、数万一桌,只是为了派头的消费群体,即使他们的钱再多,其做派也是与社会文明格格不入的。同时,文明的进步也不是一帆风顺或轻而易举的。英国伦敦杰米餐厅可以为了普通客人的预定而回绝美国前总统克林顿的订餐要求,中国的餐饮业主要做到这一步恐怕还有很长的路要走。

(三) 科技进步

中国人一直说"民以食为天",实际上世人皆如是也。如果饭都吃不饱,人那里还有心思去考虑自身发展的其他问题。在人类科学技术的发展过程中,一方面我们可以看到食物制作技术对科技发展的贡献,如发酵技术之于生物化学;另一方面我们可以更多地看到相关科学技术的发展对食物供给和制作技术的贡献,如育种技术对于杂交水稻,航天技术对于太空育种,电子技术对于微波炉……

二、习俗传承的载体

习俗作为一种文化形式,是通过一定的习俗载体而代代相传,并在传承之中不断地衍化使之适应新时代的要求。当然,有些习俗由于种种原因出现了"断代"而致其消亡;而在新的时代环境的作用下又会出现一些新的习俗。正所谓"旧的不去,新的不来"。

在节令和诸多民事活动中,饮食行为时常扮演着重要的习俗传承载体的作用。例如,中国人结婚的交杯酒、过生日的长寿面、清明节的青团、端午节的粽子、中秋节的月饼……在此类节令或民事活动中,如果去掉了相关的饮食活动或行为,其价值将大打折扣,乃至失去活动的意义。例如,一对举行中式婚礼的新人,在婚礼上没有喝交杯酒,恐怕会令参加婚礼的来宾感到"惊诧"。

三、文化活动的因子

饮食行为与人类的社会和文化活动的关系亦非常密切,饮食既是一种人际交流的有效工具,也是一种放松自我身心的有效媒介。盛夏之际,满街的大排档食客所向往的更多的是"佳肴美酒"之外的情趣;都市中伴一杯咖啡、清茶或美酒度过下午或午夜时光的悠闲之人比比皆是。

在作家或艺术家的眼中,饮食活动又是文学艺术创作的极好素材和题材。喜欢港台影视剧的人对《满汉全席》《神厨》之类的作品绝不会陌生;文学爱好者大概也没有不知道陆文夫先生的著名短篇《美食家》的;翻开中国绘画史册,则可以看到诸多大家笔下细致入微且活灵活现的饮食场景……

近年来,江苏一个曾经默默无闻的贫穷小县——盱眙,借助"龙虾节"而名声远扬。实际上,借助各种美食节、啤酒节、竞吃比赛来提高地方、行业或企业的知名度,促进当地经济和旅游业发展早已不是什么新鲜事了,以饮食活动为主题的各种社会、娱乐、慈善和竞赛活动更是不绝于媒体。

第三节　世界视野中的中国饮食文化

一、世界饮食文化格局

自20世纪80年代中国改革开放以来,人们看待事物和研究分析问题也逐渐地有了国际化或世界的视野,逐渐认识到在讨论许多文化问题时,只有将其放在世界的背景下才能得到比较客观或接近于事实的结果或评价。

在中国的饮食文化研究中,关于世界饮食文化基本格局的讨论尚不够充分。较早研究烹饪文化的学者有一种观点认为,世界烹饪文化的基本格局可分为3个主要板块,即东方烹饪文化——佛教为其宗教背景,以中国为代表;西方烹饪文化——以基督教为其宗教背景,以法国为代表;中东地区烹饪文化——以伊斯兰教为其宗教背景,以土耳其为其代表。此后则少有新的观点出现。

日本饮食文化学者辻原康夫则将世界烹饪文化的基本格局分为四个主要部分——"四大料理圈",他说:

　　从全世界的角度看,拥有独特洗练的调理技巧,使用特有食材,更具备历史悠久的料理文化,最著名的有中国、印度、中东与欧洲四个地区,一般称为"四大料理圈"。

(辻原康夫编著,萧志强译:《阅读世界美食史趣谈》,世潮出版有限公司,台北,第200页)

就烹饪文化研究的角度看,上述两种观点应该能各自成说。但是,饮食文化与烹饪文化是不能简单地画等号或混为一谈的,因此,上述观点也不应被简单地套用到饮食文化研究中来。那么,世界饮食文化格局应该如何呢?这是个十分难回答,恐怕也无标准答案的问题。因为,饮食文化格局的界定的基本条件是"尺度",即根据何种或哪些因素进行划分,而饮食文化现象与人类社会错综复杂的关系使得研究者很难找出一个"简单"的尺度来,不管是一个或几个。例如,从人类学或民俗学的角度看,一个民族、一个部落或村庄,或在一个特定的地理区域内生活的人群的生活方式都是一特殊类型的"文化",而饮食行为往往是其重要的标志物之一。但当我们以地域的尺度去研究分析不同人群的饮食行为特点时,一些"文化"之间在饮食行为方面的差异却不是很明显;而当我们从餐饮市场的角度来研究分析饮食文化现象时,又会看出在国际餐饮舞台上,用以吸引食客眼球,招徕生意的标志通常是以"国家"面目出现的中国菜、日本菜、法国菜、意大利菜、墨西哥菜、印度菜、土耳其菜、巴西烧肉、韩国烧烤、马来风味……可是在人类学的研究中,"国家"概念通常是不作为区别文化特征的基本尺度的。现在我们可以看出,由于研究目的及所用尺度的不同,世界饮食文化格局可以有不同的界定方式。

  我们以为还是用简单的以国别为界的尺度来研究世界饮食文化格局比较简单和方便。一般情况下,具体的研究工作没有必要,也不可能对世界所有国家和地区的饮食文化进行深入细致的研究,其所需要的是对世界饮食文化格局有自己的基本判断,并建立一个用于研究分析的大致框架。我们认为,世界饮食文化的基本格局在以洲为基本单位的基础上,再列出各洲在饮食文化方面表现突出的国家和地区即可基本搭建完成。这一框架的关键在于对有代表性的国家和地区的选择。在对国家和地区进行选择时,重要的参照因素应该从三个方面予以考虑:首先是饮食文化自身的特色;其次是其在国际上的知晓度;第三是其"美味佳肴"在世界餐饮市场中的地位和影响力。据此看来,对现在世界饮食文化的基本格局大致可以做以下的判断:

亚洲地区,以中国、日本、印度和土耳其等为代表,其他特色较鲜明的国家/地区还有越南、泰国、韩国、马来西亚等。

欧洲地区,以法国、意大利、俄罗斯和西班牙等为代表,其他特色较鲜明的国家/地区还有英国、德国、葡萄牙、希腊等。

美洲地区,北美以美国为代表,中南美洲以墨西哥、古巴、巴西、阿根廷和秘鲁等为代表。

非洲地区,以埃及、南非、马达加斯加和毛里求斯等为代表。

大洋洲地区,以澳大利亚和新西兰为代表。

如果从当今世界餐饮市场中各国/地区"美味佳肴"的影响力和知名度来看,则法国菜、西班牙菜、中国菜、日本菜、意大利菜、墨西哥菜、俄国菜和土耳其菜等是主要角色。当然,在发展迅速的快餐市场中,以麦当劳、星巴克等为代表的美式快餐是一枝独秀。

二、中国饮食文化之基本特征

(一) 以食为天

"民以食为天"差不多是妇孺皆知的中国"古语",其意思是说"民"把吃饭作为头等大事来看待。在中国传统文化中,与农、食相关的内容极其丰富,祈求苍天保佑、五谷丰登是上至皇帝祭祀天地,下到百姓烧香拜佛的永恒主题。究其根源,则与中国历史上天灾人祸而导致的连绵不断的饥荒密切相关。时至今日,"三农"仍然是中国政府所面临的最棘手的问题,仍有大量的人口处于贫困状态。因此,由于食饮不易而对饮食格外地重视也就顺理成章了。物以稀为贵,更何况饮食是维持人类延续的最基本物质要素,故而"开门七件事,柴米油盐酱醋茶"也就成了中国人的治家格言之一,吃吃喝喝则成为中国人联络感情的重要手段。一桌丰盛的宴席既体现了客人的尊贵,也表示了主人的诚心和热情。因欲表现心诚和待之以礼,故而待客者唯恐菜肴不丰、不珍,唯恐待之不周;被待者也常以食物的丰盛与否,主人的热情与否来评价东道主的诚心。这种心态逐渐积淀为一种"集体潜意识"而代代承袭。当然,与劳苦大众的衣不蔽体、食不果腹形成鲜明对比的是统治者和富人们的灯红酒绿。唐代诗人杜甫之名句"朱门酒肉臭,路有冻死骨",是对这一现象的真实刻画。

"民以食为天"的丰富内涵还在中国人对饮食之中微言大义的孜孜以求。老子有"治大国若烹小鲜",孔子有"割不正不食""食不厌精,脍不厌细"东坡先生有"宁可食无肉,不可居无竹",诸如此类的名人名言举不胜举。

(二)历史悠久

在世界诸文明古国中,中国可追溯的文明史可能算不上最远,但值得自豪的是唯有华夏文明延续至今。在 5000 年华夏文明的发展历程中,华夏饮食文化也日渐"博大精深"。2004 年,中美联合考古小组在河南舞阳县著名的新石器早期遗址——贾湖遗址,发现了距今已有 9000 年之久的,极有可能是酒的发酵饮料遗迹。

中美联合考古小组领导人美国宾夕法尼亚大学考古和人类学博物馆教授特里克·麦戈文,曾于 1990 年在伊朗西部发现了当时已知最早的酒的化学证据——公元前 3500 年,而最新的考古发现表明,也许是中国人的祖先最早发明了酿酒之术。

(三)形态丰富

悠久的历史、辽阔的国土和众多的民族使中国饮食文化既有多姿多彩的样式,又有充实深厚的内涵。从人类学的角度看,每个民族都有其独具一格的饮食文化;从饮食文化地理的角度看,一地有一地之特质;从历史学的角度看,一代有一代之不同;从民俗学的角度看,节令食俗、民事食俗丰富而多彩;从饮食生产角度看,中国的食、酒、茶都源远流长,自成一体;从餐饮业/市场的角度看,则是传统文化光彩再现,新兴业态生机勃勃。

(四)技术/方式独特

中国饮食文化相比于其他国家和地区,其在技术/方法上特点非常显著。以食而论:中式烹饪从选料、初加工、切配、烹调和装盘都有明显的独特之处。而中餐之食法则全然不同于欧美,与东亚的日韩也有较大的差别;以酒而论:中国是酿酒术的起源地之一,历史悠久,在周代已有较完备的酿酒技术体系。在饮酒方面,首先中国人传统所习惯的黄酒、白酒、药酒与西方的葡萄酒、日本的清酒、俄国的伏特加、墨西哥的龙舌兰等明显有别;其次,中国饮酒重在助兴与取乐,由此使得具有中国特色的"酒戏/酒令"花样百出;而饮酒之规矩——"酒政"之说,则凸显中国传统的礼数和"人情味";以茶而论,中国作为茶的故乡是毋庸置疑的,茶圣陆羽的《茶经》具有广泛的世界影响,中式茶艺也与日本茶道和英国茶式有明显的内容与形式上的不同。

三、中国饮食文化对世界之影响

不同地域间人员的流动对文化交流的促进作用是有目共睹的,一个地区或文化类型如果缺少了外来文化的促动,而仅仅依靠其自身的力量谋求发展,通常是极其缓慢的,也极有可能自生自灭。在中国饮食文化的发展过程中,汉唐之间有"胡食"东来,近代有西式饮食的传入,当代则有美式快餐的"入侵",从来就不缺少外来饮食文化的影响。当然,文化的交流通常总是双向的,中国饮食文化在包容外来饮食文化的同时,也通过不同的渠道对其他地区的饮食文化产生着影响。

(一)历史上的影响

历史上,中国饮食文化对外部世界的影响,集中地表现为两个方面:一是饮食文化对周边国家/地区的影响。例如,唐代对日本的影响;而东南亚的一些国家/地区自古以来就与中国有密切的关系和交往。二是茶文化的传播。茶是中国对人类饮食文明的杰出贡献之一,茶文化的传播直接引发了日本茶道艺术的产生,同时,也给西方人带来了一种新饮品。时至今日,茶与咖啡、可可已成为流行世界的"三大饮料"。

(二)近现代的影响

近现代以来,随着大量中国人的下南洋和远渡重洋,中国饮食文化在一个较低的层面上得以向外部世界扩散,普通的欧美百姓有机会对中国饮食文化有了一个较为直观的认识。但这种认识的局限性是非常明显的。其时,许多外国人认为中国菜就是"杂碎",并沾清末洋务首领之一李鸿章的光,得了个"李鸿章杂碎"的"雅号"。

(三)当代的影响

新中国建立之后,特别是20世纪80年代改革开放以来,随着中国国际政治、经济和文化地位的迅速提高,外部世界对中国饮食文化有了深入了解的机会,中国饮食文化在国际饮食文化界的形象和地位都有了很大的改变。这种改变除了得益于官方推动的交往和提供的便利之外,一大批有知识、有文化的新移民为弘扬中国饮食文化所作的贡献也不可忽视。其中,也包括大量的港澳台同胞。另一个重要的原因则是大量外国旅游者的到来,使他们有机会亲身感受"博大精深"的中华饮食文化。

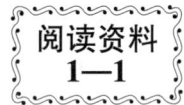
阅读资料 1—1

中餐馆在美生根·历经几代沧桑
由杂碎打出天下·品味日趋高雅
熔东西饮食文化于一炉·民族适应性耐人回味

[美国传统杂志十二月号特稿]中国餐馆之能够遍布全美,是因为它和"杂碎"这种菜式一样,是一种中美文化合璧的产物。进衣所匹亚和泰国餐馆,甚至法国餐厅,都会迟疑的美国人,可以毫不犹豫地踏进中国餐馆。中国餐馆已不受"族裔"分类限制。

从19世纪加州淘金时代涌进第一批中国移民开始,美国就有了中国餐馆。初期的移民,大都来自华南的广东省。

……旧金山当时是一个过路单身汉的城市。他们使得今日称之为"服务业"的旅馆、沙龙、餐馆和洗衣业等十分繁荣。中国的生意人看准这一点,不久就开起他们自己的餐馆来。这种飘着中国传统三角黄旗的ChowChow餐馆,只要付一块钱,就可以尽量吃饱。不过他们所供应的,只是他们唯一会烹调的广东菜。他们无意迎合西方人的口味。

起初,中国人和美国人相处尚称融洽。但是旧金山从一个边陲城镇变"金门市"(CityofGoldenGate)之时,华人和白人社区之间便开始产生摩擦。到了19世纪60年代,终于发生"反苦力"运动(Anti—Coolie)。甚至中国式饭食也被抹上政治色彩而成为指控的对象。1865年种族暴动的一名领袖的律师,在庭上向法官指陈说:"这些中国佬吃米饭为生。他们用两根小棒吃饭!"即使是不特别排华的美国人,也对中国菜大肆抨击。40年之后,爱丽丝·哈里逊更尖刻地批评中国菜说:"能受得起中国餐的折磨而安然无恙的人,其勇气应得筷子奖章。"

但是这并不是说中国餐有何不受,决定中国餐馆之命运的,是华人本身在社会上的地位。从19世纪中叶,华人和在旧金山、纽约及其他美国城市的华埠,一直被认为奇怪,充满异国情调,而具有潜在的威胁。路易斯·贝克1898年所写的一本《旧金山指南》中说,华埠的中国餐馆中都是工人和不法之徒。

约翰·葛鲁索在1893年写他在纽约曼哈顿华埠进餐的经验时,也把中国餐馆描写成既脏且乱的地方。他说:"食客们捧着大碗的饭,以碗就口,大口地把饭菜往嘴里扒。餐室中人声嘈杂,烟雾缭绕。中国食客不时将骨头和剩菜扔到桌子底下肮脏的地板上。一只饿猫蹲在桌子下大嚼。"他把中国餐馆比作猪圈。

但在许多人撰文贬损中国餐馆,有些人暗示中国菜中有狗肉、猫肉和鼠肉之类成分之际,也有另外一些人表示不同的意见。他们说,中国餐不仅可口,而且厨房也很干净。1903年,记者昆比不仅称赞中国餐馆清洁卫生,而且说,烹饪艺术在华埠已成为一种宗教,厨师就是这种宗教的祭司。

价廉物美,清洁卫生,美国有中国人的地方,就有中国餐馆。……英国记者葛瑞汉在1927年写道:整个纽约入晚都闪烁着"杂碎"餐馆的招牌,本来要到且林士果才能吃到中国餐,现在任何一个角落只要一出地铁车站,就可以看到挂着"杂碎"市招的餐馆。

第二次世界大战之后,人口流向郊区,中国商人看准这个机会,又在新商业区和购物中心开设餐馆。餐馆的经营也大有改善。以前无缘品尝中国菜的美国人,现在都有机会大快朵颐。虽然菜式不能说是道地的中国菜,但对吃惯了汉堡包和炸薯条的人,未尝不是一种口味的变换。到了50年代,中国餐馆的外卖业兴旺起来。打一个电话给陈先生或李先生,他们就会把3元1加仑的"炒面"(实际上是青菜大杂烩)送到你的家里。

到50年代中叶,中国餐馆已成为美国社会的一部分。美国食客除了吃"杂碎""炒面"之外,也开始尝试"核桃鸡丁""白菜虾"之类的菜式。

70年代初尼克松总统访华,在美国引起了一阵中国旋风,中国餐馆也起了极大的变化。除广东菜之外,北方菜也打入美国人的圈子,几乎是在一夜之间,吃"杂碎"已成不体面的事。人们开始以权威的姿态品谈"湖南羊肉"和"北京鸭"之类的菜式。中国餐馆自然也就随着美国人的口味向这方面发展。

中国菜的式样丰富了起来。广东馆以点心著称,纽约和旧金山华埠的各大茶楼属于此类。包括上海和南京在内的华东地区,则擅长烹调鸭子、海鲜和鱼类,且以炖菜见长。西南内陆如四川、湖南等省,则为著名的辣菜之乡。美国人似乎特别喜爱川菜独特的辣味,不过许多中国餐馆怕美国人受不了强烈的辣味,常降低川菜的辣度。

中国人是个擅长适应的民族,尤其是在餐饮方面。当第一批中国餐馆在美国开业时,他们总是就地取材,使用当地的鱼、肉和蔬菜。后来中国菜园和中国渔夫可提供足够的中国餐用料,但最重要的米,却无法在本地取得。在1874年,加州进口的米达34 586 287磅;在1915年,光旧金山港一地,就进口了6 800万磅。到20世纪的20年代时,西岸开始大量种植稻米,有些中国蔬菜,如"天津白菜"等,也已在美国本土种植。

今日,几乎每一个美国城镇,至少都有一家中国餐馆,甚至保守的南方也不例外。在华人移民已近百万的今天,其对美国社会的贡献,和其他任何族裔一样博大,但其中最令美国人激赏的,是他们带给美国精美的食物。在经过一个多世纪的辛苦经营之后,中国餐馆已成为美国社会的特色之一。

(资料来源:[美国]《中报西部版》1987年12月7日。转引自:季鸿崑著:《烹饪学原理》,上海科学技术出版社,1993年)

复习思考题

1. "文化"的基本特性是什么?
2. 饮食的基本功用是什么?
3. 人对食物的选择受哪些因素影响?
4. 中国饮食文化的基本特征是什么?

第二章 历 史

第一节 远古饮食

一、原始群和血缘公社

一般认为,人类产生和发展于地球史上的第四纪。在古人类学上,此阶段的人类经历了由南方古猿(纤细种)至早期猿人、晚期猿人和直立人的发展过程;在考古学上,这一阶段属于旧石器时代初期。总体看来,人类社会的起源可以追溯至距今约300万年到10万年前。

在中国,古人类活动遗迹在北起辽宁,南至云南的广阔范围内均有所发现,著名的有元谋人、蓝田人和北京人。

(一)元谋人

1965年5月1日,我国地质工作者在云南省元谋县上那蚌西北的褐色黏土层中发现了两颗古人类牙齿化石,这是迄今为止我国已发现的最早的人类化石材料,其个体可能具有从纤细类型南方古猿向直立人过渡的特点,距今170万年。

考古发现表明,元谋人已掌握了简单的石器制作技术,并可能学会了用火。在人类社会发展史上,对火的使用、认识和掌握具有极其重要的意义。

就饮食而言,元谋人仍处于茹毛饮血的"蒙昧时期"。采集果实,猎捕兽类,捕捉鱼、蚌等小动物是获取食物的主要方式。

(二)蓝田人

1963~1964年,考古工作者在陕西省蓝田县先后发现了古人类的一个下颌骨化石、一枚牙齿化石和一个头盖骨化石。蓝田人的学名是直立人蓝田亚种,距今约100~50万年。

蓝田人已掌握了较为复杂的石器制作技术,现已发现的石器种类包括:砍砸器、刮削器、三棱尖状器和石球等,这些石器与蓝田人获取食物的采集和狩猎活动密切相关。

(三)北京人

1929年,考古工作者在北京房山县周口店龙骨山的洞穴中发现了一个古人类头盖骨,此后又陆续发现了其他的头盖骨、牙齿、肢骨和下颌骨。北京人的肢骨比头骨进步,已与现代人基本相似;头骨、牙齿比现代人要原始得多;北京人的脑量平均为1059毫升,比现代人平均1400毫升的脑量要低很多,但专家们认为北京人已经有了语言。北京人在洞穴中生活了数十万年之久——距今约70万~22万年。北京人已脱离了杂乱的性交关系,开始了血缘群婚生活。

采集、捕猎仍然是北京人获取食物的主要手段。学者们根据北京人头骨上的一些人为伤痕,作出了在北京人生活的年代曾出现过人吃人现象的判断。

石器、骨器是北京人主要的劳动工具,但北京人的石器制作技术已有较高的水平,形成了一定的方法和程序,按加工方法、形状及用途划分,北京人所使用的石器可分为:砍砸器、尖状器、石锤、石钻、刮削器、两端尖器和斧状石器等。

考古发现表明,北京人已经基本学会了对火的控制——用火和保存火种,这是非常了不起的进步。火的使用使人类从生食走向熟食,既改善了健康状况,也扩大了食物来源;火给人带来温暖,使人可以战胜寒冷和潮湿;火给人带来光明,使人不再对黑夜感到恐惧;更重要的是,火的使用和控制对人类扩大生产能力,提高生产效率,改进生产手段产生了巨大的影响。

二、母系氏族社会

(一) 母系氏族初期

大约20万~10万年前,原始人群逐渐向母系氏族公社过渡。在人类学上,这一时期的人类叫"古人"(智人初期)。在我国境内发现的,相当于此期的人类化石主要有丁村人(山西襄汾,1953年)、长阳人(湖北长阳,1956年)和马坝人(广东韶关马坝圩,1958年)。在考古学上,这一时期相当于旧石器中期。

大约距今2万年前,我国原始社会进入母系氏族公社时期。在我国境内发现的此期人类文化遗址主要有广西柳江人、四川资阳人、河套人和山顶洞人。在人类学上,这一时期的人类属于"新人"(智人晚期),与现代人已无大的差别。

此期,人类打制石器的技术有所进步,出现了磨制和钻孔技术,骨器和角器得到广泛运用。这些技术进步扩充了人们获取食物的手段和能力。在制造工具或加工木石的过程中,人们发明了摩擦取火技术。摩擦取火技术的发明使人们有了稳定的火种来源,其意义极为重大——对自然力的人为控制。

采集和狩猎仍然是此期人类活动的中心,但无论是生产手段,还是生产规模都较以前有较大发展。石球和弓箭的发明与使用,使当时人们的狩猎能力大大向前发展了一步。食物来源的增多,不仅提高了人们的生活水平,也为较长期的定居生活提供了物质保障,并为生产性经济——农业、家畜饲养和畜牧业的产生提供了可能。

(二) 母系氏族发展时期

距今 1 万年左右,人类进入新石器时代,中国的母系氏族社会也步入了发展时期。这一时期的母系氏族在各方面都发生了较大的变化。中国现已发现的,此期重要的人类活动遗迹有仰韶文化、河姆渡文化和裴李岗文化等。

1. 农业。农业的出现与妇女在长期的采集活动中积累的有关植物生长规律的经验密切相关。一般认为,在采集、渔猎技术高度发展的情况下,人们有可能在某一地区较长时间地居住下来;随着农业的出现,这种定居生活方式则得到了强有力的巩固和发展。在约 8 千~7 千年前,我们的祖先已开始种植水稻、粟子和蔬菜;发明了用石磨盘和石磨棒加工谷物;用窖藏和罐藏的方法来储藏粮食,以备食用和留存种子。

2. 家畜饲养。较稳定的定居生活和农业的发展,为人们驯化野生动物提供了极大的便利。狗是最早被人类驯化的动物之一,在河姆渡、半坡遗址中均发现了狗的遗骨,最早被人类驯养的动物还有猪、牛、羊、鸡等。此外,对蜜蜂的利用也应该始于这一时期,因为在商代甲骨文中已有不少"蜂"字和"蜜"字。

3. 采集与渔猎。采集和渔猎仍然是人们获取食物的重要手段,但采集或渔猎的种类有所扩大,例如,在圩墩遗址出土的脊椎动物骨骼多达 72 种。采集和渔猎的工具和技术也有较大改进,例如,人们在手摸、棒打、叉刺捕鱼的基础上,又发明了带索鱼漂、鱼钩和渔网等新的捕鱼方法。

4. 制陶。制陶术的发明在人类生产力发展进程中具有重要意义,它与农业的发生和人类对火的利用是联系在一起的。科学史学家贝尔纳在其《历史上的科学》一书中曾说:

> ……在枯枝上烤肉,或甚至用灰烬焖植物根茎,都无大的困难,但煮沸就给人一个现实的难题。由于此问题的解决,就

注定跟来几次大进步。最早聪明的立意是用革制的桶,或不漏水的筐,盛水于内,再投入烧热的石块,来烫水。在史前时代野宿地点周围曾发现因骤热骤冷而破裂的这类石块。可见关键性的发现乃是在筐外涂上厚泥层可以放在火上烤,而觉察这样处理后的筐确有改进。大约在接近旧石器时代的末期,又发现可以不要筐而单独制造能盛水耐火的陶器,煮沸仍是一种奢侈。

在《中国原始社会》一书中,作者对陶器的发明原因作了如下的阐述:

> 农业不仅为人类提供了比较稳定的大量的食物,导致了定居生活的出现,还使粮食成为农业部落的基本主食。但是,粮食都是颗粒状的淀粉物质,与鱼、肉相比,是不耐火的,很难在火上直接烧烤,原来的石烹法也不利于煮食。因此必须以一定的炊具来达到煮食的目的。这种对一种新的、耐烧的炊具的强烈要求,是发明陶器的主要原因。

(杜耀西、黎家芳、宋兆麟著:《中国原始社会》,文物出版社,北京,1983 年第一版,第 171 页)

考古发现亦证明了上述的观点。在西安半坡出土的 50 多万件陶器/片中,除少量工具外,绝大部分是炊具、储藏器、食具和水器,仅陶罐一类就有 23 型 45 式。最初的陶器是手工制作或模制的,多模仿某些固有的器物,例如常见的葫芦形。彩陶是当时的重要产品。

(三) 母系氏族高度发展时期

在距今约 7 千~6 千年前,我国长江、黄河流域母系氏族进入全盛时期,此期的人类文化遗址主要有裴李岗——磁山文化、仰韶文化早中期、红山文化、大汶口文化早期、河姆渡文化和马家浜文化早期等。下面我们就来看一下,作为仰韶文化典型代表的半坡遗址所反映的当时人们的饮食生活状况。

1. 食物获取状况。

(1)农业。在遗址中发现的保存在小陶罐中的粟种的皮壳和堆积在小地窖中的粟米,说明了粟在当时已是主要的粮食之一。在遗址中还发现白菜和芥菜一类的蔬菜种子,这说明当时的人们已掌握了一定的蔬菜种植技术。蔬菜的种植对于改善人们的物质生活状况具有重要意义。

(2)家畜饲养。遗址中出土的动物遗骨表明,猪和狗是当时主要的家畜,并以猪为主。猪是当时人们肉食的主要来源,遗址中以幼猪骨骼居多的现象,则说明猪肉的供应不是很充足,等不及将猪养大就杀掉了。狗除食用外还用来帮人捕猎。

(3)渔猎。半坡人的打猎工具主要是弓箭、长矛、掷球和棍棒,鹿、水鹿、竹鼠和狐狸是主要的捕猎对象;他们的捕鱼工具主要是渔网、鱼叉和鱼钩。钩、叉均为骨制,有的还带有倒刺。

(4)采集。采集虽已退居次要的地位,但仍然是食物的来源之一。采集工作可能主要由老人和儿童承担,使用的工具则有刀、铲和木棒。

(5)原料加工。遗址中出土了 25 件石磨盘、磨棒和扁圆状磨石,这些工具主要用于粮食加工。此外,在遗址中发现的用于宰割野兽、敲砸骨头或坚果的石制切割具、敲砸具多达 4000 余件。

2. 生活用具。半坡先民是一个以农为生的氏族,过着定居生活,为了满足日常生活所需,人们利用陶土制作了各式各样适应不同需要的陶器。考古专家们从遗址发现的公共窑场,以及陶器的精美程度,彩绘的熟练程度判断,其时可能已出现了专职陶工。

半坡出土的陶器类型有饮食器、炊煮器、蒸滤器、水器和储藏器等;其种类则包括:碗、钵、盘、皿、壶、瓶、罐、瓮等多种式样。炊器和储藏器多为粗砂陶制,为红褐或灰褐色;水器和饮食器多为细泥陶制,以红色居多。有些制品不但工艺精致,而且绘有彩色图案。

半坡遗址出土的典型饮食器有圜腹钵、卷唇折腹盆、平唇浅腹盆、敛口碗、凹底钵等数种;典型的炊煮器有厚唇直腹罐、大口小底罐、斜唇大腹罐等;蒸滤器只有甑一种,多用直腹盆制成,底部有三个或四个以上的箅孔;储藏器的数量最多,有罐、瓮和缸等形式,既有高达80厘米的大口小底瓮,也有拳头大小的小口罐。

3. 文化艺术。半坡出土的陶器表面常见有各种装饰,既有形象图案,也有各种刻纹痕——绳纹、线纹、刻画纹、剔刺纹、弦纹、编织纹和附加条状带纹等。

彩陶是半坡先民的杰作,在中国原始艺术史上具有重要地位。半坡彩陶以红底黑花为主要形式,花纹以几何图案为主,也有部分动植物的象形图案。在动植物象形图案中,以鱼纹图案最令人称道。

在陶器上雕塑,也是半坡先民的艺术创造之一。其雕塑的内容以人头和鸟兽为主。

此外值得注意的是半坡陶器上的各种刻画符号。已发现的刻在陶片和完整陶器上的刻画符号有22种,计113个,横、竖、斜、叉是基本笔画。专家们认为,这些刻画符号可能与古代文字有某种内在的联系。

三、父系氏族社会

(一) 父系氏族

在我国现已发现的父系氏族社会遗址中,具有代表性的遗址包括:

黄河流域的龙山文化——河南,新石器晚期,公元前2800～公元前2300年;

齐家文化——甘肃,铜石并用时代的一种文化,发现了红铜,

处于原始社会解体时期,公元前2000年左右;

长江流域的青莲冈文化——江苏,新石器时代;

屈家岭文化——湖北,新石器晚期,公元前2750~公元前2650年;

良渚文化——浙江,大约存公元前2500年过渡为龙山文化,青莲冈文化也应属此范畴,公元前3300~公元前2500年;东部沿海地区的大汶口文化等。

(二)农业

父系氏族社会的农业主要有两方面的发展:一是农具的进步。虽然石器仍然是主要的生产工具,但出现了一些新的形制,如石镰、蚌镰、骨铲、双齿木耒、带孔月牙石刀、石镞、石犁、鹤嘴锄等,原有的类型也做得更为轻便好用。二是农作物品种的增多,并开始注意培育和改良农作物品种。粟和水稻的种植范围大为扩展,在甘肃发现了糜子,在黑龙江发现了粟和黍,在南方地区则发现了蚕豆、芝麻、甜瓜等新品种。

(三)家畜饲养

渔猎虽然仍然是人们获取食物的重要手段之一,但家畜饲养的技术和规模都有了很大发展。在湖北屈家岭文化遗址中曾发现了以绵羊、鸭或鹅为题材的陶质艺术品,这说明家畜/禽饲养的种类已经有了很大的变化。考古资料表明,北方氏族以驯养黄牛、羊和马为主;南方氏族以驯养水牛、鸭和鹅居多。总体而言+猪、马、牛、羊、鸡、狗等六畜已被广泛饲养,但以猪的饲养最为普遍。

(四)手工业

父系氏族时期,随着手工业的独立,其制作技术水平得到迅速的提高。与饮食密切相关的陶器制作亦日益精进,鬲、鬶、鬹、甗、盉等的造型已相当规整;鸮鼎、狗鬶、猪鬶和人头形器口陶瓶是这一时期陶器造型艺术的经典之作;而白陶和蛋壳陶的出现则代表了制陶工艺技术水平的极大提高。

第二节　三代饮食

一、概述

夏商周时期,是中国社会由原始社会步入奴隶制社会,再进入封建社会的重要转变时期。这一阶段始于约公元前2100年前夏朝的建立,止于公元前256年东周亡,前后2000年左右。

从饮食文化研究的角度看,这一时期社会生产力发展带来的农业、畜牧业的进步,使人们获取食物的来源有所扩大,食物供给也相对稳定;国家政权的建立,导致了阶级性的饮食分化,出现了形式完备的宫廷饮食服务体系;社会意识形态或文化的发展,以及总体生活水平的提高,使饮食的内容和形式更加丰富,饮食文化的社会作用初见端倪。

二、《夏小正》与农牧渔猎

《夏小正》是已知的中国的最早历法,其出现表明当时的农业生产已有相当的进步,人们对自然的把握能力也有很大的提高。

三代时期的农业发展首先是农具和耕作技术的进步。以木、石、骨、蚌等材料制作的耒、耜、钱、镈、铚等农具已被广泛使用;耕作上则发明了休耕制分为三,种二休一;其次,是农作物品种的变化。禾、麦、粟、稷、黍均有种植,又以黍、稷的种植最多;蔬菜、瓜、果的种植也已比较普遍。

畜牧仍以猪、狗、牛、羊、马、鸡等为主,是人们肉食的主要来源。

农业和畜牧业虽有较大发展,但渔猎在社会经济中仍然具有一定的地位,是人们肉食来源的重要补充;采集也应该是人们植物性食物原料的来源之一,尽管已非特别重要。

三、饮食器具

三代时期手工业的发展,特别是青铜铸造技术的发明,使制作饮食器具的材质选用范围大为扩展,在木、骨、角、竹、皮、陶等传统材质的基础上,用青铜、象牙、黄金、玉石等材质制作的饮食器具逐渐增多,制作工艺亦日益精湛。此外,铁器的使用和推广是东周初年和春秋战国时期社会生产力发展的重要标志之一;煮盐、漆器制作和青铜铸造技术在战国时期也均有所发展。

中国传统饮食器具的器型在这一阶段被基本确定下来,常见的器型有:鼎、鬲、甗、鬻、甑、簠、盨、簋、敦、豆、铺、盂、盆、罐、碗、钵、鉴、俎、匕、爵、角、觚、觯、饮壶、杯、斝、尊、壶、卣、方彝、觥、罍、瓮、瓿、盉、尊缶、枓、勺和禁,等等。

四、宫廷膳食服务

在父系氏族社会的某个时期,出现了专门为部落首领操持饮食的"厨官"——后来"尚食"的滥觞。据史书记载,夏代有名的"少康中兴"之主少康,落难时曾经在有仍氏的部落中做牧官,被寒浞追逐,又逃至舜的后裔有虞氏的麾下做了一名厨官。据说,夏时掌管朝廷膳食的官员称为"庖正"。

时至周代,宫廷的膳食服务体系已较为完善,并具有庞大的规模。据《周礼》所记,周代宫廷的膳食服务机构有20多个部门,涉及人员约2300人,相关人员有明确的分工。其中值得注意的是"食医"的设置。据称,"食医"一职专管周王的饮食配伍,并指导烹饪事务,以保证周王的饮食安全。这也从一个侧面证明了中国的"医食同源"之说。

附带要说明的是,周代不仅宫廷膳食服务一流,对行旅之人的饮食服务也很周到。《周礼·地官·遗人》说:"凡国野之道,十里有庐,庐有饮食;二十里有宿,宿有路室,路室有委;五十里有市,市有候馆,候馆有积。"这大概也是市肆饮食服务业的先声。

五、天子之食与周代"八珍"

(一)天子之食

庞大的周代宫廷膳食服务机构为周天子提供的是何种样式的"御膳"呢?据《周礼·天官·膳夫》的记载,周天子是饭用六谷、饮用六清、膳用六牲、羞共百二十品、珍用八物、酱用百二十瓮。当然,实际食用的品种数目远不止这些,《礼记·内则》所记载的天子食单就是很好的说明。

(二)周代八珍

"八珍"是中国饮食文化中的特有词汇,既可泛指珍贵的食物原料,也可专指某类珍贵的原料,还可用来指称宴席。在周代,"八珍"则专指八种精心烹制的食物。这些食物是:

淳熬——稻米盖浇饭;

淳毋——黍米盖浇饭;

炮豚——烧烤炖小猪;

炮牂——烧烤炖小羊;

捣珍——肉脯;

渍——酒香牛肉;

熬——五香肉干;

肝膋——烤网油包狗肝。

用今天的眼光看,这些菜肴或食物已没有什么特别之处了;但用历史的眼光看,则表明当时的宫廷烹饪确实具有了较高的技术水平。

六、《诗经》与饮食

《诗经》是西周诗歌选集,涉及神话、讽刺、农牧渔猎、爱情婚姻、风俗宴飨等多种题材,内容极其丰富,称得上反映西周社会生活的"百科全书"。《诗经》对动植物种类有广泛的描述,其中有不少是当时的食物原料。据说,《诗经》中所提到的器物有300种以上,其中相当一部分与人们的饮食活动相关。更为重要的是,《诗经》对彼时各阶层生活状况的描写,为研究当时的社会饮食状况提供了极其难得和丰富的资料。

七、诸子论舍

在"百家争鸣,百花齐放"的春秋战国时期,饮食文化的发展集中地表现于诸子百家对饮食思想的整理和阐发。但应注意的是,诸子百家关于饮食问题的论述往往是以食寓意,用来说明某种道理,当然,在有意无意之间他们也把古代一些宝贵的饮食经验保留了下来。

(一)老庄、孔子、墨子

1. 老庄。老子和庄子是道家学说的创始人,主张无为、寡欲、愚民,对超自然的"道"无限向往,具有浓厚的"出世"情结。在《老子》一书中,为后人所关注的饮食之论有以下几点:

治大国者,若烹小鲜。

五色令人目盲,五音令人耳聋,五味令人口爽;驰骋畋猎令人心发狂,难得之货令人行妨。是以圣人为腹不为目,故去彼取此。

为无为,事无事,味无味。

《庄子》以优美的文字、飘逸的玄思和浪漫的想象而闻名,其《庖丁解牛》对了解当时的食物加工技术水平有一定的参考价值。

2. 孔子。相对于老庄的出世，孔子的入世思想显得十分积极。从现有资料看，孔子关于饮食的论述是诸子中最多的一个，其观点具有非常明显的"儒家"色彩和说教意图。其主要的观点如下：

君子食无求饱，居无求安，敏于事而慎于言。

士志于道而耻恶衣恶食者，未足与议也！

饭蔬食饮水，曲肱而枕之，乐亦在其中矣。不义而富且贵，于我如浮云。

食不厌精，脍不厌细。

失饪，不食。不时，不食。

食饐而餲，鱼馁而肉败，不食。

色恶，不食。臭恶，不食。

割不正，不食。不得其酱，不食。

唯酒无量，不及乱。

虽蔬食菜羹瓜祭必齐如也。

乡人饮酒，杖者出，斯出矣。

有盛馔，必变色而作。

3. 墨子。墨子是先秦时期具有强烈平民色彩的思想家，主张非攻、兼爱和节俭，对传统礼仪常持怀疑和反对的态度，在先秦诸子中可谓独树一帜。在饮食问题上，墨子反对"美食"和不劳而食，《墨子·辞过》云："其为食也，足以增气充虚，强体适腹而已矣。"

（二）《本味篇》

《吕氏春秋·本味篇》被认为是中国饮食文化史上的第一篇烹饪理论专论，在中国饮食理论发展史上具有重要地位。

《吕氏春秋·本味篇》是春秋战国时期诸子百家"以食寓意"和"以食说道"的代表之作。从饮食理论角度看，《本味篇》最重要的价值是对"味之本"、"调和之事"和"鼎中之变"的精彩阐述，其观点即使对今天的烹饪工作者仍有一定的借鉴和参考价值。其文云：

夫三群之虫,水居者腥,肉攫者臊,草食者膻。臭恶犹美,皆有所以。凡味之本,水为最始。五味三材,九沸九变,火为之纪。时疾时徐,灭腥去臊除膻,必以其胜,无失其理。调和之事,必以甘、酸、苦、辛、咸。先后多少,其齐甚微,皆有自起。鼎中之变,精妙微纤,口弗能言,志弗能喻。若射御之微,阴阳之化,四时之数。故久而不弊,熟而不烂,甘而不哝,酸而不酷,咸而不减,辛而不烈,淡而不薄,肥而不腻。

第三节　秦汉饮食

一、概述

秦汉是中国由奴隶制社会进入封建社会的大转折时期。秦朝立国虽极其短暂,但其统一天下,统一文字和度量衡,发展交通,修筑长城,乃至"焚书坑儒",都对后世产生了深远而重要的影响。

从公元前202年西汉建立到公元220年东汉亡,两汉对中国的统治维持了400多年。其间,既有为后世称道的"文景之治""汉武盛世""光武复兴",也有"吴楚七国之乱""王莽窜政"和东汉末年的乱世。两汉时期的"通西域"(丝绸之路)、"罢黜百家,独尊儒术"、"重农抑商"、抗击匈奴和开疆拓土等事件对后世有重要影响。

二、农业与手工业

(一)农业

秦汉时期,农业生产技术有较大的进步,如农具的种类日益完备,出现耧车、翻车、风车和水碓,铁犁和牛耕得到改进和推广;耕作方法上出现了赵过的"代田法",氾胜的"区田法";间作、套作技术已在园艺中运用。

在副业生产方面,对茶叶的利用已见诸文字记载;人们已掌握驯养鸬鹚捕鱼的技术,出现了专业养蜂人;出现了"覆以屋庑,昼夜燃缊火"以种植蔬菜的温室。

(二)手工业

秦汉时期手工业的发展对饮食文化的影响首先表现在盐业生产上,海盐、池盐和井盐是盐的三大来源。四川临邛的盐工已掌握火井(天然气井)煮盐的方法;其次,是冶铁炼钢技术的普及与发展,这对改进厨事用具有积极影响;第三则是漆器制作技术的进步。自新石器时期以来,我们的祖先就有将漆涂在竹木用器上做防水之用的传统。汉代制作的漆器已相当精美,并在餐具上有广泛运用,从漆器制作的精美程度推测,其价格可能比青铜器还要贵。

三、"胡食"

(一)"胡食天子"

秦汉时期的中国是一个相当开放的社会,汉代开通的"丝绸之路"是此后千余年间东西方经济、文化交流的要道。随着人员来往的增多,不同地域生活风俗的相互交流和渗透是极其自然的事情。就现有史料看,汉代西域之风对华夏的影响可能远甚于华夏之习对西域的影响,这也许与大批西域人士东来,而华夏之人西去较少有关。

汉灵帝有"胡食天子"之名,是历史上有名的昏君之一。《后汉书·五行》载:"灵帝好胡服、胡帐、胡床、胡坐、胡饭、胡空篌、胡笛、胡舞,京都贵戚皆竞为之。"上行下效在中国传统文化中是极自然的事情,胡食在汉代的流行应该与上层社会的追捧不无关系。

(二)外来品

据研究中外交流史的专家考证,两汉时期通过"丝绸之路"而传入中国的水果、蔬菜和香料等外来品主要有：葡萄、苜蓿、安石榴、黄兰、胡麻、胡桃、胡豆、胡瓜、胡荽、胡蒜、酒杯藤（花实如梧桐，"实大如指，味如豆蔻，香美消酒。"）胡椒、姜、乳香、没药、芦荟、苏合香、安息香，迷迭香和紫檀等。

(三)"酒家胡"

汉代都城长安，不仅有大量通过"丝绸之路"往来贸易的西域商贾，还有不少的西域人在长安从事饮食业服务和经营，"酒家胡"就是对胡姬的专称。下面我们来看一下汉代著名的乐府诗篇《羽林郎》是如何描写年方15的"酒家胡"的，诗曰：

昔有霍家奴，姓冯名子都。依倚将军势，调笑酒家胡。胡姬年十五，春日独当垆。长裾连理带，广袖合欢襦。头上蓝田玉，耳后大秦珠。两鬟何窈窕，一世良所无。一鬟五百万，两鬟千余万。不意金吾子，娉婷过我庐。银鞍何煜爚，翠盖空踟蹰。就我求清酒，丝绳提玉壶。就我求珍肴，金盘脍鲤鱼。贻我青铜镜，结我红罗裾。不惜红罗裂，何论轻贱躯！男儿爱后妇，女子重前夫。人生有新故，贵贱不相逾。多谢金吾子，私爱徒区区。

四、豆腐

豆腐是中国人对世界饮食文明的重大贡献之一，但豆腐源于何时至今未有一致公认的答案。

有人说豆腐发明于孔子时代。清代汪汲在《事物会原》中说"腐乃豆之魂，故称鬼食，孔子不吃。"但缺少有力的相关证据，故从者甚少。

隋人谢讽的《食经》中有"加乳腐"之名，有人认为这可能就是豆腐。如确是，则成为豆腐的最早文字记载，但也缺少关联证据。

宋人朱熹认为豆腐是汉代淮南王刘安发明的，明代李时珍在

《本草纲目》中亦承此说。1959~1960年间在河南密县出土的东汉墓画像中,有一幅"庖厨图"被诸多专家认为是做豆腐场景的较真实再现。"庖厨图"所描画的场景包括:浸豆、磨豆、滤浆、点浆和压榨等磨豆腐的主要工序,只缺煮浆一个环节。因此,有人认为这幅画像也可能表现的是酿酒的场景,但酿酒一般无须磨、滤、榨的工序。从其他方面看,大豆在战国时期已被普遍种植,石磨在西汉时也已普及,而酷爱炼丹术的刘安或其门客很有可能在炼丹过程中"意外"发现使豆浆凝固成"腐"的方法。因此,不少学者认为豆腐出现在淮南王刘安时期是基本可信的。

五、基本饮食种类

至两汉时期,中国人的饮食已比较丰富,其常见的种类如下:

饭——有干稀之别,除稻米外,豆、麦屑、雕胡、芋、柜、芜菁、桑椹和橡实也是做饭的原料;

饼——有烧饼、汤饼、蒸饼之分;

饵——以稻米、黍米制作,蒸而食之,又称糕、粢;

肉禽——猪、牛、羊、狗、兔、鹿、蛇、鸡、鹑、鹩、凫、雁等;

调味品——酱、蜜、豉、姜、椒、蒜、葱等;

酒——米酒、麦酒、椒酒、葡萄酒、桂酒、梅花酒、诸蔗酒、榆酒、马乳酒、春酒、百日酒、一宿酒等;

茶——西汉初年,在西南地区已有饮茶之习;

果——栗、率、梨、瓜、桃、李、柰、鹿、橘、龙眼、荔枝等。

第四节 魏晋南北朝饮食

一、概述

公元220年东汉亡后,中国基本处于分裂和动乱的状态,在这

300多年的时间里,北方由少数民族控制,南方则由南迁朝廷或贵族把持,从而形成南北对峙的基本格局,直到公元589年才由隋再度统一了中国。人们通常称这一段时期为"魏晋南北朝"。

分裂和动乱给社会和百姓带来的灾难不必多说,但同时也应注意的是,由战乱而引发的大规模的人口迁移又促进了不同地区、民族间的文化、经济交流。汉族和少数民族在民族杂居地区的相互融合过程中,互相吸收对方的积极因素,给生产力的提高带来了积极的因素,并促进了社会经济的繁荣。

此期在意识形态方面对后世产生重要影响的事件是佛教的传播与发展,并对"素食"产生直接的影响。魏晋时期特定社会背景下产生的豪奢与清谈之风则贻害后世。

二、农牧工商

(一)农牧业

北魏贾思勰所著之《齐民要术》是中国现存最早、最完整的农学著作,对北方农业的发展状况有详细而深入记载。世界上最早的植物学专著《竹谱》,我国最早的热带和亚热带植物专著《南方草木状》均在此期问世。

(二)手工业

魏晋南北朝时期,制瓷业已进入成熟阶段,以越窑的青瓷和邢窑的白瓷最负盛名。

南北朝时期出现了先进的炼钢方法——灌钢法,对后世冶炼技术的发展有重要影响。

(三)商业

尽管南北对峙,但商业和交通仍有较大的发展,这一时期的长安、洛阳、扬州、益州、广州、荆州、幽州、汴州和明州都是商业贸易较发达的地区。对外贸易也有一定的规模,丝绸和瓷器是主要的外销商品。

三、《齐民要术》与平民饮食

贾思勰对为何给书起名《齐民要术》作了如下解释:

今采捃经传,爰及歌谣,询之老成,验之行事,起自农耕,终于醯醢,资生之业,靡不毕书,号曰《齐民要术》。

《史记》有"齐民无盖藏"之语,如淳注曰:"齐,无贵贱,故谓之齐民者,若今言平民也。"

贾思勰在《齐民要术》中,对日常的粮食/食物种类及加工方法有比较详细的记载,其主要内容如下:

粮食——黍、穄、粱、秫、大豆、小豆、麻、麻子、大麦、小麦、瞿麦、水稻、旱稻、胡麻、瓜、瓠、茄子和芋等;

蔬菜——葵、蔓菁、菘、芦菔、蒜、泽蒜、薤、葱、韭、蜀芹、芸苔、芥子、胡荽、兰香、荏、蓼、姜、蘘荷、芹、苣、薯、胡葱、苜蓿、莼、藕、莲、芡、芰等;

果类——枣、桃柰、李、栗、林檎、柿、安石榴、木瓜、椒、茱萸等;

畜禽——牛、马、骡、驴、羊、猪、鸡、鹅、鸭、鱼等;

酿酒——货殖、涂瓮、造神曲并酒、白醪酒、笨曲并酒和法酒等;

酱渍——黄衣、黄蒸及糵,常满盐、花盐,作酱法、作豉法、作酢法、八和齑、作鱼鲊、脯腊、羹臛、蒸缹法、䏑腤煎消法和菹绿等;

烹法——炙、作肺、奥、糟、苞、饼法、粽𥽽法、煮𩜹、醴酪、飧饭、素食、作菹、藏生菜法和饧餔等。

四、《世说新语》与士大夫饮食

《世说新语》为南朝宋人刘义庆所撰,记载了自汉末至东晋年间士大夫的言谈逸事,集中反映了魏晋期间士族的放荡生活和清谈风气,其中不乏与士族饮食相关的内容。

(一)豪门食事

魏晋南北朝时期,与平民饮食的简朴形成鲜明对照的是南北朝时期皇室、权贵和豪门的奢侈与荒唐。下面是《世说新语》所记载的资料,从中我们可以看出其时的豪门是何等的奢侈与荒唐。《世说新语·汰侈第三十》载:

> 石崇每邀客宴集,常令美人行酒。客饮酒不尽者,使黄门交斩美人。王丞相与大将军尝共诣崇。丞相素不能饮,辄自勉强,至于沉醉。每至大将军,固不饮,以观其变。已斩三人,颜色如故,尚不肯饮。丞相让之。大将军曰:"自杀伊家人,何预卿事。"

又载:"武帝尝降王武子家。武子供馔,并用琉璃器,婢子百余人皆绫罗裤罗,以手擎食。蒸豚肥美,异于常味。帝怪而问之。答曰:'以人乳饮豚。'帝甚不平,食未毕而去。王石所未知作也。"

(二)"竹林七贤"与酒事

魏晋是"名人"辈出的时代,以"竹林七贤"为其代表。不过要做"名人"也不是什么难事,《世说新语·任诞》云:"名士不必须奇才,但使常得无事,痛饮酒,熟读《离骚》,便可称名士。"

"竹林七贤"是指西晋初年的阮籍、嵇康、刘伶、向秀、阮咸、山涛和王戎,推崇老庄之说,蔑视礼仪法度的共同志向把他们聚集在了一起。因"七人常于竹林之下,肆意酣畅",故人称"竹林七贤"。他们以行为放达,不拘礼节,豪喝滥饮而闻名后世,尽管其中的王戎、向秀和嵇康并不嗜酒,但往往是不得已而为之。在司马氏政权的高压下,人不如此怕是连性命也难保的。"竹林七贤"的放达、超脱和豪饮对后世文人士大夫的品行修养有深远的影响,从"采菊东篱下,悠然见南山"的陶渊明,到"天子呼来不上船,自称臣是酒中仙"的李太白,后世诸多"名士"的身上皆有或明或暗的"竹林七贤"的影子。

我们还是来看一看"醉鬼"刘伶是如何"放达"的吧。《世说新语·任诞》载:

> 刘伶病酒,渴甚,从妇求酒。妇捐酒毁器,涕泣谏曰:"君饮太过,非摄生之道,必宜断之。"伶曰:"甚善。我不能自禁,唯当祝鬼神,自誓断之耳!便可具酒肉。"妇曰:"敬闻命。"供酒肉于神前,请伶祝誓。伶跪而祝曰:"天生刘伶,以酒为名。一饮一斛,五斗解酲。妇人之言,慎不可听。"便引酒进肉,颓然已醉矣。

又云:刘伶恒纵酒放达,或脱衣裸形在屋中。人见讥之。伶曰:"我以天地为栋宇,屋室为裈衣,诸君何为入我裈中?"

五、素食与茶

(一) 素食

素食通常是相对于肉食而言的,唐代颜师古在《匡缪正俗》中,说:(素食)"谓但食菜果糗饵之属,无酒肉也。"无肉食的素食是农耕民族的基本饮食构成,即使是在今日之中国社会,素食仍然是不少农村人口的主要食物。从历史上看,"肉食"也非普通人的常食,否则曹刿也不会有"肉食者鄙"之言了。对于普通百姓而言,以蔬食为生往往是出于无奈,与那些追求素食养生或养性的人全然不是一回事。

在中国,将日常普通的"蔬食"变为一种专门的食物类型"素食"与魏晋南北朝时期佛教的传播有很大的关系。最早的佛教教义并未规定绝对地不能吃肉,据说佛祖与众弟子在化缘时也很少有食物方面的禁忌。依佛教《四分律》,"不见、不闻、不疑为我而杀之肉"是可以吃的。但佛教传入中国之后,饮食方面的禁忌变得严格了起来。在南朝刘宋时流行的《梵纲经》即已规定"不得食一切众生肉,食肉得无量罪";"不得食无辛:大蒜、草葱、韭、薤、兴渠"。梁武帝萧衍的提倡则起到了推波助澜的作用。天监十年(公元 511 年),萧衍作《断酒肉文》,立誓永断酒肉,并以告诫天下沙门。此后,中国佛教徒渐渐成为了素食者。

在中国,素食既不是起源于佛教,也不是佛教徒或信佛之人的专利,由于种种原因而喜欢吃素,或偶而"尝鲜"的大有人在。但我们所要注意的是,由于佛教的原因,素食的制作渐渐受到人们的重视,并最终形成自己的加工技术体系——素菜。

(二) 茶

魏晋南北朝时期,茶先在江南逐渐流行,后向北方扩散。茶与酒、酪是其时的席上珍品。《三国志·吴书》载有吴主孙皓"密赐茶荈以当酒"的事情,其文云:

> 皓每飨宴,无不竟日,坐席无能否率以七升为限,虽不悉入口,皆浇灌取尽。曜素饮酒不过二升,初见礼异时,常为裁减,或密赐茶荈以当酒。

六、馒头与包子

(一) 馒头

一般认为,吃面食的风俗始于战国时期,但由于缺少加工面粉的工具——石磨,故而不会普及。到了汉代,随着石磨的发明和使用,面食才逐渐被更多的人所食用。在没有发明发酵技术之前,除汤饼(片儿汤)之外,其他的炉饼、胡饼、笼饼、环饼等面食大多像"面疙瘩"——没孔。

魏晋期间,人们逐渐掌握了面发酵的技术,使面食制作技术产生了革命性的变化——发酵面。最早的发酵面制品应该是馒头,在当时叫"蒸饼"。据《晋书·何曾传》记载,何曾这个人"性豪奢",对饮食极其讲究,"蒸饼上不坼作十字不食"。如果面没有经过发酵处理,是很难在"蒸饼"上面出现"十字花"的。另外,据《齐书》记载,西晋永平九年(公元299年),朝廷规定太庙祭祀需用"面起饼"。宋人程大昌在《演繁露》中解释"面起饼"时说"入酵面中,令松松然也"。据此,发酵面制作技术出现在魏晋期间已是确信无疑。

(二)包子

包子大约也出现在魏晋之间,但其时的包子不叫"包子",而叫"馒头"。宋代高承在《事物纪原》中引用《稗官小说》的资料,说是三国时孔明征服孟获时,一改以人头祭神的恶俗,而用包上牛、羊、猪肉的馒头来代替人头,故"后人由此为馒头"。此说是否确切、还有待进一步证实。但晋人束皙在其《饼赋》一文中,明确提到了在春天的宴席上宜设"曼头"。这个"曼头"极有可能就是今天的包子。至于"包子"一词的正式出现,一般已是宋代的事情了。

第五节　隋唐五代饮食

一、概述

从公元581年隋建国到907年唐亡,是中国由分裂到统一,再由繁荣渐入动乱的时期。

隋朝虽然像秦一样短命,但隋朝的开科取士和开通南北大运河,使其在中国封建社会发展史上占有了无以替代的地位。唐代长安是当时世界上最大的都城,人口有百万之众,外国客商云集,内外贸易极其发达。唐代是中国封建社会政治、经济和文化全面快速发展的时期,以其强盛的国力和发达的经济、文化成为当时名副其实的世界性帝国。

唐代是一个开放的国度,在广泛吸纳外来文化的同时,也不断对诸多周边国家/地区产生着影响。当时的日本就曾派遣了大批遣唐使和学问僧到唐朝交流和学习。东渡日本的鉴真大和尚则是传播佛教文化和中华文化的杰出代表。

公元907年,唐亡后,中国又进入动乱的五代时期,直至960年宋朝再次统一中国。一个值得注意的现象是,南方的政治分裂并没有对经济的发展产生太大的影响,反而在一定程度上促进了商业贸易的发展。据说是因为小国之君们都想通过发展贸易来增加小朝廷税收。北方则没有这么幸运,连年的战乱不但使得经济萧条,著名的长安和洛阳城也在晚唐时毁于战火。

二、农牧工商

(一) 农牧业

唐代农业的发展以最早的官修农书《兆人本业》和最早的农具专著《耒耜经》为典型事件。唐朝政府设有专门管理水利工程的机关,并颁布了《水部式》,规定了河渠、灌溉、舟楫、桥梁和水运的法令。在畜牧业方面则出现了最早的畜牧兽医专著《司马安骥集》。

出现了菌类的人工栽培和柑橘的涂蜡保鲜技术。

茶树的种植已遍及南方各省,茶叶的品种有20多个,茶税已成重要的税源之一。

(二) 商业

唐代的商业十分发达,广州、明州和扬州都是当时有名的商业城市。唐代还出现了类似今日支票的"飞钱"——汇兑凭证。

以扬州而言,唐代以盐、茶、胡商的珠宝为当铺、钱庄之外的三大商业支柱,扬州一地则兼而有之。《唐会要·卷八十·市》载:

"先是，诸道节度观察使以广陵当南北大冲，百货所集，多以军储货贩，列置邸肆，名托军用，实私其利。"据记载，公元721年和751年的两次暴风雨，扬州遭毁坏的商船均有千余艘。巨大的消费市场，吸引了大批经营珠宝、香药的胡商到唐朝来做生意。五代末，田神功在扬州一次杀死的胡商就有上千人之多。

(三) 手工业

自商周时期出现原始青瓷以来，南北朝时期的制瓷技术已日臻成熟，到了唐代，除了大量生产日用瓷之外，制瓷艺人在艺术瓷器品制作方面亦有突出成就。景德镇的制瓷规模和工艺水平在唐代已跃居首位，并有大量的优质瓷器出口。

此外，宣纸以"玉版宣"之名在宣州问世，雕版印刷术至迟已出现在晚唐。

三、《茶经》

以历史的眼光看，唐代对后世饮食文化发展影响至巨的事件莫过于陆羽《茶经》的问世。《四库全书总目》说："言茶者莫精于羽，其文亦朴雅有古意。"《茶经》第二次全面总结了唐以前中国人在茶叶生产方面取得的成就，较系统地传播了茶叶的科学知识，对茶叶的生产，茶事的兴起产生了积极的作用。《茶经》成书于758年，分三卷，内容包括：源、具、器、煮、饮、事、出、略和图。

四、酒令

酒令的起源至少可以追溯到《仪礼·大射礼》，射礼是一种射箭比赛的礼仪，根据中靶的多少决定胜负，负者饮酒。宋人赵与时在《宾退录》中说：

> 余谓酒令盖始于投壶之礼，虽其制皆不同，胜饮不胜者则一。

"酒令"最早指主酒吏,到唐代开始作为专有名称,指酒席上饮者以酒为注的游戏方式。唐代李肇在《唐国史补》中说:

……国朝麟德中,壁州刺史邓宏庆始创平、索、看、精四字令,至李稍云大备,自上及下,以为宜然。

后来流行的四大类酒令——筹令、雅令、骰令和通令,在唐代均已出现。

五、胡食

(一)外来食风

唐朝是中外经济、文化交流空前繁荣的时期,其间有大批外国人不远万里来到中国学习和经商,唐朝人也再一次领略到了"西域"文化的风采。据史料记载,唐代长安的 100 万人口中,各国侨民和外籍居民约占 2%,加上突厥后裔则在 5% 左右。787 年朝廷检括长安"胡客"时,有田宅的就有 4000 人之多。在这些"胡客"中,波斯商人几乎垄断了长安的珠宝和香药生意,而印度人则在医学、天文和经商方面大显身手。玄宗之后,朝廷中的蕃将、蕃相亦不乏其人。

唐开元、天宝之际,胡音、胡骑、胡妆在长安和洛阳等地十分流行,诗人元稹在《法曲》中是这样描述的:

自从胡骑起烟尘,毛毳腥膻满咸洛。
女为胡妇学胡妆,伎进胡音务胡乐。
火凤声沈多咽绝,春莺啭罢长肖索。
胡音胡骑与胡妆,五十年来竞纷泊。

"毛毳腥膻满咸洛"的结果是胡食自汉以后又一次在华夏的流行,时人论及此事时,有开元以后"贵人御馔,尽供胡食"之语。

(二)饆饠、胡饼、馉饳

饆饠、胡饼和馉饳是唐代流行的胡食品种。

饆饠，一说是馅饼之类，一说是抓饭之属。段成式在《酉阳杂俎》中曾记载长安有两处专卖饆饠的食铺，一在东市，一在长兴市，以斤计重，主要作料是蒜。《卢氏杂说》中说："翰林学士每遇赐食，有物名饆饠，形粗大，滋味香美，呼为'诸王修事'。"据相关史料记载，饆饠在流传过程中，制法和配料都有了较大的变化，并成为唐宋时一种风味独特的食物，并有蟹黄、猪肝、羊肾和羊肝等不同的口味。

胡饼，唐代胡饼与烧饼的区别可能并不特别明显，基本的制法是以葱肉为馅，在炉中烤熟。胡饼在唐朝是赐食中的常见品种，日本僧人圆仁《入唐求法巡礼行记》说："立春，命赐胡饼寺粥，时行胡饼，俗家皆然。"

馎饦也是唐代流行的胡食之一，类似今天的油煎饼。

(三) 蔗糖

唐代胡食中对后世影响最大的应该要算蔗糖和熬糖工艺的引入。据史料记载，唐太宗时派遣使者去恒河下游的一个小国摩偈陀求取蔗糖制作技术，后在扬州试验榨糖，所得的榨糖不论色泽还是味道都超过了原产地。

(四) 西域名酒

据称，葡萄酒酿造之法是在唐初统一高昌时传入华夏的。有史料记载，唐太宗曾亲自监酿了 8 种葡萄酒。波斯三勒浆和龙膏酒则是当时知名的"洋酒"。

六、食事文献

(一) 概述

隋唐五代期间，有多种饮食文献问世，今天还能见其全貌或残卷的著作主要有：隋·谢讽著《食经》、唐·韦巨源著《食谱》、唐·陆羽著《茶经》、唐·张又新著《煎茶水记》、唐·孟诜著《食疗本草》、唐·昝殷著《食医心鉴》、唐·杨晔著《膳夫经手录》、唐·郑望之著《膳夫录》等;收录饮食内容的类书、笔记主要有:唐·段成式著《酉阳杂俎》、唐·虞世南编《北堂书钞》、唐·欧阳询主编之《艺文类聚》、唐·徐坚、张说等编《初学记》等。

(二) 谢讽《食经》

谢讽曾任隋炀帝的尚食值长,《食经》的全貌今已无从知晓,宋人陶谷在其《清异录·馔馐门》中辑录了《食经》的部分内容,使我们得以窥其一斑。《清异录·馔馐门》所辑录的《食经》主要是食物品种,计有 53 种,但只记录了名称,对食物使用的原料、制法和特色没有具体描述。从《食经》所记食物之名称中,我们大致可以得到以下的印象:

第一,食物的种类比较丰富。《食经》所载之 53 种肴馔,涵盖了脍、羹、炙、馓、生、饼、饭、糕、卷、蒸、炸、飣、鲊、汤、臛、屑、酱和腊等多种食物类型。

第二,讲究食物的命名艺术。《食经》所载之肴馔的名称,有非常明显的艺术性,有些名称即使用今天的眼光来看,也是美仑美奂,例如:龙须炙、飞鸾脍、春香泛汤、香翠鹑羹、千炙满天星、乾坤夹饼,等等。

第三,"私家菜"崭露头角。私家菜是近年来流行于中国食坛的新潮概念,实际上在讲究饮食文化的中国社会,从来就不缺乏讲究饮食之家或讲究饮食之人,而当某一名食物与名人合而为一时,食以人名就是极自然的事情了。在谢讽《食经》中,有三款肴馔被标明与当时的名人相关,即"北齐武成王生羊脍"、"越国公碎金饭"和"虞公断醒鲊",其中的"越国公碎金饭"极可能与当今闻名世界的"扬州蛋炒饭"有渊源关系。

当然,谢讽《食经》所载之肴馔绝非普通百姓人家的饮食。

(三)《艺文类聚》

《艺文类聚》为唐·欧阳询主编,全书计 100 卷,其书的特点是

"事居于前,文列于后"。

《艺文类聚》与饮食相关的内容集中在第72卷食物部,部下分为食、饼、肉、脯、酱、酢、酪苏、米、酒等九类。此外,在杂器物部、药香草部、百谷部、果部、鸟部、兽部、鳞介部等部分也有一些与饮食相关的内容。

第六节　宋元饮食

一、概述

宋朝始建于公元960年,亡于1276年。北宋时期,是中国封建社会迅速发展的时期,长江流域的经济、文化发展尤为引人注目,国家的经济和文化重心也呈逐渐南移之势,至南宋,长江流域已成为名副其实的半壁江山。两宋政权一直面临辽、夏、金的巨大压力,随着元朝的崛起,南宋终于在公元1276年亡国,元朝又一次统一了中国。元朝政权在公元1368年为明朝所替代。

二、农牧工商

(一)农牧业

宋元时期,水稻已成为主要粮食作物,越南占城稻、朝鲜黄粒稻、苏州箭子稻、福建金婢稻和洛阳和尚稻等都是当时的著名稻种。南宋时期,江南一些地区的水稻品种已多达200余种。麦子仍然是北方的主要粮食作物,南宋时南方地区已有少量种植。

农田水利建设得到充分地重视,出现了大量围湖而成的圩田,在海边或海塘中筑成的沙田和涂田。农业生产技术水平有较大提高,出现了《农桑辑要》(元世祖忽必烈颁布)、专讲水田耕作技术的《农书》(1149年,陈旉著)和总结前人及当时农业生产经验的《农书》(1295~1300年,王桢著)等专门著述。

四川、广东等地出现了专门种植甘蔗的农户,茶、蔬菜、柑橘、竹、油茶子等经济作物也有广泛种植。

(二) 商业

宋元时期商业的发展首先得益于整体经济的发展;其次,是区域商贸往来的日益频繁,其中,南方经济发展带来的南北贸易往来具有重要作用;第三,则是交通运输状况的改善,其中,以元代修通杭州至大都的运河,开辟由东南至大都的海运通道最为重要。

商业的繁荣同时也促进了城市和集镇的发展。北宋时期的开封、成都,南宋和元代的杭州、扬州、苏州、太原、京兆(今西安)均是当时重要的商业城市。一些以前叫圩市、草市和墟市的定期集市,则逐步发展成为固定的集镇。

宋元时期商业发展最显著的标志,大概要算纸币的出现。宋称纸币为会子或交子,金、元称纸币为交钞。宋元纸币是世界已知最早的纸币。

宋代的海外贸易也十分发达,运用桨和船帆的巨大海船可以乘载数百人,而罗盘的发明和使用则对海上贸易产生了有力的推动。

(三) 手工业

一般认为,以丝织、漆器和制瓷为代表的传统手工业在宋代已达到很高的水平,并趋于完美,其中又以瓷器制作最为突出。宋元时期,著名的瓷器产地有:官窑、均窑、汝窑、定窑、越窑、哥窑和景德镇瓷窑。

三、清真饮食

宋元时期,尤其是元代,有大批波斯人和阿拉伯人迁居中国,元称其为色目人,又叫"回回",其地位仅次于蒙古人,享有种种特权。明·田汝成在《西湖游览志》中说:"元时内附者,又往往编管江、浙、闽、广之间,而杭州尤夥,号色目种。"由于大量穆斯林的存在,其生活方式和习俗必然会与当地原有的生活方式和习俗产生不同程度的相互影响,饮食自不能例外。元代刊行的类似家庭百科全书的《居家必用事类全集》中,有专节叙述"回回食品",计有12种,由此可见当时"回回"饮食在中国的影响。在元·忽思慧所著之《饮膳正要》中,其所列肴馔大多是以羊或羊内脏为原料制成的。虽然羊也是蒙古食俗中的主要食料之一,但"回回"食风的影响恐怕也在所难免。

湖羊是宋元间江南培育出的绵羊新品种,具有耐温热、易舍养、肉美、皮优的特点。其本是蒙古羊的一种,随北人南下而至太湖地区,后被改良。这种现象可能与长江下游地区蒙古人和大量穆斯林存在所产生的饮食需求有某种程度上的联系。

四、吴氏《中馈录》

"中馈"者,妇女在家主持饮食之事也。北朝人颜之推在《颜氏家训·治家》中曾说:"妇主中馈,唯事酒食衣服之礼耳。"在传统中国文化中,善治中馈一直是女子的美德之一。只是自古以来善治中馈的家庭主妇并不稀罕,稀罕的是不仅做得好,还能著书立说的主中馈之人。

吴氏,有姓无名,生平不详,现只知其为浦江人(今浙江浦江县)。此书为现知最早的,由妇女撰写的家庭烹饪著述。全书约6500字,分脯鲊、制蔬和甜食三部分,记录了70余种家常食物/肴馔的名称与制作要领。在陶振纲和张廉明二位先生编著的《中国烹饪文献提要》一书中,是这样评价此书的:"此书不仅是古代烹饪技术专著,而且对研究中国烹饪史也有参考价值,即使今天作为烹饪知识的普及读物,亦无逊色。"

五、茶与酒

(一)茶

由于上层社会的喜爱,特别是皇帝的亲力亲为,使茶事在宋代极为兴盛。宋徽宗不但喜爱与臣下斗茶取乐,还亲自撰写了一部茶书《大观茶论》,这在古代帝王之中是绝无仅有的。

宋代茶事之盛首先表现于茶产量的大幅度提高,茶利成为朝廷重要的经济来源;其次,制茶技术有新的进步,已能制作炒青散茶;第三,茶已成为百姓日常生活必需品,所谓"开门七件事,柴米油盐酱醋茶";第四,对茶事的研究进一步深入,出现了 20 多部茶叶专著,以宋徽宗的《大观茶论》和蔡襄的《茶录》最为著名;第五,"斗茶"之风盛行,出现了类似今天冲泡法的"点茶法",相比于自唐而下的煎茶法是一大进步。

(二)酒

宋元时期的酒文化特点主要表现在两个方面:首先,是宋代酒的生产和消费规模的扩大,以及朝廷以酒谋利的无所不用其极。清·赵翼在《陔余丛考·宋元榷酤之重》中说:"史策所载历代榷酤,未有如宋之甚者。"宋代的冗官、冗费常使国库入不敷出,酒税因而被日益看重,朝廷对待酒的态度实际上"劝饮",因为,喝得越多,就酿得越多;酿得越多,税就收得越多。

其次,是元代时"烧酒"——蒸馏酒的出现。尽管对于"烧酒"出现于何时尚有不同意见,但一般认为是元代从外域传入中原地区的。烧酒的出现,对中国酒文化的后来发展产生了重要影响,并逐步替代传统的黄酒(酿造酒)成为酒市场的主角。

六、张俊宴局宗

在宋·周密所著之《武林旧事》中,收录了一份南宋重臣张俊在家向宋高宗赵构供进御筵的完整食单,其排场和肴馔的丰盛与精致远在清·李斗《扬州画舫录》所辑录的"满汉席"食单之上。分析这份难得的御宴食单,我们大致可以得到以下的印象:

第一,等级森严。高宗与随从的饮食相比,无论是数量,还是品质都有天壤之别。即使同为第一等的秦桧父子,其各自的饮食相差甚远,封建的伦理纲常在食单中写得明明白白。

第二,大量使用香药/香料。食单所记"缕金香药一行",计有脑子花儿、干草花儿、珠砂圆子、木香丁香、水龙脑、史君子、缩砂花儿、官桂花儿、白术人参、橄榄花儿等诸多品种。"香药"可观、可嗅,又具有刺激食欲和渲染环境气氛的作用,是不可多得的佐食佳品。

第三,蜜煎时果颇多。在供高宗享用的近200件肴馔中,干鲜蔬果有120件之多。以大量的蜜煎时果作食,固然与南方的物产特点有关,但应该也是当时饮食习惯的一种表现。

第四,高宗所食之物具有明显的南方色彩,而秦桧所食之物却分明是北国风味。这一现象表明自魏晋南北朝以来,南北饮食风味的相互交流与融合已是大势所趋。诚如宋·吴自牧在《梦粱录》中所言:"南渡以来,几二百余年,则水土既惯,饮食混淆,无南北之分矣。"

七、食事文献

宋元时期的饮食文献有四个明显的特点:一是数量明显多于前代,这一情况可能是亡佚较少的缘故,但同时也说明关心饮食文化的人越来越多;二是茶类著述较多;三是养老食疗类著述较为丰富,传统药食同源或医食同源的观念得到了发扬光大;四是出现了一些专述某种原料或食物的著述,这表明人们对饮食问题的研究已逐步向纵深发展。

宋元时期比较重要的著述有:宋·陶谷著《清异录》、宋·李昉等编《太平御览》、宋·陈达叟著《本心斋蔬食谱》、宋·林洪著《山家清供》、宋·黄庭坚著《士大夫食时五观》、宋·陈直著元·邹肱续《寿亲养老书》、宋·朱肱著《北山酒经》、宋·司膳内人著《玉食批》、宋·蔡襄著《茶录》、宋·宋子安著《东溪试茶录》、宋·窦苹著《酒谱》、宋·韩彦直著《橘录》、宋·王灼著《糖霜谱》、宋·熊蕃著《宣和北苑贡茶录》、宋·赵汝砺著《北苑别录》、宋·傅肱著《蟹谱》、宋·陈仁玉著《菌谱》、宋·赵□(耐得翁)著《都城纪胜》、宋·周密著《武林旧事》、宋·吴自牧著《梦粱录》、宋·吴氏著《中馈录》、金·李杲著《食物本草》、元·王桢著《农书》、元·吴瑞著《日用本草》、元·忽思慧著《饮膳正要》、元·鲁明善著《农桑衣食撮要》、元·贾铭著《饮食须知》、元·倪瓒著《云林堂饮食制度集》和元·佚名《居家必用事类全集》等。

第七节 明清饮食

一、概述

明朝(1368~1644年)的初中期,虽然政治较为黑暗,但社会经济和文化仍有不同程度的发展。海外对中国丝绸和瓷器的大量需求,曾给明朝带来相当大的经济利益;郑和下西洋的壮举,也曾令明朝的声威大振。明朝后期,尽管出了一位有作为的改革家张居正,但政治腐败已积重难返,1644年明朝终为清所灭。

清朝(1644~1912年)是中国末代封建王朝。康乾之时,朝廷颇有作为,社会经济、文化均有较大发展。但晚清政权的腐朽和愚昧,最终使中国沦落为任人宰割的半殖民地和半封建社会。

二、农工商

(一)农业

明代的福建、浙江等地已有双季稻种植,广东已有三季稻种植,直隶等地也开垦了不少稻田。清代的江苏、湖南、湖北和四川等地也已成为水稻高产地区。

明清时期,棉花种植已推广至全国,桑、茶、甘蔗、果树等经济作物的种植也不断得到推广。

明清时期农业发展的重要成就也许是玉米、落花生、甘薯、马铃薯和烟草等的引种。玉米、甘薯和马铃薯等物种的引种对增加粮食产量,解决不断增加的人口的吃饭问题有重要作用。

(二)手工业

明清时期手工业的成就首先表现在以生产商品为目的的纺织业的不断发展。

其次,制茶、制糖和榨油技术也有较大进步,茶叶成为重要的外销商品。

第三,制瓷、制盐和冶铁都有所进步。景德镇仍然是全国著名的瓷都,瓷器的釉色和彩绘不断出新,青花和五彩是当时的名品。四川盐业的发展很快,规模较大的盐场有上万盐工。

第四,造船业已有相当水平,明代郑和下西洋时的庞大船队就是最好的证明,清康熙时苏州制造的海船在海外也很畅销。但由于种种原因,发达的造船业并未使中国成为海上强国。

第五,缂丝、雕漆、玉雕工艺已达很高水平,景泰蓝则是明景泰帝时出现的新兴工艺,并得到迅速发展。

(三)商业

明清时期的商业十分繁盛,北京、南京、成都、汉口、苏州、杭州、松江等市镇均是著名的商都。

明万历之后,江南的商业有显著发展,一些乡镇因商业的影响,逐渐由几百户人家扩大至数千家乃至上万户人家。广东佛山、湖北汉口、河南朱仙和江西景德镇则是清代著名的商镇——"四大商镇"。

三、茶与酒

(一)茶

明代茶事十分繁荣,其突出的表现是著述丰富,据专家统计,明代有目录可考的茶书计 55 部,亡佚四部,有参考研究价值的有 20 部之多。茶书内容涉及茶事的各个方面,但专家们认为在系统性和研究深度上,明代茶事著述尚未超越《大观茶论》或《茶录》的水平。

在茶叶贸易方面,明代推行严格的"以茶制边"政策,贩私茶至边疆者杀无赦,朱元璋的一个女婿就因此而被赐死。

清代茶事的成就主要表现在制茶技术方面,发明了白茶、红茶和青茶,至此,中国完成了六大茶种的创制。与世界上其他主要产茶国相比,中国的黄茶、黑茶、白茶和青茶独树一帜。

(二)酒

总体而言,明清两代对酒采取的是"轻税"政策,因为随着社会经济的发展,酒税在朝廷收入中的重要性程度有所降低。此外,明清时期酒已成百姓日常生活消费的重要内容之一,朝廷采取的"轻税"政策有利于稳固政权和安抚人心。

四、烟草与鸦片

(一)烟草

烟草于明代由中国南部传入,至清康熙末年已推广至北方地区。烟草为害在明已见端倪,到清代已是"灾难深重"。清·包世臣在《安吴四种·卷二十六·齐民四术·庚辰杂著二》中说:

前明中叶,内地始有其种。数十年前,吃烟者十人而二、三;今则山陬海澨,男女大小,莫不吃烟。……以致各处膏腴皆种烟叶,占生谷之地已为不少。

又说:不仅占生谷之土而已也,且驱南亩之民为做烟、打捆、包烟者,其数又复不少。至各处开烟袋店铺,烟袋头尾大抵销青黄铜钱为之。……沮坏钱法,此宗最大。且做工之人,莫不吃烟。耕择未几,坐田畔,开火闲谈,计十人做工,止得八工之力,其耗工又复无算,减谷亦无算。所谓烟耗谷于暗额,其弊如此。

烟草争人、坏钱、误工之弊端昭然若揭,但天下之民仍乐此不疲。

由明而清,朝廷均有禁烟之举,但烟已渐成大众嗜好之物,并比酒茶更具普遍性,法已不制众矣。在中上层社会,烟酒茶则成独特之饮食景观。据《清稗类钞》载,"叶仰之茂才观文,康熙朝之钱塘人。初嗜酒,醉则谩骂。已而病,涓滴不能饮,复嗜茶。"而乾隆年间嗜烟如命的纪昀更有"纪大锅"之称。中国早期吸食烟草的方式主要是旱烟、嚼烟、水烟和鼻烟,雪茄不甚流行,现则以卷烟为主。鼻烟据说是由利玛窦带来的,属于高级烟草嗜品。鼻烟以油重味香的高级烟叶,加上名贵药材,制成粉末状,再经密封陈化而制得,有一定的醒脑提神和药用价值。吸鼻烟需要专门的鼻烟壶,清代鼻烟壶的制作达到了极高的水平,并由此生发出一门独特的"内画"工艺。

(二) 鸦片

鸦片在唐代由阿拉伯地区传入中国,因其有镇痛、提神、止泻等功用而作为药材使用,明《本草纲目》等医书均将其列为药材。在宋代有以罂粟花入馔的记载,将罂粟浆与旱烟末制成丸吸食是明代末年的事情。

清康熙时,鸦片仍作为药材进口,至雍正时始有禁烟之令。乾隆以后,鸦片开始大量涌入中国,英国人是其急先锋。巨大的利润诱惑,驱使鸦片贩子把越来越多的鸦片输入中国,而中国则遭受前所未有的灾难,直至引发鸦片战争。

五、满汉席与千叟宴

"满汉席"今又称"满汉全席",是清代宫廷饮食文化留下的遗产。清乾隆年间,满汉席已成六司百官往来应酬的重要宴饮形式之一。现在见到的,最早的民间版本的满汉席食单为清·李斗著《扬州画舫录》所记。李斗说:

> 上买卖街前后寺观皆为大厨房,以备六司百官食次。……所谓满汉席也。

其所记肴馔有百种之多,几乎用尽山珍海味,奢华至极。满汉席的前身应该是在康熙时仍流行的汉席和满席。《大清会典》中,有"康熙二十二年,始议准宫中元旦日改满席为汉席"的记载。而满席和汉席又应该与清初出现的满菜和汉菜有某种联系。

清·袁枚在《随园食单》中对满菜和汉菜之事曾有过评价,其云:

> 满州菜多烧煮,汉人菜多汤羹,童而习之,故擅长也。汉请满人,满请汉人,各用所长,转觉入口新鲜,不失邯郸故步。今人忘其本分,而要格外讨好,汉人请满人用满菜,满人请汉人用汉菜,反致依样葫芦,有名无实,画虎不成反类犬。

饮食上的尴尬,实际上是政治、文化上不协调的一种表现。而"满汉席"的出现实在是"顾全大局"的妙法!"满汉席"实质上是康乾时期,朝廷倡导的"满汉官民,俱为一家"的政治企图在饮食文化中的表现。如果把与"满汉席"同时出现的"千叟宴"两相对照,则上述企图"昭然若揭"。《清朝野史大观·卷三·笼络汉族之政策》载:

> 圣祖在位六十一年间,虽外讨内绥,兵威甚盛,然亦知汉族之不可以武治也,乃用儒术以束缚之。及其策有六,即:尊

孔、开科、开馆编书、巡游江南召试名士、复"八股"和开"千叟宴"。

关于"千叟宴",其又说:

诏天下不论满汉官民,凡年过六十五者,皆得与宴赋诗,以示满汉一体。

据记载,"千叟宴共举办过四次,康乾两朝各两次,最大的一次有5000余人参加。如果说"千叟宴"是皇帝的即兴之作,那么,"满汉席"就是他们的御用工具了。

六、食事文献

(一)概述

明清时期流传下来的饮食文献较多,其较有价值者如:明·朱橚著《救荒本草》、明·邝璠著《便民图纂》、明·宋诩著《宋氏养生部》、明·李时珍著《本草纲目》、明·刘基编《多能鄙事》、明·高濂编著《居家必备》、明·高濂著《遵生八笺》、明·袁宏道著《觞政》、明·徐光启著《农政全书》、清·李渔著《闲情偶记》、清·佚名辑《调鼎集》、清·朱彝尊著《食宪鸿秘》、清·张英著《饭有十二合说》、清·陈梦雷等编《古今图书集成·饮食部》、清·袁枚著《随园食单》、清·顾仲撰《养小录》、清·李斗著《扬州画舫录》、清·顾禄著《清嘉录》、清·顾禄撰《桐桥倚棹录》、清·王士雄纂《随息居饮食谱》、清·曾懿撰《中馈录》、清·傅崇榘著《成都通览》、美国教会出版社编译《造洋饭书》、徐珂主编《清稗类钞》等。

(二)《随园食单》

《随园食单》,清·袁枚著。是书分须知单、戒单、海鲜单、江鲜单、特牲单、杂牲单、羽族单、水族有鳞单、水族无鳞单、杂素菜单、小菜单、点心单、饮粥单和茶酒单。以原料为纲,菜肴为目,共有300多个品种。菜点以江浙为主,兼及粤、鲁、皖等地,高、中、低档均有。该书最重要的价值在于"须知单"和"戒单",袁枚于此,对中国传统烹饪的经验进行了成功的总结,使该书成为中国传统饮食经验的集大成者。其"须知单"分为先天、作料、洗刷、调剂、配搭、独用、火候、色臭、迟速、变换、器用、上菜、时节、多寡、洁净、用纤、选用、疑似、补救和本分诸节,在前人经验和自己验证的基础上,对菜点制作、食用的过程中应注意的问题,应遵循的基本原则进行了较全面、深入的论述。即使对今天之厨师,仍有不少的帮助。其"戒单"计有戒外加油、戒同锅煮、戒耳餐、戒目食、戒穿凿、戒停顿、戒暴殄、戒纵酒、戒火锅、戒强让、戒走油、戒落套、戒浑浊、戒苟且诸节,则是对时俗之弊的鞭挞,有些虽说言之过火,但仍不失为厨家戒律。此书在国内外具有广泛的影响。

(三)《调鼎集》

《调鼎集》,清·佚名辑。此书的辑录者和成书时间至今尚无定论,从内容、行文、章法看,可能不是一人、一时所作。其《序》言:"是书凡十卷。不著撰者姓名,盖相传旧抄本也。"书中的不少内容出自《北砚食单》《食宪鸿秘》《闲情偶记》《随园食单》等书,尽管如此,但该书仍不失为清代一部重要的烹饪文献。是书内容之广博他书莫比,所录之食物有 2000 余种,诚如其《序》所言:"上则水陆珍错,羔雁禽鱼;下及酒浆醯酱盐醢之属;凡周官庖人之所掌;内饔、外饔之所司,无不灿然大备于其中。其取物之多,用物之宏,视《齐民要术》所载物品,饮食之法尤为详备。"其取材,以江南饮食为主,北方饮食辅之,还有西北之饮食相衬,蔚为大观。此外,该书辑录了不少有关宴席的资料,这是其他食谱所不多见的,对研究清代的宴席沿革有重要的参考价值。

(四)《造洋饭书》

《造洋饭书》是目前所见最早公开刊行的中文版西餐菜谱,原书题有"美国教会出版社出版,耶酥降世一千九百零九年"之语。

是书分25章,收录271种西式菜肴和糕点的烹制方法。每道菜点在菜名之后,按序分别说明原料用量、处理方法、调味及烹饪中应注意的事项,简明易懂,十分适合初学西式烹饪的中国人之用。

《造洋饭书》的出现,说明在清代晚期西式烹饪已在中国有一定范围的传播,并有一定规模的消费市场存在。

第八节 近代饮食

一、概述

从1840年鸦片战争到1949年中华人民共和国成立,这110年的历史,通常叫作近代史。这期间又可分为两个阶段,即1840～1911年的晚清时期和1911～1949年的中华民国时期。半封建、半殖民地社会是此阶段中国社会的基本特征。这一时期中国饮食文化的特点主要有三个方面的表现:一是现代科学对饮食观念的影响;二是食品工业的发展;三是都市饮食市场的繁荣。

二、科学的影响

明末清初,西方传教士利玛窦等来华传教的同时,也带来了天文、历法和数学一类的"西学"。鸦片战争以后,由于西方近代科学的各个门类都已经形成体系,加之清政府也不敢干涉西方教士的传教活动,以及在华印书办报,科学意义上的"西学"开始真正进入中国。

近代西方科学对中国饮食文化的影响主要是现代营养和卫生知识的传播。当然,开始之时,对习惯于"药食同源"或"医食同源",习惯于"养、助、益、充"的中国人来说,营养素与细菌的概念无异于"天方夜谭"。但这一初步的知识传播,对此后中国饮食文化的发展影响至深。尽管到了20世纪后期,仍有少数中国传统饮食文化研究者执着于"养、助、益、充"之说,对现代营养学持一定的保留态度,但大多数饮食文化研究者乃至公众对现代营养学的认同已无庸置疑。

早期营养卫生知识的传播主要得益于一本名为《化学卫生论》著作的翻译和出版。这本书对近代营养科学在华立足起了很大的作用,影响了几代人,连鲁迅都承认受了它的影响,绍兴鲁迅纪念馆至今还保存着相关的记录。《化学卫生论》一书的英文原名为"Chemistry of CommonLife",因此,这里的"卫生"一词实为"养生"之意。该书原版于1850年首发,原著者为当时国际著名化学泰斗、瑞典化学家贝齐利乌斯(J. J. Berzelius,1779~1848)的英国学生约翰·斯顿(J. W. JohnSton,中译本译为真司腾),后经英人罗以司(G. H. Lewes)修订,中译本由傅兰雅(西士)和栾学谦(中士)合译,所据原本为1854年伦顿版。《化学卫生论》初译本在《格致汇编》上连载,后来由格致书室、广学会和江南制造局数次以单行本的形式出版发行。全书共分4卷33章:卷1为第1~6章,分别叙述空气、水、土壤、植物、粮食、肉类与人类生存的关系;卷2为第7~14章,阐述茶、咖啡、可可、蔗糖、乳类、粮食酒、葡萄酒、酒精的相关知识;卷3为15~23章,阐述对人体有毒害作用的物质,诸如烟草、鸦片、印度大麻,等等;卷4为24~33章,论述化学品对人体的危害和环境污染,以及消化生理方面的知识。

表面看起来,近代西方科学知识中营养卫生知识在中国的直接传播并不深入和广泛,但我们应该注意的是,近代西方科学知识传播对中国饮食文化的间接影响是十分深远的。原因有三:一为思维方法的冲击远大于知识本身,使国人认识到中国传统思维方法的局限性;二是近代营养科学及其相关的学科基础知识,被系统地介绍到中国来之后,人们对"养生"的内涵有了本质的认识;三是传统的阴阳五行之说受到了前所未有的挑战,引发了人们的强烈反思。徐珂在《清稗类钞》中曾对"宴会的肴馔过多,有妨卫生,且不清洁而縻金钱也"饮食风气加以批评,并对曾留学美国的无锡人朱胡彬夏女士的家宴食单和进餐方式倍加推崇。这说明近代营养卫生知识已为一些人所接受,并用以指导日常生活行为。

三、食品工业

自从拿破仑军舰上的厨师发明了罐头以后,食品工业与人们日常饮食生活的联系就越来越密切了,现代食品工业则几乎已渗透到了日常饮食生活的各个角落。

就中国的状况而言,食品工业的发展起步于19世纪下半叶,标志是一批面粉厂和烟草公司的成立。在这些企业中,知名的如:1886年开业的上海华商正裕面粉厂,1896年成立的英商上海增裕面粉厂,1899年成立的上海阜丰机器面粉公司,1900年成立的南通复新面粉公司和无锡茂新面粉公司,1902年成立的上海英美烟草公司和华兴面粉公司,1907年成立的南洋烟草公司,等等。显然,初期的食品工业主要是原料加工和卷烟制造,所涉足的范围十分有限。但重要的是,这些企业为后来的发展起到了榜样和先锋的作用。

进入20世纪以后,中国的食品工业开始涉足调味品、酿造、糕点、糖果和饮料等制造领域,并取得了较大的成就。在新兴食品制造企业中,民族资本家吴蕴初创办的民族味精工业最为后人称道。吴蕴初受日本"味之素"的启发,利用自己所掌握的化学知识,自行研究谷氨酸钠(当时称哥罗登算钠 sodiumglutamate),于1921年初取得成功,制得了几十克谷氨酸钠产品。他带着自己的产品到小饭馆去,在所要的菜肴中添加少量产品,以品尝其增鲜效果,结果引起了一个叫王东园的人的注意。此人是当时上海著名酱园张崇新酱园的推销员,最终促成吴蕴初和他的老板张逸云合作,创办了天厨味精厂。味精这个商品名称也是他们定的。天厨味精于1923年投产,当时几乎完全是手工操作,月产量只有500磅左右。1923年年产量为3000公斤,1924年为9000公斤,1925年为15000公斤,1926年为25500公斤,到1928年达到51000公斤,五年之间翻了四番有余。加之因1925年上海等地掀起抵制日货的高潮,所以天厨味精的销路猛增。到1932年,年产量已达到159000公斤。

此外,传统食品企业在近代也有较大发展,出现了一批如上海冠生园、邵万生食品公司之类的著名的"老字号"企业和名特优食品,诸如:南京板鸭、扬州酱菜、镇江醋、苏州糖果、绍兴黄酒、金华火腿,以及杭州茶叶,等等,不少产品还曾获得过巴拿马世界博览会金奖。但整体说来,这些企业在发展理念和生产运作方式上比较传统和保守,缺乏像吴蕴初那样的见识,故难以走出作坊式手工生产的窠臼,无法融入现代食品工业发展的轨道。

(本节内容主要参考季鸿崑先生的研究成果)

阅读资料 2—1　青海四千年前面条为中国赢得面条发明权

面条作为一种世界性的大众食品,很多国家都声称拥有面条的发明权,其中以意大利、阿拉伯和中国三家为主。最近,著名的英国《自然》杂志发表了一篇题为《中国新石器晚期的小米面条》的论文,称中国考古学家在青海省的一个遗址中找到了距今约4000年的面条实物,面条"发明权"之争宣告终结。

2002年10月,中国社会科学院研究员叶茂林带领工作人员在青海省民和县喇家新石器遗址上发现了一个倒扣着的碗,在碗形泥土的顶端,也就是原碗的底部位置上,赫然躺着一团鲜黄色的线状物,质地柔软,外表形似我们今天常吃的"拉面",粗细相当均匀,直径只有约0.3cm,长达50cm。

论文的主要作者中国科学院地质与地球物理研究所研究员吕厚远说,软体化石的保存极其困难,中国这碗面条能留有赖于所在地的特殊遭遇。喇家毁于一次灾难性大地震,盛着面的碗倒扣在地上,窑洞塌下来,黄土覆盖上去。吕厚远说:"幸运的是碗倒扣在地上,使碗中的面条和碗底之间留有一定的空间,不至于使面条直接承受压力而化为粉末,保持了最初的状态。"大地震后是大洪水,黄河带来的泥沙使喇家遗址连同那碗来不及食用的面条被密封在地下,直到4000年后才重见天日。

(资料来源:http://www.canyin.org)

中国栽培植物辑要(1)

粮食类的栽培植物:

1. 稻。属稻属,禾本科。古代称"稌",包括水稻、陆稻。我国是栽培稻的发源地之一。

据古文献记载,在神农和黄帝氏族部落的原始社会就开始了播种五谷,稻为其一。《史记·夏本记》"禹令益予众庶稻可种卑湿"为史书最早之记载。历史学家公认,稻种的驯化栽培,大概始于旧石器时期的晚期即中石器时期,稻种由野生到栽培的发展过程应不少于一万年。据考古发现和考证,大概距今七千年前,我国长江下游地区已经栽培着比较优良的水稻品种。

2. 小麦。属小麦属,禾本科。原产作物。

大约四千年前,黄河流域、淮河流域和长江上游部分地区已大面积栽培能自由脱粒的普通小麦。《夏小正》《诗经》《尚书》《春秋》等都有关于小麦的记载。考古证明,距今六七千年以前,黍、粟、麦等谷类作物的生产已在黄河流域占据重要地位。

3. 大麦。属大麦属,禾本科。原产作物。

大麦的出现可能与小麦同时,史前在我国偏北地区广有栽培。

4. 燕麦。属燕麦属,禾本科。《尔雅·释草》名"蕎",又叫"菸麦""雀草""斯",原产作物。

燕麦比其他麦类更适应高寒山区的环境。青稞麦即裸燕麦。

5. 粟。属狗尾草属,禾本科。世界公认中国人最早将野生粟变成栽培粟。古称"禾",也叫粱(黄粱、青粱、白粱)。

一般称没有去壳的粟为谷子,称去壳的粟为小米。

粟是我国最古老的栽培植物之一,中国是世界上唯一最早的从粟开始发展起来的农业国家。甲骨文中有粟字,《诗经》中有许多篇章描写粟。贾思勰描述了80多个粟品种。

6. 稷。属稷属,禾本科。原产作物。

高润生《尔雅·谷名考》云:"(稷)三代恒食之品,除稻麦菽麻,其普通使用者,惟黍与稷尔。……古代以稷为谷之通名,黍即黏稷,古名秫,亦称粢、穄。"我国上古开始出现农业时,最先受到重视和栽培化的作物可能就是稷,并把它当作图腾来崇拜。最早领导管理农业的人被尊称为"后稷"。稷的栽培历史可上溯七千年以上。

黍稷一般并提,实际上二者是有区别的。它们为同种的不同变种,成熟后子实的性质不同,黏性或糯性的为黍,不黏性或硬性的为稷;生育期不同,晚种晚收为黍,早种早收为稷。

7. 高粱。属高粱属,禾本科。原产作物。又称蜀黍、木稷、荻粱、粱秫、芦穄等。

五千年以来,黄河流域广有种植。高粱的另一个有悠久栽培历史的地方是非洲。

8. 玉蜀黍。属玉蜀黍属,禾本科。通称玉米,又叫苞谷。一般认为原产地在南美洲(我国西南高原也是玉蜀黍原产地之一)。

15世纪末,一条路线由葡萄牙人将玉蜀黍带到爪哇,16世纪初传到我国;另一条线路由阿拉伯人经西班牙、麦加、中亚而传入我国。16世纪才见诸文献记载。

9. 马铃薯。属茄属,茄科。俗称土豆,又叫洋芋、香芋、地蛋、山药蛋。

世界五大粮食作物之一(水稻、小麦、燕麦、玉蜀黍、马铃薯)原产南美洲,原产秘鲁的马铃薯在16世纪被带到欧洲。先传到西班牙和英国,再到意大利。18世纪由意大利传到德国。同时由南美洲输入法国。后复由爱尔兰输入北美洲,所以有"爱尔兰薯"之称。于明末(17世纪)传到中国,最初引种到京、津、鲁,后推广到内蒙古。

10. 甘薯。属牵牛属,旋花科。本属植物约400种,分布在热带和温带,在我国有20多种。其块根供食用;另一种是蕹菜;其余大部供观赏。

我国栽培的甘薯有两种:一为"山蓣",是福建和两广的原产;一为番薯,是海外传来。现在各地所种大都来自南美洲。明万历年间(23年,1594年)福建遭飓风之灾,饥荒严重,总督金学曾派人到菲律宾搜求救荒作物,由陈经伦运回甘薯种。所以又叫"金薯"。18世纪还从越南输入过甘薯品种。自从甘薯引入后,传播很快,在17、18世纪之间,东到两广,北至江浙、华中、华北地区都有种植。

油料类的栽培作物:

1. 大豆。属大豆属,豆科。即黄豆、毛豆,古称"菽"(卡)。原产作物。

据文献和考古资料,公认大豆的栽培历史以我国为最早。《竹书纪年》《周书》《诗经》等都有关于大豆的记载。据说周人的祖先已经开始种植大豆、粟、麻、麦和瓜果等作物,神农时代(新石器时代早期)有种植百谷百蔬的传说。

先秦时期,大豆当谷类作物看待,是重要的粮食资源。汉唐以后,大豆开始运用于酿造、榨油等方面。中国大豆传到欧美的历史约一百多年。大豆栽培是中国对世界农业发展的一大贡献。我国大豆栽培以东北和华北地区为主。原产地为西南地区。

2. 脂麻。属胡麻属,胡麻科。俗称芝麻,古称胡麻。原产作物。

我国自古盛行栽培,被列为重要粮食作物之一。《楚辞·九歌》中之"瑶华",据说即为芝麻之花。自汉以来,对于脂麻的栽培历史和来源,以及脂麻与大麻何为谷食之麻的议论莫衷一是。一般认为大麻就是古代的谷食之麻,脂麻是从大宛引进的,这与实际情况不符。脂麻应为古代的谷食之麻,大麻种子只可入药,不宜食用。

《诗经·豳风》曰"麻""苴";《神农本草经》曰"巨胜""胡麻";汉《氾胜之书》曰"胡麻";三国《吴普本草》曰"方茎";南齐《名医别录》曰"狗虱""胡麻";唐《食疗本草》曰"油麻";宋曰"脂麻"。最初脂麻仅作谷食,即五谷之麻。《神农本草经》中"胡麻"与"枲"(大麻)并列,谷食之麻和绩布之麻区分得很清楚。"胡"从何而来呢? 古代"胡"字有表示礼器、重大和虞夏姓氏的意义。

3. 花生。落花生,属落花生属,豆科。又名地豆、长生果。

花生的原产地是南美洲的巴西和秘鲁,但非洲也有落花生的分布。一般认为花生17、18世纪由南美洲输入我国,但中国有可能是落花生的原产地之一。

16、17世纪东南沿海一带已有引种,《三辅黄图》记载了汉元鼎六年(前111年)从交趾南越带回"千岁子"事;《南方草木状》(4世纪)云:"千岁子,有藤蔓出土,……壳内有肉如栗,……乾者壳肉相离,撼之有声"。千岁子的描述与落花生相似,是否就是落花生呢? 考古发现了距今4000年前的落花生子粒。

瓜菜类的栽培植物:

1. 葫芦。属葫芦属,葫芦科。古称瓠、葫芦、匏壶、匏瓜。原产植物。我国最古老的用于蔬菜栽培的植物之一,在距今七千至一万年间的古代遗址中发现过炭化葫芦遗物。嫩叶可作蔬食,成熟后老化的硬壳可作乐器和日用器具。

阿利安人在公元两千年前已经有了葫芦,印度人栽培的历史也很早,欧洲16世纪才开始栽培,美洲种葫芦是在新大陆被发现以后。

2. 南瓜。属南瓜属,葫芦科。一般认为原产美洲。

我国现栽培的品种有:南瓜,通称中国南瓜;笋瓜,通称印度南瓜,又叫冬南瓜;西葫芦,即茭瓜。

我国有无原产南瓜还有待考证。元、王祯《农桑通诀》中说:"浙中一种阴瓜,宜阴地种之,秋熟色黄如金,皮稍厚,可藏至春,食之如新,疑此即南瓜也。"此时新大陆尚未发现。另外,西南少数民族栽培南瓜的历史亦很早。

3. 冬瓜。属冬瓜属,葫芦科。又名地芝、水芝。

一为白冬瓜,长圆形,体大,老熟时皮上有白粉,为我国南部原产;一为青皮冬瓜,又叫玻璃冬瓜,熟时皮上无白粉,可重大二三十斤,甚至四五十斤,据说来自南洋。原产地可能在非洲;我国云南西双版纳有野冬瓜分布,只有小碗大,味苦,入药用,傣语称"麻巴闷哄",思茅一带叫山墩、罗锅底。

4. 丝瓜。丝瓜属,葫芦科。

我国有两种,即普通丝瓜和棱角丝瓜。云贵高原的原生植物,南方普遍种植,并传至北方。

5. 苦瓜。属苦瓜属,葫芦科。所属植物约有 40 种,分布于旧大陆热带地区。我国有五种。

苦瓜,又名锦荔枝、癞葡萄、癞瓜。据说原产印度尼西亚。

6. 黄瓜及甜瓜。黄瓜又名胡瓜,属甜瓜属葫芦科。汉时张骞从西域带回。

甜瓜又名香瓜、果瓜。《尔雅》有载,"瓞""小瓜也";《夏小正》有"五月乃瓜"。战国前已广有栽培。《史记》有"邵平者,故秦东陵侯。秦破为布衣,家贫,种瓜于长安城东,瓜美,故世谓之东陵瓜"。甘肃敦煌产美瓜,瓜大如斛,所以古代叫这个地方为瓜州。东晋时浙江温州(永嘉)出裹瓜,亦美。白兰瓜是三十多年前华莱士从美国带来的。

甜瓜的两个变种叫越瓜和菜瓜,味淡,都可作酱渍果菜。

公元前,由于张骞通西域,我国的甜瓜品种传到了欧洲的希腊和罗马。

7. 西瓜。属西瓜属,葫芦科。原产地可能在非洲,埃及人种西瓜的历史不少于四千年(古代壁画上绘有西瓜)。我国栽培西瓜可能始于秦汉之间。一说是五代时,经由非洲、中亚、西泊利亚传入中国。明代文献记载较多。西瓜古代又称寒瓜。但河姆渡文化和汉代遗存中,曾发现过淡黄色的西瓜子。

复习思考题

1. 试述新石器时期饮食的基本特点。
2. 谈谈你对"治大国者,烹小鲜"的理解。
3. 你认为汉唐时期"胡食"流行的主要原因是什么?
4. 简述陆羽对茶文化的贡献。
5. 简述清代饮食市场的基本特点。

第三章 风 味

第一节 概 述

一、风味

风味一词的基本含义有三:一是指人的风度或风采,古人常用此词来形容人物,如"温雅有风味"之类等。二是指美味,并多指一地特有之味。南朝梁人刘峻在《送橘启》说:"南中橙甘,青鸟所食。始霜之旦采之,风味照座,劈之,香雾嘿人。"三是指情趣和特色,如宋·黄庭坚在《戏答王观复酴醾菊》一诗中说:"小草真成有风味,东园添我老生涯。""风味"在古代通常是文人雅士喜欢用来标示风度、情趣的字眼;到了近现代,其使用的范围有所扩大,出现了饮食风味、风味化学等新的概念。

饮食风味概念的出现,与人类学、民俗学、饮食文化学及新近流行的地域文化学等的出现和研究的逐步深入有密切的关系。饮食风味所要讨论的主要问题是辨别不同地域或人群饮食行为的特点,而饮食行为在民俗学和人类学的研究中,则是区分不同"文化"、人群或地域文化特征的重要标志物之一。不过在具体的饮食风味研究中,对一些基本的问题尚有不同的观点和意见。例如,地域饮食风味划分的基本标准是什么?是以行政区划为界,这是以文化背景和地域风物为参照系？至今未有一致的说法。不过也正因为如此，才有不同学术观点的相互交流与碰撞，从而促进了饮食文化学自身的发展。

二、风物之识

风物，民俗学研究的专门术语之一，是山川土地、气候物产的总称。在民俗学家眼中，因自然和社会条件差异性的客观存在，一地之风物会形成不同与他处的特点。在中国早期的饮食文献中，人们最先注意到的地域饮食差异正是"风物"之差异。在我国最早的政事史料汇编《尚书·虞夏书·禹贡》中，纪录了九州物产贡赋的情况，其中就涉及不同地域特色食物原料的记载。其在叙述"徐州"的贡赋时，是这样说的：

海岱及淮惟徐州：……厥贡惟土五色，羽畎夏翟，峄阳孤桐，泗滨浮磬。淮夷蠙珠暨鱼，厥篚玄纤缟。浮于淮，达于河。

把上面这段话翻译成白话文就是：

黄海、泰山和淮河之间的地域是徐州：……这里上贡的是五色土，羽山谷中的大山鸡，峄山南坡独生的优质桐木，泗水边上可作石磬的石头。淮河下游居住的夷人要进贡蠙珠和鱼类，还有用筐子盛装的黑色细绸和白绢。运送贡品的船只从淮河、四水进入黄河。

到了春秋战国时代，人们对饮食风物的认识已具有相当的进步，各地/各类特色之饮食风物屡见于文献记载，如《楚辞》中的《招魂》和《大招》《吕氏春秋·本味》等。下面我们先来看一看《吕氏春秋·本味》是如何描写特色物产的吧。其云：

肉之美者：猩猩之唇，獾獾之炙，隽觾之翠，述荡之掔，旄象之约。……鱼之美者：洞庭之鱄，东海之鲕。……菜之美者：昆仑之蘋，寿木之华。……阳华之芸，云梦之芹，具区之菁。浸渊之草,名曰士英。和之美者:阳朴之姜,招摇之桂,越骆之菌,鳣鲔之醢,大夏之盐。……饭之美者:玄山之禾,不周之粟,阳山之穄,南海之秬。水之美者:三危之露。昆仑之井,沮江之丘,名曰摇水。……果之美者:沙棠之实;常山之北,投渊之上,有百果焉,群帝所食;箕山之东,青鸟之所,有甘栌焉;江浦之橘,云梦之柚。汉上石耳。所以致之。

再来看一下,《楚辞·招魂》是如何描述楚地美食饮食风物的,其文云:

> 室家遂宗,食多方些。
> 家族聚居在一堂,饭菜吃法真多样。
> 稻粢穱麦,挈黄粱些。
> 大米小米和麦类,里面还要掺黄粱。
> 大苦咸酸,辛甘行些。
> 有苦有咸又有酸,辣的甜的都用上。
> 肥牛之腱,臑若芳些。
> 肥牛宰了取蹄筋,烧得烂熟喷喷香。
> 和酸若苦,陈吴羹些。
> 调些酸醋和苦汁,摆上吴地美羹汤。
> 胹鳖炮羔,有柘浆些。
> 红烧甲鱼烤羔羊,伴上一些甘蔗浆。
> 鹄酸臇凫,煎鸿鸧些。
> 酸味天鹅炒野鸭,又煎大雁又烹鸧。
> 露鸡臛蠵,厉而不爽些。
> 酱汁卤鸡焖海龟,滋味虽浓味不伤。
> 粔籹蜜饵,有餦餭些。
> 油炸蜜饼和甜糕,再来一层麦芽糖。
> 瑶浆蜜勺,实羽觞些。

美酒蜜饮数不尽,你斟我酌倒满觞。

挫糟冻饮,酎清凉些。

沥去酒糟再冰镇,醇酒清心又凉爽。

华酌既陈,有琼浆些。

华筵已经安排好,杯杯美酒似琼浆。

归来饭故室,敬而无妨些。

盼你赶快回故乡,敬你一杯理应当。

秦汉以后,由于农牧副渔业的发展,人们对饮食风物的认识与研究更加深入和细致,一些农书和谱志对地区风物或物种都有专门的叙述。例如,晋·嵇含著《南方草木状》、北魏·贾思勰著《齐民要术》、唐·刘恂著《岭表录异记》、宋·赞宁《笋谱》、宋·蔡襄《荔枝谱》、宋·韩彦直《橘录》、宋·陈仁玉《菌谱》、元·王桢《农书》、明·屠本峻《闽中海错疏》、清·陈鉴《江南鱼鲜品》、清·周亮工《闽小记》、清·吴林《吴蕈谱》、清·郝懿《记海错》,等等。

人们饮食风物认识水平的提高,为进一步区分饮食风味特征打下了基础,因为,一地之饮食风味往往首先与该区域的特色风物相联系。例如,盛产海产品的闽粤一带,其肴馔之味一般以清淡为要,如果施以北方的浓油赤酱,则滋味全无矣。而俗话所谓"一方水土养一方人",也正是说的同样的道理。

三、风味之鉴

到了宋代,人们对各地不同饮食风味特点的认识已有相当的水平,其时的市肆饮食已有明确的"南食""北食""川饭分茶"的概念了。实际上,人们对不同地区饮食风味的认识和阐述要远早于此。例如:《黄帝内经·素问》中就说:"故东方之域,天地之所始生也。鱼盐之地,海滨傍水。其民食鱼而嗜咸,皆安其处,美其食。鱼者使人热中,盐者胜血,故其民皆黑色疏理。"晋·张华所撰之

第三章　风　味

《博物志》中也明白地说道:"东南之人食水产,西北之人食陆畜。食水产者,龟蛇螺蛤,以为珍味,不觉其腥;食陆畜者,狸兔鼠雀,以为珍味,不觉其膻也。"晋代有名的"莼羹敌羊酪"的故事,已把南北食风之异、格调之别说得清清楚楚了。隋炀帝也曾有"所谓金齑玉脍,东南佳味也"的经典之说。至唐代,对不同饮食风味的比较在文人诗篇中已时有所见。例如,钱起《江行无题》云:"吴疆连楚甸,楚俗异吴乡。漫把杯中物,无人啄蟹筐。"缘此,我们也就不难理解孟子之言"口之于味,有同嗜焉"了。

在宋代文人的诗章中,描写地域饮食风味特点与差异的诗篇已屡见不鲜,而"南食"之名的传扬,也于文人的"吹捧"之功得益良多。我们先来看看苏东坡在《和蒋夔寄茶》中是如何描述江南与东武(今山东诸城)两地的饮食之别的吧。

　　我生百事常随缘,四方水陆无不便。
　　扁舟渡江适吴越,三年饮食穷芳鲜。
　　金齑玉脍饭炊雪,海螯江柱初脱泉。
　　临风饱食甘寝罢,一瓯花乳浮轻圆。
　　自从舍舟入东武,沃野便到桑麻川。
　　剪毛胡羊大如马,谁记鹿角腥盘筵。
　　厨中蒸粟堆饭瓮,大勺更取酸生涎。
　　柘罗铜碾弃不用,脂麻白土须盆研。

再看赵湘在《答圣俞设脍示客》中,是如何描写"南食"之美的:

　　梅侯三年江上聚,盘羞惯饱鲎与鲈。
　　客居京城厌粗粝,买鱼斫脍邀朋徒。
　　孰亲刀匕擅精巧,闺中丽人家本吴。
　　缕裁长丝叶剪藿,飣饾自与寻常殊。
　　霜橙捣齑饭香稻,一饱岂顾家有无。
　　我虽日病兴不浅,坐想落纸霏红腴。

雕盘隽味傥可再，赠子佳酒随长鱼。

最后欣赏一下欧阳修的绝妙文章《初食车螯》：

累累盘中蛤，来自海之涯。坐客初未识，食之先叹嗟。
五代昔乖隔，九州如剖瓜。东南限淮海，邈不通夷华。
于时北州人，饮食陋莫加。鸡豚为异味，贵贱无等差。
自从圣人出，天下为一家。南产错交广，西珍富邛巴。
水载每连舳，陆输功盈车。溪潜细毛发，海怪雄须牙。
岂惟贵公侯，闾苍饱鱼虾。此蛤今始至，其来何晚邪。
螯蛾闻二名，久见南人夸。璀璨壳如玉，斑斓点生华。
含浆不肯吐，得水遽已呀。共食惟恐后，争先屡成哗。
但喜美无厌，岂思来甚遐。多惭海上翁，辛苦斫泥沙。

宋代以后，人们对饮食风味的鉴识在差异比较的基础上，对地方名特食物/肴馔的筛选及市肆饮食业特点的评析有进一步的深入。例如，清·顾禄在《桐桥倚棹录》中，记录了其时苏州虎丘山塘一带酒楼应市肴馔的名录，计170种左右，其云：

……所卖满汉大菜及汤炒小吃则有：烧小猪、哈儿巴肉、烧肉、烧鸭、烧鸡、烧肝、红燉肉、黄香肉、木犀肉、口蘑肉、金银肉、高丽肉、东坡肉、香菜肉、果子肉、麻酥肉、火夹肉、白切肉、白片肉、酒焖蹄、硝盐蹄、风鱼蹄、绉纱蹄、燘火蹄、蜜炙火蹄、葱椒火蹄、酱蹄、大肉圆、燘圆子、溜圆子、拌圆子、上三鲜、汤三鲜、炒三鲜、小炒、燘火腿、燘火爪、燘排骨、燘紫盖、燘八块、燘里脊、燘肠、烩肠、爆肚、汤爆肚、醋溜肚、芥辣肚、烩肚丝、片肚、十丝大菜、鱼翅三丝、汤三丝、拌三丝、黄芽三丝、清燉鸡、黄焖鸡、麻酥鸡、口蘑鸡、溜滲鸡、片火鸡、火夹鸡、海参鸡、芥辣鸡、白片鸡、手撕鸡、风鱼鸡、滑鸡片、鸡尾搧、燉鸭、火夹鸭、海参鸭、八宝鸭、黄焖鸭、风鱼鸭、口麻鸭、香菜鸭、京冬菜鸭、胡葱鸭、鸭羹、汤野鸭、酱汁野鸭、炒野鸡、醋溜鱼、爆参鱼、参糟鱼、煎糟鱼、豆豉鱼、炒鱼片、燉江鳟、煎江鳟、燉鲥鱼、汤鲥鱼、剥皮黄鱼、汤黄鱼、煎黄鱼、汤着甲、黄焖着甲、斑鱼汤、蟹粉汤、炒蟹斑、汤蟹斑、鱼翅蟹粉、鱼翅肉丝、清汤鱼翅、烩鱼翅、黄焖鱼翅、拌鱼翅、炒鱼翅、烩鱼肚、烩海参、十景海参、蝴蝶海参、炒海参、拌海参、烩鸭掌、炒鸭掌、拌鸭掌、炒腰子、炒虾仁、炒虾腰、拆燉、燉吊子、黄菜、溜下蛋、芙蓉蛋、金银蛋、蛋膏、烩口蘑、炒口蘑、蘑菇汤、烩带丝、炒笋、荬肉、汤素、炒素、鸭腐、鸡粥、十锦豆腐、杏酪豆腐、炒肫乾、煠肫乾、烂熻脚鱼、出骨脚鱼、生爆脚鱼、煠面筋、拌胡菜、口蘑细汤。点心则有：八宝饭、水饺子、烧卖、馒头、包子、清汤面、卤子面、清油饼、夹油饼、合子饼、葱花饼、馅儿饼、家常饼、荷叶饼、荷叶卷蒸、薄饼、片儿汤、饽饽、拉糕、扁豆糕、蜜橙糕、米丰糕、寿桃、韭合、春卷、油饺等，不可胜记。

四、"帮口"之称

"帮口"，是传统饮食业区分不同酒楼/饭馆风味特点的行话，所谓"山东帮"酒楼/饭馆，意即该店供应的是山东风味的菜肴。帮口之说出现在饮食市场是清代的事情。在清代末年，在北京和上海两地的餐饮市场上帮口的区分已十分明显。市肆帮口是针对酒楼/饭馆所供应肴馔的风味特色而言的，传统上大都以地域为基本的界定尺度，再加以清真和素菜两个特例。酒楼/饭馆中帮口的出现至少说明了三方面的问题：

首先，是餐饮消费市场的扩大，需要有一定规模的餐饮服务业来满足这种不断扩大的需求。清末的北京是中国的政治、文化中心，而上海则是经济、文化中心，都存在着相当规模的餐饮消费市场，这也是众多帮口聚集这两地的主要原因。当然，不同城市的消费习惯或风俗也在一定程度上起着作用。金受申先生在一篇名为

《老北京的饭馆和饭庄》的文章中说:

> 北京以吃名天下,但不似南方世家有名庖,差不多都讲究吃庄子,吃馆子,家庭小宴至多从素来熟识的大庄馆叫灶上司务到府伺候(和近日叫整桌席带灶不同,只来一个司务,专任主人喜欢吃而为其所擅长的肴馔,工资随意,有时只给赏钱便可,因平日沾主人光,已不在少处了),因此庄馆便特别发达起来。

其次,近代社会人口流动,特别是流向大城市或中心命市,为不同地方饮食风味的交流提供了便利,并使一些饮食风味特色较为显著地区的厨师或其他人员有机会到其他城市谋生。例如,当扬州的"三把刀"在本地已难觅生路时,有一技之长者纷纷踏上了走南闯北的谋生之路,时至今日,"扬州三把刀"已是闻名中外。当然,一地之饮食风味能否在餐饮市场中成为"帮口",并于市场立足,既取决于自身风味的特点是否明显或显著;也取决于"业内人士"的努力与智慧。

再者,市场竞争的加剧,迫使经营者标新立异以争取顾客,而"帮口"之异则是有效的竞争手段之一。即使是在今天的,改换"风味"也是一般餐馆经营者在面临困境时的不二妙法。

五、菜系之争

(一)菜系的提出

"菜系",是现代中国饮食文化研究领域出现的一个新概念,其起源与曾一度流行的"四大菜系"的说法密切相关,大概可以这么说,先有"四大菜系"之说,后有关于菜系的争论和研究。至于"四大菜系"是何人、何时、何地所说,似乎已难确考。

菜系给中国饮食文化带来了一个新的称谓,其内涵实际上与传统的帮口、地方风味并没有实质性的区别,因为,它无非是给予某一地方/区域某种饮食风味/烹饪技术体系一个通用性的名称。比如,北京风味与北京菜系有实质性的差别吗?答案显然是否定的。不过,我们也应该看到,菜系一词带来的新意,它让人们从更严密、系统的角度思考饮食风味问题,并在体系或系统的层面上,对其进行研究。

(二)菜系的基本认识

经过多年的讨论和研究,乃至争论,现在人们对菜系的基本问题——什么是菜系,已经有了较为一致的看法:

第一,菜系的形成首先取决于自然因素。特定区域的自然环境对该地区的物产、生活习俗、交通等状况有着根本性的影响,它必然会在人们的饮食生活上有所反映。其次是经济因素的影响。经济发展水平决定着生产发展和消费发展的水平和状况,而消费水平的状态直接影响着生产水平的状态。菜系间差异的形成与地区间经济水平的差异有着直接的关系。此外,人文因素影响也有不可低估的作用。一定的消费观念、传统、习俗必然会在人们的日常饮食行为中得到反映,并在代代相承中存优汰劣,去粗取精,不断发展。

第二,菜系具有个性化的特征。具体表现为其构成要素所显示的鲜明特色,它是自然因素、经济因素、人文因素共同作用的结果。菜系即菜肴加工技术体系,是一定地区、一定人群的烹饪文化特征在加工技术上的集中表现。菜系的特征主要表现于食物原料、主副食的区分、器具、方法、菜式、食用方式、加工理论和相关的饮食习俗。

第三,菜系具有发展性特征。烹饪技术作为一项基本的生活技术,在承袭前人经验的基础上又要随着社会的发展而不断进步,以适应不断发展和变化的需要。烹饪技术体系不是孤立和封闭的体系,不同区域间人员的流动和交往,带动了菜系间的相互交流,在取长补短,相互融合的进程中促进了各自的发展。

第四,菜系还具有流行性特征。某一菜系、或某一地方风味、甚至某一菜式常会风靡一时,或是较长时间占据市场主导地位的现象。这种现象首先是其自身包含着能够吸引市场的合理因素,同时其所在区域的特殊的政治、经济及文化的影响也具有一定的作用。

第五,菜系具有不同程度的层次结构。菜系起初是一个区域层面上的概念,并不简单地等同于行政区划。中国菜系划分较早的说法是四大菜系,即川、鲁、粤、扬之说。此说大体上把中国烹饪分成四个主要系统,川代指长江上游及周边地区;鲁代指黄河流域及周边地区;粤代指珠江流域及周边地区;扬则代指长江中下游及周边地区。从自然、经济和人文的因素加以分析,此说自有它一定的道理。因此,一个菜系往往又包含着若干个具有不同特点的地方风味;地方风味中,往往又可再作进一步的区分,而形成地方特色。

(三) 菜系的争论

最初人们谈论"四大菜系"时,并没有什么争论,后来又出现了"八大菜系""十大菜系"等不同的说法。从 20 世纪 80 年代开始,随着中国饮食文化研究热的兴起,以及市场经济大潮的冲击,最初的这些说法受到了挑战,人们开始对"菜系"展开讨论,有时变成了争论。其主要的问题是三个:一是,中国究竟有多少个菜系?二是,菜系的界定标准是什么?三是,"四大菜系""八大菜系""十大菜系"等说法是否恰当?

这场讨论吸引了多方人士参与其中,包括地方行业主管部门乃至地方政府、饮食行业管理者、饮食文化研究者和爱好者、烹饪工作者,等等。其中值得注意的是行业主管部门乃至政府的出面,参与一个民间"学术"问题的争论是前所未有的事情。要知道,历史上关于饮食风味的区分和认同都是民间或行业内约定俗成的，官方和学术界通常是不参与其中的。

争论的结果是以区域为尺度的划分风味方法被以省级行政区划为尺度的划分方法而替代。在上世纪90年代，中国烹饪协会组织编写了一套以省为单位的系列中国风味菜谱，也可算是对"菜系"之争的一个交代吧。

六、饮食文化圈之意

饮食文化圈之说是上世纪90年代前后由中国饮食文化研究专家赵荣光先生提出来的，因赵先生对"菜系"说持否定的态度，故"圈"说一出，立即引起了饮食文化研究界的注意。对赵先生提出的"圈"说，肯定者有之，否定者亦有之，当然也有既不肯定也不否定之人。现在我们将赵先生的基本主张简述如下，是非曲直由读者自行品悟。赵先生关于"饮食文化圈"观点的阐述，主要见其《中国饮食史论》一书收录的《略谈中国饮食史上的素食、素食主义、素食文化圈及其相关问题》一文，赵先生认为：

> 我们对饮食文化圈的理解是：由于地理的（最主要的）、民族、习俗乃至宗族等原因，历史地形成的饮食文化区域性类型。依据这一观点，在对中国饮食文化的历史发展做了全面的考察比较后，我们发现中华民族赖以生息繁衍的这块广大地域上客观地存在着地域性差异较为明显的饮食文化圈。即东北地区饮食文化圈、京津地区饮食文化圈、中北地区饮食文化圈、西北地区饮食文化圈、黄河中游饮食文化圈、黄河下游饮食文化圈、西部高原饮食文化圈、长江中游饮食文化圈、长江下游饮食文化圈、西南地区饮食文化圈、东南地区饮食文化圈。在中华民族这个庞大的区域饮食文化总体中（饮食文化亦如其他文化之存在一样，既以地域为依托，又不十分严格地

拘囿在某一固定的地理界限之内),这些子圈在母圈之中,各以其特有的历史文化之风貌,在相互间不断的同化、异化过程中存在和发展。值得特别注意的是素食饮食圈存在的历史事实。我们把它理解为一个特殊的饮食文化圈,它和上述11个饮食文化的区域性类型一道,构成了中华民族饮食文化的大区域特征和民族总体风格。

第二节 地方风味

一、概述

在饮食风味研究中,地域风味研究是基础性研究之一。其研究的目的是在比较的基础上区分各地饮食风味之特点;其研究的价值是在认识饮食风味特点的基础上,进而研究一地之消费风俗或习惯;研究饮食风味特点对于民俗文化、地域文化的表现;对于现代饮食业经营而言,则是认识地域性的饮食消费风俗、习惯与特点。这种消费特点的研究对现代饮食业市场营销至关重要。

目前,中国饮食风味的研究主要集中于以省级行政区划为界的"地域"上,跨区域的研究尚未引起人们的重视。实际上,在一些省级区划之间,特别是交界之地,饮食风味有时是极其相似,甚至是相同的。我们提出这一问题,是希望对这一问题感兴趣的读者能对此加以关注。

二、主要地方风味

1. 广东。广东菜,又称粤菜,以广州、潮州、东江三地为代表。广东地处珠江三角洲,依山临海,气候温和,物产丰富。屈大均《广东新语》说:"天下之食货,粤东几尽有之,粤东所有之食货,天下未必尽有也。今亦有"食在广州"之说。广东因其独特的地理位置及历史原因,得以对各地食风和外来食俗兼收并蓄,终而形成自己的独特风格。

其用料:不拘一格,广采博收。南宋·周去非《岭外代答》说:"不问鸟兽蚊虫,无不食之"。

其烹法:以煲、焗、软炒、烧烤等见长。

其调味:善用兑汁,且计量配制,特色调味品有蚝油、卤水、豉、酱、虾油等。

其菜品:以山珍野味、早点、海鲜、烧烤、汤羹等为特色。

其名菜有:片皮乳猪、满坛香、烤鹅、蛇羹、东江盐焗鸡、护国菜、红烧大群翅、爽口牛肉丸、大良炒牛奶、鼎湖上素、柱侯乳鸽、脆皮石歧鸡、白焯螺片、燕汁扒瓜脯等。

其点心小吃有:成珠鸡仔饼、皮蛋酥、煎堆、冰肉千层酥、大良膏煎、酥皮莲蓉包、叉烧包、粉果、伦教糕、马蹄糕、肠粉、蜂巢芋角、松糕、蟹黄灌汤饺、薄皮鲜虾饺、干蒸烧卖、沙河粉、荷叶饭、及第粥、艇仔粥、大良双皮奶等。

2. 山东。山东菜,又称鲁菜,以济南、胶东两地为代表。山东是中国古代文明发祥地之一,从出土的汉画像石看,汉代的山东烹饪已具有一定的水准,明清时期则是御膳房的"名角"之一。山东菜在长期的发展过程中逐步形成了自己的特色,并对周边地区,特别是黄河以北地区的烹饪产生了重要的影响。

其原料:以陆生和海产品为主,海参、鲍鱼、对虾、黄河鲤、蒲菜、扇贝、虾油、大葱、枣等素负盛名。

其烹法:以爆、炒、烧、烩、扒、拔丝等见长。

其调味:以鲜咸为主,善用葱、蒜。讲究吊汤,其清汤、奶汤既是上等汤料,又是提鲜增香的调味料。

其菜品:以善制海味、山珍、大件菜而著名;其滋味醇厚而鲜爽。

其名菜有:清汤燕菜、御笔猴头、绣球干贝、糖醋鲤鱼、醋椒鱼、清蒸加吉鱼、爆双脆、芫爆鱿鱼卷、九转大肠、熘肝尖、锅塌豆腐、炒木樨肉、奶汤蒲菜等。

其点心小吃有:周村酥烧饼、武城暄饼、荷叶饼、潍县杠子头火烧、煎饼、糖酥煎饼、锅贴、高汤小饺、开花馒头、煎包、金丝面、佘子面、蛋酥炒面、福山拉面、蓬莱小面、鸡肉糁、甜沫等。

3. 四川。四川菜,又称川菜,以成都、重庆、自贡、东山、江津、合川等地为代表。

四川地广物丰,素有"天府之国"的美誉。独特的自然环境和风土人情造就了川菜与众不同的风格。东晋?常璩在《华阳国志》中说巴蜀之人,"尚滋味""好辛辣"。

其原料:以山珍野味为特色,如鹿、獐、麂、虫草、银耳、竹荪、江团、岩鲤、雅鱼、鲟鱼等。

其烹法:以小煎、小炒、干烧、干煸等见长。

其调味:善用辛香之物,重麻、辣、酸、香,擅用三椒(辣椒、胡椒、花椒)、鲜姜,以注重味型的调配和变化为中国烹饪界所称道。常见的味型有:麻辣、鱼香、怪味、家常、豆瓣、陈皮、椒盐、荔枝、酸辣、蒜泥、麻酱、芥末等,以麻辣、鱼香、怪味最为知名。川地所产之自贡井盐、郫县豆瓣、新繁泡菜、潼川豆豉等特色调味料亦负盛名。

其菜品:以味多、味厚著称。有"一菜一格,百菜百味"之名。其家常风味、小吃、火锅菜影响甚广。

其名菜有:回锅肉、鱼香肉丝、宫保鸡丁、灯影牛肉、夫妻肺片、水煮牛肉、清蒸江团、干煸鱿鱼丝、麻婆豆腐、怪味鸡块、樟茶鸭子、干烧鲜鱼、家常海参、毛肚火锅等。

其点心小吃有:荷叶蒸饼、蒸蒸糕、蛋烘糕、鸡蛋熨斗糕、青城白果糕、崇庆冻糕、锅盔、宜宾燃面、龙抄手、红油水饺、玻璃烧卖、担担面、赖汤圆、芝麻圆子、广汉三合泥、大竹醪糟、川北凉粉、小笼蒸牛肉、夫妻肺片、顺庆羊肉粉、灯影牛肉等。

4. 北京。北京数百年来一直是中国政治、经济和文化中心,各地食风对北京菜的形成均有所影响,其中以山东菜的影响为著。北京菜的主体是市肆风味,但宫廷菜、官府菜(私家菜)亦是不可缺少的部分。北京因其独特的地位,在原料选用上可谓得天下之便利。

其烹法:以爆、炒、烤、炸、熘、烩、煎、扒、涮等为主,尤以烤、涮著名。

其调味:则不失山东菜的传统。北京菜过去讲究味厚、汁浓、汤肥;现在则趋于清、鲜、嫩、脆。

其菜品:即擅长山珍海味等高档原料的烹制,又精于大众菜肴和风味小吃的制作。

其名菜有:北京烤鸭、涮羊肉、烤肉、白肉、黄焖鱼翅、罗汉大虾、海红虾唇、蛤蟆鲍鱼、砂锅羊头、一品豆腐、熘鸡脯、葱烧海参等。

其点心小吃有:褡裢火烧、片丝火烧、炒疙瘩、三鲜烧卖、艾窝窝、豆面糕、豌豆黄、小窝头、奶油炸糕、糖茶菜、焦圈、蜜麻花、馅饼、墩饽饽、茶汤、油炒面、水乌他、奶酪、豆汁、凉粉、豌豆粥、江米藕、苏造肉、白羊头肉、炒肝、盆儿里蹦、灌肠、爆肚等。

5. 上海。上海是中国经济、文化中心之一。一千多万人口中地道的上海人为数并不多,作为移民城市,其食风呈现出多元化的特点。上海文化具有容纳百川,推陈出新的能力,在饮食方面亦不例外。在吸纳、融汇中往往能赋予各种风味以新的内容和形式,而形成所谓海派川菜、海派粤菜、海派西菜。

其原料:选用范围较广,除地产的各种时蔬、水产、海鲜外,各地的特色原料均有所供应,加之西餐业较为发达,许多国外原料亦有供应,从而丰富了上海菜的内容。

其烹法:以炒、氽、煸、红烧、清蒸见长。

其调味:在保持各地原有风味的基础上,与江苏菜较为接近。喜用糟、腐乳。

其菜品:总体上注重清淡平和,原汁原味。讲究质地变化,酥、烂、脆、嫩各有所依。擅制时蔬和家常原料。技法多变,善于创新,往往开风气之先。

其名菜有:生煸草头、椒盐蹄膀、虾子大乌参、扣三丝、炒蟹黄、青鱼甩水、干烧冬笋、贵妃鸡、松仁鱼米、酱爆茄子、烟鲳鱼、炒素蟹粉等。

其点心小吃有:重油酥饼、鸡鸭血汤、小绍兴鸡粥、白切羊肉、油氽鱿鱼、糟田螺、面筋百页、咸豆浆、鲜肉猫耳朵、油氽排骨年糕、猪油百果松糕、鸽蛋圆子、百果馅酒酿元宵、擂沙圆、开洋葱油炒面、阳春面、蒸拌冷面、生煎馒头、南翔小笼馒头、粢饭糕、枣泥酥饼、蟹壳黄、火腿金瓜丝酥饼等。

6. 江苏。江苏菜,又称苏菜,以淮扬、苏锡、金陵、徐海等地为代表。

江苏地跨江淮,物类繁多,经济富庶,文化发达。《清稗类钞·各省特色之肴馔》说:"肴馔之有特色者,如京师、山东、四川、广东、福建、江宁、苏州、镇江、扬州、淮安。"江苏独占其五,烹饪之发达由此可见一斑。

其原料:以时蔬、淡水鱼虾、海产品为主。知名者,如"太湖三白""长江三鲜"、连云港对虾、南通文蛤、吕泗大黄鱼、高邮鸭、太湖莼菜、淮安蒲菜、宜兴百合和笋,等等。

其烹法:以炖、焖、煨、焐见长。

其调味:以咸、鲜为主,注重原汁原味,清鲜平和,善用甜味调料。

其菜品:以烹制水产品、高档山珍海味、糕团、船点等著称。技法多变,讲究做工精细,粗料细做,瓜雕和造型菜的制作尤其出色。

其名菜有:"扬州三头"(扒烧整猪头、拆烩鲢鱼头、清炖狮子头)、"南京三炖"(炖生敲、炖菜核、炖鸡孚)、将军过桥、大煮干丝、水晶肴肉、松鼠鳜鱼、叫花鸡、"天下第一菜"、无锡肉骨头、霸王别姬、羊方藏鱼、红烧沙光鱼等。

其点心小吃有:葱油火烧、文蛤饼、金钱萝卜饼、太湖船点、五香茶叶蛋、无锡王兴记馄饨、莲子血糯饭、青精饭、红油爆鱼面、鱼汤面、淮饺、文楼汤包、蟹黄荞汤烧卖、三丁包子、藕粉圆子、淮安茶馓、苏州糕团等。

7. 辽宁。辽宁菜,又称辽菜,有奉派(以沈阳为中心)、沿海风味(以大连为代表)之分;又有清宫菜、王府菜(官府菜)、市肆菜和民间菜之别。

辽东半岛依山临海,背靠辽河平原,其物产极为丰饶。境内聚居着满、蒙、回、朝鲜等少数民族,他们的食俗对辽宁菜的形成有重要影响。历史上,山东菜对辽宁地区产生较大影响,至今仍可见其踪影。因此辽宁菜可以说是民族交流、南北交流的产物。

其原料:以山珍海味著称。

其烹法:以炖、烧、熘、扒、焐等见长,尤以扒菜最为知名。

其调味:侧重咸鲜,辅以酸甜。

其菜品:讲究味醇香浓、明油亮芡、酥烂入味。海鲜菜则重原色原味、清鲜脆嫩。以烹制山珍野味见长。"满汉全席"有一定知名度。

其名菜有:扒三白、麒麟送子、宫门献鱼、红梅鱼肚、鲜贝原鲍、珍珠鲤鱼、桃花香扇、碧波龙舟、灯笼海参、小鸡炖蘑菇、四绝菜等。

其点心小吃有:义县伊斯兰烧饼、老山记海城馅饼、杜记馄饨棋子火勺、杨家吊炉饼鸡蛋羹、萨其玛、双酥月饼、奶油马蹄酥、马家烧卖、王麻子锅贴等。

8. 湖南。湖南菜,又称湘菜,湘江流域以长沙为代表;洞庭湖区以常德、益阳、岳阳为代表;湘西山区以吉首、怀化、大庸为代表。

湖南北倚洞庭湖,境内丘陵山地广布,中部有衡山,北部有平原,有湘、资、沅、澧四水,物类较丰,多有特色。

其原料:以洞庭湖区和湘、资、沅、澧四水的水产,以及丘陵山地的山珍野味、烟熏腊肉为特色。

其烹法:以熏、清蒸、小炒、滑熘等见长。

其调味:以善用酸、辣而著称。常用的味型有:红油、酸辣、酸甜、麻辣、胡椒、陈皮、五香、芥末、烟香、姜汁、蒜泥等。

其菜品:注重香鲜酸辣,擅长山珍野味、烟熏腊肉、河鲜家禽的制作。重味重色,又不失清鲜之质,具有浓郁的乡土气息和家常风味。

其名菜有:腊味合蒸、吉首酸肉、荷包肚、宝塔香腰、麻辣鸡、炒腊野鸭条、红烧全狗、东安鸡、白煨鱼翅、一品海参、清蒸水鱼、红煨八宝鸡等。

其点心小吃有:社饭、虾饼、糍粑、火宫殿臭豆腐、罐子鸡、龙脂猪血、八宝龟羊汤、湖南米粉、糯米藕饺饵、鸳鸯酥、脑髓卷、姊妹团子等。

9. 湖北。湖北菜,又称鄂菜、楚菜,以武汉、荆南、襄阳、鄂州和汉沔为代表,武汉是其中心。

湖北地处长江中游,洞庭湖以北,有"九省通衢""千湖之省"之名,是我国著名淡水鱼产区之一。湖北古为荆楚腹地,经济文化较为发达。其烹饪的发展可以追溯到先秦时期,至汉代已具有一定的水平,《诗经》《楚辞》《淮南子》等书中均有关于荆楚美食的记载。至苏东坡被贬黄州,黄州猪肉更是不胫而走。

其原料:以江河湖泊所产之鱼、虾、鳖、蟹、鸭和各种土特产品为特色。

其烹法：以蒸、煨、炸、烧、炒等见长,尤擅蒸煨。

其调味：以清淡鲜醇为本,慎用有色调料,着重原料之本味。

其菜品：以善制水产品闻名,其全鱼席素负盛名,野鸭席、全藕席、皮蛋席、野味席、素席等亦较为知名。讲究一菜多料,汁浓芡亮,吃时要见油、见菜、不见汤。

其名菜有：清蒸武昌鱼、茄汁葡萄鳜鱼、冬瓜鳖裙羹、海参鲭鱼、黄焖甲鱼、鱼氽、金银蛋饺、藕夹、紫菜苔炒腊肉、烧鳝鱼、珍珠圆子、红烧瓦罐鱼、锅贴鱼等。

其点心小吃有：归元寺什锦豆腐脑、沙市圆豆汤泡糯米、老谦记枯炒牛肉豆丝、热干面、云梦炒鱼面、黄州甜烧梅、四季汤包、三鲜豆皮、红安绿豆糍粑、宜昌夹货和东坡饼等。

10. 河南。河南菜,又称豫菜。河南古为豫州之地。北宋以前,河南曾一度成为中国的政治、经济、文化中心,这对豫菜的发展产生了重要的影响。从密县汉墓壁画"庖厨图""饮宴百戏图",南阳汉代画像石刻"鼓舞宴飨"等可以看出,当时河南一带的烹饪技术已有相当的水平。至北宋定汴梁为都城,河南菜更得到前所未有的发展。《东京梦华录》说："集天下之珍奇,皆归于市;会寰区之异味,悉在庖厨。"

其原料：以陆生植物、水产、山地特产为主。知名者,如猴头、竹荪、羊肚菌、鹿茸菜、荃菜、黄河鲤等。

其烹法：善用扒、烧、爆、炒、炸、熘、炝、炖,最擅烧烤、扒和抓炒。

其调味：注重咸鲜适度,淡而不薄。

其菜品：讲究滋味调和,善用汤料。用料看似平常,成菜却别具一格。

其名菜：有著名的"三大烤"(烤鸭、烤鱼、烤方肋)、"八大扒"

(扒鱼翅、扒广肚、扒海参、扒肘子、扒素什锦、扒素鸽蛋、扒铃铛面筋、葱扒鸡)、"四大抓"(抓炒里脊、抓炒丸子、抓炒腰花、抓皮春卷),还有糖醋软熘鲤鱼焙面、白扒鱼翅、牡丹燕菜、桂花皮丝、玉珠双珍、道口烧鸡、坛子肉、烧嵩山猴头蘑、马豫兴桶子鸡、鸡茸竹荪等。

其点心小吃有:枣锅盔、白糖焦饼、小焦杠油条、粘面墩、鸡蛋布袋、荆芥面托、武陟油茶、血糕、绿豆糊涂、豌豆馅、鞍丝卷、顾家馍、勺子馍、开封第一楼小笼包子、凤球包子、瓠包、八宝馒头等。

11. 福建。福建菜,又称闽菜,有福州菜、闽南菜和闽西菜之分。

福建地处东南沿海,境内多山地丘陵,闽江、晋江、九龙江等河流流贯其境,食物资源非常丰富。《福建通志》说:"茶笋山木之饶遍天下"、"鱼盐蜃蛤匹富青齐"。古人曾有"两信潮生海接天,鱼虾入市不论钱""蛏蚶蚌蛤西施舌,入馔甘鲜海鲜多"之誉。

其原料:以海产、山珍、野味、水果见称。

其烹法:以炒、蒸、熘、煨见长。

其调味:善用红糟、虾油、沙茶、芥末、橘汁。

其菜品:以烹制海鲜最为著名。讲究汤的制作,有"无汤不行""一汤十变"之说。味清、香醇、口淡、质嫩是其特色。

其名菜有:淡糟鲜竹蛏、炒玻璃鱿鱼、坛煨佛跳墙、沙茶焖鸭块、东壁龙珠、香油石鳞腿、菊花鲈鱼球、八珍鸭舌、橘烧巴、橘汁加吉鱼等。

其点心小吃有:蛎饼、光饼、薄饼、花生汤、水烫花螺、五香捆蹄、包心鱼丸、汀州豆腐干、蚝煎、鼎边糊、土笋冻、小长春、手抓面、芋包、炒面线、四方饺、韭菜盒、马蛋等。

12. 陕西。陕西菜,又称秦菜,以关中菜、陕南菜、陕北菜为其代表。

陕西在中国文化发展史上具有重要地位,其烹饪发展可以上溯至仰韶文化时期。汉唐两朝是陕西烹饪技术发展的辉煌时期,独特的地位使其能对各地食风和"胡食"广采博取,并由此形成自己的特点。

其原料:以当地及周边地区所产的物品为主,知名者如:驼峰、驼蹄、陕北肥羊、秦川牛、关中驴、黄河鲤、汉中黑米等。

其烹法:以蒸、烩、炖、煨、氽、炝等为主。

其调味:味型变化较多,常用者如咸鲜、糖醋、胡椒、酸辣、腐乳、蒜泥、五香等,喜用三椒(胡椒、花椒、辣椒)。

其菜品:以菜式变化多,尚咸爽口,汁浓香醇,软烂酥脆为特色。

其名菜有:葫芦鸡、芥末肘子、口蘑桃仁氽双脆、三皮丝、奶汤锅子鱼、鸡米海参、茄汁牛舌、烧鱼梅、商芝肉、清蒸羊肉等。

其点心小吃有:黄桂柿子饼、石子馍、乾州锅盔、泡泡油糕、甑糕、金线油塔、胡麻饼、歧山臊子面、老童家腊羊肉、魔芋豆腐、榆林炸豆奶、葫芦头、黑米稀饭、牛羊肉泡馍、油泼箸头面、烩麻食等。

13. 安徽。安徽菜,又称徽菜,有沿江、皖南、淮北之分。

安徽地处华东腹地,长江、淮河横贯其境,淮北为平原,淮南为丘陵,长江沿岸及巢湖流域为皖中平原,故而物类丰盛。随着历史上徽商的兴盛,徽菜的影响曾波及周边诸省。

其原料:以山珍野味、河鲜为特色,长江鲥鱼、巢湖银鱼、淮河肥王鱼、三河螃蟹、太和椿芽、涡阳苔干菜等久负盛名。

其烹法:以烧、炖、熏、蒸见长。滑烧、清炖、生熏是其特色。

其调味:以咸鲜为主,善用火腿、冰糖提鲜,香辛料使用较多。

其菜品:以重油、重味、重色、重火功而闻名。讲究酥、香、嫩、鲜。其家常风味菜别具一格。

其名菜有:符离集烧鸡、问政山笋、无为熏鸭、徽州丸子、腌鲜鳜鱼、清蒸鹰龟、奶汁肥王鱼、黄山炖鸽、毛峰熏鲥鱼等。

其点心小吃有：大救驾、徽州饼、牛肉煎饼、示灯粑粑、小红头、苎叶餜、黄豆肉餜、混汤酒酿元宵、正福斋汤团、三河米饺、深度包袱、腊八粥、蒸卤面、蝴蝶面、酥鸭面、豆皮饭、小笼渣肉蒸饭等。

14. 浙江。浙江菜，又称浙菜，以杭州、宁波、绍兴、温州等地为代表。

浙江地处东南沿海，北部为杭嘉湖平原，西部、南部为丘陵山地，海岸曲折多港湾，是我国岛屿最多的省区，食物资源非常丰富。浙江菜的发展具有悠久的历史，南宋时期大批北方厨师随宋室南下，促进了南北烹饪技艺的交流，对浙江菜的发展产生了重要影响。

其原料：以海产、山珍、河鲜、野味最为知名。

其烹法：擅长炒、炸、蒸、氽、烩、熘、烧。

其调味：注重本味，善用糟、酒、糖、醋、葱、姜。

其菜品：以烹制河鲜、海产著称。菜品讲究醇正、鲜嫩、细腻、典雅。

其名菜有：西湖醋鱼、东坡肉、龙井虾仁、油焖春笋、冰糖甲鱼、锅烧鳗、白鲞扣鸡、干菜烧肉、清汤鱼圆、荷叶粉蒸肉、干炸响铃、三丝敲鱼等。

其点心小吃有：吴山酥油饼、金华干菜酥饼、马蹄酥、葱包桧儿、丁莲芳千张包子、清明艾饺、菜卤豆腐、豆腐圆子、宁波汤团、猫耳朵、鱼肉皮子馄饨、湖州大馄饨、片儿川、虾爆鳝面、诸老大粽子、嘉兴五芳斋鲜肉粽子、雪团、龙凤金团、白糖肥肉松糕、重阳栗糕、候口馒首、幸福双等。

15. 清真。《古兰经》要求伊斯兰教徒食用佳美、合法的食物。教规以自死、血液、猪肉等为不洁之物；未诵安拉之名而宰杀的动物为不法之物；禁饮酒。其可食之动物主要有：牛、羊、驼、鹿、兔、鸡、鸭、鹅、有鳞鱼、虾等。

其原料：西北以牛、羊为主；华北则牛、羊、鱼、虾、禽、蛋、果、蔬俱有；西南则重家禽和菌类。

其烹法：以烤、涮、熘、炒、爆、炮等技法见长。

其调味：习用植物油、盐、醋、糖，偏重咸鲜。

其菜品：讲究酥烂脆嫩、浓淡肥爽各得其宜。擅长烹制牛、羊、禽类菜肴，北方清真菜中的羊馔尤为著名，其"全羊席"更名闻遐迩。

其名菜有：炮糊、涮羊肉、烤羊肉串、焦熘肉片、凤尾虾、黄焖牛肉、清水爆肚、葱爆羊肉、清烧鹿肉、锅烧填鸭、煨牛筋、清汤鱼骨等。

16. 素菜。素菜通常指以非动物性原料制成的菜点。

中国素有"蔬食"的传统，但素食作为一种风味则与佛教有关。佛教戒律中有戒杀生、戒饮酒等戒条，并以持戒素食为入道之首。南北朝时，梁武帝笃信佛教，为守杀生戒，连宗庙祭祀的牲牢都改用面制，并作《断酒肉文》力倡素食守戒。由此素食之风日盛。素食习惯上有寺院素食和市肆素食之别。寺院素食又称释菜，分为供僧人食用和供香客食用两种类型。市肆素食则为专门经营素食的素菜馆所为。因传统和习惯的差异，人们对荤素的区别有所不同，有的以鸡蛋、牛奶、牛油、乳酪等为可用之物；有的则认为"五辛"（大蒜、小蒜、阿魏、慈葱、茗葱）、"五荤"（韭、薤、蒜、芸苔、胡荽）都应禁用。

素菜原料以时蔬、豆制品、山菌、果品为主。其调味则与各地的习惯相近。其滋味以清鲜爽口为特色。清人李渔曾说："论素食之美者，曰清、曰洁、曰芳馥、曰松脆而已。不知其至美所在，能居肉食之上者，只在一字之鲜。"素菜以善制豆食和仿荤菜见称。佛教名山宝刹素馔之有名者，如四川峨眉山、成都宝光寺、上海玉佛寺、扬州大明寺、浙江普陀山、厦门南普陀、泉州开元寺等。各地知名素菜馆，则有：上海功德林、北京全素斋、广州菜根香、杭州道德林、南京绿柳居等。

素食名馔有：鼎湖上素、罗汉斋、素鱼翅、素鸡、素烧鸭、素鱼圆、糖醋鱼、素蟹粉、素海参等。

17. 香港。香港有亚洲美食之都的美誉，只要你有足够的金钱和时间，你可在香港品尝世界各地的美味佳肴。

香港的本土风味与广东菜（粤菜）一脉相承，并在推陈出新上成就斐然。广东点心、海鲜、粥粉面、茶餐厅食品、凉茶与甜品及街头风味小吃构成了港式风味的主体内容。

广东点心——虾饺、烧卖、肠粉、蒸排骨和各色各样的粉点是港式点心的主打品种。其用料新鲜，讲究清新口感，故一般用蒸或浅炸（煎）的方法烹制。

海鲜——擅烹海鲜本来就是广东菜的特长，这一特长又在香港得到了淋漓尽致地发挥。游香港之人，如果没有在香港品尝一下海鲜，大概不能算是真正到过香港。海鲜中，以鲍鱼、鱼翅等为上品，鱼、虾、贝、螺、蚬、蚌品种繁多，还有许多一般人叫不出名字的海产品。港式海鲜烹制也是以清鲜为第一要务，以尽量展现海鲜原有的鲜味和品质。调味料主要是去腥的葱、姜、料酒，以及增味的盐、生抽酱油；海鲜的烹制方法则以炒、炸、蒸、焗、氽等。

粥粉面——粥粉面是香港典型的大众食品，各自有多个不同品种。粥里一般要加肉、蛋和蔬菜作为配料。皮蛋粥、鸡粥、鱼粥等是常见的品种；石吞面、河粉、米粉则是最常见的面/粉食，一般配以鱼肉丸、猪肉丸、墨鱼丸和牛肉丸等同吃。

茶餐厅——是香港人的独创，既供应西式的咖啡、奶茶，也有中式的各种小吃。中西融合是其食品的典型特色。

凉茶与甜品——凉茶是中国南方人喜欢的饮品，以各种有药用功效植物叶、花、果泡制,有一定的清热解毒的作用。据称有解毒作用的"龟苓膏"是凉茶店里必备;香港的中式甜品,一般以豆类、坚果、果实、鸡蛋和牛奶等为原料,大多制成"沙""糊"之状,深受市民和旅游者喜爱。香港凉茶和甜品在店铺中出售,是香港人在正餐之间的主要"副食"之一。

街头小吃——香港的街头小吃是当街现做现卖的平民美食,常见的品种如鱼蛋、牛什、烧香肠、豉油王鸡腿、花生酱薄饼等。

(资料来源:http://life.sina.com.cn2004年11月15日新浪生活)

18. 台湾。宝岛台湾的饮食风味与闽南食风有极其深厚的渊源关系,同时又对大陆各地的饮食风味广采博收,从而形成别具一格的岛屿饮食风味。台湾饮食风味包括:高山族饮食、闽客饮食和养生饮食等部分。

高山族饮食——高山族早期以小米、番薯为主食,并以手抓食,后来吸收了大陆移民的饮食方式,改用筷子吃饭,大米也逐渐取代小米成为主要粮食。

闽客饮食——闽客饮食由大陆的福建和广东饮食发展而来,成为现今台湾饮食的主要风味,擅长海鲜类菜肴烹制是其最显著的特点。此外,喜欢喝"工夫茶"也与大陆闽广食风有关。

养生饮食——台湾人非常对"药食同源"深信不疑,在饮食中非常讲究食补一说。现在台湾流行的养生饮食方式有素食、生食、有机食、断食和中医食疗等。

(资料来源:www.XINHUANET.com2005年7月22日中国网)

中国栽培植物辑要(2)

蔬菜类的栽培植物:

1. 芸苔类。芸苔属,十字花科。包括白菜类(菘菜类,起源于中国)和甘蓝类(莲花白类,起源于地中海沿岸各国)两个同源而出现在不同地区的两类植物。

栽培历史可以追溯到史前时期,是上古时期我国重要的采集植物之一。距今约六七千年的西安半坡村遗址曾出土过菜籽(芥菜、芜菁)。《诗经·谷风》之"采葑采菲,无以下体",其葑即蔓菁、齐菜、崧菜等,菲即萝卜类。

油菜,古称芸苔,东汉时期已有种植,三国时有芸苔作蔬菜的记载;唐代除用作蔬菜外,还用以榨油;宋时称"油菜"。是芸苔向白菜进化过程中被保留下来的一个比较原始的类型。

芥菜,我国原产的重要栽培植物之一。芥菜的芥辣味受南方人喜爱。《左传·鲁昭公二十五年》有"季、郈之鸡斗,季氏介其鸡,郈氏为之金距,平子怒"的记载。汉代时已见于农书。其利用包括蔬食、调味、油用、药用。有"菜重芥姜"之说。

芥蓝,为华南普遍栽培的冬季蔬菜之一,他省少见。《岭南杂记》有记载。

芜菁,北方称蔓菁。源于一种野生的有辛辣味的芸苔属植物。西周以前,我国已把芜菁作为一种重要的菜蔬,历代文献均有记载。《周礼·天官·醢人》云"朝事之事,其实菁菹";《吕氏春秋·本味篇》有"菜之美者,具区之菁"。

白菜,又名崧幕。崧字出现在汉代。秦汉以来,成为我国重要的蔬菜品种之一。白菜品种的出现和命名是唐宋年间的事。

2. 甘蓝类。原产地是欧洲。可能在元代引入我国,相传甘蓝先到新疆,再到甘州,故名甘蓝。

3. 萝卜。属莱菔属,十字花科。上古叫芦菔,后称莱菔,也叫紫花菘。原产作物。《尔雅》《诗经》《神农本草经》均有记载。最早用于药物。

4. 菠菜。属菠菜属,藜科。菠菜,又称菠薐、波斯草、赤根菜。原产波斯。

我国古无菠菜,7世纪初由尼婆罗国(尼泊尔)传入。《唐会要》有"太宗是,尼婆罗国献波稜菜,类红蓝,实如蒺藜"

5. 冬葵。属锦葵属,锦葵科。简称葵菜,又称冬寒菜,古称蘩露。除嫩叶可作蔬菜外,其他部分可入药。

冬葵是我国一种具有悠久栽培历史的蔬菜品种。《诗经·豳风》有"七月烹葵及菽";《周礼·醢人》有"馈食之豆,其实葵菹"。

6. 蕹菜。属蕹菜属,旋花科。又名空心菜。

较早的文献记载有《博物志》(3世纪)"魏武帝噉野葛至一尺,应是先食此菜也。";唐《本草拾遗》有"南人先食蕹菜,后食野葛,二物相伏,自然无苦"。

7. 茄。属茄属,茄科。隋炀帝称之为"昆仑紫瓜",唐代称"落书""酪酥"。

我国的栽培历史可以上溯到秦汉以前,《山海经》《水经注》有关于"茄子浦"的记载。一般是一年生草本栽培植物,但在南方热带地区,可以成为多年生的茄树。

第三章 风 味

8. 番茄。属番茄属,茄科。一名西红柿。原产南美洲,在墨西哥和秘鲁栽培历史悠久。

16世纪传入欧洲,直到19世纪尚没人食用它,一般只作观赏。18世纪葡萄牙人将它带到马来半岛和爪哇,我国引进有百年历史。我国现在栽培的番茄来自美洲,但在南方和西南山区也有野生番茄的分布。

9. 莴苣。属莴苣属,菊科。又称"千金菜""白苣""苦苣""生菜""老鹳菜"。隋唐以前不见有"莴苣"的记载。《清异录》云"呙国使者来汉,隋人求得菜种,酬甚厚,故名千金菜,今莴苣也"。实际上,先民们早已开始利用莴苣属植物,只是称其为"苦""苦荚菜"。《诗经》《神农本草经》等都有"苦菜""苣""荼"的记载,他们都有双重解释,除"苣"有时作一种粟品解释外,"苦菜""荼"有时作山茶科植物的嫩叶解释外,就是都有作菊科中莴苣属植物解释的含义。

10. 胡萝卜。属胡萝卜属,伞形花科。野胡萝卜分布在欧洲、亚洲和非洲,生长极为广泛。栽培型原产英国,15世纪经荷兰人改良,至19世纪才形成今天的大根栽培型。我国正式栽培约始于元时。李时珍云:"元时始自胡地来,气味微似萝卜,故名"。

11. 莲藕。属莲属,睡莲科。我国自古栽培。又称"蕅""荷""芙蕖""菡萏""莲""芙蓉"。

12. 菰。属茭白属,禾本科。古名"苽""雕苽""雕蓬""雁膳""菰米"现通称"茭白"。

对其利用可分为早期对雕菰米的采集利用;后期出现的茎基部膨大部分作为蔬菜食用。周族很重视对菰的利用,并将其作为六谷之一。唐代以前,对菰米的生产有许多记载。《西京杂记》有"汉太液池边皆是雕胡";唐诗有"波漂菰米沈云黑"和"秋菰成黑米"之句。

中国之外,美洲也有菰米,印第安人至今仍视之为饭中珍品。

13. 芋。我国古代对一些植物的根或地下茎储藏大量淀粉作为无性繁殖器官,这种地下块根块茎之类通称为芋。现在专指天南星科的芋而言,通称芋头,又称"土芝"、"蹲鸱"。

"芋"有大的意思,前人谓芋为莒。周时有莒国。《管子·轻重甲篇》云:"春日事耗,次日获麦,次日薄芋,古教民种芋者,始此矣。"三千年前,芋已普遍分布于黄河流域。芋的全植物(嫩叶、叶柄、球茎)可以作蔬菜。

14. 蒟蒻。属蒟蒻属,天南星科。又名"磨芋""鬼芋",原产我国西南、东南一带。

《史记·西南夷列传》有四川南部特产"枸酱"的记载;晋左思《蜀都赋》有"其园则有蒟蒻茱萸"。每年秋季采收肥大的球茎,肉色正白色,用水洗去苛性味道后,用灰汁煮，则凝成褐腐，所谓蘑芋豆腐，味道鲜美，为川、湘名菜。新鲜的有毒，必须在摄氏百度以上的高温加热，才能去毒。其干制品不生虫、鼠不咬、不发霉，耐久贮。

15. 山药。属薯蓣属，薯蓣科。原名薯蓣，又名山芋、藷薁、玉延。

分布于我国热带和亚热带，种类很多，大都可食。家山药在我国的栽培大约有三千年，是最早被列入本草的中药之一。药用以野生为贵。

16. 竹与竹笋。属毛竹属，禾本科。在禾本科中是最大的木质化植物。原生植物。

据考古发现，我国在新石器时期遗存中发现过竹器。甲骨文和金文中从"竹"的字有箕、第、蓧、笋、节、莒等。

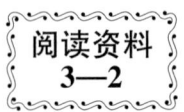

阅读资料
3—2

菜系的形成与发展（辑录）

王学泰

孟子曰："口之于味也，有同嗜焉。"意为天下之人的口味有一致之处。实际上，由于物产、气候、习俗和传统的不同，不同地区的人们口味存在很大差异。晋张华在《博物志》中说："东南之人食水产，西北之人食陆畜。食水产者，龟蛤螺蚌，以为珍味，不觉其腥臊也；食陆畜者，狸兔鼠雀，以为珍味，不觉其膻也。"直到现在，南北食物的差别仍然很大，有些属于当地风味的菜肴令其他地区的人们望而却步，如广东的吃生猛海鲜、吃生鱼以及糖浸白鼠，就很难为其他地区的人们所接受。各地区在口味的厚薄浓淡上也有很大差别，常说的"南甜北咸东辣西酸"，实际上只是指河北、山东、山西、江苏诸省而言。清代钱泳说："同一菜也，而口味各有不同。如北方人嗜浓厚，南方人嗜清淡……清奇浓淡，各有妙处。"(《履园丛话》)肯定了不同地区口味各有长处。中国烹调实践强调"适口"，因此不同的地区自然会产生适合当地人口味的菜肴，也培养了一批擅长烹调特定地区肴馔的厨师。过去称不同地区的厨师为京帮、鲁帮、闽帮、川帮等，借以区别各地区肴馔的特色，近几十年来我们从各自地区形成的具有特点的群味和肴馔系列出发，称之为菜系。

严格说来，各省、各市、甚至各县都有自己特殊风味的肴馔，但若称为"菜系"，那么这些具有独特风味的肴馔应能组成一个系列，并有丰富多彩的名肴名馔，在原料选择、调料运用、烹调技艺等方面都有自己的特点，各种肴馔的制作在内部又有一定的联系，使之成为一个整体。这些菜系是以一定地区的食客为服务对象的。

菜系的形成需要一定的条件。地区菜系是地方菜肴的升华，它要该地区具有较发达的商业、交通与文化。特别是城市的繁荣，因为只有繁荣城市的形成才会出现大量的酒肆饭馆，在这以烹调为经营的场所，烹调技艺才能得以广泛交流，从而形成大量的名馔佳肴;只有城市繁荣,成为百物聚散之处,才会使烹调获得丰富的原料。菜系的形成还要拥有一定数量并能传世的技艺高超的厨师,这是关键。当然,也还需要一批高水平的消费者和有文化教养的美食家品评提倡,这是菜系形成的动力。

(资料来源:王学泰著,《华夏饮食文化》,中华书局,1993年)

复习思考题

1. 简述"帮口"产生的原因。
2. 为何会出现"菜系"之争?
3. 谈谈你对"饮食文化圈"的看法。
4. 你认为"素菜"的市场前景如何?

第四章

食 俗

第一节 概 述

一、基本概念

风俗,是民俗学的基本概念,其他相关的术语还有习俗、成俗、风尚、习惯等。在普通人看来,这些概念之间没有什么差别或差别不大,但在民俗学研究中,一些普通人看起来相似或相同的概念在语义上是有所不同的。

1. 风俗。历代传承、播及于社会和集体的、在一定条件下经常重复出现的行为方式,亦即习尚。具体而言,风,是因自然条件的差异而形成的习尚;俗,是因社会条件的不同而形成的习尚。风俗,是民众自发重复的行为,因此,由某些指令所规定的行为,在演变为民众的自觉行动前,不能称其为"风俗"。

2. 成俗。积久而成的习惯或风气。

3. 遗俗。前代遗留下来的习俗。

4. 风尚。亦称"风气",是指具有道德价值和通过道德关系得以维持的风俗习惯。它不是维护社会纪律和秩序的条令,而是具有规范人们行为作用的惯常行动方式。

5. 习俗。即风俗习惯。

6. 习惯。又称"惯习"。相同条件下由于社会需要而形成的经常重复的行为方式。非社会性的一己之惯常行为方式不是风俗意义上的习惯。习惯,必为某一群体所共有,多有传承的相同、相似的性质或形式相联系。习惯,有简化社会活动过程和调节人们行为的作用,是风俗传承的重要纽带。

7. 民俗事象。民俗事物的外在形态或民俗活动的表现形式。

8. 民俗实物。亦称"民俗事物"或"民俗文物",指民俗活动中产生、流传和使用的,富有特征的典型器物。

9. 民俗同化:不同民俗在传承、流播过程中,因相互影响而逐渐消除差异趋于同一的过程。自然和社会文化因素是造成民俗差异的主要原因,但不同民族、文化或地域的人群在长期的相互交往中,会产生不同程度的异俗同化现象;一个强势的民族或文化群体,也会促使其他弱势民族或文化群体产生趋从性质的异俗同化现象。

二、民俗的基本特征

1. 传承性。传承性,是指某一类型的民俗在流播过程中,自始至终有相同或相似的内容,及大致相同的形式。具体又分为:形态传承,即民俗活动方式等外在形式的传承;性质传承,即信仰等内在因素的传承。在民俗传承中,"习惯"是重要的传承纽带。

2. 历史性。历史性,有时也称"时代性"。民俗生成环境对某种民俗的形成、发展与消亡具有重要的影响。在历史发展过程中,一些传统的、旧的民俗事象会消失,某些习俗则会发生不同程度的变异,一些新的习俗也会产生。在这一意义上,一些习俗会成为特定时代的标志。

3. 地方性。地方性,又称"地理特征""乡土特征"。是指某一民俗的产生、发展,乃至消失与其所在地域的生产、生活条件,以及地源关系有密切的关联。"百里不同风,十里不同俗"是民俗地方性特征的形象写照。

4. 变异性。变异性,是指民俗在流播过程中,在历史、政治、经济、文化、地理等因素影响下,会发生形式或性质的变化。俗话所说的"移风易俗",是对民俗的变异特征的贴切表达。

三、饮食民俗的定义

在乌丙安先生所著的《民俗学原理》一书中,饮食民俗首先被列为单独的民俗系列之一;又在民俗系统划分中,与服饰、居住、医药和旅游等合为"物质消费的民俗系统"。民俗事象的复杂性和生活性给民俗事象的归类带来一定的困难。例如,饮食民俗中的诸多事象就不仅仅是物质消费的问题,而是包涵了丰富的精神内涵。所以,乌丙安先生在书中说:

> 民俗系统可以从人如何表现民俗上归纳为三个:一是口头语言系统的民俗;二是行为习惯系统的民俗;三是心理感受系统的民俗。简言之,就是口头上、行为上、心理上的三个民俗系统。这三个系统的民俗经常相互组合成生动的民俗事象,覆盖在民俗生活的各个层面上,从三个角度可以测察到人们进行民俗活动的手段、方法和隐藏着的动机和价值观。

上述这段话,对我们认识、理解饮食民俗有积极的指导意义。

那么,饮食民俗应如何定义呢? 石应平在其编著的《中外民俗概论》一书中,对饮食民俗有如下的定义:

> 饮食民俗,主要是指人们在加工、制作、食用有关食物和饮料过程中形成的习俗风尚,是民俗中最具特色的事象之一。

四、饮食民俗的范围

饮食民俗是民俗学研究的基本内容之一,那么,饮食民俗所研究的内容又是什么呢? 日本学者关敬吾在其编著的《民俗学》一书

中曾对此问题有较详细的阐述,现辑录如下:

  因此,要确切了解成为日常生活重要组成部分的实际饮食生活,至少要具有诸如对于每日食用的食品种类、食品数量,从计算食品的热量到了解食品的营养价值、摄取方法和消化状态,以至所用零食情况等有关生理、卫生、经济各方面的详细资料。

  不过,民俗学之研究日常饮食生活,并不只是深入研究这类包括吃饭在内的特殊情况,而可以说,是从日常最普通、司空见惯一般的生活方式的角度研究饮食生活之实际情况。因此,象每天的进餐次数,早、午、晚每餐食品的主要成分,烹调方法,吃饭礼节等为人们所接受的生活习惯或生活方式,都是民俗学的研究对象。这一点也可以看作民俗学的一个界限。但是,所谓生活习惯,生活方式,它不包括个人的癖好和兴趣。这是因为,在丰富多彩、种类繁多的现代生活物质到处泛滥的情况下,根据个人兴趣和好恶选择生活方式的自由越来越大,而民俗学之所以向近代的人民生活学习,并把这一学习作为本身目标,是在于必须首先弄清,迄今为止在这片国土上用汗水浇灌出来的传统生活方式及其生活态度究系如何之故。

乌丙安先生在其所著的《中国民俗学》一书中,对饮食习俗研究范围的具体表述则是:

  ……民俗学所探讨的饮食习俗的范围至少有下列几个方面:

  饮食调制法的传承及其类型;饮具、食器的传承及其类型;饮食方式、餐制的传承极其类型;食物原料、结构的传承及其类型;饮食职业者的传承及其类型。

根据乌丙安先生的表述,我们可以看出饮食民俗的研究范围涉及面非常之广。需要说明的是,由于篇幅和结构的限制,在本书本章节我们无法按饮食民俗研究范围的一般性框架进行表述,我们在本章将着重介绍中国的节令食俗和少数民族食俗,对其余内容将有不同程度的取舍。

五、饮食民俗的类别

在饮食民俗的具体研究中,人们一般将饮食民俗分为日常食俗、节日食俗、祭祀食俗、待客食俗和特殊食俗等不同类别,亦称"饮食惯制"。在乌丙安先生的《中国民俗学》一书,则将饮食民俗类别分成三个类别,即日常生活需要的惯制、节日仪礼需要的惯制和信仰上的饮食惯制。

(一)日常食俗

乌丙安先生的《中国民俗学》一书中对日常食俗的解释是:

这是从生理需要出发,为了恢复体力的目的形成的习惯。它包括节制饮食的次数、食量的分配及时间的规定。最早人类采用早晚二餐制,过了很长时期,农业有了进步后才渐渐采用一日三餐制。

日常食俗研究的具体内容通常包括:食物、制作方式、食用方式等。据此,我们可对汉族的日常食俗作如下的简要表述:

汉民族主要聚居于长江、黄河、珠江三大流域和松辽平原。因地域分部广,不同地区之间在原料选用、制作方法及饮食习俗上均有所差异。大而言之,东西不同,南北不同;小而言之,一地之内有差异。汉族食俗地域上的差异性丰富了汉族食俗的内容。

主食以米、面和杂粮为主。菜肴以畜、禽、蔬菜、水产品、海产品和干货等为主。汉族普遍喜饮酒茶,酒以白酒、黄酒、啤酒、米酒为主,近年葡萄酒和洋酒逐渐被接受,药酒和浸制补酒亦受欢迎;茶叶一般有绿茶、红茶、花茶、乌龙茶、紧压茶等之分。

食物制作上注重荤素搭配,主辅搭配,及色、香、味、型、质、养等的有机组合。注重因时、因地、因人而变,讲究五味调和,强调食疗、食养,以适口者为上。烹饪方法变化较多,常见的烹法二三十种之多,如煎、炸、爆、炒、熘、烧、煮、氽、烤、涮、烩、熏、炖、蒸、焖、煨、炝、卤等。调味讲究变化,注重原料的本味发挥,即所谓"有味使之出,无味使之入"。常用调味品有酱油、醋、糖、盐、味精、各种香辛料、酱料等,在基本调味品的基础上加以组合形成各种复合味型,如葱油、椒盐、咸鲜、糖醋、蒜香、鱼香、怪味、咸甜、豉香等。菜式变化丰富。

普遍实行一日三餐,每餐包括主食、菜肴。餐桌有方形和圆形,餐具有:筷、匙、碗、盘、碟、锅、盅等,以筷子为特色。合餐为基本进餐形式。进餐时讲究礼节,所谓长幼有序,宾主有别。具体表现为进餐时的座位安排,菜肴摆放的位置等。讲究应时、应节而食。时令不同,原料、调味、烹法亦有不同;不同的节日往往有不同的节日食品,如十五的元宵、.端午的粽子、八月十五的月饼等。注重场合时宜,生子祝寿、婚丧嫁娶、贺喜答谢,场合不同,其形式、内容亦有所不同。

宴席饮食是汉族食俗的重要内容之一,与日常饮食相比,宴席饮食注重菜点的系列化、进餐的程式化和礼节化、环境气氛的主题化。宴席菜点一般包括:开胃小吃、冷菜、热妙、大菜、汤羹、主食、点心、甜点、水果、酒水等。制作上要求:原料有变化、烹法有变化、口味有变化、色泽有变化、形式有变化。酒水是宴席必不可少的,有"无酒不成席"之说。

(二)节日食俗(参见本章第二节"节令食俗")

(三)祭祀食俗

祭祀,即通过一定的仪式,将规定的食物敬献给崇拜对象。仪式的主持人可以是巫师、祭司、家族长,也可以是本人。祭品多用猪、牛、羊、鸡,以及各种果蔬。中国关于祭祀的最早文献记载,可以追溯到殷商时期的甲骨文。在古代,祭祀往往是节令活动的重要组成部分。例如,中秋的祭月、元日祭拜诸神和祭祀祖先、正月初八祭星、社日祭社稷神,等等。清·顾禄《清嘉录·卷一》对吴地元日祭祀祖先的风俗是这样叙述的:

(元日)比户悬挂祖先画像,具香蜡、茶果、粉丸、糍糕。肃衣冠,率妻孥以次拜。或三日、五日、十日、上元夜始祭而收者。至戚互贺,或有展拜尊亲遗像者,谓之拜喜神。

(四)待客食俗

请客吃饭与人情往来是日常生活中不可缺少的内容,由此也形成了许多与待客和人情往来相关的饮食民俗,其中,待客之礼是主要的内容。在人情往来中,相互馈送食物是中国传统的习俗,并在一些主要的传统节日中得到集中的表现,如端午的粽子、中秋节的月饼、重阳的花糕,等等。

"客来敬茶""客来敬烟"是中国传统的待客之礼,古今皆行。敬茶时,又有"茶七酒八"之说,以斟半杯为礼貌。在古代待客礼俗中,有"子女不上桌"之俗。请客吃饭时,多由家长作陪,如子女上桌,特别是媳妇、女儿上桌,则被视为对客人的不敬。

对作客之人而言,留碗底,即餐毕碗盘之中尚有剩余食物,是对主人的大不敬。但少数地方亦有留碗底,以表主人诚心待客之意者,如江西、湖北一些地区过去流行的"尝一留三"之俗。

(五)人生仪式

1. 诞生。诞生习俗包括求子、怀孕和诞生3个环节,在每个环节都有与食物相关的内容。

在求子阶段,主要是亲朋好友向希望生子的家庭及妇女馈送一些有象征或兆吉意义的食物,如南瓜、鸡蛋、芋头、生菜,等等。

在怀孕阶段,主要是孕妇的饮食讲究,其基本的"理论"与传统中医的饮食滋补观点一脉相承。至今,有些地方的老人仍会告诫孕妇不要吃兔子,否则生出的小孩可能会是"兔唇"(唇裂);不要吃荸荠,否则生出的孩子可能会是残疾。苹果、桂圆、鸡蛋一类的食物则是孕妇应该多吃的食品。

在诞生阶段的民俗活动有准备产房、坐草、报喜、开奶、"洗三"、坐月子、满月、"百晬"和周岁等,大多包含饮食民俗事象。下略述一、二:

报喜——得子后去外婆家报喜时所带之物名喜果,一般有鸡蛋(生男为单数,生女为双数)、鸡(生男孩提公鸡,生女孩提母鸡)或酒(生男孩系红绳,生女孩系红绸)及其他礼物。外婆家接礼后,随即备喜蛋(所受之数加倍)、衣裙、各种食物等送回。

开奶——在婴儿吃母奶之前,先让婴儿吃别人的奶。男孩吃生女孩妇女的奶,女孩吃生男孩妇女的奶。这就是所谓的"开奶",据说可以使之避不育之祸。在婴儿开奶时,有些地方还有让婴儿"尝五味"或"吃黄莲"的习俗,为让婴儿尝尽人间滋味,苦尽甘来的意思。

满月——又称"弥月",办"满月酒"是主要的庆祝活动。此前,外婆家和亲朋好友将会携礼前来祝福,其礼品多为食物和小儿用品。

百晬——又称"百日""百岁",是婴儿诞生100天时举行的庆贺仪式,吃百家饭、穿百家衣、挂百家锁是重要的活动。"百晬"仪式的含义是祝福小孩健康成长,长命百岁。

周岁——古亦称"周晬""抓周",是小孩出生后第一个隆重的庆贺之日。是日一个重要的活动是预测小孩的前途,宋·孟元老《东京梦华录·育子》中说:

至来岁生日谓之周晬,罗列盘盏于地,盛果木饮食、官诰笔研算称等,经卷针线、应用之物。观其先拈者以为征兆,谓之试醉,此小儿之盛礼也。

此风俗在民间至今仍有所见。小孩在此日一般吃鸡蛋、面条,预兆未来健康顺利。有些地方还有包周岁粽的习惯。

2. 婚嫁。婚嫁是人生之大事。婚嫁食俗是指婚嫁过程中的饮食风俗,传统上包括说媒、相亲、定亲、迎娶、回娘家等的全过程。涉及男女双方家庭,每个环节都有不同的形式和要求,注重吉利、祝福和庆贺,以迎娶最为隆重和热烈。不同民族、不同地区在食物安排、进餐程序和进餐规则等方面各有不同。下略举二例:

(1)装烟点烟。传统佤族风俗,男青年相约至某家"串姑娘"时,某青年若对姑娘有意,便唱起小调,让姑娘为其装烟、点烟进行试探。如姑娘有意,便会找一借口为其装烟、点烟。被姑娘点过烟的青年便可夜夜来"串",直至定婚。

(2)三茶礼。三茶礼有两种说法:一是过去流行于江南汉族地区,指定婚时的"下茶",结婚时的"定茶"和同房时的"合茶";二是特指婚礼中的三道茶:一为百果,二为莲子、枣子,三为茶。明·徐次纾《茶流考本》载:

茶不移本,植必生子。古人结婚必以茶为礼,取其不移置子之意也。

3. 寿辰。生日是人生值得庆贺的日子,中国人尤为注重逢十的生日。汉族习惯上将生日庆贺分为两类:60岁以下谓之"过生日",60岁以上谓之"做寿"。生日饮食通常有特别的安排,以向过生日的人表示庆贺和祝愿,蛋糕和面条一般是必不可少的内容。各地因风俗上的差异在生日食俗的表现形式和内容上亦有所别。"做寿"时,后辈通常要向其献"祝寿桃"。此俗与神话传说的西王母所植仙桃有关。民间祝寿之桃多以面制成桃状,可以实心,也可包馅。

4. 丧葬。亲人亡故、出殡、服丧期间,家人往往以特定的饮食方式表示对亲人的悼念,因而形成丧葬食俗。丧葬食俗包括对亡人的食物供奉和对家人的饮食限制,具体形式和内容因民族、地区的不同而有所差异。

(六)饮食禁忌

禁忌,指为避免招致惩罚,禁止与"神圣"或"不洁"的事物接近。禁忌,是以非理性和缺乏任何验证而区别于法律的禁令,多与信仰因素互为表里。一般认为,禁异的产生是人们对某种神秘力量产生恐惧而采取的消极防范措施。

饮食禁忌普遍存在于中国各民族的日常生活之中,例如:

忌生——年节饮食禁忌。过年时主食应于年前做好,吃时只需回热即可,取意"熟则顺,生则逆"。过年如以生米、生面、生菜做饭,则可能全年办事不顺。传统上,汉族人在正月初一、初二、初三"忌生"。

忌食豆腐——年节饮食禁忌。豆腐色白,家有丧事多食之,因此,有些地区在正月十五之前不食豆腐。

忌以筷子击空碗——饮食禁忌。因乞丐常以筷子敲空碗,伴以乞讨之声乞食,故以为不吉。至今则多被视为不文明行为。

忌扣碗——饮食禁忌。因病人喝药后常将药碗反扣于桌上,以示今后不再生病吃药,故在吃饭时有此禁忌。

狗肉不上桌——饮食禁忌。过去人们以狗为不洁之物,如果狗肉上席则不洁又不敬。现在,此说已不如过去流行。

忌食自死物——饮食禁忌。伊斯兰教视自死物为"不洁",戒食。后超越宗教范畴,逐渐成为该教信仰者普遍之生活习惯。

忌食鱼虾——饮食禁忌。喇嘛教禁止教徒食鱼虾,后超越宗教范畴,逐渐成为一些地区人们的普遍生活习惯。西藏昌都、甘肃拉卜楞南部以及青海部分地区流行此俗。

第二节 节令食俗

一、概述

民族或宗教的传统节日一般因人因事而立,有纪念和提示的作用。在有些节日里人们通常会制作专门的节日食品以供食用,因而形成节日食俗。廿四节气是中国特有的岁时民俗事象,传统上,人们一般也把它们作为特殊的节日来看待,并由此演生出一些特殊的"时令食俗"。不同节日的饮食习俗的内容和形式有时因地区不同而有所差异。

二、主要节令食俗

1. 立春。立春是四季之首,传统上有所谓"春朝(立春日)大于年朝(正月初一)"的说法。立春日的食俗主要是"五辛盘"。

民间在立春日,有将多种生菜、果品、饼、糖等,堆在盘中食用,或是亲友间互相馈赠。因所用生菜有辛辣味道,所以称为"辛盘"或"五辛盘"。

据说,这一风俗起源于东晋,到宋代已比较流行,皇宫中也依俗行事。宋·陈元靓在《岁时广记》中说:

> 立春前一日,大内出春盘并酒,以赐近臣。盘中生菜,染萝卜为之,装饰置奁中,烹豚、白熟饼,大环饼比人家馓子,其大十倍。民间亦以春饼相馈。有园者,园吏献花盘。

明清时,此俗仍在民间流行,且北方比南方更为重视。清·潘荣陛在《帝足岁时纪胜》中说:

> 新春献辛盘。虽士庶之家,亦必割鸡豚,炊面饼,而杂以生菜,青韭菜,羊角葱,冲和合菜皮,兼生食水红萝卜,名曰"咬

春"。

2. 元日。农历正月初一,汉族传统节日。习惯上正月初一至初五均叫春节,即所谓"五天年"。春节是人们送旧迎新,祈盼来年好运的节日。除夕之夜各地都有守岁、吃年夜饭的习俗,但其内容和形式均有所不同,在大中城市近年则流行全家到饭店吃年夜饭。

传统上,在正月初一有不少的饮食讲究。梁·宗懔的《荆楚岁时记》中说:

> 长幼悉正衣冠,以次拜贺,进椒柏酒、饮桃汤;进屠苏酒、胶牙饧、下五辛盘;进敷淤散,服却鬼丸;各进一鸡子。

而饮椒柏酒的习俗早在汉·崔寔的《四民月令》就有所记载了。此外,还有食麻子、饮服菑豆、吞盐豉等的习俗。

3. 人日。正月初七为人日。托名东方朔的《占书》说:

> 岁后八日,一日鸡,二日犬,三日豕,四日羊,五日牛,六日马,七日人,八日谷。其日晴,所主之物育,阴则灾。

古代,北方有食煎饼的习俗,南方则有以7种菜为羹的食俗。至清代,人日食七菜羹的习俗尚在,名之曰"七宝羹"。据说,七菜羹又可称为"六一菜",如此说为确,则在唐代时人日食七菜羹是极流行的风俗。因有文献记载,唐时长安的"张手美家"(食铺)人日专卖"六一菜"。

4. 上元节。农历正月十五日,汉族传统节日。是日古称上元,夜谓之宵,故名;又称"上元节""元夕节",也称"元夜"。节期不一,汉代为一晚,唐玄宗时为三晚,北宋延至五晚,朱元璋时从正月初八直至十七日晚。现时民间,一般十五上灯,十八落灯。元宵节有吃"元宵"(汤团)的习俗,此俗相传始于春秋末。唐、五代时称元宵为"面茧""圆不落角",宋时叫"圆子""团子"。

5. 清明节。二十四节气之一,公历四月五日前后,汉族传统节日之一。《月令·七十二侯集解》:"三月节……杨至此时,皆以洁齐而清明矣。"这一节气开始的一日即为清明节。清明之际人们有踏青、扫墓和野炊的习俗。

清明节前为寒食节,又称"禁烟节""冷节",相传起源于晋文公悼念介子推之事,以介子推抱木焚死故定于是日禁火寒食。《邺中记·附录》:"寒食三日,作醴酪,又煮粳米及麦为酪,捣杏仁煮作粥。"今民间寒食和清明已合而为一。

古代寒食节时人们所吃的食物主要有:

子推,即枣饼或枣糕,因寒食节本为纪念介子推,故名。人们有将"子推"用柳枝穿起来,挂在门上做饰物的习惯。

糯米团,制作方法与今基本相同,入笼蒸制而熟。蒸团时,人们会在笼底上垫上艾叶,蒸好的团则因之而有一股清香。

蒸饼,即今日之馒头。

大馍,洛川等地风俗。

苴母蒸糕,古代北方风俗,将苴母草加入面粉或米粉中,做成糕饼一类的食物。

冬凌粥,唐代洛阳食铺的应时食物。

桃花粥,古代洛阳风俗。

姜豉,宋代风俗。将猪肉煮烂,晚上放在露天成冻,吃时以姜、豉调味。

清明节前后,有些地区现在还有特别的节令食物,如苏沪一带的青团,成都的欢喜团,江苏沿江一些地区的柳叶饼等。

此节亦流行于白、苗、蒙古、纳西等民族。

6. 上巳节。农历三月三日。关于上巳节的起源有不同说法,现难以确考。古代上巳节的民俗活动主要有三个内容,即祓禊、禊饮和游乐。由此看来上巳节的户外活动与现代的人"春游"极为相似。

祓禊,即到水中或在水边洗涤衣物和洗澡,以去宿垢,《周礼》

中已有关于此风俗的记载。

禊饮,下水洗濯之后,在岸边饮酒以驱除寒气,此俗因"祓禊"而来,故名"禊饮"。

上巳之日到水中洗澡的风俗在汉代以后就很少有人身体力行了,而禊饮之俗则演变成一种"及时行乐","流觞曲水"则为文人士大夫所爱,王羲之著名的《兰亭集序》即因此而发。当然,将悔气付之东流的意味还隐含其中。

古代上巳之日,人们有吃黍曲菜羹、龙舌饼和乌米饭的风俗。上巳日野餐在古代也很受欢迎。东汉人杜笃的《祓禊赋》可以为证,其云:

王侯公主,暨乎富商,用事伊雒,帷幔玄黄。于是旨酒嘉殽,方丈盈前,浮枣绛水,酹酒酿川。

而唐代诗人杜甫的《丽人行》,是描写皇家上巳野宴的著名诗篇,其诗曰:

三月三日天气新,长安水边多丽人。态浓意远淑且真,肌理细腻骨肉匀。

……

紫驼之峰出翠釜,水精之盘行素鳞。犀箸厌饫久未下,鸾刀缕切空纷纶。

黄门飞鞚不动尘,御厨络绎送八珍。箫鼓哀吟感鬼神,宾从杂遝实要津。

7. 立夏。立夏,预示着夏日的来临。炎热的夏天,常使人身体不适,民间习称为"注夏"(或"蛀夏""疰夏")。为了免受注夏之苦,传统上有在立夏日魇注夏的风俗,其中大多与食物有关,常见的如食李、簪麦穗、试着葛衣、戒坐户槛、饮七家茶、七家饭、五色饭、醉夏饼、百草饼、麦豆羹、青精饭、小儿吃猫狗饭、食清明狗(杭州风俗,清明日购狗肉,悬于庭中。至立夏日取下,加荠菜花煮熟,与小儿食)、食梅,等等。

在杭州,立夏食俗还有"三烧、五腊、九时新"的说法,其具体内容是:

三烧:烧饼、烧鹅、烧酒;

五腊:黄鱼、腊肉、咸蛋、海狮、清明狗;

九新:樱桃、梅子、鲥鱼、蚕豆、苋菜、黄豆笋、玫瑰花、乌饭糕、莴苣。

8. 夏至。夏至预示酷暑将至,夏至日的传统时令食物有:烤鹅、冰酒、百家饭、冷淘面、麦豆饭和粽子等。关于吃百家饭,《岁时广记》说:

《岁时杂记》:京辅旧俗,皆谓夏至日食百家饭则耐夏。然百家饭难集,相传于姓柏人家求饭以当之。有医工柏仲宣太保,每岁夏至日,炊饭馈送知识家。又云,求三家饭以供晨餐。皆不知其所自来。

关于食面,《帝京岁时纪胜》说:

京师于是日家家俱食冷淘面,即俗说过水面是也。乃都门之美品。向会询及各省游历友人,咸以京师之冷淘面爽口适宜,天下无比。谚云:"冬至馄饨夏至面。"京俗无论生辰节候,婚丧喜祭宴享,早饭俱食过水面,省妥爽便,莫此为甚。

9. 端午。农历五月初五,汉族传统节日,又称"端阳节""重午节""端五节""女儿节""天中节"等。关于端午节的起源有不同说法,民间最有影响的是纪念屈原说。端午节的传统食物有粽子、粉团、枣糕、骆驼蹄糕、糯米粥、酿梅、五毒饽饽、菖蒲酒、术羹艾酒、雄黄酒、菹龟等。

五毒饽饽的记载见诸《京都风俗志》,其云:

五月五日,"富家买糕饼,上有蝎、蛇、虾蟆、蜈蚣、蝎虎之像,谓之五毒饽饽,馈送亲友称为上品。

菹龟的记载见诸晋人周处《风土记》,其云:

五月五日,又煮肥龟令极熟,去骨加盐豉麻蓼,名曰菹龟。

白、苗、哈尼、纳西、瑶、蒙古、布依等少数民族亦流行此节日。

10. 乞巧节。农历七月初七,传说中是牛郎和织女鹊桥相会的日子。古代女子有在七夕之日祈求织女赐教,以使自己心灵手巧的习俗。七夕祭星和食用的食物主要有:汤饼、同心鲙、斫饼、煎饼、巧水、巧饼、巧果等。

此外,尚有举办七夕宴的风俗。据说唐代文献对此风俗已有记载,后历代有之。宋·吴自牧《梦粱录·卷四》云:

(七夕)倾城儿童女子,不论贫富,皆著新衣。富贵之家,于高楼危榭,安排宴会,以赏节序。

11. 立秋。立秋的节事活动甚少,但民间有在此日吃莲、藕、西瓜、烧酒、赤小豆的习惯。

12. 秋社。一般在农历八月初二日。孟元老在《东京梦华录·卷八》中,对宋代秋社之俗有较详细的记载,其文云:

八月秋社,各以社糕社酒相赍送。贵戚官院,以猪羊肉、腰子、奶房、肚肺、鸭饼、瓜姜之属,切作棋子片样,滋味调和,铺于饭上,谓之社饭,请客供养。人家妇女皆归外家。晚归,即外公姨舅,皆以新葫芦儿枣儿为遗,俗云宜良外甥。市学先生预敛诸生钱作社会,以致雇请祇应、白席、歌唱之人,归时各携花篮果实食物社糕而散。春社、重午、重九亦如是。

13. 中秋节。农历八月十五日,汉族传统节日。是日恰在秋季正中,故名"中秋"。北宋太宗年间始定八月十五为中秋节,节日里有祭月、拜月、赏月、吃月饼的习俗。苏东坡曾有"小饼如嚼月,中有酥和饴"之句。明代田汝成所著《西湖游览志余》载:"八月十五谓之中秋,民间以月饼相遗,取团圆之义。"除月饼外,传统的节令食物还有玩月羹、桂花酒。

祭月是传统中秋节的主要节事活动,其祭品皆为蔬果之属,除必备的月饼和西瓜之外,常用的祭物还有苹果、红枣、葡萄、石榴、李子、梨、柿、藕、菱,等等。

此外,中秋之夜家人相聚,饮团圆之酒也是传统风俗之一。

傣、苗、白、哈尼、纳西、蒙古、瑶、布依等民族亦流行此节。

14. 重阳节。农历九月九日,汉族传统节日,又叫"重九节""茱萸节",今又以此节为敬老节。魏·曹丕《九日与钟繇书》云:"岁往月来,忽复九月九日。九为阳数,而日月并应,俗嘉其名。"是日有出游、登高、赏菊、插茱萸、放风筝、饮菊花酒和茱萸酒、吃重阳糕等习俗,而酒糟蟹、羊肝饼、九品羹和毛豆等也是古代重阳时的应时食物。

古代重阳糕的花色品种很多,如菊花糕、万象糕、狮蛮糕、食禄糕、花糕等。重阳糕除作祭祀祖先、馈赠亲友之用外,还因"糕""高"同音七用于祝吉。重阳食糕之俗较早的记载见于隋·杜台卿的《玉烛宝典》,其文云:

> 九日食饵者,其时黍馀并收,以黏米加味,触类尝新,遂成积习。

重阳日"持螯、酌酒、对菊"一直是古代人心仪的乐事,重阳之宴又有"茱萸会"之称。菊花酒的做法有两种:一是于菊花盛开之时,最好是重阳日,采菊花的茎、叶曝干,后加入米、麦中酿酒,到来年重阳饮用;二是在酒中放几片菊花就成了,也可再加入茱萸,这是一种"意会"的方法。宋·吴自牧在《梦粱录·卷五》中说:

> 今世人以菊花、茱萸浮于酒饮之。盖茱萸名"辟邪翁",菊花为"延寿客",故假此两物服之,以消阳九之厄。

15. 冬至。古人对冬至极为重视,宋·孟元老在《东京梦华录·卷十》中说:

> 京师最重冬至节,虽至贫者,一年之间积累假借,至此日

更易新衣,备办饮食,享祀先祖,官放关扑,庆贺往来,一如年节。

古代冬至日的习俗包括馈送、祭祀祖先、祭琯朗、守冬、贺冬、豆腐节、献履、团冬、占验,等等。馈送,是指冬至前夕亲朋好友之间相互馈赠食物,吴地称之为"冬至盘"。宋·周遵道《豹隐纪谈》录有颜度写的一首诗,诗曰:

至节家家讲物仪,迎来送去费心机。

脚钱尽处浑闲事,原物多时却再归。

贺冬,是指节日期间亲朋好友间的相互拜贺,宋·周密在《武林旧事·卷三》中,曾对其时杭州贺冬的场景有生动地描写,其云:

都人最重一阳贺冬。车马皆华整鲜好。五鼓,已填拥杂沓于九街。妇人小儿,服饰华炫,往来如云。

豆腐节,北方一些地区的风俗。冬至日,学生要给老师送豆腐贺节,老师要招待学生吃一顿饭。

冬至日的节日食品主要有馄饨、冬至团、赤豆粥等。清·顾禄在《清嘉录·卷十一》中,是这样描写吴地冬至团的:

比户磨粉为团,以糖、肉、菜、果、豇豆沙、萝卜丝等为馅,为祀先祭灶之品,并以馈贻,名月"冬至团"。

16. 腊八。农历十二月初八,亦称"腊日"。对于普通百姓来说,"腊八"祭祀意义并不是很重要,重要的是吃"腊八粥"。

腊八粥,又名"七宝五味粥",宋以后食粥之风历代盛行。其起源据说与佛祖有关,释迦牟尼未成佛前,在饥饿时吃了牧女煮的果粥,坐菩提树下静思,于十二月八日得道成佛。后来佛寺在腊八日都要诵经,煮粥敬佛。宋·周密在《武林旧事》中说:

寺院及人家皆有腊八粥,用胡桃、松子、乳草、柿、栗之类为之。

除腊八粥外,有些地方在该日还有吃脂花餤、萱草面、蜡八蒜的习惯。

17. 腊月二十四。农历十二月二十四日,又称"小年夜""交年节"。此日有送百神、送灶神、乱岁、扫屋宇、照虚耗等风俗。

宋·范成大在《祭灶词》中对古人送灶神的缘由说得很详尽,其诗云:

古传腊月二十四,灶君上天欲言事。
云车风马小留连,家有杯盘丰典祀。
猪头烂熟双鱼鲜,豆沙甘松粉饵圆。
男儿献酬女儿避,酹酒烧钱灶君喜。
婢子斗争君莫闻,猫犬触秽君莫嗔,送君醉饱登天门。
杓长杓短勿复云,乞取利市归来分。

糯米粉团、胶牙饧和糯米糖花是祀灶常用之物,因为它们粘性十足,可以封住灶神的嘴,如此一来,灶神在天上就无法说家里的坏话了。

18. 除夕。农历十二月三十日。中国人素来重视除夕之夜的礼数,守岁之俗至今仍存。周处在《风土记》中曾说:

(除夕)各相馈送,称曰"馈岁";酒食相邀,称曰"别岁";长长幼聚饮,祝颂完毕,称曰"分岁";大家终夜不眠,以待天明,称曰"守岁"。

除夕夜的家宴,有"合家欢"之称。清·顾禄在《清嘉录》中说:

除夜家庭举宴,长幼咸集,多作吉利语,名年夜饭,俗呼合家欢。周宗泰《姑苏竹枝词》:妻孥一室话团圞,鱼肉瓜茄杂果盘。下筯频教听谶话,家家家里合家欢。

年夜饭的讲究各地有所不同,现在更发展到去酒店、饭馆享用了。

此外,过去人们还有在除夕日做"年饭"的习俗。年饭,也称宿岁饭,意为除夕做好待明年食用。此风在南朝文献中已有记载。

梁·宗懔《荆楚岁时记》说：

> 留宿岁饭，至新年十二日，则弃之街衢，以为去故纳新，除贫取富也。又留此饭，须发蛰雷鸣，掷之屋扉，令雷声远去。

在清朝文献的记载中，年饭的习俗已有不小的改变。清·顾禄在《清嘉录》中说：

> 煮饭盛新竹箩中，置红橘、乌菱、荸荠诸果及糕元宝，并插松柏枝于上，陈列中堂。至新年蒸食之，取有余之意，名曰年饭。

第三节 少数民族食俗述略

一、概述

中国是多民族国家，在长期的发展过程中，由于自然和社会环境的差异，不同民族均形成了各自的民族文化，而饮食文化则是其中不可或缺的部分。因此，对少数民族饮食民俗的了解，不但可以加深对中华饮食民俗的理解，扩大我们的视野，也可使我们从中学到不少民族饮食文化知识。由于篇幅所限，下面只对部分少数民族的饮食习俗作简要介绍。

二、民族食俗述略

1. 蒙古族食俗。蒙古族主要聚居于内蒙古自治区，新疆、辽宁、青海、吉林、甘肃、黑龙江、云南等地亦有分布。

牧区主食以牛肉、羊肉和奶及奶制品为主，农区以米面为主。喜饮奶、酒、茶，奶有：马奶、羊奶、牛奶及奶茶；酒以白酒、啤酒、奶酒及马奶酒等为主；嗜饮红茶和奶茶。

食物制作以蒸、烤、煮、烧、炸、余等方法为主，味型以咸鲜、糖醋、胡椒、烟香、奶香、姜汁、蒜泥、葱香、麻辣等为主。

一般一日三餐,早餐多为馍馍、酥油、奶茶,中餐不定时,较为简单,晚餐有肉、汤等。通常席地而食,合餐为基本进餐形式。进餐时习用刀、"手抓"。进餐时讲究礼节,以长者、宾客为上。

蒙古族一年中最重要的节日是年节,又称"白节"或"白月",节日食品主要有手把肉,饺子,烙饼,辞岁酒等。待客的最高礼遇是全羊宴,马奶酒。

典型的蒙古族食品有:烤全羊、手把羊肉、奶豆腐、蒙古馅饼、蒙古包子、奶茶、蒙古炒面、炒米、泡子酒、稀奶油、奶皮子、新苏饼、烘干大米饭等。

2. 满族食俗。满族主要聚居黑龙江、辽宁、吉林、内蒙古、河北等地。

主食以米、面、高粱米、玉米、和小米等为主。肉食以猪肉为主,部分地区禁食狗肉。蔬菜以酸菜、萝卜、豆角等为主。

传统的满族烹饪技术较为简单,清代以后其食物结构、饮食风俗、制作技艺等均发生了很大的变化,尤以汉族对其影响为大,但一些基本的传统仍得以保存。

传统上农忙时一日三餐,农闲时一日两餐。喜欢把小豆、粑豆与米和在一起煮饭;部分地区在夏季喜食"水饭",即把煮熟的高粱米饭或玉米楂子饭用清水过后再泡入清水中,吃时捞出。

饽饽是满族最具代表性的食品,有许多不同品种,如栗子面窝窝头、豆面饽饽、苏叶饽饽、菠萝叶饽饽、年糕饽饽、搓条饽饽等。其他有影响的食品还有:火锅、酸汤子、白肉血肠、萨其玛、清东陵糕点等。

3. 回族食俗。回族人口分布较广,较为集中者有宁夏、甘肃、新疆、青海等地。回族信奉伊斯兰教,无论何地的回族均遵守《古兰经》所约定的饮食禁忌,不食猪、马、驴、骡、狗、自死动物、动物血,不食相貌怪异的动物,动物宰杀前需经阿訇或做礼拜的人诵经,否则为不法之物而不能食用。

回族一般以米、面、玉米、青稞、马铃薯为主食,肉食有牛肉、羊肉、骆驼肉、鸡、鸭、鱼、海鲜等。回族不饮酒,不嗜烟,喜饮茶及用茶待客。西北地区回族的盖碗茶、三香茶、五香茶、八宝茶和罐罐茶较为知名。回族烹饪技术具有自己的特点,烹法上以煎、炒、烩、炸、爆、烤等见长,味型以酱香、糖醋、香辣、咸鲜等为特色,尤擅牛羊肉和油炸面食的制作。

合餐为基本进餐形式。一般为一日三餐。油香和馓子是回族普遍喜爱的食品。宁夏回族喜食面食(汤面、臊子面)和调和饭(米调和、面调和)。

回族的主要节日有开斋节、古尔邦节、圣纪节等,开斋时要欢庆三天,屠牛宰羊招待亲友,节日食品多达20~30种。部分地区的回族在过阿述拉节时,以所产的五谷杂粮拌以牛羊杂碎煮食,宴客时必上手抓羊肉及用鸡制成的各种菜肴。

民间宴席颇有讲究,婚宴菜肴在8~12道之间,不用单数。宁夏南部的宴席以五罗四海、九魁十三花、十五月儿圆等而闻名,五种热炒齐上桌谓之"五罗",四种带汤汁的菜同时上叫"四海",九魁、十三花、十五月儿圆则是九碗、十三碗、十五碗的美称。

知名的回族食品有:油香、馓子、万胜马糕点、白运童包子、金凤扒鸡、羊筋菜、伊斯兰烧饼、牛羊肉泡馍、翁子汤圆、绿豆皮、牛干巴、回族油茶等。

4. 藏族食俗。藏族主要聚居于西藏自治区,甘肃、四川、青海、云南等地亦有分布。

主食以青稞、荞麦、蚕豆等为主;副食有牛肉、羊肉、猪肉,过去蔬菜很少,现在较为常见。部分地区不食飞禽和鱼类。喜饮茶酒,其酥油茶、青稞酒闻名于世。

藏族的炊餐灶具自成一格，且不同地区有不同风格，酥油茶筒、奶茶壶每家必备，灶为三角形铁架，藏刀既是厨具又是餐具。烹饪方法较为简单，以烧、烤、煮等为主。

藏族一般日食三餐，忙时则三、四、五、六餐不等。合餐为基本形式。无用筷之习，基本餐具为刀和木碗。吃糌粑、肉食时习用手抓。一般不用别人的碗，亦不用自己的碗在别人缸中舀水。活佛、喇嘛餐前要诵经，一般藏民常在饭前沾酒或茶在桌上点三滴，以示供佛。宴席上饮酒时，主人将第一杯酒先饮三口，斟满后再饮尽，然后大家自由饮用。饮茶时，客人需待主人把茶捧到面前才可接过。吃饭时讲究不满口、不出声、不越盘。

藏族的重要节日有藏历年，其时家家必备用酥油炸制的各色各样的果子，用彩色酥油制成的羊头和长方形的五谷斗。藏历七月一日"雪顿节"，雪顿节原义是"酸奶宴"，节间每家均要制作大量的酸奶以供饮用，并有到野外饮茶喝酒的习惯。此外还有"望果节"、"沐浴节"、"降冬节"、等。

传统藏族宴席实行分餐制，食物无主副之分，道数亦无一定。一般首道食物为玛米饭，最末一道为酸奶，其他常用的食物有肉脯、猪膘、奶酪、血肠等。席间不饮酒，首、末两道食物非食不可，前为吉祥之象征，后为圆满之意，其他食物可食可不食。

典型的藏族食物有：糌粑、炸果子、"推"、水油饼、猪膘、酥油、风肉、酥油茶、酸奶、奶酪、奶疙瘩、奶渣、足玛米饭、青稞酒血肠等。

5. 朝鲜族食俗。朝鲜族主要居住在东北三省，以吉林省为多。

主食以稻米为主；肉食有猪肉、牛肉、鸡、鱼等，喜食狗肉；朝鲜泡菜久享盛名；饮烧酒，喝花茶。技法上擅长火锅菜的制作和生拌，知名的如神仙炉、"补身炉"等。制作米饭有独到之处，可做出质地不同的双层米饭和多层米饭。调味以麻、辣、香为特点。讲究食物滋补，其菜肴常有滋补的功用。

传统上朝鲜族有一日四餐的习惯(早、中、晚、夜餐)。进餐时注重礼仪和食物、餐具摆放的规范。朝鲜族有敬老的传统。在家进餐时,在长辈面前不饮酒,饭后不吸烟,通常要为老人单摆一桌饭菜。逢年过节及喜庆的日子,所食菜肴和糕饼都要加以点缀。

知名的朝鲜族食物有:冷面、打糕、朝鲜泡菜、铁锅里脊、酱牛肉萝卜块、生拌鱼、"神仙炉"、"补身炉"、"八珍菜"等。

6. 赫哲族食俗。赫哲族主要居住在黑龙江省。

历史上赫哲族以鱼猎为生,现在则以米面为主食;副食以鱼、肉、蔬菜为主;好饮酒,不爱茶。赫哲族常用的烹饪方法有烤、煎、炖、煮、炒、蒸等。盐、醋、辣椒油是常用的调味品。烹制鱼馔有独到之处。

吃饭时,晚辈一般不能与长辈同坐一桌。吃鱼时,鱼头必须给长者。春节的饮食最为丰盛,饺子和菜拌生鱼是必备的食物。饮酒前先要用筷子蘸些酒向天地甩洒,以敬祖先和诸神。

赫哲族的典型食物有:鱼松、烤鱼、炒鱼毛、生鱼干、生肉干、拌菜生鱼、生鱼片、燎烧鱼片、"鱼刨花"等。

7. 达斡尔族食俗。达斡尔族主要分布于内蒙古、新疆和黑龙江等地。

主食以稷子、荞麦、大麦、燕麦等为主;肉食过去以捕猎为主,现以饲养的猪、羊、牛、鸡、鱼等为主;除应时蔬菜之外,还有自制的酸菜、干菜、咸菜,采集的各种野菜;常见的奶类食物有:鲜牛奶、酸牛奶、奶酒、奶米茶、奶皮、奶汁子、黄油等;好烟、酒、茶。

基本烹调方法有:蒸、煮、烙、烩、炒、炖等。常用牛奶做粥,吃饭或粥时常拌以鲜奶、酸奶或者肉汤。用荞面可制成多种食品,煮制时均用牛奶或禽畜的肉汤。传统的餐具以木质的为主,炊具亦较简单,现在已有很大变化。

一日三餐均围坐在炕桌上用餐。达斡尔族尊老、好客,宰杀牲畜时要选好肉分赠左邻右舍、亲朋好友。春节是一年中最重大的节日,家家杀猪打年糕,年三十要吃饺子。

典型的民族食物有:燕麦炒米面、狍子肉粥、苏子馅饼、手把肉、片白肉、肉炖蔬菜、"瓦特"(用炒熟的稗子面与山丁子粉、稠李子粉、白糖拌上牛油,再压成方形)、"希日格乐"(8字形的油炸稗子面糕)、"拉里"(稗子米或荞麦胳子用酸奶或鲜奶煮成稠粥,拌以黄油、白糖食用)。

8. 鄂温克族食俗。鄂温克族主要分布于内蒙古东北部和黑龙江西部,多与其他少数民族混居,主要从事畜牧业。

肉、乳、面为其主食,每日三餐均有牛奶,面食主要是面包、面条、烙饼等;以前很少食用蔬菜,仅以野葱做成咸菜食用,现在已有蔬菜种植;饮料以奶茶为主,还有面茶、肉茶;待客必须有酒,除白酒外还有自酿的野果酒。

传统的鄂温克的炊餐具常以兽骨、兽皮、桦木等材料制成,现已习惯使用新式用具。烹法以烧、烤、煮、炖一类为主。调味较为简单。

日食三餐。肉粥为多,干饭较少。肉食的方法主要有:灌血肠、手把肉、肉粥、烤肉串等。居住于北部兴安岭森林的鄂温克人以肉食为主,有生食罕达汗、鹿、狍子的肝、肾的习惯(其他部分则熟食)。鄂温克人待人热情,讲究礼节。做客时,皮垫放在哪里,客人就坐哪里,不能随意挪动。客人坐下后,主妇即上奶茶,煮兽肉,煮好的肉先切一小块扔入火中,然后再请客人食用。以干的脯肉、野兽的脊骨、肥肠和训鹿的奶为贵。

除春节外,他们的另一重要节日是农历五月下旬的"米调鲁节"(欢庆丰收的节日)。节日期间每家都要治备酒菜,招待亲友。

9. 鄂伦春族食俗。鄂伦春族分布于内蒙古的呼伦贝尔盟和黑龙江的大兴安岭林区。主要从事狩猎、林业及农业、采集和捕鱼。

第四章　食　俗

过去以兽肉为主食,常见的有:狍、狗、鹿、野猪等,定居以后其食物结构发生变化,米、面、蔬菜改变了过去单一的食物结构。除肉食外,常见的主食还有:稀饭、黏饭、干饭、面片、油饼、面包、饺子等;其他的动物性食品有捕获的飞禽和鱼类;成年男子喜饮白酒和自酿的马奶酒,猎人常饮熊油以御严寒。

传统的烹饪方法比较简单,煮肉时常把肉切成小块放入动物的胃中,加上水,吊在火上烧;或是用中空的树段贮水,放入肉块,然后把烧热的石块放入其中,反复数次至其成熟。汉族和其他少数民族的烹饪方法现已为鄂伦春人所吸收。煮、烤、炒、炸是常用的烹饪方法。调味较为简单,以盐、野葱花等为主。

早餐以肉粥为主,中、晚两餐以烤肉与煮肉为主。常把刚捕获的野兽的肝肾取出生食。喜食肉干和带血筋的肉。吃得最多的是狍子肉,吃时喜将熟肉、肝、脑一起切碎,再加野猪油、野葱花拌和后食用。以犴鼻为贵。其夏天熏制的肉干别具特色。

通常以合餐为进餐方式,有传食的习惯。鄂伦春人善待老幼,任何场合都以老人为尊,老者居正座;老者不开杯,他人不能饮酒;老人先动刀筷,他人不得抢先。过去有一些饮食禁忌,如吃熊肉时要学乌鸦叫;夫妇一方去世后,另外一方三年内不吃兽头和内脏;产期的妇女不能吃兽头和兽心脏等。如今已有改变。

传统的民族食品有:马奶酒、老考太(半干半稀的米饭搓碎后拌油食用)、烧面、肉干、肉粥等。

10. 壮族食俗。壮族大部分居住于广西境内,其余分布于云南、贵州、湖南、广东等地。壮族有悠久的农耕历史,饲养业也较发达。

主食有大米、玉米、木薯、红薯、高粱等;副食有各种瓜、果、蔬、豆;元代以前有不食牛肉的习惯,至今少数偏远山区仍有此俗。肉食以猪、羊、禽、牛为主,部分地区喜食狗肉;民间有腌制蔬菜的习惯,常见的有酸菜、酸笋、大头菜等;有自家酿酒的习惯,如木薯酒、米酒、红薯酒等,以米酒为贵。在米酒的基础上分别加以鸡胆、鸡杂、猪肝,则成鸡胆酒、鸡杂酒、猪肝酒。

烹饪方法以煮、烤、蒸、炸等为主,相对较为简单。喜吃甜食。做菜时一般加热至7~8成熟,以求菜肴之新鲜爽嫩。

多数地区日食三餐,少数地区吃四餐。早、中餐较为简单,晚餐为正餐,内容较为丰富。常吃的有饭、粥、米粉、糍粑、粽子、五色糯米饭等。喜用糯米制醪糟。壮族人十分好客,在寨子中,一家的客人就是全寨的客人,一顿饭有时可吃五、六家。宴客必须有酒,并有"喝交杯"的习俗(以白瓷汤匙舀酒,真诚地目视对方,相交而饮)。宴席菜一般有8~10道,米粉肉、扣肉、清煮白肉、白斩鸡、猪肝、豆腐圆、笋片、油炸蓉、鱼生等是常见的菜肴。宴席男女分开而坐,不分辈分和座次,无论老幼,入席即有一座,有菜一份。

春节是最热闹的节日,二十七宰猪、二十八包粽子、二十九春年糕。除夕晚上有丰盛的菜肴,其中整煮大公鸡必不可少。年初一喝糯米酒,吃元宵,走亲访友时互赠粽子、糍粑、米花糖。农历三月三,每家要带五色糯米饭、彩蛋上坟祭祀祖先。其他节日食品如:中元节的鸭子、端午节的粽子、重阳节的糍粑等。

典型的壮族食品有:豆腐肴、五色糯米饭、白切狗肉、.龙泵三夹、壮元柴把、壮家酥鸡、鱼生、烤乳猪、马脚杆、清炖破脸狗等。

11. 瑶族食俗。瑶族主要分布于广西、贵州、云南、湖南等地,常言所谓"南岭无山不有瑶"。以农业和狩猎、林业等为生。因其居住分散,加之各地的经济、文化等发展的不平衡,不同地区瑶族的生活习俗也有所不同。

主食有大米、玉米、木薯、芋头、棕心、棕衣苞、马蹄、芭蕉心、飞花菜等既作粮食又作菜。肉类食物有猪、牛、鸡、鸭和一些飞禽走兽。蔬菜品种较多。有腌制咸菜、干菜,加工腊肉、"乍"肉的习惯。

喜饮用大米、玉米、红薯等自酿的酒。喜欢打油茶。

瑶族的烹饪方法以煮、煨、烤、炒、炸等为主,技术较为简单。煮饭多用铁鼎锅,煮时架在火坑中的铁架子上或泥灶上。调味以咸、辣为主,喜清淡,重本味。

平时一日三餐,天亮前一餐,天黑后一餐,午饭一般用芭蕉叶包饭带到田间吃。煮粥做饭时喜欢把玉米、小米、木薯、红薯、豆角、芋头等加入其中同煮。常吃的食物还有米粉或薯粉做成的粑粑、竹筒饭等。许多地区的瑶族喜食虫蛹(松树蛹、野蜂蛹、蜜蜂蛹等),自制红薯糖、蜂糖、蔗糖。下田干活时常用瓦罐竹筒把酒带到田间,喝时兑以清水。瑶族崇敬祖先,进餐前要先念几辈祖先的名字。进餐时,老人和客人居上座,有的地方有献鸡冠给客人的风俗。"鸟乍"为上等菜。一般由少女给客人敬酒,如长者敬酒则为大礼。用油茶敬客时习饮三碗,谓之一疏、二亲、三真心。盐在瑶族有特殊的地位,为请至亲、道公的大礼,俗谓"盐信"。接信者无论有何事情都得按时赴约。大多数瑶族禁食猫、蛇,信奉盘王的禁食狗肉,崇拜"密洛沱"的不食母猪肉、老鹰肉,湘西的部分瑶族农历七月五日前不食黄瓜,有的地方产妇产后的头几天不食猪油。

除春节、清明节、端午节、中秋节外,其传统节日还有:每隔若干年举行一次的盘王节,其时要大量宰杀牲畜,以作祭祀。祭春节,一般在农历三月,其时,男人上山围猎,下河捕鱼;妇女蒸五色饭,包粽子。清明节有吃"花饭"(在米饭上染色)的习惯。节日菜肴一般有鸡、鸭、河鲜、猪肉、山禽、野味、豆腐、粉丝等,力求丰盛。

典型的民族食物有:油茶、乍、粽粑、荷包扎等。

12. 仫佬族食俗。仫佬族聚居于广西的罗城仫佬族自治县及周边地区。主要从事农业生产。

主食有大米及红薯、玉米、芋头、大麦、荞麦等。肉类有猪、牛、羊、禽等。新鲜蔬菜较少,有腌菜的习惯。黄豆多用来做豆腐、豆酱。男子喜饮酒。烹饪方法以煮、氽、煎、炒、蒸等为主,煤砂罐是其独有的烧饭、做菜、烹茶的炊具。调味较为简单,以酸、辣、咸为主。

一日三餐,早餐、中餐多为粥;晚餐吃饭,菜肴也较多。煮大米粥时,多加玉米或大麦。荞麦则磨粉后做烙饼或团子。仫佬族有冷食的习惯,煮熟的食物一般都晾凉后食用,剩饭剩菜再吃时也不重新加热。一般不吃动物的心。

除十月、十一月夕卜,几乎月月有节日。三年一次的向祖先还愿,祈求人畜平安,五谷丰登的"依饭节"为人所重,祭品颇丰。每逢节日,除鸡、鱼、鸭、糯米食品外,还有各种节令食品,如:正月十五的糍粑、二月春社的粽子、八月十五的狗舌粽和牛舌粽、十二月二十四的汤圆和年糕等。糯米制品是主要的节日食品。

典型的食物有:豆腐肴、白馍、酸荞头、酸刀豆等。

13. 毛南族食俗。毛南族分布于广西西北部。主要从事农业和羊牛饲养。

主食以大米、玉米主食,兼以红薯、小米、南瓜;肉类有牛、猪、鸡、鸭等,喜食狗肉;蔬菜较为丰富;喜烟、酒、茶,杀牛时喜饮鲜牛血,远行则携"野石榴"、青辣椒解渴。除市售白酒外,还有自酿的高粱酒和玉米酒。

常见的烹饪方法有煮、烤、蒸、炸、涮、煨等。烹具较简单,家中有一火塘,上置铁锅一口。喜食酸辣,姜、葱、蒜、酱油、盐、芫荽、胡椒等是常见的调料。

一日三餐以饭为主。做饭时常以大米或玉米加以其他原料同煮。如毛南饭,即以糯玉米粉加竹笋、蔬菜、调料煮成。辅助主食有红薯、"米蜂仔"等。牛肉的主要吃法是涮。许多毛南人喜吃酸肉,"腩醒"(猪或牛肉片加盐、熟糯米粉腌制而成)、"瓮煨"(黄豆加盐发酵制成酸汤,再用酸汤腌制青菜、猪肉、猪头)、"索发"(以布包熟糯米、螺蛳、火烧过的猪骨,放入坛中加水浸泡而成)为有名的"毛南三酸"。喜食半生半熟的菜肴,熟透则无味,但煮鸭除外。吃饭时,围火塘而坐。待客喜用豆腐圆(猪或牛肉、干虾、蒜、花生米、芫荽、胡椒一起斩碎,加盐调成馅,豆腐捣烂放手上包以馅,裹成圆状,下油锅炸熟即成)、涮牛肉。

在夏至后的分龙节,每家都要蒸五色糯米饭、粉蒸肉、有的还有烤香猪。端午称"药节"习以艾叶、菖蒲、黄姜、狗屁藤等熬汁饮用,或斩碎作馅包粽粑。

典型的民族食物有明伦白切香猪、甜红薯、蒜头酸水、豆腐圆、鸭血酱、螺蛳酸等。

14. 京族食俗。京族主要居住在广西防城京族自治县的万尾、山心、巫头三座岛上,即所谓"京族三岛"。主要从事渔业和农业。

主食有稻米及红薯、玉米、芋头等;副食有海产品,及猪、鸡等。

大部分一日三餐,也有的一日两餐(早餐11:00左右,入夜后吃晚餐)。一般以少量大米粉制成的"风吹壹"(米粉制成直径约30厘米的薄饼,蒸熟后撒上芝麻晒干,再上火烤一下即成)米加玉米、红薯、芋头煮粥当主食,出海和农忙时才吃干饭。京族喜食用"壹丝"(大米粉制成的粉条)。鱼虾制成的鱼汁是每餐必备的调味品,菜肴以鱼虾为主。

"唱哈节"最隆重,每年一次,日期不一。是日,村民无论男女老少均着盛装,在哈亭(唱歌娱乐之场所)前迎神、祭祖,"哈头"(节中主持人,由村民轮流担当)出猪一头,准备八碗菜,办一席,就餐的人还要自带些酒菜。席间轮流唱歌,妇女只听唱,不入席。春节每家要做"白薯壹"(糯米粉包糖心做成的一种点心)。年初一早餐不吃荤不饮酒,只喝糖粥,吃粽粑、白薯壹。端午节吃糯米粽、饮雄黄酒。中秋节除糯米糖粥、糯米饭、风吹壹外,还要买猪肉、月饼,全家吃团圆饭。过去在装渔箔时不能煮生鱼、煮焦饭,船上的碗不能倒扣,不准用脚踏在灶上。

鱼汁又叫"鲶汁",是京族民间传统调味品。

15. 土族食俗。土族聚居于青海的湟水和大通河两岸。主要从事农业和牧业,尤擅养羊。

主食原料有青稞、洋芋、小麦及大麦、燕麦、蚕豆、豌豆等;肉乳食品以牛、羊为主,忌食马、骡、驴;好饮酥油茶、茯茶;家家会用青稞酿制酩流酒。

传统的炊餐具多为铜茶壶、生铁锅、木碗,较为简单,今已大有改进,烹饪方法较为简单。

一日三餐,早上较为简单,以洋芋、糌粑为主;午餐以面制的薄饼、疙瘩、花卷及干粮为主,菜多肉乳类食物;晚餐以面条、面片、面糊糊居多。手抓羊肉是待客和过节的上等食品。土族有"客来了,福来了"的说法,待客极为热情。待客时,先敬酥油茶,上"西买日"(带酥油花的炒面盒),然后是一盘大块肥肉(肉上插一把刀),接着用系着白羊毛的酒壶为客人上酒。有些地方客人一来先上"吉祥如意三杯酒",送客时还有"上马三杯酒"。有边饮边歌之习。

过春节时做馒头、花卷、油饼、盘馓;端午节做凉粉、凉面;中秋节做多层月饼(每层配以不同颜色);农历十月初一吃饺子;腊八吃"搅团"(豌豆面做的稠粥)。

16. 土家族食俗。土家族聚居于川、黔、湘、鄂四省交界处。以农业为主。

主食有大米、玉米及红苕、洋芋、高粱、小米、豆类等;副食有蔬菜、瓜豆、豆制品、猪肉、鸡鸭等;喜食酸菜,家家有酸菜缸;善饮酒,以甜酒和"咂酒"常见。古人曾用"万颗明珠共一瓯,王侯到此也低头,五龙捧着擎天柱,吸尽长江水倒流。"描绘管吸"咂酒"的情景。

蒸、煮、熏是其常用的烹法,所制腊肉、粑粑颇具特色。嗜食酸辣,人称"辣椒当盐"。辣椒既当菜,又是每餐必不可少的调味品。

平时一日三餐,忙时日食四餐,闲时一天两餐。除米饭外,玉米饭(玉米面掺些大米煮或蒸制而成)较为常见,粑粑、团馓是季节性主食。豆制品较多,如:豆腐、豆叶皮、豆腐乳、豆豉等。置办酒席多为七碗、九碗、十一碗,并有水席(一碗水煮肉,余为素菜)、参席(有海味菜肴)、酥扣席(有米面或油炸面制成的酥肉)、五品四衬(五碗四盘,全为荤菜)之分。座位分长幼,上菜分先后,饮酒用大碗。

春节是最重要的节日。农历二月初二要吃社饭,端午吃粽子。重阳打粑粑。猪肉合菜(猪肉、内脏、墨鱼、海带、豆腐、香菇、粉条、白菜、胡萝卜等一起炖制而成)是逢年过节必有的菜;粑粑是最受欢迎的食品之一,常用于馈赠亲友;腊肉是头道大菜,成桌菜肴的正上方必是腊肉。典型的土家族食物还有油茶、团馓、绿豆粉、油炸粑、盖面肉、金包银、合渣等。

17. 黎族食俗。黎族聚居于海南省的中南部。从事农业、水果种植。

主食有大米及玉米、红薯、木薯等;肉类以家养的畜、禽为主,捕猎的野味为辅,有食鼠之习;蔬菜来源家种和野生;杧果、菠萝、波罗蜜、椰子、香蕉等热带水果种植闻名全国;有嚼槟榔的习惯;好饮酒,平时多饮家酿的低度米酒、木薯酒和番薯酒,所产山兰酒名闻遐迩。

日食三餐,烧、烤、煮、焖是常用的烹饪方法。野外煮饭时用一节竹筒,装入适量水、米,放入火中烤熟,是为"竹筒饭";若再加以野味、瘦肉、香糯米、少许盐,则成香糯竹筒饭,是待客之佳品。夏天多吃粥,经常一天煮一次。把螃蟹、鱼虾、田蛙和各种野味收拾干净,剁碎,加适量盐拌匀,入坛封好后,放在阴湿处或埋入地下,经月后取出食用,是名为"南杀"的传统小菜,因卫生问题今已不多见。"祥"是黎族名吃,有"鱼茶"和"肉茶"之分,多用以待客和节日。制"鱼茶"时,将淡水鱼治净,切成小块,用盐腌制一小时左右,挤干,加凉米饭、酒糟或炒米拌匀,入坛密封,热天7~10天,冷天半月到一个月则成。"肉茶"以畜肉或兽肉为原料,制法相同。将蒸熟的糯米加各种配料舂成的各色糯米饼也是黎族的特色小吃。

黎族的多数节日于汉族相同。春节有煮年饭、酿年酒、舂"灯叶"(用糯米饭先舂上劲,再揉拍成巴掌大小的糯米饼即成)的习惯。"三月三"是其特有节日,山兰酒、糯米饼、腊肉干、有糖心的"灯叶"是典型的节日食品。

18. 畲族食俗。畲族主要居住浙江景宁畲族自治县,赣、闽、粤、皖等地山区亦有分布。主要从事农业。大部分与汉族杂居,饮食习俗基本相似。

主食有大米及面粉、红薯、豆类;动物类食物有猪、禽、牛、羊、兔、淡水鱼及海产品等;蔬菜以青菜、萝卜、瓜类、菌类、笋类为常见;酒以家酿糯米酒、白酒为多;喜饮茶,以烘青茶为主;自制的糟辣椒、糟姜很有特色。

过去以番薯、玉米为主食,人称"火笼当棉袄,辣椒当油炒,番薯丝吃到老"。偶尔做米饭,则先把米、番薯丝煮过,再入甑中蒸,一甑要做三种饭,光米饭为待客之用;半薯半米给老人和孩子;薯多米少的给成年人。现以米为主,籼米常用于做饭和粉干(籼米粉加馊饭做成团,蒸熟后制成丝状,再蒸透即成可久置);籼米加粳米磨成粉后,调成糊状用以蒸水糕(如加红糖为糖糕或红糕,加碱为黄糕、只加盐为白糕);粳米主要用于制作年糕;糯米则用来酿酒和打糍粑。以稻米制成的糕点习称为"果"。番薯除煮食外,一般刨成丝,洗夫淀粉后晒干,以供全年之食;或者煮熟后切成条,晒干后当干粮;也有把生番薯切片,入开水煮至八成熟,然后风干或晒干,再沙炒或油炸后食用,过节待客常用。番薯淀粉常用来制粉丝。豆腐是常见的食品。竹笋几乎四季不断,鲜、干均有。家家都有火锅,喜欢边煮边食。过节除酒肉、糍粑外,不同的节日往往有各自的节日食品,如三月三的乌饭、清明的清明果、端午的粽子等。其迎亲食俗更是别具特色,新郎到女家时桌上一无所有,新郎一一指名歌之,司厨一一以歌应之,所要之物随歌而出。结束时亦要把桌上器物一一唱回去。客人到家先敬茶,通常两道。女客还要款以花生、瓜子、炒豆、干菜等。

卤姜、咸菜、端午粽子、粉丝、糍粑、水糕、笋干、薯干等是畲族的传统食品。

19. 高山族食俗。高山族主要分布于台湾东部、南部和福建省,分为10个族群。以农业为主,山区的高山族兼事采集、狩猎。

主食有稻米及薯类、杂粮;肉类有猪、鸡、牛、鱼及捕获的猎物;蔬菜较多有萝卜、白菜、土豆、南瓜、韭菜等,及各种采集的山笋、野菜;喜腌制猎物和肉类,泰雅人以腌制猴肉,阿美人以腌制野猪肉、鹿肉、水牛肉而出名;嗜饮酒,以自酿的米酒、薯酒和粟酒为主,排湾人和布农人酿制的咂酒较为有名;以冷水泡辣椒或生姜为饮料,过去无饮茶和喝开水的习惯;有的地区有嚼槟榔的习惯。

传统的烹饪方法较为简单,以煮、烤、蒸等为主,古老的石烹法仍有所用,如鲁凯人的石灶烤芋头,排湾人的石板烤鱼等。调味也较简单,以盐、生姜、辣椒等为主。

日食三餐,也有一日两餐的。粮食一般在清晨或头天晚上舂制。多吃米饭,或将糯米和玉米面蒸制成的糕与糍粑。布农人常把锅内的小米饭打成糊当主食;排湾人则在粘小米中加以花生、兽肉,裹上香蕉叶蒸食,是为节日美食,还有把地瓜、芋头茎、木豆和在一起煮熟当主食的习惯;泰雅人打猎时,常用糯米包香蕉焰,裹以香蕉叶蒸熟后作干粮;雅美人煮饭或粥时喜欢加芋头和红薯。阿美人吃肉时,把肉切成块,插以竹签,煮熟后放入盆中,人围盆而坐,小藤篮装饭,用公勺舀菜,一手抓饭一手抓肉。

逢年过节都要杀猪、宰牛、摆酒,糯米制成的糕和糍粑是必备之物。结婚或宴客时喜豪饮,有不醉不散之习。待客时鸡必不可少,布农人待客先把鸡腿留下,等客人走时让客人带在路上吃。

20. 门巴族食俗。门巴族主要居住于西藏东南部,以农业为主,狩猎为辅。饮食习俗受藏族影响较大。主食有大米、荞麦、青稞、玉米、鸡爪谷等;肉食有猪、牛、羊和猎物;种植的蔬菜有黄瓜、南瓜、西红柿、洋白菜、白菜、辣椒等,有采集野菜的习惯;喜饮青稞酒、酥油茶。

烹饪技术较简单,烤、炖、煮等为主。常用薄石板烙荞面饼。餐具都为木制,木碗已成传统手工艺品。一日三餐,常食糌粑、鸡爪谷制成的面团、荞面饼、玉米或鸡爪谷做的糊粥。肉则以炖制和做肉干为主。有客到,必以米饭、炖肉待之,并有携酒到村口迎客,执酒送客到村外的习惯。宴客时,主妇要为客人不断斟酒,使其杯中常满。以客醉为尽兴。

使用藏历,节日与藏族相同。

21. 珞巴族食俗。珞巴族主要居住于西藏东南部的珞瑜地区,以农业为主,饲养业较发达,常狩猎。

主食有青稞、玉米、小麦、水稻、荞麦、高粱、鸡爪谷等;肉类有猪、牛、羊、鸡及猎物等;蔬菜以油菜、南瓜、白菜、土豆、芜菁等为主;嗜酒,常饮的为青稞酒和玉米酒;夏季以酸奶作饮料。

烹饪方法较简单,以烤、烧、煮居多。喜食辣。

常见的食物品种有烤肉、干肉、荞麦饼、奶渣及用粟米煮成的饭坨(以手抓食)。待客真诚,吃饭时主人要先喝二杯酒、吃一口饭,以表待客诚心食物无毒。

22. 羌族食俗。羌族主要分布于四川阿坝藏族羌族自治州的茂县羌族自治县,以农业为主,饲养业亦较发达。

以大米、青稞、洋芋、小麦、玉米等为主食肩以猪、牛、羊、禽、猎物、鱼类等为主。有些山区的羌族不食新鲜猪肉,而是熏制成"猪膘"后食用;新鲜蔬菜较少,有制腌菜的习惯;喜饮咂酒,饮时用一根细竹管插入酒坛,按长幼之序轮流吸饮,边饮边加凉开水,至味淡为止。

羌族的灶具火塘上支着的三脚铁架,吊上锅可烧饭,挂上肉可烤制。烹饪方法较简单,以煮、烤、煎、炸、蒸、炒等为主。喜用花椒、辣椒提味。

一般早餐后带些馍馍下地干活,中午吃馍馍,下午完工后回家吃晚餐。常吃的食物有玉米粉蒸成的面蒸蒸,玉米粉中掺大米蒸出来的叫"金裹银"、大米中掺玉米粉蒸出的叫"银裹金";小麦粉和玉米粉混合后烤出的馍;麦面片加肉片煮成的"烩面";玉米粉加蔬菜煮成的"面汤";玉米、小麦、豆类制成的炒面,洋芋糍粑等。"猪膘"一般与蔬菜同煮,或是切成小块与菜同炒。喜将猪血灌入猪大肠煮制成血肠,是席上佳品。逢时过节饭丰菜盛,美酒多多。有"无酒难唱歌,有酒歌儿多,无酒不成席,无歌难待客"之谚。结婚称"做酒",待客称"喝酒"。办酒以"九"为吉利,故菜肴以九大碗居多。羌族有吃药膳的习惯,常吃的有羊肉附片汤、羊归汤、黄芪炖鸡、杜仲炖猪肉、黄芪炖猪肉、虫草炖鸭子等。农历十月初一为年节,要喝"收成酒",要用荞面做肉丁豆腐馅的饺子,面粉做的动物当祭品,到"神树林"还愿。次日要带女儿回娘家。

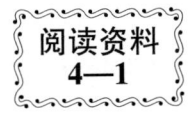

中国栽培植物辑要(3)

辛香类的栽培植物:

1. 辣椒。属辣椒属,茄科。又名番椒,原产南美洲热带地区,一年生的原产巴西一带;还有一种多年生的。

传入我国是在17世纪的明末时期。现在常见的品种有:朝天椒(最辣)、牛角椒(较辣)、灯笼椒(不辣而微甜)。一般原生在我国南方热带的辣味重,生长在北方的辣味轻。

我国的栽培品种大都是从南美洲引进的,但在云南亦有野生的品种,长期以来都处于被采集的状态。

2. 花椒。属花椒属,芸香科,又叫大椒、蜀椒、山椒。《尔雅》称"檓"。原产植物。

我国利用花椒的历史很早,《毛传》有"椒,芳香也";《周颂》有"有椒其馨"。可入药,有散风燥湿之效。其子实有较浓厚的香辣味,主要作调料。花椒有两种,生长在陕西的叫秦椒,生长在四川的叫蜀椒。

3. 薑。属薑属,是薑科的一种草本植物,又名生姜、生薑,大都分布于亚洲热带。原产植物。

王安石说:"薑能疆御百邪,故谓之薑。"主要用于调味和渍食,又为驱寒要药。我国自古栽培,《本草经》有记载,考古遗存亦有实物发现。

4. 葱。属葱属,石蒜科,是一种很古老的栽培植物。山葱可能是栽培型大葱的原始野生种。《尔雅》叫山葱为茖。因播种和收获季节的不同有夏葱(小葱)和冬葱(大葱)之别。

洋葱,古称泽提葱,在新疆地区的栽培历史较长。起源地可能是阿富汗和伊朗。公元前由西亚传到埃及,后又传到欧洲各地。传入我国内地的时间不长。

5. 韭。属葱属,石蒜科,又名起阳草。"一种而久者,故谓之韭"。

《夏小正》"正月囿有韭",说明四千年前,韭菜栽培已园艺化。古时常用以祭祀,《诗经·豳风》"四之日献羔祭韭";《礼记·王制》"庶人春荐韭"。野生韭在古文献中有很多记载,《说文》中的藙,《尔雅》中的䪥。韭菜除叶食之外,还有根韭、苔韭、韭黄。

6. 薤。属葱属,石蒜科。通称藠头,我国原产的一种古老栽培植物,至今西藏仍有野生种,栽培型称薤。李时珍云:"物莫美于芝,薤为菜芝"。主要分布于桂、湘、滇、川、黔一带,通常渍食。

7. 蒜。属葱属,石蒜科。

从前所谓蒜是指小蒜,一般认为是我国原产。大蒜古称葫,相传是汉代由张骞从西域带回,故又称胡蒜。但宋代苏颂说:"今本(草)经谓大蒜为葫,小蒜为蒜,而《尔雅》《说文》所谓蒜荤菜者,乃今大蒜也",葫蒜载《本草经》说明通西域之前已有大蒜,胡含有大的意思。

山蒜即薤白,《尔雅》《说文》称"䪥",是野生的,《夏小正》记载的卵蒜当是指山蒜。苗期食苗,抽苔后可以食苔,鳞茎形成后可以食蒜头。

8. 芹菜。芹菜有水、旱之分,同属伞形科,不同属。

水芹属我国有十余种,作为蔬菜自古以来广为利用。古代有蕲、楚葵、蕲、水英等不同称谓;旱芹约有二十种,广泛分布于世界各地,我国有三种。

《本草经》有关于芹的记载。《吕氏春秋》有"菜之美者,有云梦之芹",《尔雅》有"薜"(山芹)。

9. 芫荽。属芫荽属,伞形花科。又名香荽、胡荽,通称延须菜、香菜。

李时珍云:"汉张骞使西域始得种归,故名胡荽。"我国青藏高原和西南地区也有原生植物。

古人饮食的习惯(辑录)

许嘉璐

古人一日两餐,第一顿饭叫朝食,又叫饔。古人按太阳在顶空中的位置标志时间,太阳行至东南角叫隅中,朝食就在隅中之前,那个时刻叫食时。依此推测,大约相当于上午九点左右。……

第二顿饭叫餔食,又叫飧。一般是申时(下午四点左右)吃,所以《说文》说:"餔,申时食也。"……《后汉书·王符传》:"百姓废农桑而趋府廷者,相继道路,非朝餔不得通,……"餔指餔食时,铺指餔食时。在这个意义上后来写作哺。宋玉《神女赋》:"哺夕之后,精神恍惚。"餔由表示晚餐引申为表示一般的吃,《楚辞·渔父》:"众人皆醉,何不餔其糟而歠其醨?"

飧,《说文·新附》作飱,"食之余也。"前人把二字割裂开看,未得其解,其实若从古人饮食习惯上考察问题就清楚了。古代稼穑艰难产量不高,取火不易做饭费时,因此晚餐一般只是把朝食剩下的(或是有意多做的)热一热吃。《说文》:"饔,孰食也。"意思是现做现吃的饭,这就意味着与之相对的飧是食之余,否则说饔是熟食,难道飧则生食不成?……现在晋、冀、豫几省交界的山区还保留着这种每日两餐,晚餐吃剩饭而不另做的习惯,且多为稀饭。晋东南称之为酸饭,其实剩饭并不酸,酸即飧的音变。

饔飧既然是一天中的两顿正餐,因而也就可以泛指饭食。……

因为一日两餐,又是"日出而作,日入而息",因此古人没有睡午觉的习惯。《论语·公冶长》:"宰予昼寝,子曰:'朽木不可雕也,粪土之墙不可杇也,于予与何诛?'"……

古人席地而坐。肉在镬中煮熟后用"匕"把肉取出放在俎上,然后将俎移至席上,食者用刀割取。……根据文献可知古代匕有两种,舀饭的匕较小,把肉盛出的匕较大。……

酒则贮存在罍等大型酒器中,要喝时注入壶、尊,放在席旁,然后用勺斗斟入爵、觚、觯等酒器中引用,饮罢,饮酒器再放回到席上。……上古吃主食时主要用手捏。《礼记·曲礼上》:"共饭不泽手。"孔颖达正义:"古之礼,饭不用箸,但用手,既与人共饭,手宜洁净,不得临时始捼莎手乃食,恐为人秽也。"其实吃肉时,用刀割开后也是用手抓着往嘴里送的。正因为手与直接进口的食物接触,所以古人饭前要洗手。……最初食器直接放在席上,后来有了托盘,即放在托盘上再上席。托盘为长方形或圆形,四足或三足,古代叫案。……

(资料来源:许嘉璐著,《中国古代衣食住行》,北京出版社,1988)

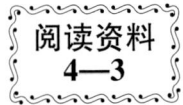

"禊事"风俗谈

隽雪艳

翻开丰富的诗词文赋,有关"上巳"、"三月三日"的歌咏记叙,俯拾皆是。为什么"上巳"或"三月三日"有如此魔力,拨动着骚客文人的心弦?为什么这一天成为文坛丰收的季节?探本索源,我们便可从中看到一幅古代风俗画。

远在公元前的周朝,我们的祖先就已经注重三月时令,每逢此时,要去水边祭祀,并且用浸泡了香草的水沐浴,认为这样可以祓除疾病和不详。史书称这种礼仪为"禊"或"祓禊"。……《后汉书·礼仪志》记载:"三月上巳,官民皆絜于东流水上,曰洗濯祓除去宿垢痰为大絜。"可见,在春秋战国、秦汉之际,三月出游、沐浴祓禊的活动就比较普及了。古人这样重视暮春三月,大概是因为在这个时节里,万物复苏,意味着农事的开始,官吏们要"劝农"了。而且,风和日丽,天朗气清,"阳气布畅,万物讫出",大自然的焕发生机,蓬蓬勃勃,也能引起人们愉快和振奋的情绪,带来吉祥的祝福。……

确定"上巳"为祓禊日,不知道起于何时,只知道自三国魏以后,禊日就不再用"上巳",而是固定在每年农历的三月三日了。

祓禊,这种来自上古的礼仪,在汉代已经有了很大的变化,人们来到水边已不仅仅是举行沐浴祓除的仪式,而是把它当成宴饮游玩的好时光,更免不了要赋诗行令。达官贵人或文人骚客还把酒杯放在弯曲环绕的小水渠,让它随波泛泛,流到谁的面前谁就取来喝掉杯中的酒,称之为"曲水流觞"。我国著名的书法家王羲之的《兰亭集序》记叙的就是他和朋友三月三水边宴饮的盛况。直到唐宋,朝廷还一直重视禊日的活动,皇帝经常在这一天赐宴、赐钱给文武百官,并且官修游船画舫,以助游兴。但截止《隋书》,唐宋以后,禊祭不再载于史书礼志,大概是由于随着历史的延续,禊日的活动越来越大众化,成为一种民风习俗,统治者觉着不再适于作为他们专用的祭礼了。

……

值得我们注意的是,在古代的史籍和文学作品里,古人都自称他们在三月三日的活动为"禊"或"祓禊"。……

然而,我们现代出版的《辞海》《辞源》及有关工具书几乎一律错误地解释了古人这项活动的名称,误称为"修禊",所举之例,皆为王羲之《兰亭集序》的一段文字:"暮春之初,会于会稽山阴之兰亭,修禊事也。"……
……

其实,现代人错误的根源就在于对《兰亭集序》中"修禊事也"这一句话理解错了。这里的"修"应该看作一个动词,意思近于"从事""进行""作"等。而"禊"应该和后面的"事"连读如"禊事",意为:从事"禊"这一活动。这种解也可以在古代的典籍和诗文中得到证明。如欧阳修的《三日赴宴口占》诗:"共喜流觞修故事,自怜霜鬓惜年华。"……而且,在清代吴楚材、吴调侯选注的《古文观止》里,对"修禊事也"这句话也只注为:"禊,祓除不祥也。三月上巳日,临手洗濯,除去宿垢,谓之禊。"……

(资料来源:文史知识编辑部编,《古代礼制风俗漫谈·一集》,中华书局,1983年,北京)

复习思考题

1. 简述民俗的基本特征。
2. 简述饮食民俗的基本类别。
3. 举例说明日常食俗研究的基本内容。
4. 简述清明节食俗的传承与流变。

第五章

食文化

第一节　饮食观念

一、概述

在一般意义上,"食文化"可以涵盖"茶文化"和"酒文化"的内容,本章所讨论的"食文化"是相对于"茶文化"和"酒文化"而言的,狭义的"食",即日常的主食、副食及制作技术、饮食方式等,或可称之为"肴馔文化"。

一地之人或一群之人吃什么、怎样吃,固然牵涉诸多的主客观原因,但饮食观念往往在其中起着决定性的作用,如宗教观念对信教之人饮食行为的制约。毫无疑问,一地或一群之人的饮食观念是其生存环境和生活时间的产物,同时又非一成不变。一些经历了很长时间而形成的饮食观念,也许会在很短的时间内被改变。例如,一些杂食主义者转变为素食主义者,可能就是几天的事情;有些观念则可能具有极强的生命力,"以不变应万变"。例如,中国盛宴待客之习惯,虽屡遭抨击,却依然流行。

中国在5000年的文明传承中,一些基本的饮食观念实际上一直在指导着中国人的日常饮食生活。尽管这些观念大多建立在感觉经验的基础之上,尽管其中有一些"糟粕",但其主流应该被加以肯定,其中的一些观点,即使在今天仍然不乏借鉴和指导价值。

二、民以食为天

"民以食为天"是中国流传了几千年的古训,几千年来,频繁的灾荒、战乱、人祸,以及人口的增加,使历朝历代的君臣百姓无不以解决吃饭问题为头等大事。时至今日,在全国范围内,仍有人未能解决温饱问题。由于饮食的艰难,而重视饮食应该是顺理成章的事情,所以,中国人说"民以食为天"其实是有感而发。

由于日常生活的节俭,利用逢年过节难得的机会改善一下生活,享受一下饮食的乐趣也渐渐成为中国传统节令风俗的一大特点。过去谈男婚女嫁,酒肉是男方聘礼中必不可少的东西。物稀为贵,在日常的人情世故往来中,吃喝也成了联络感情的重要手段,一桌丰盛的菜肴既体现客人的尊贵,也表现了主人的诚心和以礼相待。因欲表现心诚和待之以礼,故而待客者惟恐食物不丰,惟恐食物不珍,唯恐待之不周;被待者也常以食物的丰盛与否来评价主人的诚心。这种对待饮食的观念渐渐积淀成一种民俗,并一代代传承下来。作为民俗传承的持久性特点,即使产生这种风俗的大环境已经发生了种种变化,但其潜在的影响仍很强烈。尽管平时节衣缩食,但关键时刻仍要"穷大方"一回,表现一下自己的诚心,时下这种现象也并不少见。

"民以食为天"本意是说,老百姓以解决吃饭问题为头等大事。但在不同的场合,其中的"民"和"食"是大有讲究。封建时代,天子之下皆可作"民",而此民实非彼民能比。"食"对于权贵来说,绝不是温饱的问题,而是如何美而食之的问题。节俭如隋文帝的君主毕竟太少太少了,周代"八珍"和"满汉全席"绝非老百姓所能想象,也非他们所能享用。中国饮食发展史中华丽的篇章,常令后来者激动的地方,绝不是平民百姓饮食生活的写照,而是建筑于绝大多数老百姓食难果腹基础上的统治阶级、有闲阶层的"美食王国"。他们"食"的目的、条件、内容、追求是与"小民"不可同日而语的。欧阳修在《食糟民》中写到：

> 田家种糯官酿酒,榷利秋毫升与斗。
> 酒沽得钱糟弃物,大屋经年堆欲朽。
> 酒醅瀺㵖如沸汤,东风来吹酒瓮香。
> 累累罂与瓶,惟恐不得尝。
> 官沽味浓村酒薄,日饮官酒诚可乐。
> 不见田中种糯人,釜无糜粥度冬春。
> 还来就官买糟食,官吏散糟以为德。
> 嗟彼官吏者,其职称长民。
> 衣食不蚕耕,所学义与仁。
> 仁当养人义适宜,言可闻达力可施。
> 上不能宽国之利,下不能饱尔之饥。
> 我饮酒,尔食糟。
> 尔虽不责我,我责何由逃。

当然,对美食的追求与享受绝不是统治阶级和有闲阶层的专利,平民百姓也有追求和享受的权利。在条件相对许可的情况下,在无饥饿之忧的时候,他们也会在饮食中寻找乐趣,只不过其追求的方式和内容有所差异。对经济条件、物质条件受到限制的平民来说,他们的出路是在普通原料的制作技术上动脑筋,想办法,以食物的色、香、味、形来弥补原料档次、种类上的不足。旧春联中的"虽无熊掌味,也有菜根香",是对这一情形非常形象的写照。扬州菜中有名的"拆烩鲢鱼头",据说即出自佣工之手。此外,即使是统治阶级和有闲阶层所享受的美食,其创造者也是处于社会底层的厨师。实际上,灿烂的中国饮食文化,如果没有广泛的平民饮食的基础和百姓的创造是不可能产生的。"民以食为天"表达了中国人对丰衣足食的渴望,也表达了不同阶层的人对"美食"的追求和向往,尽管他们的方式、内容相去甚远,但无疑都为中国饮食文化的发展做出了各自的应有贡献。

"民以食为天"造就了中国传统饮食文化中具有积极意义的内容,同时也产生了一些消极的因素,认识不到这一点,就不能正确而客观地评价中国传统饮食文化的价值。现在为人们所憎恶,却又难以去除的大吃大喝之风,奢侈浪费之习,争奇斗异之好等不良风气,绝不仅仅是现代社会的产物,而是传统饮食风俗的消极因素在现代条件下的表现。尽管政府三令五申严禁大吃大喝,采取开征宴席税,颁布野生珍稀动物保护法等种种行政措施,来扼制不良饮食消费习俗,但实际效果并不明显。客观地说,有些人是明知故犯,有些人是身不由己,有些人是迫不得以。今天,有的人请一顿饭不但不花钱,还可大赚一笔;有的人则为一顿饭而举债度日;我们在饮食上的大方也常令外国人大惑不解。明知不对,而欲为之,其中的原因是复杂的。比如,一些有公款之便者,因为不花自己的钱,大吃大喝奢侈一番,却也在情理之中。可是许多平民百姓之家,日常生计尚有不足,有时也不得不强着笑颜,打肿脸充胖子,那又为了什么呢?有些单位可以管住自己和下级单位的嘴,但一遇到上面来人,又不得不摆席应酬。历史上,几乎历朝历代都有禁奢之举,许多有识之士对此也痛心疾首,也曾大声疾呼。但中国人的这张嘴似乎太难管了!冷静地想一想,中国人的吃喝包含了太多的政治、经济、历史、文化、民俗的内容,就嘴管嘴管得住吗!?

三、医食同源

(一)亦食亦药

"药食同源"是广泛流传于民间的传统饮食观念之一。这一观念的产生与传统中医药的产生和发展密切相关,因为中药中的一些药材本就是人们日常的食物原料,而一些传统的偏方、验方也是主要以食物原料来组方的。在元·忽思慧撰《饮膳正要》中,就对一些日常食物原料的药用功效有明确的叙述,下略述一二:

稻米,味甘、苦,平,无毒。主温中,令人多热,大便坚,不可多食。即糯米也。(苏门者为上,酿酒多用)

白粱米,味甘,微寒,无毒。主除热,益气。

赤小豆,味甘、酸,平,无毒。主下水,排脓血,去热肿,止泻痢,通小便,解小麦毒。

醋,味酸,温,无毒。消痈肿,散水气,杀邪毒,破血运,除症块坚积。醋有数种(酒醋、桃醋、麦醋、葡萄醋、枣醋,米醋为上,入药用)

羊,肉味甘,大热,无毒。主暖中、头风、大风、汗出、虚劳、寒冷,补中益气。

猪,肉味苦,无毒,主闭血脉,弱筋骨,虚肥人。不可久食,动风;患金疮者尤甚。

鸡,肉味甘,冷,无毒。补内虚,消毒热,利水道,及治小儿热惊痫。

青鱼,味甘,平,无毒。南人作鲊。不可与荽、面酱同食。

梅实,味酸,平,无毒。主下气,除烦热,安心,止痢,住渴。

葡萄,味甘,无毒。主筋骨湿痹,益气强志,令人肥健。

冬瓜,味甘,平,微寒,无毒。主益气,悦泽,驻颜,令人不饥。

(二)食疗

食疗,在中国有悠久的传统,在周代宫廷已出现"食医"的官职,其职责是负责周王的饮食配伍,进行合理管理,指导烹饪事务。食疗之法与药食同源的观念是一脉相承,可以说,没有药食同源,也就无所谓食疗了。传统中医学关于食疗问题的早期论述,主要集中于《黄帝内经·素问》中。其基本观点是利用合理的饮食来预防和治疗疾病。用现代的眼光看,中国传统的阴阳五行学术对其有重要影响。但不可否认的是,当时人们的生活和医药实践对相关观点的形成也具有直接的影响。因为,"经验"对传统中医药理论体系的形成具有重要作用。

传统食疗方法在生活中的具体表现是针对不同病症的"对症下食",此时的"食"事实上已等同于"药"了。下列几副食疗方选自元·忽思慧撰《饮膳正要·第二卷·食疗诸病》:

生地黄鸡

[主治]治腰背疼痛,骨髓虚损,不能久立,身重气乏,盗汗少食,时复吐利。

[配方]生地黄_{半斤}、饴糖_{五两}、乌鸡_{一枚}。

[制法]上三味,先将鸡去毛、肠、肚净;细切地黄,与糖相和匀,内鸡腹中;以铜器中放之,复置甑中,蒸炊饭熟成取食之。

[食法]不用盐醋,惟食肉,尽却饮汁。

羊骨粥

[主治]治虚劳腰膝无力。

[配方]羊骨_{一付全者槌碎}、陈皮_{二钱去白}、良姜_{二钱}、草果_{二个}、生姜_{一两}、盐_{少许}。

[制法]上水三斗,慢火熬成汁,滤出澄清,如常作粥或作羹汤。

(三)食养

饮食养生和饮食治疗是中国传统医学相辅相成的两个重要组成部分,养重于治是其鲜明特色,并认为饮食不当是造成疾病的重要原因之一。《黄帝内经·素问·生气通天论篇第三》说:

阴之所生，本在五味；阴之五宫，伤在五味。是故，味过于酸，肝气以津，脾气乃绝；味过于咸，大骨气劳，短肌，心气抑；味过于甘，心气喘满，色黑，肾气不衡；味过于苦，脾气不濡，胃气乃厚；味过于辛，筋脉沮弛，精神乃央。是故，谨和五味，骨正筋柔，气血以流，腠理以密，如是则骨气以精。谨道如法，长有天命。

为了避免饮食不当而致病，在日常饮食中就要遵守一定的饮食规律以趋利避害。对于个人而言，就是根据自己的身体状况选择适合的膳食模式，多吃有益于健康和预防疾病的食物。《黄帝内经·素问》中说：

五味所禁：辛走气，气病无多食辛；咸走血，血病无多食咸；苦走骨，骨病无多食苦；甘走肉，肉病无多食甘；酸走筋，筋病无多食酸。是谓五禁，无令多食。

——《宣明五气篇第二十三》

肝色青，宜食甘，粳米、牛肉、枣、葵皆甘。心色赤，宜食酸，小豆、犬肉、李、韭皆酸。肺色白，宜食苦，麦、羊肉、杏、薤皆苦。脾色黄，宜食咸，大豆、豕肉、栗、藿皆咸。肾色黑，宜食辛，黄黍、鸡肉、桃、葱皆辛。辛散、酸收、甘缓、苦坚、咸耎。毒药攻邪，五谷为养，五果为助，五畜为益，五菜为充。气味合而服之，以补精益气。此五者，有辛、酸、甘、苦、咸，各有所利，或散、或收、或缓、或急、或坚、或耎，四时五藏，病随五味所宜也。

——《藏气法时论篇第二十二》

在强调食物选择针对性的同时，中国的饮食养生理论亦提出了在日常饮食中人们应普遍遵守的饮食方式，劝导人们养成良好的饮食习惯。元·忽思慧在《饮膳正要》中说：

夫上古之人，其知道者，法于阴阳，和于术数；食饮有节，起居有常；不妄作劳，故能而寿。……安乐之道在乎保养，保养之道莫若守中，守中则无过与不及之病。春秋冬夏，四时阴阳,生病起于过与,盖不适其性而强。善服药者,不若善保养;不善保养,不若善服药。……善摄生者,薄滋味,省思虑,节嗜欲,戒喜怒,惜元气,简语言,轻得失,破忧阻,除妄想,远好恶,收视听,勤内固,不劳神,不劳形。神形既安,病患何由而致也?故善养性者,先饿而食,食勿令饱;先渴而饮,饮勿令过。食欲数而少,不欲顿而多。盖饱中饥,饥中饱。饱则伤肺,饥则伤气。若食饱,不得便卧,即生百病。

实际上早在唐代,著名医药学家孙思邈就已在《千金翼方》中提出了一些日常饮食养生的具体方法,他说:

一日之忌者,暮无饱食;一月之忌者,暮无大醉;一岁之忌者,暮须远内;终身之忌者,暮常护气。夜饱损一日之寿,夜醉损一月之寿,一妄损一岁之寿,慎之。

醉勿食热,食毕摩腹能除百病。热食伤骨,冷食伤肺。热无灼唇,冷无冰齿。食毕行步踟蹰则长生。食勿大言,大饱则血脉闭。

(四)宜忌

饮食宜忌是中国人在传统食养、食治理论指导下总结出来的一套饮食生活经验,也是传统食养、食治理论和实践的重要组成部分。传统的饮食宜忌观念实际上也是中国传统文化中利弊得失观念的一种体现。"有利必有弊"、"祸福相生"或"利弊相依"是典型的中国传统价值观,在食亦然——有所宜,必有所忌。

1. 时令。时令宜忌,主要是从人们的身体与四季变化之间的相互适应和调整的角度出发,选食顺应自然变化,当令且有益于身体健康的食物,尽量不要食用不当令的食物。王仁湘先生在《饮食与中国文化》一书中,曾对传统"节令宜忌"以月份为序做过概要性的整理,以农历正月的饮食宜忌为例,其具体内容有:

[宜]立春后庚子日,宜温蔓菁汁,合家并服,不拘多少,可

除瘟疫。

凡立春日,进浆粥以导和气。

元日服桃仁汤,为五行之精,可以伏百邪。

新年寅时饮屠苏酒、马齿苋,以祛一年不正之气。

是月宜食粥,有二方:一曰地黄粥以补虚;二曰防风粥以去四肢风。

[忌]是月食虎豹狸肉,令人伤神损寿。……不得食生葱蓼子,令人面上起游风;忽食蛰藏不食之物。

是月节五辛以避厉热,五辛蒜、葱、韭、薤、姜是也。勿食狸豺等肉。

2. 物料。在中国传统饮食养生实践中,食物原料的鉴别、选择一直具有重要的地位。传统观念认为,食物原料的选择失当是造成疾病或身体不适的重要原因之一。物料宜忌主要包括原料鉴别和食物相克(反)两方面内容。

(1)原料鉴别。在长期的生活实践中,人们总结出了许多与食物原料的品质鉴别相关的经验,尽管其中确有一些"不科学"的因素,但我们不能用今天的眼光来苛求前人,何况其中的不少知识或经验在今天仍然还有一定的借鉴价值。在《礼记·内则》中,就辑录了当时人们对食物原料选择的一些经验,例如:

羊冷毛而毳,肉膻。(毛尖端拧结的羊,肉味膻)

狗赤股而躁,肉膻。(股部发红、性情狂躁的狗,肉味膻)

马黑脊而般臂,漏。(脊毛发黑、前腿毛色杂的马,肉臭)

(2)食物相克。食物相克,主要是说,一些食物如果同时食用会对身体造成不良影响。食物相克或相反观念,曾在民间广有流传,只是现在的年轻人已知之甚少了。当然,如果用现代的营养卫生知识对这些传统的经验加以验证的话,有时候是得不到应有结论的。但有些经验也被证明是确有一定道理的。下面我们来看一

下,唐·孙思邈《千金食治》中辑录的汉代《神农黄帝食禁》中的一些内容:

> 李子不可和白蜜共食,蚀人五脏。
> 芥菜不可共兔肉食,成恶邪病。
> 茶茗不可共韭食,令人身重。
> 鳖甲苍耳不可共猪肉食,害人。
> 服大豆屑忌食猪肉。
> 羊肉共醋食伤人心,亦不可共生鱼、酪食之,害人。
> 凡猪肝、肺共鱼脍食之,作痈疽。
> 食生葱即啖蜜,变作下痢。
> 韭不可共牛肉作羹,食之成瘕疾。

3. 忌口。忌口,是说当人们生病、身体不适或处于某种情况时,应根据避免或禁止食用某些食物。中医在给人看病时,一旦确定了疾病的类型,一般都会给病人提出"忌口"的忠告。在老百姓中,如今的一些中老年人也或多或少有一些"忌口"方面的"经验"。元·忽思慧在《饮膳正要》卷一中,就对"养生避忌"、"妊娠食忌"、"乳母食忌"、"饮酒避忌"等有具体的叙述,其"妊娠食忌"中说:

> 妊娠所忌
> 食兔肉,令子无声缺唇;
> 食山羊肉,令子多疾;
> 食鸡子、干鱼,令子多疮;
> 食桑椹、鸭子,令子倒生;
> 食雀肉、饮酒,令子心淫、情乱,不顾羞耻;
> 食鸡肉、糯米,令子生寸白虫;
> 食雀肉、豆酱,令子面生(挠)黯;
> 食鳖肉,令子项短;
> 食驴肉令子延月;

食冰浆绝产；

食骡肉令子难产。

四、食中求味

(一)味

从味觉生理的角度看,味刺激是化学性的。可尝味的物质必先被口涎融化,流入舌穴及味蕾,然后产生味觉反应。能融化的物质未必都有味;但绝对不能融化的东西一概无味。人的味觉有四种,即酸、甜、苦、咸。中国古代将食物之味分为五种,即:酸、甜、苦、辣、咸。《礼记·礼运》之"五味六和"注云:"五味,酸、苦、辛、咸、甘。"《周礼·天官·疾医》有"以五味、五谷、五药养其病"之句,注则以醯、酒、饴蜜、姜、盐为五味。尽管现在已经知道辣从味觉生理上不应算作味刺激,但人们还是约定俗成地把它归为味一类来看待。

(二)滋味

如果人对食物滋味的感受仅限于味觉,厨师的工作也许要简单得多。人对食物滋味的感受和评价,除味觉反应之外,还与嗅觉、肤觉、视觉乃至心理等反应密切关联。滋味之滋,其与味相关的解释有二:一作增解,有多味,增加味之意,即人们常说的"滋味";一作汁液解,如姜、桂之属的味道。《礼记·檀弓上》说:"曾子曰:'丧有疾,食肉饮酒,必有草木之滋焉。以为姜桂之谓也。'"郑注说:"增以香味,为其疾不嗜食。"在嗅之味,我们常称之为味道,因其嗅而得知,又叫气味。《隋书·王劭传》有这样一段话:"今温酒及炙肉,用石炭、柴火、竹火、草火、麻荄火,气味各不同。"只是在日常生活中,味、滋、滋味、味道等的区分并不严格,常常是混而用之。

从实际生活出发,我们很容易发现,食物之滋味不是简单的原料之味与调料之味的相加。食物之滋味的形成,在客观上取决于原料之性、调料之味;在主观上决定于用火之术、调剂之法。古人于此早有精彩的论说,《吕氏春秋·本味》云:

> 凡味之本,水为最始。五味三材,九沸九变,火为之纪。时疾时徐,灭腥去臊除膻,必以其胜,无失其理。调和之事,必以甘、酸、苦、辛、咸。先后多少,其齐甚微,皆有自起。

看明白滋味调和之理并不是一件难事,但要真正理解其中的道理,并付诸实践则不那么简单。以"火之为纪"来说,袁枚云:

> 熟物之法,最重火候。有须武火者,煎炒是也,火弱则物疲矣;有须文火者,煨煮是也,火猛则物枯矣;有先用武火而后用文火者,收汤之物是也,性急则皮焦而里不熟矣;有愈煮愈嫩者,腰子、鸡蛋之类是也;有略煮即不嫩者,鲜鱼、蚶蛤之类是也。肉起迟则红色变黑,鱼起迟则活肉变死。屡开锅盖,则多沫而少香。火熄再烧,则走油而味失。道人以丹成九转为仙,儒家以无过、不及为中。司厨者,能知火候而谨伺之,则几于道矣。鱼临食时,色白如玉,凝而不散者,活肉也;色白如粉,不相胶粘者,死肉也。明明鲜鱼,而使之不鲜,可恨已极。

(《随园食单·火候须知》)

这段文字犹如大白话,一看就懂。但真要烂熟于心,出自于手,绝不是三、两年的功夫能成就的。

(三)"本味论""五味调和论""适口论"

在我们对"味"和"滋味"有了基本了解之后,接下来的问题就是,什么样的"滋味"才是好"滋味"?就传统的观念而言,大致有3种基本说法:

1. 本味论。源自《吕氏春秋·本味》之名。本味说强调的是,在具体的调味过程中,着重于原料本来所具有的滋味。强调选择原料时应因时、因地、因种,便宜行事;烹调时应突出原料味性之特色,不要喧宾夺主,以调料之味盖住原料之味,要选择与原料特性相适宜的味型来调味。一般而言,鲜活名贵之品大多以"本味"为法。

本味之法看起来简单,做起来却难。既是本味,故辛香麻辣等强烈之味及味型通常不用,多以咸鲜之味调之。而鲜咸之味的把握常在毫厘之间变化,多一分则咸,少一分则淡;无论是咸是淡,对原料之品性的表现都会有不良的影响。

2. 五味调和论。"五味调和百味香"在中国是一句老少皆知的俗语,五味者酸甜苦辣咸也,调和者味型变化与料味调和也。食物原料虽多,但鲜活名贵、性味优良者毕竟有限,如一概以本味之法调之,则未免过于呆板了。如果说本味法注重的是原料之功,那么五味调和所强调的就是调料之力,它的目的是通过调料之味的合理组合和运用——刺激性较强、具有特殊复合效果的味型,来改进原料的不良品性,使食物具有良好的滋味,乐于为人所接受。据统计,中国烹饪常用的味型有数十种之多,如:酸味型之酸辣、酸甜、姜醋、茄汁等;甜味型之甜香、荔枝、甜咸等;咸味型之咸香、咸酸、咸辣、咸甜、酱香、腐乳、怪味等;辣味型之胡椒、香辣、芥末、鱼香、蒜泥、家常等;香味型之葱香、酒香、糟香、蒜香、椒香、五香、十三香、麻酱、花香、清香、果香、奶香、烟香、糊香、辣香、孜然、陈皮、咖喱、姜汁、芝麻、冷香、臭香等;鲜味型之咸鲜、蚝油、蟹黄、醉香等;麻味型之咸麻、麻辣等;苦味型之咸苦、苦香,等等。五味调和,首先是不同调味品之调和。味型不同,其构成、比例亦不相同,失之毫厘,则差之千里;其次,是味型与原料、烹法之调和,要相互得宜,切莫乱点鸳鸯谱。原料虽有档次高低、性味优劣、质地不同之分,不可任意为之。五味调和之时的下料顺序及下料的手法,对菜肴滋味效果会产生直接的影响。

3. 适口论。《韩诗外传三》说:"饮食适乎藏,滋味适乎气,劳逸适乎筋骨,寒暖适乎肌肤。"此"滋味",是言食物之滋味,此

"气",是说人体之气——气质、脾性。这里所说的是,人的气质、脾性、境况不同,对食物滋味的适应和选择亦有不同。故古人说"物无定味,适口者珍"。适口论,强调肴馔的滋味要适应食者的习惯和爱好,因人、因时、因地而异,不可以一概而论。

《食宪鸿秘》(传朱彝尊著)中的一段话对我们理解"适口论"颇有借鉴之资,其云:

饮食之人有三:

一餔啜之人:食量本宏,不择精粗,惟事满腹。人见其蠢,彼实欲副其量,为损为益,总不必计。

一滋味之人:尝味务遍,兼带好名。或肥浓鲜爽,生熟备陈,或海错陆珍,诧非常馔。当其得味,尽有可口。然物性各有损益,且鲜多伤脾,炙多伤血之类。或毒味不察,不惟生冷发气而已。此养口腹而忘性命者也。至好名费价而味实无足取者,亦复何必?

一养生之人:饮必好水(宿水滤净),饭必好米(去砂石、谷稗,兼戒饐而餲),蔬菜鱼肉但取目前常物。务鲜、务洁、务熟、务烹饪合宜。不事珍奇,而自有珍味;不穷炙煿,而足益精神。省珍奇烹炙之赀,而洁治水米及常蔬,调节颐养,以和于身。地神仙不当如是耶?

"人"之不同,对味的要求亦会有所差异。在这个意义上,我们可以说滋味调和之难,不在于调和本身,而在于让食客感到"适口"。当然,对饮食行业来说,要使每一个食客对滋味都感到满意是很难做到的。因为消费者是难以固定的;即使是相对固定的消费者,他对味的喜好也非一成不变的。

五、食中求趣

在饮食中寻找乐趣,在中国具有悠久的传统,从古到今为饮食而"拆腰"的文人名士不计其数。中国人对食趣的寻求一般集中于两个方面,即精食与雅食。

(一)精食

精食是中国人谈论食事的老话题,《论语》就有"食不厌精,脍不厌细"之语,后人因此而常将老夫子归入"美食家"之列。所谓精食,大致有两层意思:一是说食物制作之精,这是厨师之功;一是说精于品味,深得食中三味,这是知味者之事。精于厨事者与知味者实为相辅相成,相得益彰之势,有货而无识货之人,或有识货之人而无货可识,皆不能成其好事。故食事之精,二者皆有其功。

鲥鱼,是著名的长江三鲜之一,其品质之佳美世人皆知。烹制鲥鱼最要紧的是"及时",因为鲥鱼出水即亡,搁置时间稍长则风味大差。故为求得绝佳之味,有人想出了"好主意"。在清·欧阳兆熊、金安清所撰之《水窗春呓·卷下·阿财神》中,有如下一段话:

……饮馔中他不具论,四月中鲥鱼上市,必派数小艇张网于焦山急流中,上置薪釜,一得鱼即投釜中,双桨驰归,到平山则其味正熟,与亲在焦山烹食无异。其豪侈皆如此类。亦彼时之风会也。

为求"精食"之趣,而如此动作,大概也只有身为两淮盐政的阿克当阿之流才能做得出来。不过,现在即使有人有这等财力和闲情,也无法重温"阿财神"的旧梦了。因为,扬子江中的鲥鱼早就没影了。精食对吃的人来说,是对精致、精美之物的欣赏。既然是欣赏,就有一个品位、趣味和境界——欣赏标准的问题,不同的人对精美之食的理解是不一样的。在当今餐饮市场上,"豪宴"一类的奢侈仍然屡见不鲜,因为不少人以为钱花得越多,食物就越精、越好,实际上精食与奢食是两码事。清·袁枚在《随园食单·戒单》中提出的"戒耳餐"、"戒目食"等"戒条",是对精奢不分者的极好忠告。其文云:

戒耳餐

何谓耳餐？耳餐者，务名之谓也。贪贵物之名，夸敬客之意，是以耳餐，非口餐也。不知豆腐得味，远胜燕窝。海菜不佳，不如蔬笋。余尝谓鸡、猪、鱼、鸭，豪杰之士也，各有本味，自成一家。海参、燕窝，庸陋之人也，全无性情，寄人篱下。尝见某太守宴客，大窝如缸，白煮燕窝四两，丝毫无味，人争夸之。余笑曰："我辈来吃燕窝，非来贩燕窝也。"可贩不可吃，虽多奚为？若徒夸体面，不如碗中竟放明珠百粒，则价值万金矣。其如吃不得何？

戒目食

何谓目食？目食者，贪多之谓也。今人慕"食前方丈"之名，多盘叠碗，是以目食，非口食也。不知名手写字，多则必有败笔；名人作诗，烦则必有累句。极名厨之心力，一日之中，所作好菜不过四五味耳，尚难拿准，况拉杂横陈乎？就使帮助多人，亦各有意见，全无纪律，愈多愈坏。余尝过一商家，上菜三撤席，点心十六道，共算食品将至四十余种。主人自觉欣欣得意，而我散席还家，仍煮粥充饥。可想见其席之丰而不洁矣。南朝孔琳之曰："今人好用多品，适口之外，皆为悦目之资。"余以为肴馔横陈，熏蒸腥秽，目亦无可悦也。

(二) 雅食

中国人很喜欢谈雅俗，于言、于行、于事均有雅俗之辨，而文人士大夫于此更为津津乐道。一个"雅"字，几乎是中国文人士大夫理想形象的写照，他们的言行举止无一不讲究以"雅"为范。雅者，言行举止有学问、有修养、合规矩、得人欢心是也，反之则俗不可耐，狂不可容。苏东坡"宁可食无肉，不可居无竹。无肉使人瘦，无竹使人俗。"之语，确说出了其中奥妙。一个"雅"字，实际上透露出的是他们对自然、社会、人生的理解和向往。故"痛饮酒，熟读《离骚》"的"竹林七贤",称呼其为"名士"、"狂士"、乃至"狂徒"者有之,称其为"雅士"者绝无,尽管私底下大有心仪之人。

中国人对饮食的雅兴应该来自于把饮食作为一门艺术来看待,而不仅仅是满足口腹之欲。林语堂先生在《吾国与吾民》一书中,对中国人视饮食为艺术的观念曾有过深入地剖析,现在读来,也不无发人深省之处。林先生在书中说:

> 人世间倘有任何事情值得吾人的慎重将事者,那不是宗教,也不是学问,而是"吃"。吾们曾公开宣称"吃"为人生少数乐事之一。这个态度的问题颇关重要,因为吾们倘非竭诚注重食事,吾人将永远不能把"吃"和烹调演成艺术。
>
> ……
>
> 没有英国大诗人著作家肯折节自卑,写一本烹调书,这种著作他们视为文学境域以外的东西,没有著作的价值。但是中国的伟大戏曲家李笠翁并不以为有损身份以写菰蕈烹调方法以及其他蔬菜肉食的调治艺术。另一个大诗人袁枚写了一本专书论述烹调术。
>
> ……
>
> 吾们毫无愧色于饕餮。吾们有所谓"苏东坡肉",又有"江公豆腐"。在英国,"华兹华斯肉排"或"高尔斯华绥炸肉片"将为不可思议。华兹华斯高唱简朴生活与高尚思想,但他竟疏忽了精美食品,特殊像新鲜竹笋和香蕈不失为简朴乡村生活的一乐事。中国诗人,具有较重功利主义的哲学思想,曾坦直地歌咏本乡的"鲈脍莼羹"。这种思想被认为富含诗意,故官吏上表乞退时常引"思吴中莼羹"一语以为最优雅之辞令。
>
> ……
>
> 我想现在已充分讲过了中国人当其神志清明之际,透澈地知道怎样的生活法。生活的艺术对于他们是第二本能和宗

教。谁说中国文明是精神文明便是撒谎。

不过,雅食也不是一件容易的事情。因为在中国的文化传统中,雅与俗之间的界限有时是非常微妙的。同样一件事情,在某些人身上就是一件雅事,放到另外一些人身上就是大俗了。故中国人常以"附庸风雅"来嘲讽那些以俗当雅或雅俗不分之人。清·袁枚在《随园食单·戒单》中,对饮食上以俗当雅或"附庸风雅"的现象曾予以抨击,他说:

戒穿凿

物有本性,不可穿凿为之。自成小巧,即如燕窝佳矣,何必捶以为团?海参可矣,何必熬之为酱?西瓜被切,略迟不鲜,竟有制以为糕者。苹果太熟,上口不脆,竟有蒸以为脯者。他如《遵生八笺》之秋藤饼,李笠翁之玉兰糕,读都是矫揉造作,以杞柳为杯棬,全失大方。譬如庸德庸行,做到家便是圣人,何必索隐行怪乎?

戒落套

唐诗最佳,而五言八韵之试贴名家不选,何也?以其落套故也。诗尚如此,食亦宜然。今官场之菜,名号有"十六碟"、"八簋"、"四点心"之称,有"满汉席''之称,有"八小吃"之称,有"十大菜"之称,种种俗名,皆恶厨陋习。只可用之于新亲上门,上司入境,以此敷衍;配上椅披桌裙,插屏香案,三揖百拜方称。若家居欢宴,文酒开筵,安可用此恶套哉?必须盘碗参差,整散杂进,方有名贵之气象。余家寿筵婚席,动至五六桌,传唤外厨,亦不免落套。然训练之卒,范我驰驱者,其味亦终竟不同。

文人雅食,在自娱自乐之时,不经意间又常常为饮食文化的交流和积累做出了贡献。《韩江雅集·卷八·二月廿三日集绩学堂食甜浆粥》,就对在扬州风行一时的"甜浆粥"的渊源、制法,以及粥

食之风作了精彩的描述:

　　君不见洛阳寒食伊川曲,士女丰昌车压轴。湔裙袯禊晚归来,纤纤捧玉桃花粥。又不见吴市箫声二月天,珠帘画舫系门前。粥香饧白调金椀,隔岸飞花到绮筵。中州风景当年客,江南游兴今陈迹。竭来邗江汲江涛,细拣长腰炊釜鬲。南山种豆真珠圆,肌肤细腻白而鲜。一更浸水五更磨,涓涓浆出如流泉。两美必喝天然好,折柬邀宾须及卯。入口甘芳真味长,举家食粥宁辞饱。(胡期恒)

　　五侯之鲭大官膳,适意人生谁不愿。世间真味知者谁?自昔珍羞让藜苋。先生拂袖归江乡,鼎食钟鸣境久忘。独有糜饘忆京国,特将方法授厨娘。市儿屑豆初成乳,挈来旋搅长腰煮。芳香俨似合根源,玉色何从分尔汝?今晨会食高堂中,春寒顿觉回融融。岂如古寺断斋粳,那羡左挑餐防风。养老何须定梁肉,徒劳鲠咽从旁祝。但须食粥致神仙,剑南有句吾曾读。(张世进)

第二节　饮食礼仪

一、概述

　　中国人很早就将食与礼联系在了一起,《礼记·礼运》说:"夫礼之初,始诸饮食。"其实不仅是中国,在其他地方饮食与礼的关系也是极其密切的。罗伯特·路威在《文明与野蛮》中说:

　　饮食是人生一宗大事,自然要纠缠上许多奇怪意思,拨弄不清。我们无可无不可的地方往往正式他们吹毛求疵的地方,在饮食这件事上大概都有很郑重尊严的规则。……在乌干达,看见别人在吃饭,千万别去招呼他,那是很失礼的;连注目看一看都只有粗人会做得出。在这儿,做客人的道理是放怀大嚼,谢谢主人,还要打胃里呕两口气表示甚饱甚饱。换了个马赛伊人,他就得咂咂舌头。祖鲁人孩子赴宴之时,父母必再三嘱咐,主人端菜来必须双手去接;不然就表示瞧不起主人,嫌他的菜不好。

总而言之,野蛮人的礼仪非但严格,简直严格得可怕。

不同社会出现的饮食之礼,实际上是该社会特定的意识形态在日常生活中的一种表现。换句话说,就是由于历史、社会、经济、文化等因素的影响,不同社会会形成具有自己特色的礼仪规范,而饮食礼仪是其中重要的组成部分之一。

中国之"礼"本谓敬神,引申为表示敬意。传统礼仪规范的框架在周代已具雏形,经过儒家的继承和发挥而越发缜密,并形成儒家的礼治思想,其核心是主张用贵族等级制的社会规范和道德规范维持统治。儒家认为,"礼"对于维系社会的稳定具有无法替代的作用,故《荀子·修身篇》说:

故人无礼则不生,事无礼则不成,国家无礼则不宁。

在先秦时期,除了儒家之外,重视"礼"的作用和价值的大有人在。否则,在《诗经·鄘风·相鼠》中就不会出现"相鼠有体,人而无礼?人而无礼,胡不遄死!"的诗句了。

作为儒家"礼制"思想的派生,在儒家的伦理学说中,"礼"同样具有重要的地位,是儒家伦理思想"仁义礼智"的重要组成部分。儒家经典《孟子·离娄上》说:

仁之实,事亲是也;义之实,从兄是远;智之实,知斯二者弗去是也;礼之实,节文斯二者(注:使事亲、从兄弟两种行为有节度、有文采)是也。

二、古代礼仪

在过去,"礼"是一种规矩,既然是规矩,其必然有诸多限制,有时甚至要带有某种程度上的强制性色彩。有人对"三礼"之"食礼"作过归纳,其可分为客食之礼、待客之礼、侍食之礼、丧食之礼、宴饮之礼、进食之礼诸类,每类又有各种要求。三代以后,饮食礼仪的发展基本上没有脱出"三礼"所确定的框架。下面我们来看几个文献中记载的古代食礼。

乡饮酒礼:主人就先生而谋宾介。主人戒宾,宾拜辱。主人答拜,乃请宾。宾礼辞,许。主人再拜,宾答拜。主人退,宾拜辱。介亦如之。

乃席宾、主人、介。众宾之席,皆不属焉。尊两壶手房户间,斯禁。有玄酒,在西。设篚于禁南,东肆,加二勺于两壶。设洗于阼阶东南,南北以堂深,东西当东荣。水在洗东,篚在洗西,南肆。

——《仪礼·乡饮酒礼第四》

凡进食之礼,左殽右胾,食居人之左,羹居人之右;脍炙处外,醯酱处内;葱㳿处末,酒浆处内;以脯脩置者,左朐右末。

——《礼记·曲礼》

虚坐尽后,食坐尽前;食至起,上客起,让食不唾。客若降等,执食兴辞。主人兴辞于客,然后坐;主人延客祭,祭食,祭所先进,殽之序,遍祭之;三饭,主人延客胾,然后辨殽。主人未辨,客不虚口;卒食,客自前跪,彻饭齐以相授者。主人兴辞于客,然后客坐;共食不饱,共饭不泽手;毋抟饭,毋放饭,毋流歠;毋咤食;毋齧骨;毋反鱼肉;毋投与狗骨;毋固获;毋扬饭;饭黍毋以箸;羹之有菜者用梜,无菜者不用梜;毋嚺羹;毋絮羹;毋刺齿;毋歠醢;濡肉决齿,干肉不决齿;毋嘬炙;当食不叹。

——《礼记·曲礼》

凡进馔于尊长,先将几案拂拭,然后双手捧食器,置于其上,器具必干洁,肴蔬必序列。视尊长所嗜好而频食者,移近其前。尊长命之息,则退立于傍。食毕,则进而撤之。如命之侍食,则揖而就席,食毕视尊长所向。未食,不敢先食;将毕,俟其置食器于案,亦随置之。

——清·张伯行《养正类编》卷三引《屠羲英童子礼》

从上述简略引文中我们不难看出,尽管古代饮食礼仪有不少合理的地方,但礼节的烦琐亦十分了然,故随着社会的进步,饮食礼仪的简化也势在必行。从徐珂《清稗类钞·宴会》所记载的情形可以明显看出,到了清末时期,宴会的礼仪程式已有相当的简化。

一般设宴无论在公署、在家、在酒楼、在园亭,主人必肃客于门,主客互以长揖为礼。既就座,先以茶点及水旱烟敬客。俟筵席陈设,主人乃肃客一一入席。

席之陈设也,或不一。若有多席,则以在左之席为首席,以次递推。以一席一座次言之,则在左之最高一位为首座,……

将入席,主人必敬酒,或自斟,或由役人代斟,自奉以敬客,导之入座。是时,必呼客之称谓而冠以姓字,如某某先生、某翁之类,是曰"定席",又曰"按席",亦曰"按座"。亦有主人于客坐定后,始向客一一斟酒者。惟无论如何,主人敬酒,客必起立承之。

肴馔以烧烤或燕菜之盛于大碗者为敬,然通例以鱼翅为多。碗则八大八小,碟则十六或十二,点心则两道或一道。猜拳行令,率在酒阑之时。粥饭既上,则已终席。是时可就别室饮茶,亦可径出,惟必向主人长揖以致谢意。

三、现代礼仪

现代饮食礼仪基本内容与古代并没有太多的差异,但在形式和程序上比之古代饮食礼仪的繁文缛节要简单得多。不过,值得注意的是,现在对饮食服务礼仪的研究多局限于服务业的范围,对人们日常饮食生活中的饮食礼仪则关注不够。下面对现代餐厅服务的一般性礼仪规范作简要介绍。

(一)环境礼仪

餐厅环境有外部环境和内部环境之分,外部环境主要是建筑物周围的环境;内部环境主要是指餐厅内客人可能涉足的场所,如:大堂、走道、电梯等。所谓环境礼仪,是指餐厅的环境应使客人产生舒心、愉悦的感觉,感觉到餐厅对自己的重视,感受到物有所值。

1. 整洁。餐厅环境以整洁为第一要素,整洁的环境能使人感觉轻松;反之,则令人讨厌,心烦意乱。餐厅应时刻保持窗明几净,地面清洁,装饰完好,给人以刚刚认真打扫过的感觉,使客人有良好的第一印象。

2. 氛围。餐厅的环境氛围是由建筑装饰、环境布置、灯光照明、背景音响、餐厅主色调、以及服务员的仪态等因素所构成的。氛围应体现餐厅的特色和管理者的用心,其格调应与大多数客人的志趣相接近,置身其间使人有和谐、雅致、独特的感受。

(二)应接礼仪

现代餐厅不仅要有良好的"硬件",更要有高水平的服务,否则,再好的"硬件"也于事无补。服务员作为餐厅的代表,一言一行都是企业形象、个人素质的体现,餐厅服务要求服务员有良好的道德、素质修养,有熟练的服务技术,有灵活处理问题的能力,有独当一面的本领,而礼貌待客是最基本、最重要的要求。与餐厅服务员相关的礼仪问题主要涉及以下几个方面:

1. 仪表仪容。餐厅服务人员应时刻注意自己的仪表修饰,因为它代表着餐厅的形象。端庄大方的仪表既是自尊自爱的表现,更是表达一种对客人的尊重,亦是客人的一种需要,没有人愿意与一个衣衫不整、邋里邋遢的人打交道。

2. 仪态。餐厅服务不仅要求服务员有良好的仪表仪容,还要求服务员有良好的仪态,即站有站样,坐有坐样,走有走样,给人精神饱满、热情洋溢之感。餐厅对服务员的仪态要求主要是:

正确的站姿、坐姿、走姿。

恰当的手势。手势是一种有效的动作语言,恰当的手势常给人以含蓄、礼貌之感,但使用不当亦会造成误解。

自然的表情。表情是人内心感受的外露,作为人来说,总有称心和不称心的时候,但作为餐厅服务员,则要求其在工作中始终保持自然、友善的表情,即人们常说的"微笑服务"。"眼睛是心灵的窗户",眼神是仪态的灵魂,餐厅服务员应时刻注意以诚实、热情的目光正视客人。

3. 语言。餐厅服务员,特别是一线的服务员,经常要与客人进行语言交流,良好的语言表达能力,不仅可以提高自己的服务水平和能力,亦可增进与客人的沟通与了解。餐厅服务员在语言表达中要注意以下问题:

用语得体,即服务员与客人之间的语言交流应满足客人自尊心的需要,要让客人感到处处受到尊重。

热情灵活,即语言表达应富有感情,随机应变,不是机械地背诵服务用语。餐厅服务讲究"五声"——迎客声、称呼声、致谢声、道歉声、送客声,但是千篇一律的声音,不分场合时宜的招呼有时亦会使人感到厌烦。

有礼有节,即尊重客人的同时,服务员亦应注意自己的人格尊严、民族尊严,不说有损国格、人格的话,不说低三下四、谄媚奉承的话。

注意规范,即语言表达符合行业的一般规范要求。语言表达虽然有灵活的要求,但也不是随心所欲,服务员对基本的规范用语应有所掌握,以免因用语不当而引起客人的不快。对基本的称呼用语、问候用语和礼貌用语应有所掌握。

4. 规范。餐厅服务内容多、情况复杂,为保证服务质量必须对各项服务工作制定出相应的服务规范。规范的服务既是对客人的尊重,也是餐厅服务质量的保证。餐厅服务规范体系中的基本礼仪规范要求有如下一些内容:

在客人活动区域不吸烟、不吃喝食物。

说话轻、行走轻、操作轻,保持宾馆安静的环境。

一视同仁,主动热情,女士优先。

不议论客人,不与客人开玩笑。不打听客人的私事,不翻动客人的物品,不得随便打断客人的谈话。

迎客在前,送客在后。引领客人时应在客人左前方2~3步领走,与客人的步频保持一致。

在客人面前绝对不可挖鼻、梳头、修指甲、吐痰、聊天、争吵、吹口哨、手插在口袋、叉腰、以及其他不文雅的举止。咳嗽、打喷嚏应尽量避开客人,无法避开时应侧向一边,以手帕掩口。

不得随便使用客用设施。

不主动与客人握手,不随便逗、抱客人的小孩,不要表规出与客人的过分亲热,更不可举止轻浮。在走道与客人相遇,应站立一旁主动让道。

第三节　烹饪技术

一、烹饪要素

(一) 食物原料

俗话说"巧妇难为无米之炊",没有原料,再高明的厨师也做不出什么来。从技术角度研究食物原料,关键问题是两个:一是原料的选择范围;二是原料的使用原则。

1. 原料选择。

(1)选料范围。中国人食物原料的选用范围极其广泛,唐·段成式的《酉阳杂俎》中就有"物无不堪吃,惟在火候,善均五味"之语。自古以来自然界的诸多动植物都曾是中国人的桌上之食,而一些矿物质则被信奉道教或道家炼丹术的人当作了灵丹妙药。此外,一些一般人看来难以入口的东西,却是某些地区/人群的所欣赏的美味,至今犹然,如广东的龙虱、禾虫,福建的鲎、土笋,山东的蝎子、海肠子,江苏的豆蚕,傣族的青苔,布朗族的红土,等等。因此,广采博收,不拘一格应该可以概括为中国人食物原料选择的基本特点。在食物原料选择上,广东人的口福之好常令外人羡慕。清·屈大均在《广东新语》中曾说:"天下之食货,粤东几尽有之;粤东所有之食货,天下未必尽有也。"

不过,曾经是桌上美味的不少食物,现在已看不到或很难看到了;而正在被一些人食用的美味,是本不该放上餐桌的。

(2)选料原则。在原料的具体选择上,人们一般讲究以下几点:①因时。即根据原料的生长季节或生长周期,在最适宜食用时采用。②因地。即尽量选择特定地区生产的特色原料。因为,同一原料因产地不同而会在品质上形成较大差异。③因质。即在区分原料等级档次的前提下,因需而用。因为,同一品种的原料由于产地、制作、加工等因素的影响,在品质和价格上会有很大差异。在长期的饮食实践活动中,人们总结出了许多宝贵的经验,例如,袁枚在《随园食单·时节须知》中曾说:

……冬宜食牛羊,移之于夏,非其时也。夏宜食干腊,移之于冬,非其时也。辅佐之物,夏宜食芥末,冬宜用胡椒。当三伏天而得冬腌菜,贱物也,而竟成至宝矣。当秋凉时而得行鞭笋,亦贱物也,而视若珍馐矣。有先时而见好者,三月食鲥鱼是也;有后时而见好者,四月食字荠是也。其他亦可类推。有过时而不可吃者,萝卜过时则心空,山笋过时则味苦,刀鲚过时则骨硬。所谓四时之序,成功者退,精华已竭,褰裳去之也。

2. 用料原则。物尽其才、物尽其用是中国人做菜时奉行的基本用料原则。具体而言,在高档原料处理上,讲究原汁原味,如"清汤燕菜""原焖鱼翅"之类;在中档原料处理上,讲究精工细做和色香味形之美,如"北京烤鸭""松鼠鳜鱼"之类;对低档原料的处理,常能"化腐朽为神奇",出奇制胜,如"麻婆豆腐""拆烩鲢鱼头""宫保鸡丁""大煮干丝""咕咾肉"之类。畜禽之内脏在有些国家是不上餐桌的,但在中国人却常能用这些"下脚料"做出美味诱人的佳肴。

(二)"庖人"

清·顾仲《养小录》中有"自古有君必有臣,犹之有饮食之人必有庖人也"之语。"庖人"是古代对执厨之人的称谓,在《周礼》中对"庖人"已有明确的记载。正是历代"庖人"的聪明才智和辛勤劳动才使中国烹饪具有了今天的无限风光。

在物质条件具备了之后,厨师的能耐将决定菜肴的优劣。同样的原料,在不同的厨师手中做出来的菜肴是不一样的。但是,要成为一个好厨师并非易事,要成为一个有创造力的厨师则更难。

要成为一个好厨师,既需要天分、钻研和勤劳,也需要师承和经验,更需要对烹饪艺术的热爱和敬业。一般说来,没有10年、20年的工夫是很难有所成就的。时下年纪轻轻就冠以"名厨""大师"头衔的厨师实在不少,但名副其实者不多。袁枚在《随园食单·戒单·戒苟且》中一段话虽然说得有些刻薄,且对厨师有不敬之嫌,但其所说的道理还是值得今天的从厨之人深思的。其文云:

凡事不宜苟且,而于饮食尤甚。厨者,皆小人下材,一日不加赏罚,则一日必生怠玩。火齐未到而姑且下咽,则明日之菜必更加生。真味已失而忍含不言,则下次之羹必加草率。且又不止空赏罚而已也。其佳者,必指示其所以能佳之由;其劣者,必寻求其所以致劣之故。咸淡必适其中,不可丝毫加减;久暂必得其当,不可任意登盘。厨者偷安,吃者随便,皆饮食之大弊。审问、慎思、明辨,为学之方也;随时指点,教学相长,作师之道也。于是味何独不然?

袁枚批评俗厨之辞显然有些过激和不当,但袁枚对于好厨师还是能友善对待的,否则,大概也不会写下据说是古代独一无二的"名厨传"《厨者王小余传》了。

从袁枚所说中我们可以看出,好厨师和知味之人是相辅相成的,没有知味之人的点拨,厨师的技艺是难有长进的。但从厨难,知味更难,因为《中庸》早就明言:"人莫不饮食也,鲜能知味也!"

(三) 器具

俗话说"工欲善其事,必先利其器",烹饪亦然。出神入化的庖丁解牛固然得益于庖丁对牛骨胳筋络的透彻了解,但如果没有锋利的刀刃怕也无济于事。传统上,人们将饮食器具分为厨炊具和食具两大类,而对食具的关心又多于厨具。

1. 厨炊具。传统中式厨炊具比之西式厨具要简单不少。以刀而言,西式厨刀常用的就有近10种,而20多年前的中国厨师大多是一把厨刀打天下。中国厨师做菜时,其所用的传统工具主要是一把好刀和砧板,再加上炒瓢(锅)、汤锅、手勺、漏勺和蒸笼等器具。简约是非常明显的,但当烹饪要求越来越高时,简单化而形成的"制肘"也就无法避免。近20多年来中国烹饪一大发展,就是中式厨具的面貌大为改观,现在的中式厨房与传统的厨房相比已不可同日而语,厨炊具的专用化、机械化、电气化、自动化已是大势所趋。

2. 食具。食具,讲究的是美观和得体,中国历来也不缺乏精美的食器,但主要问题是如何恰当地使用食器。袁枚在《随园食单·须知单·器具须知》中说的话,今天看来仍不过时,其文云:

古语云:美食不如美器。斯语是也。然宣、成、嘉、万,窑器太贵,颇愁损伤,不如竟用御窑,已觉雅丽。惟是宜碗者碗,宜盘者盘,宜大者大,宜小者小,参错其间,方觉生色。若板板于十碗八盘之说,便嫌笨俗。大抵物贵者器宜大,物贱者器宜小;煎炒宜盘,汤羹宜碗;煎炒宜铁锅,煨煮宜砂罐。

二、基本术语

1. 火候。火候,是指烹制食物时,对加热温度高低和时间长短的掌握,是烹饪成败的关键性因素,也是烹饪技艺中至关重要的技巧之一。所谓火候控制,就是根据所希望的食物成熟度,综合考虑与火候相关的诸多因素,合理掌握温度的高低变化和加热时间的长短,使原料达到所希望的成熟度。影响火候控制的主要因素有三个方面,即原料的质地、形状和数量,传热介质的种类、数量、温度变化,以及加热的时间长短。

2. 熟。熟与生是相对应的概念,同时又是非标准化的概念,即难以制定定量的生熟标准。在烹饪中,与熟相关的概念主要是:生、断生、半生、刚熟、熟、熟透。

3. 刀功。刀功一般是指对用刀方法和技巧掌握的程度,亦即用刀的功夫。刀功的高低对原料的成形、菜点造型有重要影响,对冷盘制作尤为重要。

4. 勺功。勺功一般是指对锅勺的协调使用能力,如颠翻、出锅等。

5. 味。味是物质的一种属性,味的客观存在与人对味的感觉相互依存。与烹饪相关的味的概念较多,如原料味、调料味、基本

味、复合味、味型、配味、口味、口、出味、入味、正味、异味、滋味、本味、风味,等等,其中:

基本味——又称单一味,即酸、甜、苦、咸。但习惯上,人们把"辣"也纳入"味"的范畴,日本人则主张"鲜"也是基本味之一。

复合味——即由单一味相混合而得到的味道。

味型——固定的复合味模式。

配味——调料、味型与原料之间的相配。

口——特指烹调过程中咸味调料的用量,如"带口"(加咸味调料)、"口大"、"口小"等。

出味——一是指去除原料中的不良味道,二是指让原料的良好味道表现出来。

入味——使调料之味与原料融为一体。

正味——又称"味正"即达到预期的滋味效果。

6. 色。菜点之色泽。

7. 香。菜点之香气。

8. 形。菜点之形状。

9. 质。菜点之"质感",相关概念有:脆、软、韧、老、糯、肥、腻、酥、松、粗、僵、黏、瘦、滑、烂、细、煌、干、嫩、硬、湿,等等。

10. 菜式。菜式是菜点所具有的一定形式,其划分没有固定的标准,可根据不同目的进行不同的划分,如:冷菜、热菜;菜肴、点心;开胃菜、汤菜、鱼菜、主菜、甜点;冷菜、热炒、大菜、头菜、汤菜、席点、甜点、饭食;炒爆类、熘烩类、煎炸类、烧煮类、烤炙类、羹汤类;干型、湿型、汁型、汤型等。

11. 工序。工序,是指具体的烹饪加工环节。

12. 流程。流程由工序组合而成的,从原料选择直至菜点装盘的完整加工过程。

三、主要工序

(一) 原料切割

切割,即根据菜点制作的要求将原料切割成各种形状。在技术上包括两方面的内容:一是切割的方法,俗称"刀法",如直刀法、平刀法、斜刀法、剖刀法、雕刻刀法,等等;二是原料切割后所具有的形状,俗称"刀口"。除整料或大块料之外,常见的原料形状主要有:块、片、丝、条、丁、粒、末、茸、剖刀块(又称"花刀块")和象形片等。

(二) 配菜

配菜,就是根据菜点的要求,把经过加工处理的原料组合成菜点的坯料,包括选料、定型、定味和配器等工作。在配菜过程中,冷菜、热菜、花色菜、套菜和宴席菜各有不同的要求和方法。如花色菜的造型手法就有叠、穿、卷、扎、包、码、嵌、扣、镶等。

(三) 保护性处理

保护性处理,是指为避免原料过度受热而影响滋味,或者是为获得特定的加工效果而采取的技术性措施,主要有挂糊、上浆和拍粉。

1. 挂糊、上浆。挂糊、上浆也叫"着衣",即在经处理后的原料表面均匀地裹上一层糊状或浆状物,其目的主要在于减少高温对原料中的水分和有益物质的影响。此外,调制糊、浆的原料本身就具有一定的营养价值和滋味特点,可以丰富菜肴的滋味和营养。而糊浆受热后所具有的滑、柔、脆、嫩、酥、松等不同的质感则丰富了菜肴的质地变化。

糊、浆的主要成分是:淀粉、鸡蛋、盐、水、苏打、发酵粉等。

常见的糊有:水粉糊、蛋清糊、全蛋糊、蛋泡糊、酥炸糊、面包糊等;常见的浆有:水粉浆、蛋清粉浆、全蛋粉浆、苏打浆、脆浆等。

糊、浆的主要区别是:糊需先调制好,再将原料投入其中,使糊均匀地包裹在原料表面;浆只要依此将浆料加入原料中拌匀抓透即可;糊较厚,多用于炸、熘、煎;浆较薄,多用于炒、爆、余。

2. 拍粉。拍粉的作用与挂糊、上浆相似,是在经腌渍后的原料表面均匀地拍上一层面粉、干淀粉、面包屑或酥炸粉等材料,使之附着在原料表面,起到保护水分和形成香酥口感的作用。拍粉一般用于炸制类菜肴。

(四)面团调制

在点心制作中,面团调制是关键性工序之一,中式烹饪习惯上把面团分为4类,即水调面团、发酵(膨松)面团、油酥面团和米粉面团。

1. 水调面团。水调面团,即水加面粉调制而成的面团,在中式点心制作中有广泛的用途,水饺、面条、煎饼一类的点心通常都是用水调面团制作的。

在具体加工中,根据水温可将水调面团分为:冷水面团、温水面团和热水面团三类;根据水量可将水调面团分为:硬面团、爽面团、软面团、稀面团等。

2. 发酵(膨松)面团。发酵(膨松)面团,即在水调面团的基础上,通过添加膨松物质或搅打的方法给面团"充气",加热成熟后,成品因"空洞"的存在而显得或膨或松。发酵(膨松)面团多用于面包、馒头、蛋糕、油条之类点心的制作。在面团调制中,通常有酵母膨松法、化学膨松法和物理膨松法之分。

酵母膨松法,即在面团中加入酵母菌,利用酵母在繁殖过程中产生的乙醇和二氧化碳,使面团具有膨松的结构和香气。

化学膨松法,即在面团中加入可食用的化学膨松剂,利用其加热后产生的二氧化碳气体而使成品膨松的方法。常见的化学膨松剂有小苏打、臭粉、发酵粉、矾碱盐溶液等。

物理膨松法,俗称搅打法,鸡蛋是必需的添加物。当鸡蛋在快速有力的搅打过程中均匀地渗入面团后,在加热过程中其会受热膨胀而使成品产生空洞。

3. 油酥面团。油酥面团，是用油脂、面粉、水及其他一些辅料调制而成的面团，主要用于制作各种油酥点，其具体的调制又分为：单酥面团、包酥面团、擘酥面团和炸酥面团等。

4. 米粉面团。米粉面团，即以稻米粉为原料而制成的面团，在南方较为多见，主要用于制作各种糕团点心，糯米、粳米和籼米都可用于米粉面团的制作。在具体调制中有松质糕粉团、黏质糕粉团、团类粉团、发酵粉团等的区分。

(五) 制汤

汤料，主要用于制作汤菜时的基汤，以及其他菜肴的"底汤"。以动物的骨胳、肉，加上各种、调味料制成的汤料，可以起到一般调味料无法产生的调味效果，更何况有些汤料本身就是可以直接品饮的"汤菜"。

制汤，行业中一般称之为"吊汤"，是一项专门的加工技术，也是烹饪工艺流程的重要工序。其具体的制作过程，一般分为：选料、煮制、清汤（利用一些吸附性较强的物料去除汤中的浮渣屑末）三个环节。中式汤料的基本种类有：

毛汤——主要用于一般菜肴的烹制；

高级毛汤——主要用作制取奶汤和清汤的原汤，也可用于高档菜肴的制作；

奶汤——主要用于白汁类菜肴制作；

高级奶汤——主要用于高档白汁菜肴制作；

清汤——以鸡汤或毛汤为原汤制得，主要用于高档汤菜的制作。

(六) 烹制方法

烹制方法，既将原料加工成熟的方法，一般分为水烹、油烹、汽烹、明火烹和特殊方法等类型。

1. 水烹。水烹,即以水为传热介质的烹制方法,利用水温的变化、水量多少和加热时间的长短来控制原料的成熟度。水温的变化主要有:

煮——使水保持沸腾;

焖——使水温接近沸腾;

煨——水温低于焖的温度。

加热时间长短的变化主要是:

烫、汆——用沸水,短时间加热;

烧——长时间加热,并根据需要变换水温。

2. 油烹。油烹,即以油脂为传热介质烹制方法,利用油温的变化、油量的多少,及加热时间的长短来控制加热效果。油烹法可以直接将原料烹制成熟,也可作为原料初步熟处理的手段。在具体烹制中:

依用油量可分为:小油量,适用于少量原料的高温快熟烹制,如炒、爆、熘、煎等;大油量,可适应多种加工要求,要求厨师能正确识别油温,以控制原料的成熟度,其主要的烹制形式如炸、煏油、划油等。

依原料下锅时的油温可分为:热油锅和温油锅。

3. 汽烹。汽烹,即利用水蒸汽的热量对原料进行加热处理的方法,其对原料的适应能力很强,几乎没有限制,且能较好地保持原料的原有品质。汽烹的基本方式有三种:

笼蒸——将原料放在敞口或加盖的器皿中,放在蒸笼或蒸柜中进行蒸制。

汽锅——利用特制的汽锅烹制原料。汽锅为陶制,底部有出汽鼻向上突起。使用时需在锅下置水锅加热,也可放入蒸柜或蒸笼中加热。

隔水蒸——将装有原料的盛器直接放在水锅中加热。

在烹制时,根据对汽量的控制,可以分为:圆汽蒸,水沸腾、蒸汽充足,笼盖密闭;放汽蒸,蒸汽不足,笼盖有缝隙,主要用于蒸制一些鲜嫩的菜肴。

4. 火烹。火烹,即将原料直接放在明火进行加热的烹制方法。常见的如"烤",火烹之菜肴一般都有一股特别的香味,故而为人所喜爱。

火烹的形式主要有两种,即炉烤和明烤:

炉烤——即将原料放在特制的烤炉(可密闭)中进行烤制,常见的"炉"子有挂炉、转炉、筒炉、烤箱等;

明烤——即将原料直接放在敞开的热源上方进行烤制,并利用转动原料来控制火候。常见的明烤方式有叉烤、串烤、网(夹)烤、铁扒等。

根据原料的受热方式,可分为:

直接受热——原料外层不加保护性处理,直接暴露在火上;

间接受热——原料外面裹以一层保护性材料,以使原料均匀受热,避免外熟里生。此外,有些保护性材料本身亦具有改善菜肴滋味的作用,如荷叶、香草、肥膘,等等。

5. 特殊方法。

(1)微波烹制。微波烹饪是现代科学技术对食物加工技术做出的杰出贡献之一。其特点是省时、方便、卫生、节能,并能基本保持菜肴应有的色、香、味、形、质和营养素;其不足是,在烹制过程中,不能对原料进行技术处理。

(2)熏。熏是一种类似于"烤"的烹制方法,利用熏料在加热时产生的挥发性气体使菜肴具有特殊的香味是其基本特色。常用的熏料有香料、香草、木屑、茶叶、蔗皮、果树皮、锅巴等;熏制的原料一般要经腌渍处理,以使其入味;原料可以是生的,也可是半生、刚熟或全熟的原料;熏制时,可用专门的熏盒,也可在带盖的大锅中进行,熏料与原料之间一般用网(架)隔开。

(3)盐焗。盐焗,又称"盐焗",也是一种类似"烤"的烹制方法。它是将经过处理的原料埋入烧热的盐中,利用盐的余热使原料达到预期的成熟度。盐焗的原料一般以禽类为主,在埋入盐中之间可进行预熟处理,也可在原料的外面包裹一层棉纸。

(七)调味方法

中国烹饪在调味方面的特色,主要表现于较为系统的调味理论、变化丰富的味型、以及注重烹中调味。

1. 基本味与调料。

酸:醋、番茄酱、柠檬酸、苹果酸;

甜:食糖、饴糖、蜂蜜、糖精、甜叶菊苷等;

苦:陈皮、草果等;

辣(麻):干辣椒、胡椒、芥末、咖喱粉、花椒等;

咸:食盐、酱油、酱品、豆豉等;

其他:味精、蚝油、鱼露、虾油、八角、茴香、桂皮、丁香、黄酒、香糟等。

2. 味型。

酸味型:酸辣、酸甜、姜醋、茄汁等;

甜味型:甜香、荔枝、甜咸等;

咸味型:咸香、咸酸、咸辣、咸甜、酱香、腐乳;

辣味型:胡椒、香辣、芥末、鱼香、蒜泥、家常等;

香味:葱香、酒香、糟香、蒜香、椒香、五香、十香、麻酱、花香、清香、果香、奶香、烟香、糊香、喇香、孜然、陈皮、咖喱、姜汁、芝麻、臭香等;

鲜味型:咸鲜、蚝油、蟹黄、酒香等;

其他味型:咸麻、麻辣、咸苦、苦香、怪味等。

3. 调味次序。

(1)烹前调。烹前调之作用是确定基本口味,原料加热前的腌渍处理是基本的烹前调味方法。

(2)烹中调。烹丰调之作用是确定味型。烹中调味对菜肴的入味与否作用最大,而中国菜历来注重"入味"之说,故在菜肴制作中特别重视烹中调味的变化。中式烹饪中颇具特色的"勾芡",是与烹中调味关系极为密切的工序之一。

(3)烹后调。烹后调之调味是辅助调味,主要解决一些不便于或不适于在烹前或烹中进行调味处理的菜肴的滋味处理。常见的方法是将调味料浇(洒、拌)入烹制好的菜肴,也可将调味料放在味碟(酱碟)中随菜上桌。

4. 勾芡。

勾芡,是指在适当的时机,将经过一定方式调制的淀粉汁,以一定的方式淋入成熟或即将成熟的菜肴之中,使其汤汁变浓、变稠的方法,主要用于炒、爆、熘、扒、烩和汤羹等类菜肴的制作。经勾芡处理的菜肴,汁液会均匀地包裹在原料的外部,从而使菜肴具有良好的滋味和口感。

芡汁的主要成分是淀粉,淀粉在一定温度下会吸水糊化而形成糊精,而糊精有光滑、粘连的特性。勾芡正式利用淀粉的这一特性来改变菜肴汁液的浓度,使其形、色、光泽、口感发生良性变化。

根据用料,芡汁有单汁和兑汁之分:单汁,即用适量的水和淀粉调制而成的芡汁;兑汁,即在单汁芡中再加以一定的调味品而制成的芡汁。

芡汁的用量因菜肴品种的不同而异,用量越多,汁液越浓(厚),行业中一般有厚芡、包芡、糊芡、薄芡、流芡和米汤芡等的区分。

(八)成菜方法

行业中所说的烹法不仅涉及菜肴的加热处理,还对原料的处理、调味的方式、所用的器皿有一定的指示，因此，这里的烹法实际上就是菜肴的类别，换句话说，就是一种烹法即一类菜肴。而其中的有些称谓本来就与"烹"的概念无关，只是对此类菜肴制作的关键性工序的提示。例如冷菜制作中的醉、糟、拌、挂霜，热菜制作中的贴、拔丝，等等。更何况在许多菜肴的制作中，原料需经重复加热才能完成。习惯上，人们把菜肴制作分为热菜和冷菜两大类，每类相应的传统"烹法"主要是：

热菜——炒、熘、爆、烹、炸、烧、扒、煨、焖、蒸、炖、煎、贴、烩、烤、涮、氽、油淋、拔丝、蜜汁、琉璃、焗、熏、烙、烘、熬、煮、烫、灼、浸，等等；

冷菜——腌、渍、卤、酱、熏、挂霜、冻、拌、炝、醉、糟等。

(九) 面点类别

常见的面点种类主要有：面条、米线、饼、馒头、糕、团、船点、包子、窝窝、饺子、烧卖、馄饨、元宵、粽子、油条、麻花、面包、蛋糕等，每一类中又有若干不同品种，特别是面条和饼。

第四节 食用方式

一、概述

前面我们曾经说过，世界上的进食方式有三种类型，即用筷、用刀叉和用手。为什么同样是吃饭，会出现不同的进食方式，而且差异又如此明显呢？其中的答案在人类学家那里并不难得到——文化使然也！如果我们对某一人群或文化的进食方式进行认真观察，我们还会发现，食用方式的差异不仅仅局限于进餐用具，还涉及食物的盛器、主副食、餐制、分食或合食、坐席样式，以及宴会形式等诸多内容。对食用方式的深入了解会有助于我们更全面地认识中国饮食文化的特征。关于主副食、餐制和坐席等问题,在前面的章节中已有不同程度的涉及,故在此从略,本节将主要讨论食具、分食或合食、宴会形式。

二、食具

(一)器型与材质

1. 新石器时期。中式食具器型的发展经历了由简至繁,再由繁至实用的过程。新石器时期的出土文物证明,在新石器晚期,陶制的碗、钵、盆、盘、豆、盂、簋等已是常用的食具器型。

在陶器时代,以仰韶文化的"彩陶"和龙山文化的"黑陶"是杰出的代表,在制陶技艺和陶器装饰方面均达到了较高的水平,黑陶中的"蛋壳陶"尤令人称道。

2. 商周时期。到了商周时期,由于青铜技术的发明,经济水平及社会形态的发展,食具的器型类别逐渐丰富起来,一个类别中又往往有多种形式。根据专家们的统计,青铜器中食器的类型有鼎、鬲、簋、盨、簠、敦、豆、铺、盂、笾、盆、绘、俎、匕等,而某些类型的食器往往又具有礼器的功能。商周时期青铜食器的精美工艺和复杂繁多的祥式常令后人赞叹,但过分的装饰以及对礼器功能的强调,也使其在一定程度上偏离了日常饮食所要求的方便与实用。故后来在形制和材质上的改变是必然的。当然,我们应该清楚的是,对其时的绝大多数人来说,精美的青铜食器是可望而不可及的,甚至是难以想象的。

商周时期,除青铜器之外,以金、银、玉石、玻璃等制成的食器也时有所见。在青铜器逐渐式微的时候,漆器制品逐渐盛行,并在汉代形成高潮。

3. 秦汉以后。秦汉时期原始瓷的复兴、瓷器的出现,使中式食具的制作开始注重经济、实用和便利,现今瓷质食具的主要类型碗、盆、碟、钵、盘等的形制已基本确定。汉以后瓷质食具的发展主要集中于同类器皿的不同样式变化,以及烧制和装饰技艺的提高。

汉代以后,漆器逐渐为瓷器所取代,但一些精品漆器仍有所见。

宋元两代是中国瓷器的繁荣时期,出现了以汝窑、官窑、哥窑、钧窑、定窑、景德镇窑和越窑等为代表的一批著名窑口。

(二)组合

对食具的组合使用是中国人的一贯传统,并十分讲究。《仪礼·公食大夫礼》中说:"即位。具。羹定。甸人,陈鼎七……"所谓"陈鼎七",就是按一定规矩排列七尊食鼎,"七"是一种特定的食具组合规范,增之减之都有违礼制。如今成套出售的餐具也是随处可见,且有多种规格。

人们对食具组合的讲究一般出于两方面因素的考虑:一是饮食礼仪。所谓"天子列鼎而食"、"钟鸣鼎食之家",实际上是说食具的使用与组合要与进食者的身份地位相吻合。二是美观,即人们常说的"组合之美",古人亦有"美食不如美器"之语。

在食具的具体组合上,一般有两种风格:一是使用成套的餐具。其所看重的是"规整之美"。如一样的质地、色彩和纹饰;以及在器型种类、样式、大小(规格)上的协调,如成套餐具中的圆盘与腰盘。此种风格属于传统型。二是不拘一格,其所看重的是"变化之美"。如瓷器、紫砂、玻璃之搭配,方形、圆形、象形之相组合,纯色、淡彩之对比,"红花"与"绿叶"之互衬,等等。此种风格虽为袁枚所欣赏,但付诸行动主要还是现代人的事情。

(三)筷子与叉

1. 筷子。筷子,古称"梜""筯""箸"。用筷子吃饭是中国食文化的典型特征之一。中国人究竟是什么时候开始使用筷子的,现在已难以确考。迄今发现的最早的铜箸是商代的,最早的竹箸是西汉时期的,最早的银箸是隋代的。古文献中对早期"的箸也有所记载,例如,《韩非子·喻志》就说"昔者,纣王为象箸而箕子怖。"从常理看,筷子出现的时间应远早于商代。因为,筷子的最早出;应该是与人们发现可用竹枝或树枝夹取食物联系在一起,而从发现竹枝或树枝的这种功能,到将其不断推广并逐渐定型,再发展到用象牙做筷子,是不可能在一朝一夕间完成的。

筷子为何为我们的祖先发明并沿用至今?目前的研究认为主要与中国传统的"羹食"有关。因为古代文献中对筷子的用途有明确的记载,《礼记·曲礼上》说"羹之有菜者用梜,其无菜者不用梜",又说"饭黍毋以箸"。由此可见,古代的筷子是用来夹取羹汤中的"菜"的,而吃饭要用另外的食具"匕"。从实际情况看,用筷子从羹汤中夹"菜"是要比用"匕"方便一些,尤其是汤多菜少的时候。而《礼记》所言,应该还有"礼仪"的方面的考虑。

与筷子相关的另一个问题是,为何起初称"梜""筯""箸",而后来又通称"筷子"?明人李豫亨在《推篷寤语》中曾对此有所解释,其文云:

> 世有讳恶字而呼为美字者,如立箸讳滞,呼为快子,今因流传之久,至有士大夫间,亦呼箸为快子者,忘其始也。

一段时间里,曾有不少学者就筷子问题发表过高见,在源流考证之外,更多地是在筷子身上挖掘"微言大义"。例如赵荣光先生就曾在《关于箸与中华民族文化传统的思考》一文中说:

> 箸是与汉语言文学并称的中华民族最具典型性的民族文化特性,同时也是历史形成的"中华食文化圈"的共同文化特征。箸是中华民族传统文化"仁义"与"中庸"思想的物化表征。右手箸传统具有积极的社会意义,右手箸教育同样是必要的。当代学生不规范执箸姿势和不规范汉字书写与错误的执著姿势有重要的因果关系。因此,重视正确用箸已经具有

不可忽视的文化、社会和政治意义。

——《东方美食学术版·饮食文化研究》，2001年第1期，香港

著名学者李政道先生对筷子也有过一段评论，他说：

筷子是绝妙的东西。持筷子用膳实际上是物理学杠杆原理的具体运用。它是人类手指的延长。

论者自论，听者自听，筷子的工具作用始终是最主要的。不过，当一种工具在某些因素的影响，与"珍贵"联系起来时，其工具的作用有可能被异化为一种财富和地位的象征。据史料记载，明代奸臣严嵩似乎有收藏筷子的嗜好，当其被抄家时，物品清单上各色筷子计有：

金箸两双、金厢牙箸一千一百一十双、银厢牙箸一千零九双、象牙箸二千六百九十一双、玳瑁箸一十双、乌木箸六千八百九十六双、斑竹箸五千九百三十一双。

如此之多，实在令常人难以想象。

2. 叉。很久以来，"正宗"的中式食具中是没有"叉"的，只有在现在的中餐西吃服务中，我们才能看到刀、叉、筷的组合。我们也已习惯了以筷子和刀叉为对比来说明中国食文化的特点。在饮食文化传承中，餐叉看起来也是与中国食文化没有关系的物件。但是，夏商周时期的考古资料显示，叉子曾经是中国古代食具中的一分子。目前发现的最早的叉子距今约4000年，为骨质三齿叉。在战国时期，叉子的型制已基本确定——细柄、双齿，此期的出土文物也最多。但战国以后，餐叉似乎很快就退出了中式餐具的行列，现在只发现了东汉、东晋和元代的个别出土文物。王仁湘先生在《饮食与中国文化》一书中，对"叉"的问题有如下的一些阐述：

从这些发现可以看出，中国古代餐叉集中出土在黄河流域，以中游地区所见为多。餐叉的规格，通长一般在12厘米以上、20厘米以下。叉齿多为双齿，齿长4~5厘米。

……中国古代餐叉的使用，似乎没有形成像匕箸那样经

久不变的传统,只是在战国时代盛行,而其他时代并不普及。对于餐叉的使用方法和使用范围,我们也并不十分清楚,……

餐叉如何起源,目前也没实证资料进行研究。它很可能是由叉状厨具演变来的(西餐餐叉的演化过程就是如此),……

餐叉在古代的名称,我们一直都不很清楚,可以肯定不会叫"叉"(注:王先生认为可能叫"毕")如果不是田野考古提供这些证据,我们不敢相信古代中国人在4000年前即已开始使用餐叉,也不能相信战国贵族那么样喜爱用餐叉。同西方餐叉相比,中国的显得过于古老,古老得令人不可思议。据研究,西方人用刀叉作进食具的历史并不太长,西方社会在三个世纪以前,基本上还是用手抓饭吃,却把刚出现的餐叉视为颓废、甚至更坏的东西。……

三、合食

(一)合食之利弊

合食又称"会食",即吃饭的人在同一个食器中取用食物。合食的传统在中国有悠久的历史,也是中国饮食文化在进食方式上的一大特点,过去虽也有非议之声,但绝大多数人仍然我行我素。要不是一场可恶的"非典"突然袭来,弄得举国上下人心惶惶,大家也不会对习以为常的传统合食制口诛笔伐。不过,批判风暴之后,"非典"的阴影仍在,有关部门也推动出台了一些有关餐饮业实行分食制的文件,但从家庭到食肆合食制仍大行其道。这正应了中国人的一句老话——"江山易改,本性难移。"

对于合食之弊,著名学者王力先生曾有一段妙言,他说:

中国人之所以和气一团,也许是津液交流的关系。尽管有人主张分食,同时也有人故意使它和到不能再和。譬如新上来一碗汤,主人喜欢用自己的调羹去把里面的东西先搅一搅匀;新上来一盘菜,主人也喜欢用自己的筷子去拌一拌。至于劝菜,就更顾不了许多,一件山珍海错,周游列国之后,上面就有了五七人的津液。……主人是一个津液丰富的人。他说话除了喷出若干吐沫之外,上齿和下齿之间常有津液象蜘蛛网般弥缝着。……后来他劝我吃菜,也就拿他那一双曾在蜘蛛网里冲进冲出的筷子,夹了菜,恭恭敬敬地送到我的碟子里。我几乎不信任我的舌头!同是一盘炒山鸡片,为什么刚才我自己夹了来是好吃的,现在主人恭恭敬敬地夹了来劝我却是不好吃的呢?我辜负了主人的盛意了。

——《学人谈吃·劝菜》,中国商业出版社,北京,1991年

至于合食之利,则少见有专门的论述和辩白。如果不考虑"津液交流"的卫生问题,合食的好处也还是显而易见的。例如,减轻了做饭人的负担,减少了餐具的使用量,降低了服务人员的劳动强度,使桌面看起来更为丰盛、隆重,可通过菜肴的数量——几碗、几碟来表示一些民俗的含义;当然,更为重要,也最为我们看重的,是同吃一锅饭、同吃一盘菜带来的彼此无间和乐融融气氛下的愉快心情。自私也许是人的天性,但绝大多数中国人对吃饭时"各扫门前雪"式的分食制还是有一种本能地抵触情绪,至少目前是如此。也许再过若干年,会是另外一种情形。

(二)分合之转变

虽说中国有悠久的合食传统,但中国人曾有很长一段时间是分而食之的,即使是在家中也不例外,否则就不会有东汉人梁鸿与孟光夫妻之间"举案齐眉"的千古佳话了。那么,又是什么原因,在什么时候,使我们在进食方式上"弃明投暗"呢?王仁湘先生的研究认为,合食制的诞生大体是在唐代,促成这一变化的主要原因是高桌大椅的出现。王先生在《饮食与中国文化》一书中,关于"由分至合"的转变有如下的一些主要阐述:

分餐制的历史无疑可上溯到史前时代,而合食制的诞生大体是在唐代,周秦汉晋时代,分食制之所以实行,应用小食案进食是个重要原因。虽不能绝对地说是一个小小的食案阻碍了饮食方式的改变,但如果食案没有改变,饮食方式也不可能会有大的改变。历史告诉我们,饮食方式的改变,确实是由高桌大椅的出现而完成的,这是中国古代分食制向合食——会食制转变的一个重要契机。

用高椅大桌进餐,在唐代已不是稀罕事,不少绘画作品都提供了可靠的研究线索。……

不用怀疑,大约从唐代后期开始,高椅大桌的会食已十分普遍,无论是在宫内或是民间,都是如此。这就是说,由于家具改革引起的社会生活的许多变化,也直接影响了饮食方式的变化。

其次还要看到,在晚唐五代之际,表面上场面热烈的会食方式已成潮流,但用只是一种有会食气氛的分餐制。人们虽然围坐在一起了,但食物还是一人一份,还没有出现后来那样的津液交流的事实。需要指出的是,这正是我们今天正在追求的一种进食方式,看来我们只需复古,排练出一套仿唐式的进食方式就可以了,不必非要从西方去引进,以为分餐制是人家的专利,殊不知我们古已有之。

……到宋代以后,真正的会食——即具有现代意义的会食才出现在餐厅里和饭馆里。

四、宴会

(一) 起源

宴会,是因习俗或社交礼仪需要而举行的宴饮聚会,又称燕会、筵宴、酒会,因宴会席面上的一套菜点传统上称为筵席,故宴会也被称为筵席、宴席。

宴会的产生与人类早期社会的举行的各种祭祀、典礼、庆祝仪式有关,因为在这些仪式中,食物是必不可少的祭品或贡品,而聚餐往往也是各种仪式的活动内容之一。

在《易》《诗》《礼》的古文献中可以看到关于宴会的较早记载。例如:

饮食宴乐

——《周易·需》

幡幡瓠叶,采之亨之。君子有酒,酌言尝之。

有兔斯首,炮之燔之。君子有酒,酌言献之。

有兔斯首,燔之炙之。君子有酒,酌言酢之。

有兔斯首,燔之炮之。君子有酒,酌言酬之。

——《诗经·瓠叶》

而《礼记》、《仪礼》和《礼记》中则有关于宴会类型、规格、礼仪等的具体记载,且内容丰富。以"乡饮酒礼"为例:

乡饮酒礼者,所以明长幼之序也。

——《礼记·射义》

乡饮酒之义。主人拜迎宾于庠门之外,入三揖而后至阶。所以致尊让也;盥洗扬觯,所以致洁也。……

——《礼记·乡饮酒义》

蒲筵,缁布纯。尊绤幂,宾至彻之。其牲,狗也,亨于堂东北。献用爵,其他用觯。荐脯,五挺,横祭于其上,出自左房。俎由东壁,自西阶升。宾俎:脊、胁、肩、肺。主人俎:脊、胁、臂、肺。介俎:脊、胁、胳、胳、肺。肺皆离。皆右体,进腠。

——《仪礼·乡饮酒礼》

仅从上述资料我们就可以感觉到,至周代中式宴会在形式上已相当完备。

(二)类型

1. 古代。古人对宴会区分的主要标准是举行宴会的目的,如《仪礼》中的"乡饮酒礼""公食大夫礼"。在百姓的日常生活中,宴会主要出现于诞寿婚丧嫁娶贺庆一类的人生仪式/民事活动中,并形成相应的宴会类别,如满月宴、周岁宴、婚宴、寿宴、丧宴,等等。

对于皇家、官宦、豪富和文人士大夫一类的人来说,宴会的名堂就要多出许多,宴会的档次和"艺术"也要讲究得多。五代人王定保在《唐摭言》中提到的,与唐代新科进士相关的宴会就有"大相识、次相识、闻喜、樱桃、月灯、打球、牡丹、看佛牙、关宴"种种。至于人情往来之聚会,吟风弄月之"雅集",寄情山水之游宴等等的名目就更多了。在市肆或"大宅门"中,也有根据原料来划分宴会的,如"燕窝席""鱼翅席""海参席""鲍鱼席",等等。对普通百姓来说,此类宴席是可望而不可即的。

下面我们来看几个常令今人感慨或难以忘怀的古代宴集吧。

(1)鸿门宴。楚汉相争时,发生在刘邦与项羽之间的著名事件。"鸿门宴"为后人留下了两个成语:一是"项庄舞剑,意在沛公。";二是"鸿门宴"自身,意指不怀好意的宴会,或者是"霸王请客"。

(2)兰亭雅集。东晋永和九年(公元353年)三月三日,王羲之与谢安、孙绰等41人在山阴兰亭(今浙江绍兴)"修禊",王羲之为此写了一篇文书俱佳名垂千古的《兰亭集序》,"兰亭雅集"也因之而倾倒了无数后代的文人墨客。

(3)烧尾宴。盛行于唐代初年,其时刚做官或升官的要请前来祝贺的人吃饭,其宴即叫"烧尾宴"。尽管何为"烧尾"有不同说法,但作为士人身份变化时所必须经过的仪式则被认为是必不可少的,具体做法就是请客吃饭——"烧尾宴"。后来此宴又演变为大臣初拜官时给皇帝献食的席名。烧尾宴为之所以为后人津津乐道,除了其自身的"文化"外,一个重要的因素是唐代大臣韦巨源官拜尚书左仆射时进献的烧尾宴食单被部分流传下来,使后人对烧尾宴的精美有了直接的了解。

(4)鹿鸣宴。《新唐书·选举志》说,在州县初选结束之后,"长吏以乡饮酒礼,会僚属,设宾主,陈俎豆,备管弦,牲用少牢,歌《鹿鸣》之诗,因与耆艾叙少长焉。"在隋唐时,参加鹿鸣宴是士人取得乡贡进士资格的标志。《鹿鸣》是《诗经·小雅》中的篇章,为周王宴群臣嘉宾时的歌词。

(5)韩熙载夜宴。五代南唐画家顾闳中奉皇帝之命,默画了一幅中书侍郎韩熙载夜宴寻欢的全景式画作——《韩熙载夜宴图》。顾闳中采用叙事式手法,将韩熙载夜宴分为聆听琵琶、擂鼓起舞、盥手小憩、重奏管篇、再开歌舞等五个场景,并真实地再现于画卷。人们对此画的关注主要集中于其高超的绘画艺术,但该画对我们了解隋唐五代时期上层社会的饮食生活,尤其是饮食方式提供了极其难得的资料。

(6)船宴。设于游船上的宴席。关于船宴的较早记载有唐代白居易《宴洛滨》诗的诗序,但相传吴王阖闾时即已有船上宴饮之事。在南宋时期,都城临安(今杭州)已有供游人泛舟而宴的专门游船。清代苏州、扬州的船宴亦盛行一时。

(关于清代的满汉席和千叟宴,前文已有涉及故此从略)

2. 现代。依据不同的尺度,现代宴会可以有不同的分类方法。如:

中式、西式

正式、便宴、冷餐酒会、鸡尾酒会、茶话会

大型宴会(30桌以上)、中型宴会(15~30桌)、小型宴会(10桌以下)

仿古宴会、风味宴会、名人宴

国宴、婚宴、生日宴会、迎宾宴会、纪念宴会、商务宴会、庆典宴会、家宴、招待会、工作进餐

但在餐饮服务业中，按国宴、正式宴会、便宴、招待会、工作进餐等进行宴会分类是常见的形式，不同类型宴会的主要特点是：

国宴——是国家元首或政府首脑为国家的庆典，或为外国元首、政府首脑来访而举行的正式宴会。宴会厅内悬挂国旗，安排乐队演奏国歌及席间乐。席间致辞或祝酒。

正式宴会——除不挂国旗、不奏国歌以及出席规格不同外，其余安排大体与国宴相同。对餐具、酒水、菜肴道数、陈设，以及服务员的装束、仪态都有所要求。

便宴——即非正式宴会，常见的有午宴（Luncheon）、晚宴（Supper），有时亦有早上举行的早餐（Breakfast）。这类宴会形式简便，可以不排席位，不作正式讲话，菜肴道数亦可酌减。

招待会——是指各种不备正餐较为灵活的宴请形式，备有食品、酒水饮料，通常都不排席位，可以自由活动。如冷餐会（自助餐）、酒会（鸡尾酒会）、茶会等。

工作进餐——按用餐时间分为工作早餐、工作午餐、工作晚餐，是现代国际交往中经常采用的一种非正式宴请形式（有的时候由参加者各自付费），利用进餐时间，边吃边谈问题。在代表团访问中，往往因日程安排不开而采用这种形式。

(三) 菜点

1. 规格。与日常饮食相比，宴会菜点的讲究主要表现在规格上，主要有两个方面：一是档次的高低。过去主要是以原料的档次做标示，故有"燕席"、"翅席"、"燕翅席"之说。现在则多以价格标示，中低档一般以桌/席为单位计算，高档一般以人为计算单位。二是菜点的组合方式。传统的中式宴席菜点一般包括：冷菜、热炒、大菜、头菜、汤菜、席点、甜点、饭食、水果等种类，每类又有一定

的数量要求。现在的宴席在种类和品种数量都已趋于简化,基本上已不再作热炒、大菜、头菜的区分。

2. 食单。食单是指具体的宴席菜单。一桌具体的宴会究竟吃些什么东西是大有讲究的,即使是同一"庖人"用同样的原料也会做出不同的菜点来,更不用说不同的厨师了。从烹饪艺术的角度看,食单最能反映出一个时代或一地、一店或一厨之特点和境界的高低。下面略举几例,以供读者体会。

(1)南宋大臣张俊宴宋高宗食单。

绣花高饤一行八果垒:香圆、真柑、石榴、枨子、鹅梨、乳梨、楪楂、花木果。

乐仙乾果子叉袋儿一行:荔枝、圆眼、香莲、榧子、榛子、松子、银杏、梨肉、枣圈、莲子肉、林檎旋、大蒸枣。

缕金香药一行:脑子花儿、干草花儿、珠砂圆子、木香丁香、水龙脑、史君子、缩砂花儿、官桂花儿、白术人参、橄榄花儿。

雕花蜜煎一行:雕花梅球儿、红消花、雕花笋、蜜冬瓜鱼儿、雕花红团花、木瓜大段儿、雕花金橘、青梅荷叶儿、雕花姜、蜜笋花儿、雕花枨子、木瓜方花儿。

砌香咸酸一行:香药木瓜、椒梅、香药藤花、砌香樱桃、紫苏柰香、砌香萱花柳儿、砌香葡萄、甘草花儿、姜丝梅、梅肉饼儿、水红姜、杂丝梅饼儿。

脯腊一行:肉线条子、皂角铤子、云梦䏑儿、虾腊、肉腊、奶房、旋鲊、金山咸豉、酒醋肉、肉瓜齑。

垂手八盘子:拣蜂儿、番葡萄、香莲事件念珠、巴榄子、大金橘、新椰子象牙板、小橄榄、榆柑子。再坐。

砌时果一行:春藕、鹅梨子、甘蔗、乳梨月儿、红柿子、砌枨子、切绿橘、生藕铤子。

时新果子一行：金橘、咸扬梅、新罗葛、切蜜葟、切脆根、榆柑子、新椰子、切宜母子。藕铤儿、甘蔗柰香、新柑子、梨五花子。

雕花蜜煎一行：（同前）

砌香咸酸一行：（同前）

珑缠果子一行：荔枝甘露饼、荔枝赛花、荔枝好郎君、珑缠桃条、酥胡桃、缠枣圈、缠梨肉、香莲事件、香药葡萄、缠松子、糖霜玉蜂儿、白缠桃条。

脯腊一行：（同前）

下酒十五盏：花炊鹌子、荔枝白腰子；奶房签、三脆羹；羊舌签、萌芽肚玄；肫掌签、鹌子羹；沙鱼脍、炒沙鱼衬汤；鳝鱼炒鲎、鹅肫掌汤齑；螃蟹酿橙、奶房玉蕊羹；鲜虾蹄子脍、南炒鳝；洗手蟹、鲫鱼假蛤蜊；五珍脍、螃蟹清羹；鹌子水晶脍、猪肚假江鳐；虾鲠缕、虾鱼汤齑；水母脍、二色茧儿羹；蛤蜊生、血粉羹。

插食：炒白腰子、炙肚玄、炙鹌子脯、润鸡、润兔、炙炊饼、炙炊饼脔骨。

劝酒果子库十番：砌香果子、雕花蜜煎、时新果子、独装巴榄子、咸酸蜜煎、装大金橘小橄榄、独装新椰子、四时果四色、对装拣松番葡萄、对装春藕陈公梨。

厨劝酒十味：江鳐炸肚、江鳐生、蟛蚎签、姜醋生螺、香螺炸肚、姜醋假公权、煨牡蛎、牡蛎炸肚、假公权炸肚、蟑蚯炸肚。

准备上细垒四桌

又次细垒二桌（内蜜煎咸酸时新脯腊等件）

(2) 清·李斗《扬州画舫录》所记"满汉席"食单。

上买卖街前后寺观皆为大厨房，以备六司百官食次。第一分头号五簋碗十件：燕窝鸡丝汤、海参汇猪筋、鲜蛏罗卜丝羹、海带猪肚丝羹、鲍鱼汇珍珠菜、淡菜虾子汤、鱼翅螃蟹羹、蘑菇煨鸡、辘轳鎚、鱼肚煨大腿、鲨鱼皮鸡汁羹、血粉汤、一品级汤饭碗；第二分二号五簋碗十件:鲫鱼舌汇熊掌、米糟猩唇猪脑、假豹胎、蒸驼峰、梨片伴蒸果子狸、蒸鹿尾、野鸡片汤、风猪片子、风羊片子、兔脯、奶房签、一品级汤饭碗；第三分细白羹碗十件:猪肚假江瑶鸭舌羹、鸡笋粥、猪脑羹、芙蓉蛋、鹅肫掌羹、糟蒸鲥鱼、假班鱼肝、西施乳、文思豆腐羹、甲鱼肉片子汤、玺儿羹、一品级汤饭碗；第四分毛血盘二十件：獾炙哈尔巴小猪子、油炸猪羊肉、挂炉走油鸡鹅鸭、鸽臛、猪杂件、羊杂件、燎毛猪羊肉、白煮猪羊肉、白蒸小猪子小羊子鸡鸭鹅、白面饽饽卷子、十锦火烧、梅花包子；第五分洋碟二十件，热吃劝酒二十味，小菜碟二十件，枯干果十彻桌，鲜果十彻桌，所谓满汉席也。

（3）开国第一宴食单。1949年10月1日晚,中央人民政府在北京饭店举行新中国第一次盛大国宴,宴请革命的功臣、中外朋友。

冷菜:桂花鸭、油鸡、桃仁冬菇、镇江肴肉

热菜:鸭仔冬笋、银盅鱼翅、罐焖四宝、干火明虾、口蘑蒸鸡、鲜蘑菜心、红烧鲤鱼、红烧狮子头

汤菜:清汤燕菜

点心:炸春卷、豆沙包、千层油糕

水果

（4）扬州"红楼宴"食单。红楼宴是上世纪80年代后期仿古宴/菜的主要代表之一,北京、扬州、香港等地先后推出了各自的"红楼宴",在扬州则有两种不同的版本。下列食单是扬州红楼宴食单之一：

一品大观:有凤来仪、花塘情趣、蝴蝶恋花

四干果:栗子、青果、白瓜子、生仁

四调味：酸菜、荠酱、萝卜炸儿、茄鳌

贾府冷菜：红袍大虾、翡翠羽衣、胭脂鹅脯、酒糟鸭信、佛手爹皮、美味鸭蛋、素脆素鱼、龙穿凤翅

宁荣大菜：龙袍鱼翅、白雪红梅、老蚌怀珠、生烤鹿肉、笼蒸螃蟹、西瓜盅酒醉鸡、花篮鳜鱼卷、姥姥鸽蛋、双色刀鱼、扇面蒿杆、凤衣串珠

怡红细点：松仁鹅油卷、螃蟹小饺、如意锁、太君酥、海棠醉、寿桃

水果：时果拼盘

(5) 江泽民宴布什食单。为了欢迎美国总统布什访华，江泽民主席在人民大会堂举行盛大国宴招待美国贵宾，但盛大的国宴只有四道菜：

北京烤鸭、清蒸鱼、红烧狮子头、上海点心小笼包子

(6) 北京新满汉席食单。

进门点心、三道茶食、手碟、手鲜、四干果、四鲜果、四整鲜、四蜜碗

四素碟：洛镇桃仁、虾茸茭白、口蘑豆米、松子香菇

四花拼：福禄寿喜四字冷荤

上八珍：红烧猩唇、夸炖驼峰、玉笔猴头、红扒熊掌、芙蓉燕菜、黄鳝凫脯、红烂鹿筋、红焖猴脑

八行件：炒兰花虾仁、黄焖绣球虾仁、白扒芦笋、红烧黄唇肚、清炸赤鳞、清汤牡丹银耳、白汁唇边、蜜腊莲子桂圆

双点心：三鲜烧麦、炸蝴蝶锤绒、豆苗三丝汤(咸)、桂花方脯、重阳糕、细米粥(甜)

四松碟：火腿鸡松、松子鱼松、芝麻肉松、翡翠虾松

红白烧烤：烤整乳猪、烤果子狸、烤填鸭、烤排子、烤哈尔巴、烤花篮鲑鱼、烤肥油鸡、烤鹿尾

点心:通州烧饼、子孙饽饽、千层饼、荷叶卷、酸菜汤(各客一碗)

下八珍:蝴蝶海参、扒鲍鱼、龙须菜、花酿大石子、凤眼竹笋、香酥鸭子、绣球干贝、珊瑚蛎黄、番茄乌鱼蛋

五福碗(饭菜):荷花鱼翅、红蒸凤眼肉、黄焖雏鸡块奶汤、布袋鸡、奶油黄唇胶

四小炒:烧酿鲜辣椒、鸡蛋焖子、拌什锦菜、炒瓮菜

四面铰:三鲜伊府面、蟹黄烫面包、拔丝饼、烙盒子

四色包:枣泥包、水晶包、豆沙包、果馅包

四面食:蝴蝶卷、绣球卷、如意卷、尾卷

四小菜:糖蒜、吉祥瓜、甘荽、酱杏仁

蝎子碟、槟榔碟

(7)颐和园听鹂馆的寿膳厅招待李敖食单。2005年9月24日,以宫廷菜闻名的颐和园听鹂馆的寿膳厅为招待李敖摆出如下菜谱:

冷荤圆碟

上汤野山菌、乌龙戏珠、寿星看桃、宫门献鱼、红娘自配、浓汁四宝、夏果龙袍玉带、一品芙蓉干贝、鼎荤上素、生片鱼锅

宫廷面点小吃、肉末烧饼

水果拼盘等

阅读资料 5—1

中国植物栽培辑要(4)

果树类的栽培植物:

1. 桃。属李属,蔷薇科。原产植物,几乎所有的变种都出现在中国。

桃在中国栽培的历史极久远,神话传说桃是仙桃。在浙江余姚河姆渡遗址(距今7000年)、吴兴钱山漾遗址、杭州水田畈遗址、上海青浦崧泽遗址(距今5000年前)、云南新石器遗址(距今5000年前)都发现过桃核。自殷商至秦汉,在不同时期的墓葬中都发

现了桃核。

到秦汉间已被培育成多种品种,古代著名的品种保存至今的仍有不少。冬桃,又叫王母桃,古称旄,要到下霜时才成熟,味道甜美,现西北有栽培;金桃,柿接桃所产,多生长于夏热冬冷而干旱的地区,西北栽培很多;银桃,南方的水蜜桃即由它演化而来;蟠桃,桃的变种,状如香饼,又称饼子桃,味甜,浙江栽培较多;油桃,又叫光桃,一般采仁用,现新疆和敦煌有栽培;光核桃,又叫藏桃,系当地重要油料,果仁榨油;巴胆杏,又叫八达杏,系中亚土名译音,非杏,实际是一种扁桃,以采收甜仁为主,为点茶上品,西北分布较多,南疆尤多。

中国桃在西汉以前已经由甘肃、新疆传到印度、波斯,南传越南、东传日本。再由波斯传到欧洲,100年后由罗马传到地中海国家。中国栽培桃树的时代较希腊、罗马和梵语国家要早1000年以上,过去认为桃是波斯所产,是一个错误。

2. 李。属李属,蔷薇科。原产植物。

自古以来中国就有栽培,古代桃李并称,也是一种观赏植物。先秦古籍多有记载,《诗经》中"丘中有李""华如桃李",《管子》有"五沃之土,其木宜梅李"等。

有记载的李有多个品种,如:木李,又称休,赵李,即今天的无核李;南居李,核肉香离;御黄李,果大,肉厚,核小,香甜;均亭李,色紫而肥大,味甜如蜜;擘李,成熟时自己裂开;糕李,肥黏如糕,数目在百种以上。

除原产中国李之外,还有欧洲李和美洲李。

3. 杏。起源中心在我国北方、西北和东北,以及蒙古东部及西伯利亚地区。杏属植物的原生种均源于我国。最早记载见于《夏小正》"正月,梅杏拖桃则华。四月,囿有见杏",《管子》《山海经》《礼记》等均有记载。杏种在张骞时传到西方以及地中海地区。

我国很早就把杏引向食用(药用)和观赏两个方面。现知的地方品种在300以上。古代著名品种如:文杏、蓬莱杏(一株开五种颜色的花)、梅杏、金杏又叫汉帝杏、木杏、沙杏、柰杏等。

4. 梅。在我国南方的分布和生长是杏南迁后的一个分枝。它的发展方向,由果转向花;由不香转香;成为酸味调料;梅干、梅脯成为果脯。

梅在我国的栽培历史很长,战国墓葬和秦墓葬中均有梅核发现。《说文》有"楳",《尔雅》有"丹"。《书经·说命下》"若作酒醴,尔惟麹糵;若作和羹,尔惟盐梅",这说明商周时期梅已用于日常生活。梅的品种很多。

5. 樱桃。在本属植物中最先开花和最先结果。

《礼记·月令篇》曰"羞以含桃,先荐寝庙"。《本草衍义》"樱,古谓之含桃,可荐宗庙"《史记·叔孙通传》"以樱桃献宗庙,……此礼至汉犹行"。

我国栽培的樱桃植物学上称中国樱桃,古称楔,荆桃、牛桃、英桃,红果叫朱樱,紫果叫紫樱,正黄叫蜡樱,红而小的叫樱朱。在华北地区生长的樱桃叫山樱桃,古代叫朱桃、麦桃、梅桃、含桃,现在通称毛樱桃、山豆子。仅供采集尚处在野生状态的有野樱桃,欧李(一般供观赏),郁李(《诗经》称唐棣,还有奥李、郁李、车下李、爵李、雀梅、庭樱等名称)。

6. 苹果。属苹果属,蔷薇科。

苹果由柰演变而来,《神农本草经》有木柰的记载,柰在古代是苹果的名称。柰则是林檎中生发出来的一个变异品种,果实比林檎大,西北生长最多。《名医别录》《广志》《齐民要术》均有记载。林檎、柰在我国有很长的栽培历史,柰的原产地应在甘肃、河西走廊和新疆一带。至今仍有种植和自然生长,称锦苹果。青海大通称林檎为楸。

苹果一名最早见于《学圃余疏》,就是指现在的锦苹果。我国的沙果、柰子、槟子和大果子都与青海和新疆的野苹果有一定的亲缘关系。我国也应是苹果的原产地之一。《山海经》《吕氏春秋》《本草纲目》之"沙棠"(野苹果之类的果木)皆谓也。

花红,即沙果,所谓古林檎。我国原产果树。实即原产小苹果(沙果、槟子、楸子之类)。

林檎,花红的进化变异类型之一。又名理琴、来禽、文林果、频婆果等。林檎就是槟子。

与苹果亲缘很近的果树还有海红,又叫小海棠果、八稜海棠。原产我国北部。

山荆子,又叫山定子、山挺子、林荆子、红林檎、母果子、黄龙海棠等。属于野生林檎或者海棠中的一种。

欧美苹果与中国苹果是两个不同的起源系统。现在我国栽培的大苹果,许多是近百年来从欧美引进的改良品种。最早,大概是1870年由美国传入山东烟台,以后在1898年自德国传入青岛,1901年自俄国传入旅大。

7. 梨。分布于北温带,一般分东西两个亚种。东方系统的梨亚种,原产地大部分在中国。

《诗经·晨风》中"苞棣""树檖"即野梨。《尔雅》"杜,甘梨也。赤者杜,白者棠;或云牝曰杜,牡曰棠;或云涩者督,甘者棠"。

分布于南方长江流域的野生山梨,就是古文献所记载的"树檖",又名赤罗、棠罗、鹿梨、鼠梨等。自春秋以来,许多文献均有关于梨品种的记载。如:檖、柤、杜、甘棠、沙棠等。沙棠是我国最早培育的无核品种。梨树的驯化开始于黄河流域的中上游地区,并由此传播到其他地区。现在的品种有3500种以上。主要类别有:秋子梨,即山梨,是一种野生小梨树。可以作抗寒砧木。演化出许多优良品种:白梨种系(华北梨系),有河北鸭梨、山东莱阳梨、辽宁秋白梨、山西油梨、兰州冬梨等;沙梨分布于长江以南温暖多雨地带,有四川苍溪梨(又叫雪梨,果重可达三斤)、后山梨(四川冕宁县)、云南宝珠梨、砀山梨、贵州金盖梨、广西雪梨、四川大渡河梨区(白梨、沙梨、秋子梨);新疆梨,分布于新疆、甘肃和青海一带,可能是西洋梨和中国梨的天然杂交品种。

8. 枇杷。我国的一种特产果树。

《周礼》《西京杂记》《齐民要术》《名医别录》等书均有记载。四川所产自古有名。

9. 杨梅。属实杨梅属,杨梅科。又称朱红、树梅,我国南方原产果树。

对它的利用可以追溯到 2000 年以前,汉墓中曾有发现。

10. 葡萄。属葡萄属,葡萄科。

自地球上有葡萄以来,鸟类就成为它的播种者。一般认为史前人们已经将野生葡萄引种驯化。有亚洲原生种群和美洲原生种群两大类别。过去认为葡萄是引进物种,但实际情况并非如此。我国不仅有悠久的利用史,野生葡萄的分布也很普遍。《诗经》《周礼》中均有关于葡萄的记载,《诗经·豳风》"六月食郁及薁","薁"就是"蘡薁","实大如龙眼,黑色,今车鞅藤是"。大约距今 3000 年前后,我们的祖先已经开始广泛利用当地出产的山葡萄了。张骞从大宛引进的品种是一个独特的种群(一般分白、绿、紫三大类),开始主要分布于西北地区。

(待续)

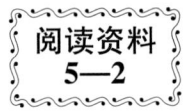

去华崇实务求守正(辑录)

张起均

我若不是悲悯饮食文化的没落,深恐我中国人几千年的心血付诸流水,我绝不写这提倡烹调的书。因为我们倡导的是在烹调艺术、人生艺术,但因德薄能鲜,深恐艺术的方面还未有所补益增进,却助长了人们奢靡歪风的形成,那就不胜遗憾了。因此在这主文告终之际特别叮嘱一番:千万勿堕邪途,而要坚守正道。

甲、去邪途——下面几点是最容易犯的,特别提出来说一下:

A:奢靡——首先要注意的就是千万不可流于奢靡之道,我们讲的是艺术,但是许多浮薄之徒却忘了艺术正旨而专务虚华,尤其许多商人更喜逞其大气粗的作风,惟钱多价贵之是尚,这就不是艺术而是奢靡了。须知钱多价贵的并不一定就好吃,而好吃的并不一定贵,更不一定是从钱上打主意,这一点必须要弄明白。

B:育从——许多人毫无主见,似乎哪个好吃哪个不好吃,全然不知的一样,只要人家吃什么,就跟着吃什么,对的还好,不对就真有点莫名其妙了。……

C:铺张——应该有的,是必要,不应有的而乱来,那就是铺张。

许多俗子不知把菜做得好吃待客,而却在菜以外想别的花样,来弥补菜的不好吃,提高自己的身价。花样想得好,还不失风雅,想得不好,则不值识者一笑。就拿侍者服务之道来说吧,有些色情胡闹的,不必去说它了。我在香港到过许多阔绰的菜馆吃酒席,竟然是许多侍者环列,一道菜上来后,三五侍者代客分菜,一一分妥后再吃,我当时若不是碍于主人情面,真想立即制止。因为中国菜就是要趁热吃,菜上来大家一起动手,个个吃的都是热的,现在等分好后再动手吃,早就凉了;大家食量大小不同,所用的多寡不一;个人喜好不同,你喜吃瘦,我喜吃肥,正好相互调剂,今如分菜则有人不够,有人堆着不吃。而那些大饭馆竟然如此"摆阔",这不是铺张是什么?

乙,守正道——我们说守正道就是要守烹调的正道,烹调的正道就是要发展和促进其艺术,而不是在钱上打主意。我们不否认烹调不能脱离现实,尤其是在都市中,要想吃点好菜不能没有钱,肉商菜商都不会白送你的。这话固然不错,但你把东西拿来后,做得好吃不好吃这一点便是艺术了。……舍亲某君,有一天他太太出差,中午买点面条,预备自己煮面吃,后来我们知道了,好在住得很近,就叫我们的用人帮他去煮。他们是上海人,大概根本不懂吃面之道,用人来后就按舍下的方法给他煮,他高兴得逢人就说从来没吃过这么好的面,而其好坏之差,只在一个煮法而已。试问又与钱有什么关系。

俗话说"吃饭穿衣量家当",经济学家又告诉我们要"量入为出",因此有钱可以多吃点,吃好点,没钱少吃点,吃点便宜的;但不论多少,拿回来下锅往嘴里送,则是一样的要想法把它弄得好吃,这才是"物能尽其用",对得起那东西。若"是好东西不能好吃",那岂不是糟蹋东西吗,不仅对不起东西,也对不起自己。有些墨子的信徒和不讲文化艺术的激进分子,也许会岂说讲烹调是腐化的表现,这是似是而非不通之论。"饮食男女人之大欲存焉",岂只是大欲存焉,而饮食就是实际的人生,有人生就要活得好好的,要活得好好的,当然也就要吃得好好的,而不是不分好坏拿过来就吃。即令是猿猴摘果不是也要拣红的、好看的摘。岂只是猴子,恐怕一切动物也都是如此吧,否则植物的花果还为什么要生得漂漂亮亮来诱动物吃,可见连动物都知道挑好的吃,何况是人?因此人要吃得好好的,人要讲烹调的艺术,正是人之能有其好坏辨别力的自然表现,只要不堕入邪途,把奢靡当艺术,那就绝不是腐化堕落,反之却正是人生的正道,人之所以为人的正当表现。

(资料来源:张起均著,《烹调原理》,中国商业出版社,1985)

复习思考题

1. 你如何评价中国人的"民以食为天"?

2. 谈谈你对中国传统"食物相克"观点的看法。
3. 简述古今食礼之差异。
4. 简述传统"合食"之利弊。
5. 简述宴会之功用。

第六章

茶文化

第一节 源 流

一、起源

茶原产中国西南。传说始于黄帝时代。《神农本草经》说:"神农尝百草,日遇七十二毒,得荼而解之。"《神农食经》说:"荼茗久服,令人有力悦志。"《晏子春秋·内篇杂下第六》云晏子相齐景公,食脱粟之食,炙三弋五卵苔菜耳矣。"其苔菜,陆羽《茶经》引作"茗菜",常作为春秋时代食茶的证据。今有人举证贵州有茶树即名"苔茶",则茗菜、苔菜皆为茶。关于茶较早的可靠记述见于汉代《尔雅》,称茶为槚、苦荼等,西汉辞赋家王褒之《僮约》中,亦有"烹茶尽具"、"武阳买茶"之文。

但是,当茶叶在19世纪逐渐成为一种世界性饮料时,关于茶树源于何地发生了争议。起因是1824年有人在印度发现了野生大茶树。在关于茶树原产地的争议中,主流的意见仍认为中国是茶树的起源地,其他的意见包括:原产于印度;原产于缅甸东部、泰国北部、越南、中国云南和印度阿萨姆这片范围广大的森林中,或者是"依洛瓦底江发源处的某个中心地带,或者更在这个中心地带以北的无名高地";原产地有两个:大叶种茶树,原产于中国西藏高原的东南部一带,包括中国的四川、云南,以及缅甸、越南、泰国和印度阿萨姆等地;小叶种茶树原产于中国的东部和东南部。后三种观点的依据则是在中国没有发现野生茶树——争论发生时。

对茶的利用是沿着发现茶树之叶的饮用或药用价值,进而将野生茶树驯化为人工栽培茶树的途径发展的,因此,对野生茶树状况的考察对解决茶的起源问题有极大的帮助。从19世纪末开始,野生茶树在云贵地区不断地被发现。1961年在勐海县巴达公社大黑山海拔1500米处,发现的一棵高达32.12米,树围2.9米,树龄约1700年的野生大茶树,堪称世界茶树之王。其实,在中国古代文献中不乏对野生茶树的记载。例如,陆羽在《茶经·一之源》中就说:

其巴山峡川,有两人合抱者,伐而掇之。

白毛茶,……树之大者高二丈,小者七八尺。嫩叶如银针,老叶尖长,如龙眼树叶而薄,背有白色茸毛,故名,概属野生。(《广西通志》)

现在对于茶树原产于中国疑义已没有什么异议。

二、茶的传播

在确定了茶树原产于中国之后,接下来的问题则是饮茶和茶叶源于何时、何地,又如何由起源地向外扩散的。

(一)起源地

人们把茶树叶作为一种饮品,肯定是发现了茶叶的某种宜饮特点而开始的。所谓"神农尝百草,日遇七十二毒,得茶而解之"。应该是人们利用茶叶初始状况的某种写照,当然,未必是"神农",也不一定是由于它的解毒功能。

古"巴蜀"之地(今四川、重庆、湖北一带)是中国最早对茶加以利用的地区已得到学术界的一致公认,但在该地区何时开始饮茶的问题上有不同的意见。主要的观点有三个,即始于史前时期、始

第六章 茶文化

于西周初年和始于战国时期。支持史前说的人认为：

……所以，神农作为史前一个特定阶段的代表，将农业、医药、陶器，以至茶叶的饮用"发乎"这一时代，应当是可信的。

饮茶是一种物质享受，人们习惯把饮茶和文明联结在一起，所以一提到饮茶的起源，往往认为是进入阶级社会以后才出现的。其实，这是一种误解。利用植物的某部分组织来充当饮料，是氏族社会常有的事。鄂伦春族民族志材料表明，1949年前，生活在大兴安岭的鄂伦春人，还停留在原始氏族社会阶段。当时，他们有"泡黄芹、亚格达的叶子为饮料"的习惯。鄂伦春人能够利用当地的黄芹和亚格达叶子来作饮料，那么，为什么巴人、蜀人和我国南方有野生茶树分布的其他族人不能在史前就发明以茶为饮呢？这也就是说，我国上古关于"茶之为饮，发乎神农"的观点，不但有传说记载，而且也有民族志材料的较好印证。

——陶宗懋主编，《中国茶经·茶史篇》，上海文化出版社，1992年

赞成另外两个观点的人，所依据的主要证据则是相关古文献对"茶事"的具体记载。如：

武王既克殷，……丹、漆、茶、蜜……皆纳贡之。

——东晋·常璩《华阳国志·巴志》

《汉志》葭萌，蜀郡名。萌音芒，方言，蜀人谓茶曰葭萌，盖以茶氏郡也。

——明·杨慎《郡国外夷考》

自秦人取蜀而后，始有茗饮之事。

——清·顾炎武《日知录》

2005年9月30日，新华网一篇名为《踏访茶马古道：研究表明思茅是世界茶源》的报道，引用思茅市普洱茶文化研究会副会长何仕华先生的话说：

1993年，来自9个国家和地区的181名专家学者齐聚思

茅,对该地区古茶树、古茶园的一系列发现进行实地考察论证,正式确认中国思茅就是世界茶树起源的中心。

此外,有一点是肯定的,即到了汉代今四川一带的饮茶已成风气,当时及后来的文献也有明确的记载,如:

脍鱼鱼鳖,烹茶尽具;武阳买茶,杨氏担荷。
——西汉·王褒《童约》

蜀西南人谓荼曰蔎。
——西汉·扬雄《方言》

自西汉至晋代二百年间,涪陵、什邡、南安、武阳皆出名茶。
——东晋·常璩《华阳国志·巴志》

在古代,人们从对某种陌生食物原料的认识、利用,到蔚然成风一般是要经过一个比较长的历史时期的。

(二)"茶"字

在唐代以前,人们对茶的利用虽然已有很长的时间了,但"茶"字并没有出现。据现有的资料看,汉语中的"茶"字出现在唐代。其证据是《茶经注》中的"当作荼,其字出《开元文字音义》",但这本书已散佚。那么,在"茶"字出现以前,"茶"又叫什么呢?根据古文献对"茶"的记载,我们可以知道,在"茶"字出现之前,"茶"的称谓主要有以下几种:

《尚书·顾命篇》称为"诧";

《诗经》称为"荼";

《尔雅》称为"槚";

《方言》称为"蔎";

《晏子春秋》称为"茗";

《凡将篇》称为"荈"。

(三)传播途径

根据现有的资料看,饮茶之习在先秦时期主要流行于巴蜀一带,在秦统一全国之后,饮茶之风逐渐由巴蜀向外扩散,并在唐代影响全国。

茶在国内的扩散途径有两条,即水路(江、河、海洋)和陆路:水路扩散的途径主要是长江、湘江和珠江;陆路扩散的途径主要是古代沟通巴蜀与中原的"栈道"。

茶在向国内扩散的同时,也通过水陆或陆路向境外传播,其方向主要是今东南亚地区,并极有可能再由南亚向其他地区扩散,其播及的国家主要是越南、老挝、缅甸、斯里兰卡、印度尼西亚、朝鲜、日本,乃至印度。

三、功效

茶文化在中国及世界范围内的流行,与人们对茶叶功效认识的不断加深有密切关系,因为,只有当人们感到某种东西会给他们带来眼见得的利益,才会对它加以重视,利益越大,重视的程度也越高。就中国茶文化发展的过程看,人们对茶之功效的认识主要涉及三个方面,即药用、养生和养性。

(一)药用

对茶药用价值认识的源头,我们一直可以追溯到传说中的"神农尝百草,日遇七十二毒,得茶而解之"之说,自汉以后的历代医药或饮食文献中,关于茶叶药用价值的文字屡见不鲜,其中比较有影响的著述如:汉·《神农本草经》、唐·陆羽《茶经》、唐·陈藏器《本草拾遗》、明·钱椿年《茶谱》、明·李时珍《本草纲目》等等。例如:

茶之为用,味至寒,为饮最宜。精行俭德之人,若热渴凝闷,脑疼目涩,四肢烦,百节不舒,聊四五啜,于醍醐、甘露抗衡也。

——唐·陆羽《茶经》

气味:苦寒有毒。

主治:喘急咳嗽,去痰垢。捣仁洗衣,除油腻。

——明·李时珍《本草纲目》

人饮真茶能止渴、消食、除痰、少睡、利水道、明目、益思、除烦、去腻。人固不可一日无茶。

——明·钱椿年《茶谱》

现代医学的发展,亦证明了茶叶确实具有一些较明显的药用功能。陈宗懋先生在《中国茶经·茶性篇》中对茶叶之药用功效进行了归纳,其基本功效有:

兴奋提神、利尿、止痢和预防便秘、防龋、助消化、明目、减轻吸烟对人体的毒害、消炎灭菌、醒酒、对重金属毒害的解毒、防辐射、降血压、降血脂和抗动脉粥样硬化、抗癌和抗突变、其他。

(二)养生

茶叶既然具有诸多的药用功效,那么,在崇尚"药食同源"的中国,被用作日常养生之物也是极其自然的事情。人们常引用宋·钱易《南部新书》所记载的一个故事来说明茶叶养生之作用,其文云:

大中三年(公元849年),东都进一僧,年一百三十岁,宣皇问服何药而至此。僧对曰:"臣少也贱,素不知药,性本好茶,至处惟茶是求;或出亦日遇百余碗,如常日亦不下四、五十碗。"因赐茶五十斤,令居保寿寺,名饮茶所曰茶寮。

在我们了解了茶叶的药用功效后,对茶叶养生之用应不难理解,但是,凡事有一利,必有一弊,茶亦如此。古人在看到茶叶养生作用的同时,对不当饮茶的害处也是心知肚明,并有切中要害的"肺腑之言",例如:

……(綦毋煚)性不饮茶,著《茶饮序》云:释滞消壅,一日之利暂佳;瘠气耗精,终身之累斯大。获益则归功茶力,贻患则不谓茶灾。岂非福近易知,祸远难见乎?

——唐·刘肃《大唐新语》

除烦去腻,世不可阙茶。然暗中损人殆不少。昔人云:

"自茗盛后,人多患气,不复黄病,虽损益相半,而消阳助阴,益不偿损也。"吾有一法,唱自珍之。每食已,辄以浓茶漱口,烦腻既去,而脾胃不知。……然率皆用中下茶,其上者自不常得,间数日一啜,亦不为害也。……

——宋·苏东坡《漱茶说》

就现在的状况看,人们似乎对古人的提醒有所忘却了,所见所闻大多是关于饮茶好处的,对饮茶时应该注意的问题则鲜有提及了。

第二节　历代之茶

一、两汉时期

两汉及两汉之前,是茶事在古巴蜀地区发生,并逐步向外传播的时期。从前述的资料可以看出,到了汉代今四川/重庆一带的已饮茶成习,并形成了专门的茶叶集散地——"武阳买茶,杨氏担荷。"专门的饮茶之具也已出现——"脍鱼炰鳖,烹茶尽具。"

在这一阶段,巴蜀地区是茶文化发展的中心,也是原产巴蜀的"茶文化"已开始逐渐向外扩散的时期。由于交通和贸易的关系,扩散的影响范围不可能太远,应该主要是周边地区。

朱自振先生在《中国茶经·茶史篇》中说:

秦汉统一全国之后,茶业随巴蜀与各地经济、文化交流的增强,尤其是茶的加工、种植,首先向东部和南部渐次传播开来。如湖南茶陵的命名,就很能说明问题。茶陵是西汉时设置的县分,唐以前写作"荼陵"。《路史》引《衡州图经》载"荼陵者,所谓山谷生荼茗也",……这表明秦汉统一不久,茶的饮用和生产,就由巴蜀传到了湘、粤、赣毗邻地区。但中国茶叶生产和技术的优势,还是在巴蜀。在汉以后的三国、西晋阶段,随荆楚茶业和茶文化在全国的日益发展,也由于地理上的有利条件,长江中游或华中地区,在中国茶文化传播上的地位,慢慢取代巴蜀而明显重要起来。

在云南思茅、西双版纳等地的一些少数民族中,有"孔明兴茶"的民间传说,过去一直没有发现比较可靠的文字资料来证明这一传说是真实的。最近在缅甸掸邦木埂布朗族聚居区发现了一本名为《布朗族志》的布朗族经书。在2005年9月30日新华网名为《最新发现的〈布朗族志〉印证"孔明兴茶"传说》报道中,是这样说的:

"通过这本书,我们弄清了芒景建寨子和部朗族开始进行人工栽培茶叶的历史年限,即佛历713年芒景正式建寨并开始人工栽培茶叶,到现在佛历已有2548年了,也就是人工栽培茶叶距今1835年了。"……目前,正组织人员进行翻译。从已翻译出来的一部分史料中可以看到,这本布朗族史书中已有不少与孔明兴茶有关的记载。

二、魏晋南北朝时期

汉代以后,文献资料中关于茶事的记载渐渐多了起来,这为后人了解当时的茶事状况提供了很大的方便,下面是一些经常被引用的有关这一时期茶事的文字资料:

《三国志·吴书》所载"以茶代酒"的故事:"皓每飨宴,无不竟日,坐席无能否率以七升为限,虽不悉入口,皆浇灌取尽。曜素饮酒不过二升,初见礼异时,常为裁减,或密赐茶荈以当酒。"

《南齐书·武帝纪》所载以茶为祭的事情:"灵座上慎勿以牲为祭,但设饼果、茶饮、干饭、酒脯而已。"

《晋书·桓温传》所载桓温茶果上宴的事情:"每讌惟下七奠柈茶果而已。""茶果"当是饮茶时所食之点心果品。《搜神后记》载,桓温的一个部下,一饮须一斛二斗茶水方能尽兴,略有所缺则极为不适。

《广陵耆老传》所载老妇街市卖茶的事情:"晋元帝时有老姥,每旦独提一器茗,往市鬻之,人竞买。"

总体而言,这一时期值得注意的茶事现象首先是饮茶之习在长江中游和华中一带逐渐传播,并成为一种日常饮料的时期,中国茶业的重心开始东移。例如,三国·魏·张揖撰《广雅》中说:

荆巴间采茶作饼,成以米膏出之。若饮先炙令色赤,捣末置瓷器中,以汤浇覆之,用葱姜笔之。其饮醒酒,令人不眠。

荆,楚国之别称,俗有荆楚之地的说法。辖地原在今湖北、湖南一带,后扩展至今河南、安徽、江苏、浙江、江西和四川之境。这至少说明在张揖的时代,荆楚之地的制茶已很平常,而荆与巴在地域上本是相邻的。

其次,北方的豪门贵族已对茶有所了解和接触,《洛阳伽蓝记·卷三》所记萧正德因茶被北人所戏的故事很能说明这一问题,其文云:

时给事中刘镐,慕肃之风,专习茗饮。彭城王谓镐曰:"卿不慕王侯八珍,好苍头水厄。海上有臭逐之夫,里内有学颦之妇,以卿言之,即是也。"其彭城王家有吴奴,以此言戏之,自是朝贵燕会,虽设茗饮,皆耻不复食。惟江表残民,远来降者好之。后萧衍子西丰侯萧正德归降时,元义欲为之设茗,先问:"卿于水厄多少?"正德不晓义意,答曰:"下官生于水乡,而立身以来,未遭阳侯之难。"元义与举坐之客皆笑焉。

原来,此"水厄"非落水之厄也。"水厄"典出《世说新语》,言王濛嗜茶,并喜以茶待客,劝人饮茶如劝酒。时人视饮王濛之茶如遭"水厄",亦谓之不通茶道。

再者,以茶为俭,以酒为奢,一度成为时尚。学者们一般认为此种风气的形成,与有识之士痛感两晋时期豪门大族竞相奢侈之

害有很大的关系。《太平御览》所辑《晋中兴书》(原书佚)中所记载的一个故事是对这一风尚的真实写照,其文云:

> 陆纳为吴兴太守时,卫将军谢安尝欲诣纳。纳兄子俶怪纳无所备,不敢问之,乃私蓄十数人馔。安既至,纳所设惟茶果而已。俶遂陈盛馔,珍馐毕具。'及安去,纳杖俶四十,云:"汝既不能光益叔父,奈何秽吾素业。"

据此,也可以推断,很久以来一直为人们所赞赏的"君子之交淡如水""以茶待客""以茶为俭""以茶代酒"等习俗与观念,在魏晋南北朝时期已经形成。可叹的是:说的人多,做的人少!

三、隋唐五代时期

(一)陆羽《茶经》

隋唐五代是中国茶业的大发展时期,这一阶段对后世茶事产生重要影响的事件当首推"茶圣"陆羽,及其不朽之作《茶经》的问世。《四库全书总目》云:"言茶者莫精于羽,其文亦朴雅有古意。"陆羽《茶经》成书于758年,分三卷、十类(源、具、造、器、煮、饮、事、出、略、图),第一次全面总结了唐以前中国人在茶叶生产方面取得的成就,较系统地传播了茶叶的科学知识,对茶叶的生产,茶事的兴起产生了积极的作用。其"一之源"说:

> 茶者,南方之嘉木也。一尺、二尺,乃至数十尺。其巴山峡川有两人合抱者,伐而掇之。
>
> 其树如瓜芦,叶如栀子,花如白蔷薇,实如栟榈,蒂如丁香,根如胡桃。
>
> 其字,或从草,或从木,或草木并。其名,一曰茶,二曰槚,三曰蔎,四曰茗,五曰荈。
>
> 其地,上者生烂石,中者生砾壤,下者生黄土。
>
> 凡艺而不实,植而罕茂。法如种瓜,三岁可采。野者上,

园者次。阳崖阴林,紫者上,绿者次;笋者上,牙者次;叶卷上,叶舒次。阴山坡谷者,不堪采撷,性凝滞,结瘕疾病。

茶之为用,味至寒,为饮最宜。精行俭德之人,苦热渴,凝闷,脑疼,目涩,四肢烦,百节不舒,聊四五啜,与醍醐、甘露抗衡也。采不时,造不精,杂以卉莽,饮之成疾。

由此来看,《四库全书总目》之言可谓恰如其分。

(二) 茶产地

陆羽在《茶经》中,对唐代的茶叶产地有详细的记录,其"八之出"说:

山南以峡州上,襄州、荆州次,衡州下,金州、梁州又下;

淮南以光州上,义阳郡、舒州次,寿州下,蕲州、黄州又下;

浙西以湖州上,常州次,宣州、杭州、睦州、歙州下,润州、苏州又下;

剑南以彭州上,绵州、蜀州次,邛州次,雅州、泸州下,眉州、汉州又下;

浙东以越州上,明州、婺州次,台州下;

黔中生恩州、播州、费州、夷州;

江西生鄂州、袁州、吉州;

岭南生福州、建州、韶州、象州。

茶史专家们根据对《茶经》和其他资料研究,认为唐代的产茶区与我国近代的产茶区在地域上大致相当,包括了今天的四川、陕西、湖北、云南、广西、贵州、湖南、广东、福建、江西、江苏、浙江、安徽和河南等地。

(三) 茶风之盛

唐之以前,饮茶之习主要流行于南方,至唐饮茶之风逐渐在北方盛行起来。唐·杨晔在其所撰《膳夫经手录》中对唐代茶风流变有如下的描述:

茶，古不闻食之。近晋、宋以降，吴人采其叶煮，是为茗粥。至开元、天宝之间，稍稍有茶。至德、大历遂多，建中以后盛矣。名系盐金铁，管榷存焉。今江夏以东，淮海之南，皆有之。

其中有两个问题是我们需要注意的：一是，"至德、大历遂多"，究竟多到什么程度；二是，茶叶贸易已有相当的规模，并成为朝廷重要的税赋来源，否则，"茶"不会"管榷存焉"。

关于第一个问题，杨晔在《膳夫经手录》说：

饶州浮梁，今关西山东，闾阎村落皆吃之。累日不食犹得，不得一日无茶也。

关于第二个问题，则与中国历史的"榷茶"制度有关。所谓"榷茶"是指政府对茶叶贸易实行专卖和管制以取得专利的措施。宋·曾三省在《因话录》中说：

榷，独木舟也，乃专利而不许他往之义。

历史上的榷茶之制始于唐代。唐德宗建中元年（780年），德宗李适采纳户部侍郎赵赞的建议初征茶税，每十税一，后又停止。到了唐文宗大和九年（835年），文宗以王涯为榷茶使，并下令江南百姓所有茶树移官场种植，在官场制茶，凡民间不曾移植的茶树和积存的茶叶一律焚毁。这才算是榷茶的正式开始。朝廷对茶税如此看重，无非是茶叶贸易规模的扩大确实可以给朝廷带来可观的利益。白居易著名的《琵琶行》中所描写的"怨妇"，就是"重利轻离别"的茶商之妻。诗中所提及的"浮梁"是当时东南最大的茶叶集散地。唐·李吉甫在《元和郡县图志》中说：

武德五年，析鄱阳东界置新平县，寻废。开元四年，刺史韦玢再置，改名新昌。天宝元年改名浮梁。每岁出茶七百万驮，税十五余万贯。

唐·封演在《封氏闻见记》中对北方茶叶贸易的兴旺是这样描

述的：

……其茶自江淮而来。舟车相继,所在山集,色额甚多。

除茶业自身的发展之外,促使唐代茶事繁盛的原因还有以下几个主要方面：

首先,是社会经济文化的发展,交通条件的改善和南北经济文化交流的日益频繁,为茶事兴旺创造了现实的经济和文化基础。

其次,是陆羽《茶经》的问世,使人们认识到茶的价值和韵味。《新唐书·羽传》说：

羽嗜茶,著经三篇,言茶之源、之法、之具尤备,天下益知饮茶矣。

第三,宗教的影响。唐代是佛、道二教的兴盛时期,寺院香火极其旺盛。僧道之众不仅生活优裕,还与各阶层人士,特别是文人士大夫有广泛的交流。在这种背景下,茶成为僧道之众的心仪之物是比较自然的事情。唐·封演在《封氏闻见记》中说：

茶早采者为茶,晚采者为茗。本草云：止渴、令人不眠。南人好饮之,北人初不多饮。开元中,泰山灵岩寺有降魔师大兴禅教,学禅务于不寐,又不夕食,皆许其饮茶。人自怀挟,到处煮饮。从此转相仿效,遂成风俗。自邹、齐、沧、棣,渐至京邑城市,多开店铺,煎茶卖之。不问道俗,投钱取饮。

此外,僧道之众在饮茶的同时,也对茶艺、茶业或茶文化的发展做出了一定的贡献。陕西扶风法门寺地宫出土的唐代茶具有：煮茶的风炉、鍑、火夹、茶匙、则、熟盂;有点茶用的汤瓶、调达子;有碾茶罗茶用的茶碾、碾轴、茶罗;有贮茶用的盒;贮盐用的簋、盐台;有烘茶用的笼子;有饮茶用的茶托、茶杯等,均为银器。(《文物》1988.10)由此可见,其时僧人之饮已相当讲究。

第四,文人的推波助澜。唐代文人对茶文化发展的贡献主要表现在两个方面：首先,是文人在饮茶之风影响下对茶投入了极大的热情,而大量文人的参与其中,反过来又使茶风更甚;其次,一些有名的文人士大夫为茶写下了不少传世之作,并对后人产生巨大的影响。而这一作用是写诗之人当时所想象不到的。下面我们来欣赏几首唐代与茶有关的诗。

尝闻玉泉山,山洞多乳窟。仙鼠如白鸦,倒悬清溪月。
茗生此中石,玉泉流不歇。根柯洒芳津,采服润肌肤。
丛老卷绿叶,枝枝相连接。曝成仙人掌,以拍洪崖肩。
举世未见之,其名定谁传。宗英乃禅伯,投赠有佳篇。
清镜烛无盐,顾惭西子妍。朝坐有余兴,长吟播诸天。
——李白《答族侄僧中孚赠玉泉仙人掌茶并序》

越人遗我剡溪茗,采得金牙爨金鼎。
素瓷雪色缥沫香,何似诸仙琼蕊浆。
一饮涤昏寐,情来朗爽满田地。
再饮清我神,忽如飞雨洒轻尘。
三饮便得道,何须苦心破烦恼。
此物清高世莫知,世人饮酒多自欺。
愁看毕卓瓮间夜,笑向陶潜篱下时。
崔侯啜之意不已,狂歌一曲惊人耳。
孰知茶道全尔真,惟有丹丘得如此。
——皎然《饮茶歌诮崔石使君》

茶,
香叶,嫩芽。
慕诗客,爱僧家。
碾雕白玉,罗织红纱。
铫煎黄蕊色,碗转曲尘花。
夜后邀对明月,晨前命对朝霞。
洗尽古今人不醉,将知醉后岂堪夸。
——元稹《一至七字诗·茶》

一碗喉吻润,两碗破孤闷。
三碗搜枯肠,惟有文字五千卷。
四碗发轻汗,平生不平事,尽向毛孔散。
五碗肌骨清,六碗通神灵。
七碗吃不得,惟觉两腋习习清风声。
……

——卢仝《走笔谢孟谏议寄新茶》又名《七碗茶诗》

(四)贡茶

贡茶,即专为皇帝和朝廷而特制的茶叶,据说周武王伐纣之后,巴蜀之地就已将茶作为贡品进贡。但是,贡茶作为一种制度被确立是唐代的时期。唐代宗大历五年(770年),朝廷在顾渚山设立了贡茶院,专制贡茶,名曰"贡山",官管贡茶自此开始。唐德宗贞元五年(758年)朝廷又将贡茶分为五等。随着贡茶数量的增多,内库的库存也越来越多。在唐宪宗元和十二年(817年),户部曾受令将内库储藏的30万斤贡茶变卖,以支度用。

顾渚山,位于今浙江省北部长兴县境内,其所出之"顾渚紫笋"即为唐代的贡茶。

唐·李吉甫在《元和郡县图志》中,对此曾有记载,其文云:

长城县(今之长兴县)顾山,县西北四十二里。贞元(785~805)以后,每岁以进奉顾山紫笋茶,役工三万人,累月方毕。

唐·张文规曾以《湖州贡焙新茶》为题写过一首诗,其诗云:

凤辇寻春半醉回,仙娥进水御帘开。
牡丹花笑金钿动,传奏吴兴紫笋来。

除顾山紫笋外,阳羡茶也是当时的贡茶。卢仝在《走笔谢孟谏议寄新茶》一诗中写道:

……

闻道新年入山里,蛰虫惊动春风起。
天子须尝阳羡茶,百草不敢先开花。

……

阳羡茶,以地得名,其地即今江苏宜兴。因阳羡曾先后隶属毗陵郡和常州府,阳羡茶又被称为"毗陵阳羡"和"常州阳羡"。

不过,贡茶之兴带给茶区百姓又是什么呢?我们来看一看唐·李郢在《茶山贡焙歌》中是怎么说的吧:

使君爱客情无已,客在金台价无比。
春风三月贡茶时,尽逐红旌到山里。
焙中清晓朱门开,筐箱渐见新芽来。
陵烟触露不停探,官家赤印连帖催。
喧阗竞纳不盈掬,一时一饷还成堆。
蒸之馥之香胜梅,研膏架动轰如雷。
茶成拜表贺天子,万人争嗾春山摧。
驿骑鞭声砉流电,半夜驱夫谁复见?
十日王程路四千,到时须及清明宴。
吾君可谓纳谏君,谏官不谏何由闻?
九重城里虽玉食,天涯吏役长纷纷。
使君忧民惨容色,就焙尝茶坐诸客。
几回到口重咨嗟,嫩绿鲜芳出何力。
山中有酒亦有歌,乐营房户皆仙家。
仙家十队酒百斛,金丝宴馔随经过。
使君是日忧思多,客亦无言征绮罗。
殷勤烧焙复长叹,官府例成期如何。
吴民吴民莫憔悴,使君作相期俗尔。

四、宋元时期

历史上对于宋代茶事曾有"茶兴于唐而盛于宋"的说法,一个基本的事实是宋代茶叶的产量大幅度增加,茶之利已成为朝廷重

要的经济来源。从茶文化的角度看,宋代茶事值得关注的主要有如下五个方面:

(一)建茶

在宋代,建茶取代顾渚茶而成为主要的贡茶。至于建茶在宋代取代顾渚茶的原因,主要有两个方面:首先,由于气候的变化,宋代的年平均气温要比唐代低2℃~3℃,因此,长兴和宜兴一带的春茶采摘期有所推后,很难在清明前送到京师;其次,虽然建茶本来的品质就很好,但由于产量较小和五代时的社会动荡,其影响的范围极其有限。而宋代的统一,社会经济、文化的发展,"优宦"政策造成的弥漫于整个社会的"享受生活"之风,为建茶的登台亮相提供了极适宜的环境和机会。

建茶,产于建州,其辖境相当于今福建省中北部,南平市以上的闽江大部地区。建州为唐代武德四年置,治所建安(今建瓯)。五代南唐时,建州所产之研膏茶、腊面茶、京铤等已是贡品。宋代贡品建茶以北苑所出为贵,龙凤团茶、密云龙、龙园胜雪、试新、贡新等是其著名的品种。宋·张舜民在《画墁录》中说:

> 迨至本朝,建溪(建安之溪名)独盛,采焙制作,前世所未有也,士大夫珍尚鉴别,亦过古先。

而宋徽宗在《大观茶论》对建溪茶也是赞赏有加,他说:

> 本朝之兴,岁修建溪之贡,龙团凤饼,名冠天下。

丁谓,宋大臣,在福建转运使任上造大小龙团茶进贡,开宋建茶入贡之先河,至蔡襄而使建茶之盛达到顶峰。故世有"大小龙团始于丁谓,成于蔡襄"之论。丁谓在《北苑焙新茶并序》中,对北苑茶的描写是:

> 北苑龙茶者,甘鲜的是珍。四方唯数此,万物更无新。
> 才吐微芒绿,初沾少许春。散寻萦树遍,急采上山频。
> 宿叶寒犹在,芳芽冷未伸。茅茨溪口焙,篮笼雨中民。

长疾勾萌并,开齐分两均。带烟蒸雀舌,和露迭龙鳞。
　　作贡胜诸道,先尝只一人。缄封瞻阙下,邮传渡江滨。
　　特旨留丹禁,殊恩赐近臣。啜为灵药助,用与上樽亲。
　　头进英华尽,初烹气味醇。细香胜却麝,浅色过于筠。
　　顾渚惭投木,宜都愧积薪。年年号御供,天产壮瓯闽。

至于文人士大夫对建茶的赞美和心仪几乎到了无以复加的地步,我们来看几首相关的宋人诗词吧。

　　样标龙凤号题新,赐得还因作近臣。
　　烹处岂期商岭水,碾时空想建溪春。
　　香于九畹芳兰气,圆私三秋皓月轮。
　　爱惜不尝惟恐尽,除将供养白头亲。
　　　　　　　　　　　　——王禹偁《龙凤茶》
　　南国溪阴暖,先春发茗芽。采从青竹笼,蒸自白云家。
　　粟粒烹瓯起,龙文御饼加。过兹安得比,顾渚不须夸。
　　　　　　　　　　　　——梅尧臣《建溪新茗》
　　颖阳道士青霞客,来似浮云去无迹。
　　夜朝北斗太清坛,不道姓名人不识。
　　我有龙团古苍璧,九龙泉深一百尺。
　　凭君汲井试烹之,不是人间香味色。
　　　　　　　　　　　　——欧阳修《送龙茶与许道人》
　　绮席才终。欢意浓。酒阑时,高兴无穷。共夸君赐,初拆臣封。看分香饼,黄金缕,密云龙。
　　斗赢一水,功敌千钟。觉凉生,两腋清风。暂留红袖,少却纱笼。放笙歌散,庭馆静,略从容。
　　　　　　　　　　　　——苏轼《行香子·茶词》

　　北苑茶之被尊,也带动了周边地区的茶叶生产。因为,从地理因素上考虑,北苑与周边地区的小气候环境是基本相似的;其次,北苑茶虽好,但一地之产量毕竟有限,无法适应纳贡和市场对建茶

的大量需求,尤其是在被"上行下效"之习浸染已久的中国社会。宋·胡仔在《苕溪渔隐丛话·后集·建安北苑茶》中说:

……又有石门、乳吉、香口三外焙,亦隶于北苑,皆采摘茶芽,送官焙添造。每岁糜金共二万余缗。日役千夫,凡两月方能讫事。第所造之茶不许过数,入贡之后市无货者,人所罕得。唯壑源诸处私焙茶,其绝品亦可敌官焙,自昔至今,亦皆入贡。其流贩四方,悉私焙茶耳。盖壑源与北苑为邻,山阜相接,才二里余。其茶甘香,特在诸私焙之上。……

要注意的是,建茶岁贵,但也不是一统天下,其他茶产地仍有一定的地位。《宋史·食货下》云:

高宗建炎初,于真州印钞,给卖东南茶盐。当是时,茶之产于东南者,浙东西、江东西、湖南北、福建、淮南、广东西,路十,州六十六,县二百四十有二。雪川顾渚生石上者谓之紫笋,毗陵之阳羡,绍兴之日铸,婺源之谢源,隆兴之黄龙、双井,皆绝品也。

(二) 制茶技术

汉唐直至宋代初年,中国的制茶工艺主要采用汽蒸法进行杀青,然后再捣压制成饼状或团状成品茶,即所谓的蒸青团茶。其具体的制法在唐宋茶文献中多有记载。唐·陆羽《茶经·三之造》中说:

……其日有雨不采,晴有云不采;晴采之,蒸之,捣之,拍之,焙之,穿之,封之,茶之干矣。

就是说:把晴天采摘的茶叶先蒸一下,以去除青草味;在臼中捣碎;将茶碎叶放在模子中拍压成型,并在中间作一小孔;将茶饼放焙灶上烘干,将烘干的茶饼按一定重量要求用竹条穿起来;封存。这种制茶技术在宋代北苑茶的制作中有所发展。为了减轻成品茶的苦涩度,在蒸青之后,又加以压榨,以去除叶中的汁液。

蒸青团茶，不仅制作工艺复杂，而且饮用时也比较麻烦。以唐·陆羽《茶经·四之器》所言，仅煮茶的用具就有：风炉、筥、炭挝、火夹、鍑、夹、纸囊、碾、罗和合、则、水方、漉水囊、瓢、竹夹、鹾簋、熟盂、碗、畚、扎、涤方、滓方、巾、具列、都篮等之众。因此，在饮茶日益普及，并成为百姓日常生活必需品的时候，传统制茶方法的改进或变化也就是大势所趋了。实际上，在传统制茶方法中原来也非只有蒸青团法一种，与其相对而言的"散茶"或"末茶"等早已有之。唐·陆羽在《茶经·六之饮》中曾说："饮有粗茶、散茶、末茶、饼茶者，……"唐宋间喜爱"散茶"等另类茶品的文人士大夫也不乏其人，并留下了一些著名的诗文。唐代诗人刘禹锡在其《西山兰若试茶歌》中说：

山僧后檐茶数丛，春来映竹抽新芽。
宛然为客振衣起，自傍花丛摘鹰嘴。
斯须炒成满室香，便酌砌下金沙水。
骤雨松声入鼎来，白云满碗花徘徊。
悠扬喷鼻宿酲散，清峭彻骨烦襟开。
阳崖阴岭各殊气，未若竹下莓苔地。
炎帝虽尝未解煎，桐君有箓那知味。
新芽连拳半开舒，自摘至煎俄顷余。
木兰沾露香微似，瑶草临波色不如。
僧言灵味宜幽寂，采采翘英为嘉客。
不辞缄封寄郡斋，砖井铜炉损标格。
何况蒙山顾渚春，白泥赤印走风尘。
欲知花乳清泠味，须是眠云跂石人。

宋代制茶技术的发展主要是由以蒸青团茶为主，趋向于以散茶为主的转变。因为散茶不仅制作工艺简单，饮用也非常方便，而且更能体现茶叶的自然韵味。从品饮的角度看，传统的团茶或饼茶在制作过程中的蒸、压、榨,对茶叶清新自然的品质已大为有害,再加之煮饮时的碾压,以及冲调时添加盐、姜、葱、枣、橘皮、茱萸、薄荷之类的"俗物",茶应具有的品质和韵味几乎荡然无存了。宋代喜好"雅趣"的文人墨客对传统之制茶和饮茶之弊已有颇多批评。蔡襄在《茶录·香》中说:

茶有真香,而入贡者微以龙脑和膏,欲助其香。建安民间试茶,皆不入香,恐夺其真。若烹点之际,又杂珍果香草,其夺益甚,正当不用。

宋·刘一止在《允迪以羊膏瀹茗饮吕景实,景实有诗叹赏,仆意未然,辄次原韵》一诗中,对在茶中乱加俗物的评述是:

精金不受铅钗辱,瑞草何曾取膏腹。
乳花粥面名已非,荐以羊肪何太俗。
山林钟鼎异天性,难遣华腴偶穷独。
森森正味苦且严,玉质无瑕谁敢戮。
君家馔林多错本,读罢流涎诳枯吻。
故令茗碗变腥膻,远想黄封雪花酥。
……

同时,浙江一带的散茶生产技术也在不断进步,出现了一些深受欢迎的著名茶品。欧阳修在《归田录》中说:

蜡茶出于剑、建,草茶盛于两浙。两浙之品,日注为第一。自景祐已后,洪州双井白芽渐盛,近岁制作尤精。囊以红纱,不过一二两,以常茶十数斤养之,用辟暑湿之气。其品远出日注之上,遂为草茶第一。

欧阳修、苏轼、黄庭坚等还有专门吟诵双井茶的诗篇,如:

西江水清江石老,石上生茶如凤爪。
穷腊不寒春气早,双井芽生先百草。
白毛囊以红碧纱,十斤茶养一两芽。

> 长安富贵五侯家,一啜犹须三日夸。
> 宝云日注非不精,争新弃旧世人情。
> 岂知君子有常德,至宝不随时变易。
> 君不见建溪龙凤团,不改旧时香味色。
>
> ——欧阳修《双井茶》

因此,文人士大夫对茶叶喜好的转移,也应该是散茶在宋代逐渐走红的原因之一。到了宋末元初,茶叶生产的格局已转变为以散茶为主,团茶、饼茶为辅。这一转变对后世茶事的发展具有重大影响,它不仅丰富了中国茶叶的种类和品种,也改变了传统烦琐的饮茶方法,为茶叶和茶文化的普及提供了极大的便利。

(三)赵佶

赵佶,宋徽宗,1100~1125年在位,靖康二年(1127年)与钦宗赵桓一同为金兵俘虏,死于五国城(今黑龙江依兰)。

宋徽宗虽然治国无方,但却是个多才多艺的风流皇帝。宋徽宗擅书法,工花鸟,能诗赋,其"瘦金体"之书能自成一格,名传后世,在古代帝王中堪称一绝。宋徽宗对宋代茶事的影响主要表现在两个方面:首先,写了一本名为《大观茶论》的茶书。此书2800余字,序之外分为地产、天时、采择、蒸压、制造、鉴辨、白茶、罗碾、盏、筅、瓶、杓、水、点、味、香、色、藏焙、品名、外焙等20目,涉及茶之种、采、制、煮、饮、品的全过程。虽每目的字数不多,但却言简意赅,多中的之辞,故后人对其评价甚高。例如,其在谈论茶香时说:

> 茶有真香,非龙麝可拟。要须蒸及热而压之,及干而研,研细而造,则和美具足,入盏则馨香四达,秋爽洒然。或如桃仁夹杂,则其气酸烈而恶。

其在序言中论及茶之品性时则说:

> 谷粟之于饥,丝枲之于寒,虽庸人孺子皆知,常须而日用,不以岁时之逢遽而可以兴废也。至若茶之为物,擅瓯闽之秀气,钟山川之灵禀,祛襟涤滞,致清导和,则非庸人孺子之可得

而知矣;冲淡简洁,韵高致远,则非遑遽之时而好尚矣。……荐绅之士,韦布之流,沐浴膏泽,熏陶德化,咸以高雅相从事茗饮。……

其次,醉心茶事,并亲力亲为。赵佶既能写出令后人叹服的《大观茶论》,再加之生性浪漫多才,因此,对茶事的亲力亲为是自然而然的事情。他除了把茶作为礼物赏赐给近臣,与近臣、亲信一同品茗寻趣之外,居然会亲自为亲信、近臣表演茶艺。这在讲究三纲五常,等级森严的封建社会绝对是难以想象的事情。我们来看看当时有幸享受到如此洪福的蔡京和李邦彦是如何说的吧。

……上为举箸,屡醑欢笑,如家人。有遣使玛瑙大杯赐酒,遂御西閤,亲手调茶,分赐左右。妃亦酌酒遣赐。……

——蔡京《太清楼侍宴记》

……上命近侍取茶具,亲手注汤击沸。少顷,乳浮盏面,如疏星淡月。顾诸臣曰:"此自烹茶。"饮毕,皆顿首谢。

——李邦彦《延福宫曲宴记》

(四) 斗茶、分茶、点茶

1. 斗茶。"斗茶"之习唐已有之,只是到了宋代由于皇室的提倡而越发张扬。为"斗茶"之需,宋代窑场普遍生产宜于"斗茶"的黑瓷碗。宋徽宗尤爱此道,常与臣下"斗茶"取乐。"斗茶"之风在茶叶产地和文人士大夫中非常流行,通过"斗茶",一定程度上促进了制茶技艺的提高和品茗艺术的发展。茶之所"斗",在于茶、水、器,宋人江休复的《嘉佑杂志》载:

苏才翁尝与蔡君谟斗茶。蔡茶精,用惠山泉;苏茶劣,改用竹沥水煎,遂能取胜。

"斗茶"之风也流行于寺院和民间,王宏凯在《茶叶与中国佛教》(《文史知识》1986.9)中说:

宋代浙江余杭径山寺经常举行由僧徒、施主、香客参加的茶宴,进行鉴评各种茶叶质量的"斗茶"活动,并发明了把幼嫩的优质芽茶碾成粉末,用沸水冲泡调制的"点茶法",即现在我们常用的冲泡茶叶的方法。

在民间,斗茶也称"斗茗"或"茗战",实际上是赛茶会,参加者以各自的精品茶叶参赛,以茶叶色、香、味、形的优劣决出等次。在宋代,那些想讨好皇帝的达官显贵常以胜出之品进贡皇上,以博取皇帝的欢心;文人墨客和茶农则通过斗茶来切磋技艺,以茶会友,也算是各取所需。宋元间著名的画家李嵩、史显祖、赵孟頫都曾以斗茶为题作画,至于文人士大夫以斗茶为题的诗文就更多了。下面是范仲淹《和章岷从事斗茶歌》的片段:

……
　北苑将期献天子,林下雄豪先斗美。
　鼎磨云外首山铜,瓶携江上中泠水。
　黄金碾畔绿尘飞,紫玉瓯心雪涛起。
　斗茶味兮轻醍醐,斗茶香兮薄兰芷。
　其间品第胡能欺,十目视而十手指。
　胜若登仙不可攀,输同降将无穷耻。
……

2. 分茶。唐人饮茶以煎茶之法为主,又常用盐、姜等物以济其味。此风至宋犹然,但对品茶而言,煎茶杂以他物常有弄巧成拙之嫌,故在讲究品茶的宋代,不杂他物的"分茶"之法渐渐流行起来。宋·杨万里在《澹庵坐上观显上人分茶》一诗中,对分茶之术的描述是:

　分茶何似煎茶好,煎茶不似分茶巧。
　蒸水老禅弄泉手,隆兴元春新玉爪。
　二者相遭兔瓯面,怪怪奇奇真善幻。
　纷如擘絮行太空,影落寒江能万变。
　银瓶首下仍尻高,注汤作字势嫖姚。

不须更师更漏法,只问此瓶当响答。

……

诗中所描述的分茶过程中,"怪怪奇奇真善幻",是指注汤击沸时茶盏汤面出现的复杂的纹理或图案变化。据说,其时的高手能在分茶过程中巧施妙手,在汤面上做出禽兽鱼虫花草之类的物象,而顶极高手更能在汤面幻化出诗句,一碗一句,四碗成一绝句。宋·陶谷在《清异录》中说:

茶至唐始盛。近世有下汤运匕,别施妙诀,使汤纹水脉成物象者,禽兽虫鱼花草之属,纤巧如画,但须臾即就散灭。此茶之变也,时人谓之茶百戏。

真是令人难以想象。如若真有此事,则我们现在的茶艺师们不知有何感想?

3. 点茶。点茶,是有别于传统煎茶的一种方法,与现在的泡茶法相同或相似。在蔡襄《茶录》中有"点茶"之节专述其法,其云:

茶少汤多则云脚散,汤少茶多则粥面聚(建人谓之云脚粥面)。钞茶一钱七,先注汤,调令极匀,又添注之,环回击拂。汤上盏可四分则止,视其面色鲜白,着盏无水痕为绝佳。建安斗试以水痕先者为负,耐久者为胜。故较胜负之说,曰"相去一水,两水"。

此外,宋代点茶之法还有"三不点"之说,即:泉水不甘不点,茶具不洁不点,客人不雅不点。由此看来,点茶之法应属于雅饮或精饮一类,并非常用之法。据说,宋代人在品尝茶之佳品时多用点茶之法,即所谓"点啜";饮平常之品时,多用煎茶之法,即所谓"煎啜"。想来也是十分在理。

(五)市肆之茶

茶在宋代已成为人们日常生活中的基本消费品之一,即所谓"开门七件事,柴、米、油、盐、酱、醋、茶",而中国人向来喜爱的酒却不在其中,其中缘由颇耐人寻味。在这种背景下,市肆茶馆的出现和兴旺也就是水到渠成的事情了。诸多宋代文献对都市茶馆业的状况都有详细而生动的描写。宋·灌圃耐得翁所著《都城纪胜·茶坊》中对临安茶馆的记载是:

  大茶坊张挂名人字画。在京师只熟食店挂画,所以消遣久待也。今茶坊皆然。冬天兼卖挡茶,或卖盐豉汤,暑天兼卖梅花酒。绍兴间,用鼓乐吹杨梅曲,用旋构如酒肆间,止是论角,如京师量卖。茶楼多有都人子弟占此会聚习学乐器,或唱叫之类,谓之挂牌儿;人情茶坊,本非以茶汤为正,但将此为由,多下茶钱也;又有一等专是娼妓弟兄打聚处;又有一等专是诸行借工卖伎人会聚行老处,谓之市头;水茶坊,乃娼家聊设桌凳,以茶为由,后生辈甘于费钱,谓之干茶钱;提茶瓶,即是趁赴充茶酒人,寻常月旦望,每日与人传语往还,或讲集人情分子;又有一等,是街司人兵,以此为名,乞见钱物,谓之龊茶。

  由此可以看出,茶坊已不仅仅是吃茶的场所,茶事已渗透到普通老百姓的日常生活。此外,茶事不仅在城市流行,乡村之地也时常可见卖茶之人。陆游《幽居》云:"园丁刈霜稻,村女卖秋茶。"在《秋兴》中则说:"邻父筑场收早稼,溪姑负笼卖秋茶。"茶事如此之普及,也就难怪时人要将"茶"列为"开门七件事"之一了。

五、明清时期

  明代茶文化亦十分繁荣,著述丰富。据专家统计,有目录可考者计55部,遗失4部,有参考研究价值者计20多部,几乎涉及茶事的方方面面。但其系统性和研究深度均未超出前人《大观茶论》或《茶录》的水平。

(一)"以茶制边"

  所谓"以茶制边"实际上是封建统治者控制西北边疆地区的一

种政策。因为,西北地区的民众以肉乳为食,需要通过饮茶来帮助消化,茶也因此成为西北民众日常生活必需品之一。但茶叶产于东南地区,西北地区通过一定的贸易手段才能获得其必需的茶叶。因此,朝廷以茶制边的具体策略之一是"以茶易马",而以茶易马之策的滥觞则可追溯至唐代。据史书记载,唐五代间西部少数民族以马与中原交换茶叶已是常见之事。白居易在《白孔六帖》中,曾列"驱马市茶"条,下注"时回纥入朝,始驱马市茶"。

清·吴任臣《十国春秋·南唐一·烈祖本纪》则说:

(升元二年)是岁,契丹主之弟东丹王亦遣使以羊马入贡,别持羊三万口、马两百匹来鬻,以其价市罗纹茶药。于是翰林院进二丹入贡图,诏中书舍人江文蔚作赞以美之。

唐五代之后,中原与西部地区茶马交易的规模不断扩大,朝廷出于统治或控制西部地区的考虑,对茶马交易的控制也越来越严。宋·神宗熙宁七年(1074年),朝廷派李杞入蜀置买马司,在秦凤、熙河诸州设官茶场,并规定以蜀地之茶易西番之马。此为"以茶易马"之策的正式确立,并为明、清朝廷所沿用。明·梁材在《议茶马事宜疏》中,对历代朝廷为何严控茶马交易的缘由有一针见血的分析,其文云:

切照国家设立三茶马司收茶易马,虽所以供边军征战之用,实所以系番人归向之心。考之茶法,在大明律曰:"凡贩私茶者,同私盐法论罪。"盖行于腹里地方者然也。至于通番禁例,在太祖高皇帝曰:"私茶出境者斩。关隘不觉察者处以极刑。"……祖宗好生之德,不嗜杀人之心。而私茶通番,辄以极刑凌迟论罪,其意之所在可知矣!盖西边之藩篱,莫切于诸番;诸番之饮食,莫切于吾茶。得之则生,不得则死。故严法以禁之,易马以酬之。禁之而使彼有所畏,酬之而使彼有所慕。此所以制番人之死命,壮中国之藩篱,断匈奴之右臂者。

其所系诚重且大,而非可以寻常处之也。

至于西北边疆地区民众对茶的依赖,在明清文献中亦有描述,例如:盛绳祖在《卫藏识略·酥油茶》中说:

> 番民多食糌粑、牛羊肉、奶子、奶渣等物,其性燥,而茶所急需,故不拘贵贱,饮皆以茶为主。其茶熬极红,入酥油盐搅之。饮茶,食糌粑或肉米粥,名士巴汤。

(二)茶叶生产

明清茶事虽说在理论研究上建树一般,但在制茶技术方面还是取得很大的进步。芽茶、叶茶(即宋代所谓的草茶或散茶)生产,在明太阻罢造龙凤团茶之后,真正取代了传统以龙凤团茶为代表的团茶或饼茶地位,而成为茶叶的主角。尽管在元代时,民间已很少饮用团茶或饼茶,且散茶制作技术体系也基本形成,但在明初,龙凤团茶仍然是进贡之品,所以,"瘦死的骆驼比马大",团茶或饼茶在名气上还是老大。

1. 蒸青与炒青。

(1)蒸青。所谓"蒸青",本指制茶工序之一,即用蒸汽杀青。此法利用蒸汽高温对茶叶鲜叶进行"杀青",以降低茶叶的苦涩度,保持其绿色,为唐宋元三代所广泛使用。火候掌握对蒸青的效果极其重要,火候不到,茶叶的青草味难以去除;火候过了头,茶叶会有烟火气,并会使茶叶的汤色变得赤黄。在明代逐渐被锅炒杀青法取代。

"蒸青散茶"则是指鲜叶经蒸汽杀青后,不捣碎,不压饼,直接干燥而制成的成品茶。此种茶在宋代已有文献记载,日本人在学会此法后沿用至今。

(2)炒青。所谓"炒青",本指制茶工序之一,即用锅炒法杀青。此法将茶鲜叶直接放在热锅中干炒,利用高温破坏茶鲜叶中酶的活性,以防止茶叶发酵、变色,并去除鲜叶中的青草气。此法在明代日臻完善,并取代传统的蒸青法而成为制茶的主流,一直沿用至今。现在炒青有机炒和手炒之别,但大多数高档绿茶仍以手炒法制取。

"炒青"亦指茶之一种,即茶鲜叶在杀青、揉捻之后,用锅炒的方式进行干燥,成为成品茶。

明人茶叶著述中对"炒青"之术有不少的论述,例如:

> 新采,拣去老叶及枝梗碎屑。锅广二尺四寸,将茶一斤半焙之。候锅极热,始下茶急炒;火不可缓,待熟方退火;彻入筛中,轻团那数遍;复下锅中,渐渐减火,焙干为度。中有玄微,难以尽言。火候均停,色香全美。玄微未究,神味俱疲。
>
> ——张源《茶录》

2. 新茶种。叶茶/芽茶的兴盛,炒青技术的发展,为明清时期茶叶生产在种类上的突破带来了机遇,此期新出现的茶叶种类主要是黑茶、青茶、红茶。一般认为:在明代,除传统绿茶外,红茶、黄茶、黑茶、白茶均已出现,清代又发明了乌龙茶。至此,中国茶叶完成了六大茶种的创制,而世界主要产茶国一般只有红茶或绿茶,或红绿兼有,但基本没有黄茶、黑茶、白茶和青茶4个种类。

(三)茶叶贸易

清代以前,中国的对外茶叶贸易主要是通过陆上和海上丝绸之路传至中西亚,以及向周边的东亚、东南亚地区扩散,对其他地区,特别是欧美的影响不大。明清之际,这一情况发生了变化,由于中西人员和文化交流的增多,以及贸易往来的日益频繁,欧美人终于逐渐对中国的茶叶有所认识。据说,现在能看到的,较早向西方人介绍中国茶叶的著述是1559年威尼斯人拉马锡所写的《中国茶》和《航海旅行记》;而荷兰东印度公司的船队则最先将茶叶作为商品运到了欧洲。由此,茶叶在欧洲迅速流行开来,并成为中国与西方贸易的主要货物。在清嘉庆、道光年以前,中西茶叶贸易给中国带来了较丰厚的利润,但随后则由盛转衰。时人陈炽在《振兴商

务条陈》的奏议中,对这一状况有清楚地分析,其文云:

中国之茶务,昔盛而今衰。以出口之数多寡较之,而一然可睹矣。嘉庆、道光以前,每岁出口之茶,约值银五千余万两。……至光绪二十年,出口总数仅值二千二百余万金,较之嘉、道以前,顿减大半;税厘之项,亦随之而并减。

昔则茶少而值多,今则茶多而所值反少者,其故有三:

一则印度、日本之仿种太多也。英国当日销中国之茶,岁约三千余万,恐利源外溢,锐意收回。遂于印度亚山地方,以重价雇募中国茶师,教土人以栽种制焙之法。绵亘二千里,茶树成林。近复推广于锡兰一岛,参用新机制焙,无论制茶多少,色香味一律无殊。出口之时,不征税钞,专以贱值与中国争衡,……此其攘夺利权者一也。

一则中国皆散商,洋商之抑勒太甚也。……中国富商大贾,尚能顾全大局,力与维持。唯千金、数百金之小商,资本无多,只求速卖。于是掺杂伪质、跌价争售之事起。洋商欺其愚懦,因而始则放价,继则故意挑剔,低盘割磅之弊生,每以一人挈动全局。今年茶叶,万不能留至明年,洋商不买,即无销路。资本半由揭借,至期不得不还。遂相率以至贱之价哀求洋商购买……。茶市败坏至于此,尚忍言哉。此其把持商务者二也。

一则山户与商人相互嫉妒,动辄抬价居奇也。……粤商当日入山采买,知其急欲求售,勒价联帮,在所不免。山户日久见知商人以贱价买之而高价卖之也,遂故抬其价,任意居奇。山户固不能不售,商人携银入山,亦复不能不买,比年遂多以高价买之山户,以贱价卖之洋商者。山户偶然获利,而茶商无一不亏。他日必致有货不能售,或皆洋人自行入山采买而后已。……此其败坏市面者三也。

(四)文人士大夫之茶

自唐宋茶事勃兴以来,文人士大夫沉浸于茶者比比皆是,中国茶之文化或艺术之息亦越发浓厚,食有"治大国若烹小鲜"之说;茶则有"茗城之兵法,富于三略六韬,岂《孙子十三篇》所能尽其灵秘者哉?"(清·李渔)之语。时至明清,文人士大夫对茶之钟爱较之前人仍有增无减,加之茶之品种的增多,制茶质量的提高,茶器具越发精致,更加助长了文人士大夫在茶世界中寻求微言大义、玄思神想和愉悦身心的劲头。一般而言,明清文人士大夫在"茶"之境界上无什么了不得的"突破",但对传统茶文化的理解和发挥则达到了淋漓尽致的地步。在某种意义上,明清时期也是传统文人士大夫之茶文化的终结之期,尽管其中不乏"亮点",不过"夕阳无限好,只是近黄昏"。

1. 文震亨之"清心悦神"。明·文震亨在《长物志·香茗》中论及茶之怡情悦性功效时说:

香、茗之用,其利最溥,物外高隐,作语道德,可以清心悦神。初阳薄暝,兴味萧骚,可以畅怀舒啸;晴窗拓帖,挥尘闲吟,篝灯夜读,可以远辟睡魔;青衣红袖,密语私谈,可以助情热意;坐雨闭窗,饭余散步,可以遣寂除烦。醉筵醒客,夜语蓬窗,长啸空楼,冰弦戛指,可以佐欢解渴。品之最优者,以沉香、岕为首,……

如此看来,茶真是有点神乎其神。文中提到的岕茶为明清时文人士大夫之最爱。此茶有两个产地,一是江苏宜兴,一是江西赣州的宁都,但一般所言之岕茶多指宜兴所产,因宜兴岕茶出自江苏宜兴与浙江长兴之间的罗岕山,故又称"罗岕"或"罗岕茶"。

2. 陆树声之"茶寮"。明·陆树生在其所撰《茶寮记》中,分七类阐述了他对茶文化的理解,虽《四库全书总目》对其评价不高,称"均寥寥数言,姑以寄意而已,不足以资考核也。"但在今天看来,其中的"一人品"、"五茶候"和"六茶侣"等尚能资酒后茶余之谈,其文曰:

一人品:煎茶非浪漫,要须其人与茶品相得。故其法每传于高流隐逸,有云霞石泉块磊胸次间者。

五茶候:凉台静室,明窗净几,僧寮道院,松风竹月,晏坐行吟,清谈把卷。

六茶侣:翰乡墨客,缁流羽士,逸老散人,或轩冕之徒,超轶世味者。

3. 许次纾之"宜与不宜"。明·许次纾之《茶疏》,是明代较为重要的茶叶著述之一。其书不仅对茶叶制作技艺描述甚详,而且颇有心得。如说:

清明、谷雨,摘茶之候也。清明太早,立夏太迟,谷雨前后,其时适中。若肯再迟一二日期,待其气力完足,香烈尤倍,易于收藏。……吴松人极贵吾乡龙井,肯以重价购雨前细者,狃于故常,未解妙理。……

此外,关于炒制绿茶的最早记载也见于是书,关于"古人结婚,必认茶为礼,取其不移置子之意也。"的记载,也是前人茶书所少见。他在书中所谈论的饮茶之宜与不宜,则明显是文人士大夫之流的饮茶之趣,他说:

(宜)饮时:

心手闲适　披咏疲倦　意绪棼乱　听歌拍曲　歌罢曲终
杜门避事
鼓琴看画　夜深共语　明窗净几　洞房阿阁　宾主款狎
佳客小姬
访友初归　风日晴和　轻阴微雨　小桥画舫　茂林修竹
课花责鸟
荷亭避暑　小院焚香　酒阑人散　儿辈斋馆　清幽寺观
名泉怪石

宜辍:

作事　观剧　发书束　大雨雪　长筵之席　翻阅卷帙　人事忙迫

及与上宜饮时相反事

不宜用：

恶水　敝器　铜匙　铜铫　木桶　柴薪　麸炭　粗童恶婢

不洁巾帨　各色果实香药

不宜近：

阴室　厨房　卬喧　小儿啼　野性人　童奴相哄

良友：

清风明月　纸帐楮衾　竹床石枕　名花琪树

4. 冒辟疆之"花前月下"。明清士人饮茶更加讲究情调和气氛，格外注意茶、水、器、环境的协调。《清稗类钞》有一段关于名士冒辟疆与秦淮名妓董小宛之间茶事，其文云：

冒辟疆既纳董小宛为姬，及殁，辟疆忆之。尝告人曰："姬能饮，自入吾门，见余量不胜蕉叶，遂罢饮。每晚侍荆人数杯而已。而嗜茶与余同性，又同嗜芥片。每岁，半塘顾子兼择最精者缄寄，具有片甲蝉翼之异，文火细烟，小鼎长泉，必手自吹涤。……至沸乳看蟹目鱼鳞，传瓷选月魂云魄，尤为精绝。每花前月下，静试对尝，碧沈香泛，真如木兰沾露，瑶草临波，备极卢陆之致。"

如此情调，实在令人羡慕。

5. 张岱之"畅饮汶老茶"。张岱是明末清初的文学家，其对茶的理解和精研均有过人之处，在其《陶庵梦忆》《西湖梦寻》等著述中，常有论茶之文。在《陶庵梦忆·闵老子茶》中，张岱讲述了他以茶会友，结交著名茶人闵汶水的故事，同时也展示他对茶、水之鉴的精研。其文云：

周墨农向余道闵汶水茶不置口。戊寅九月至留都,抵岸,即访闵汶水于桃叶渡。日晡,汶水他出。迟其归,乃婆娑一老。方叙话,遽起曰:"杖忘某所",又去。余曰:"今日岂可空去。"迟之又久,汶水归,更定矣。睨余曰:"客尚在耶!客在奚为者?"余曰:"慕汶老久矣,今日不畅饮汶老茶,决不去!"汶水喜,自起当炉。茶旋煮,急如风雨。导至一室,明窗净几,荆溪壶、成宣窑瓷瓯十余种,皆精绝。灯下视茶色,与瓷瓯无别,而香气逼人。余叫绝。余问汶水曰:"此茶何产?"汶水曰:"阆苑茶也。"余再啜之曰:"莫绐余,是阆苑制法,而味不似。"汶水匿笑曰:"客知是何产?"余再啜之曰:"何其似罗界甚也?"汶水吐舌曰:"奇!奇!"余问:"水何水?"曰:"惠泉。"余又曰:"莫绐余!惠泉走千里,水劳而圭角不动,何也?"汶水曰:"不复敢隐,其取惠水,必淘井,静夜候新泉至,旋汲之,山石磊磊藉瓮底,舟非风则勿行故水不生磊。即寻常惠水,犹逊一头地。况他水乎?"又吐舌曰:"奇!奇!"言未毕,汶水去。少顷,持一壶满斟余曰:"客啜此!"余曰:"香朴烈,味甚浑厚,此春茶耶!向瀹者的是秋采。"汶水大笑曰:"予年七十,精赏鉴者无比客。"遂定交。

6. 郑板桥之茶诗茶联。郑板桥,著名的"扬州八怪"之一,在艺术上,他以诗书画"三绝"而闻名;在人格上,则以清廉刚正、同情百姓而使后人敬佩。在郑板桥的咏茶和题画诗中,茶所带给他的更多的是一种排遣和向往,读后常使人想起东晋著名的,"不为五斗米而折腰"的田园诗人陶渊明。

兄起扫黄叶,弟起烹秋茶。明星犹在树,烂烂天定霜。
杯用宣德瓷,壶用宜兴砂。器物非金玉,品洁自生华。
虫游满院凉,露浓败蒂瓜。秋花发冷艳,点缀枯篱笆。
闭户成羲皇,古意何其赊!

——《李氏小园》(选一)

嘴尖肚大耳偏高,才免饥寒便自豪。
量小不堪容大物,两三寸水起波涛。

——《紫砂壶》

不风不雨正晴和,翠竹亭亭好节柯。
最爱晚凉佳客至,一壶新茗泡松萝。

——《题幽》

此外,郑板桥还撰写过一些以茶为题的名对,如:

从来名士能评水;自古高僧爱斗茶。
楚尾吴头,一片青山入座;淮南江北,半潭秋水烹茶。
汲来江水烹新茗;买尽青山当画屏。
白菜青盐亲子饭;瓦壶天水菊花茶。

第三节 茶 品

一、茶类

(一)茶类演化

如果把传说中的"神农尝百草,日遇七十二毒,得茶而解之"作为先民开始利用茶树之叶的起点,那么,现代的茶叶家族已是蔚为大观,茶叶品种之多已是数不胜数。从最初对茶树叶的简单利用,到今天的六大类茶种,其发展大致经历了如下的过程:

从煮饮到晒干收藏
从蒸青到团/饼茶
从团/饼茶到散茶
从蒸青到炒青
从绿茶到其他茶类
从素茶到花茶

关于上述过程,我们在上一节讨论"历代茶事"时,已经有所阐述,此不再重复。至于促成种种转变的因素,究其主要者而言,大致有以下几个方面:

首先,是消费市场的不断扩大,刺激了生产的发展。关于这一点,只要看一下宋代人将"茶"列为"开门七件事"之一,就一目了然了。

其次,自唐以来历代朝廷对"茶利"的看重,以及清代前期对外贸易的发展,也是促进茶叶生产发展的重要因素。清·郭嵩焘在《郭嵩焘日记·榷茶》中说:

> 按商税见于史者,曰盐铁、曰榷酤,曰榷茶。……唐德宗建中元年,户部侍郎赵赞议税天下茶、漆、竹、木,十取一,旋罢。……较而论之,盐法自唐以来凡屡变,而国家之经费取给于此者千数百年。桑弘羊之为均输,刘晏之为转运,大抵笼天下之利以与商贾争权。茶酒二者,或税或免,或置榷司为官酤官茶。世乱军兴,则持利权以绳小民,大率然也。

再者,是帝王将相、才子佳人的推波助澜。自汉魏以来,与茶事结下不解之缘的"名人"难以计数,如贵至帝王的宋徽宗、清乾隆,位高权重的李德裕、王安石,风流倜傥的苏东坡、欧阳修,精研茶道的陆羽、张岱,绝代佳人董小宛等。在讲究尊卑次第,三纲五常的中国封建社会,上流社会的喜好会对其他阶层产生强烈的刺激,并竞相仿效。

此外,则是中国人对茶理解的不断加深。茶之初,人们对茶的理解主要看重的是其"药"用功效,否则,人们就不会在煎茶时加入盐、姜、葱、枣、橘皮、茱萸、薄荷之类的"作料",也不会"茶药"并称了。随着制茶技艺的发展——主要是"散茶"的兴盛,以及"分茶"、"点茶"法的普及,茶终于成为一种解渴和提神饮料,而药用功效则逐渐退于次要的地位。时至今日,人们在喝茶时,恐怕很少有人还惦记着茶的药用价值了。对于喜欢在普通事物中寻求"微言大义"或"博大精深"的中国传统文人士大夫及大德高僧们来说,茶的蕴含就远不是提神解渴的饮料那么简单了。在解渴提神之外,他们还体会到了品德、修养、风度、学识、禅机、玄妙、意境与境界,等等精神的食粮。在他们的心目中,茶成为了哲学、艺术和学问。当他们精益求精地品尝这一精神食粮时,茶学自身的发展也就成为一种必然。而真正的茶中之人,也是不满足于被动地品尝茶之奥妙的。当他们追求茶中真味时,会放下身架,亲自动手来采茶、制茶、取水和烹(泡)茶。唐代著名诗人白居易以诗、酒、茶、琴为珍爱之物,他就曾自开茶园,种茶为乐。而明代文人张岱不仅精于对茶、水的赏鉴,还在家乡名茶日铸茶的基础上,创制出"兰雪茶"。我们来看一看张岱在《陶庵梦忆·兰雪茶》中是如何对自己的杰作沾沾自喜的吧:

　　日铸者,越王铸剑地也。茶味棱棱有金石气。欧阳永叔曰:"两浙之茶,日铸第一。"王龟龄曰:"龙山瑞草,日铸雪芽。"日铸名起此。京师茶客,有茶则至,意不在雪芽也。而雪芽利之,一如京茶式,不敢独异。……遂募歙人入日铸,扚法、掏法、挪法、撒法、扇法、炒法、焙法、藏法,一如松萝。……用敞口瓷瓯淡放之,候其冷,以旋滚汤冲泻之,色如竹箨放解,绿粉初匀;又如山窗初暑,透纸黎光。取清妃白,倾向素瓷,真如百茎素兰同雪涛并泻也。雪芽得其色矣,未得其气,余戏呼之兰雪。四五年后,兰雪茶一哄如市焉。越之好事者,不食松萝,止食兰雪。兰雪或杂以松萝,而慕兰雪者亦食。盖松萝贬身价俯就兰雪,从俗也。乃近日徽歙间,松萝亦改名兰雪,向以松萝名者,封面条换,则又奇矣。

　　(二) 分类

　　茶叶的分类并没有固定的格式,现在一般是在基本茶类和再

加工茶类的基础上,再对每类茶进行进一步细分。现略述如下:

1. 基本茶类。

(1)绿茶。绿茶,又称"不发酵茶",其基本特点是"绿汤绿叶,香气高厚,滋味鲜醇,富有收敛性。"绿茶是我国分布最广、产量最高、品种最多的茶类。绿茶的基本加工流程包括3个步骤,即:杀青、揉捻和干燥。杀青的目的是防止茶叶中的多酚类物质氧化以保持茶叶的天然绿色。因杀青方法的不同,可以将其分为两种:蒸汽杀青——蒸青绿茶;锅炒杀青——炒青绿茶。炒青绿茶按最后干燥方式又被分为:炒青(炒干)、烘青(烘干)和晒青(晒干)。此四类茶又可再进一步细分,如:

炒青:眉茶——炒青、特珍、珍眉、凤眉、秀眉、贡熙等;

　　　珠茶——珠茶、雨茶等;

　　　细嫩炒青——龙井、大方、碧螺春、雨花茶等。

烘青:普通烘青——闽烘青、浙烘青、徽烘青、苏烘青等;

　　　细嫩烘青——黄山毛峰、太平猴魁、华顶云雾等。

晒青:滇青、川青、陕青等。

蒸青:煎茶、玉露等。

(2)红茶。红茶,属"全发酵茶",其基本特点是"红汤红叶,有特殊的甜花香气,滋味醇厚甜和。"红茶约创始于17世纪,先是福建崇安首创小种红茶,后来又发明工夫红茶。红茶的基本加工流程包括4个步骤,即:萎凋、揉捻、发酵和干燥。所谓"萎凋",就是将采摘的鲜叶按一定厚度摊放,通过晾、晒,使其呈萎蔫状,萎凋保持了鲜叶所含的多酚类物质和活性,经"揉捻""发酵"处理后,叶中原先无色的多酚类物质氧化后,形成红茶色素。这种色素,一部分溶于水,而使茶汤呈红色;一部分不溶于水,而使茶叶呈红色。红茶因具体加工方法的差异而有三种基本类型:

小种红茶:福建特产,因干燥时用松柴熏燃,故有一股特殊的松烟香味,味似桂圆汤。知名品种有正山小种、烟小种等。

工夫红茶:因制作精细,耗费工夫而得名。成品条索紧细,色泽乌润,冲泡后汤色、叶底红艳明亮,香味持久,并带有甜花香或蜜糖香,滋味醇厚。工夫红茶因产地之别而有滇红、祁红、川红、闽红、宁红(江西)、宜红(湖北)、湖红(湖南)、浙红之分。闽红又有坦洋工夫、白琳工夫和政和工夫之别。

红碎叶茶:因在揉捻时用机器将茶叶切碎而得名。其特点是色泽乌润,茶为鲜浓,易出汁。按茶叶切碎的程度被分为叶茶(短条形)、碎茶(颗粒状)、片茶(小片状)、末茶(细末状)。

(3)青茶。青茶即乌龙茶,属"半发酵茶",其基本特点是"汤色黄红,有天然花香,滋味浓醇,具有独特的韵味。""绿叶红镶边"(三红七绿)是其典型的色泽特征。青茶生产开始于19世纪中叶,由闽南地区首创。青茶的基本加工流程包括五个步骤,即:萎凋、做青、杀青、揉捻和干燥。青茶因产地之别被分为:

闽北乌龙:主要产于武夷山一带,在种类上有武夷岩茶、闽北水仙和闽北乌龙之分,每类又有不同品种,以武夷岩茶最为著名。其知名的品种如:大红袍、铁罗汉、白鸡冠、水金龟、十里香、金锁匙、不知春、吊金钟、瓜子金、金柳条,以及奇兰、乌龙、铁观音、梅占、肉桂、雪梨、桃仁、毛猴等。

闽南乌龙:闽南是乌龙茶的发源地,安溪铁观音和黄金桂是最为著名的品种。

广东乌龙:产于广东潮州地区,知名品种是凤凰单枞和凤凰水仙。

台湾乌龙:知名品种有冻顶乌龙。

(4)白茶。福建特产,属"轻微发酵茶",成品茶以满身白毫为显著特征,其基本特点是"汤色浅淡,味鲜醇"。白茶的基本加工流程有两个步骤,即:萎凋、晒干或烘干。在加工中不揉、不炒,故能保持茶叶原有的白毫,以及形态和品质基本不变。冲泡后的白茶,叶形舒展,茶气芳清。白茶有清火去暑之功效,可作药用。关于白茶的记载,始见于宋代,是宋代的珍贵茶品之一,在宋徽宗《大观茶论》、宋子安《东溪试茶录》、熊蕃《宣和白苑贡茶录》等文献中均有记载,如:

> 白茶自为一种,与常茶不同,其条敷阐,其叶莹薄。崖林之间偶然生出,盖非人力所可致,……芽英不多,尤难蒸焙。汤火一失,则已变而为常品。须制造精微,过度得宜,则表里昭澈,如玉之在璞,他无为伦也。
>
> 宋徽宗《大观茶论·白茶》

> 茶之名有七:一曰白叶茶,民间大重,出于近岁,园焙时有之。地不以山川远近,发不以社之先后,芽叶如纸,民间以为茶瑞,取其第一者为斗茶。而气味殊薄,非食茶之比。
>
> ——宋子安《东溪试茶录·茶名》

白茶依茶树之不同分为大白、水仙白和小白;按鲜叶之采摘标准分为芽茶和叶茶两类。

芽茶:完全用大白茶的肥壮芽头制成的白茶,"白毫银针"是著名品种。产于福鼎,烘干的俗称"北路银针";产于政和,晒干的俗称"南路银针"。

叶茶:以一芽二三叶或单片叶制成的白茶,有白牡丹(形似牡丹得名)、贡眉和寿眉(形似老寿星眉毛得名)等品种。

(5)黄茶。黄茶的特点是"黄汤黄叶,香气清悦,滋味醇厚爽口",其制作方法与绿茶基本相似,不同之处是在揉捻前后或初烘之后要作堆积渥黄的处理。黄茶是我国特有的茶类,唐·李肇《国史补》中已有"寿州霍山黄牙"的记载。黄茶主要产于川、皖、湘、鄂、浙、粤,按鲜叶的老嫩不同分为黄芽茶、黄小茶和黄大茶。

黄芽茶:以单芽或一芽一叶制成的黄茶。常见的品种有湖南洞庭湖的"君山银针"、四川雅安和名山的"蒙顶黄芽"、安徽霍山的

"霍山黄芽"等。

黄小茶：以细嫩芽叶制成的黄茶。常见的品种如湖南岳阳的"北港毛尖"、湖南宁乡的"沩山毛尖"、湖北远安的"远安鹿苑"及浙江的"平阳黄汤"等。

黄大茶：以一芽一、二叶，乃至一芽四、五叶制成的黄茶。常见的品种有安徽霍山的"霍山黄大叶"、广东韶关、湛江等地的"广东大叶青"等。

(6)黑茶。黑茶，俗称"边销茶"，主要供应边疆少数民族地区。黑茶是我国特产，约起始于明代。当初由于要将四川绿茶运销至西北，为方便运输，而采用蒸压方法对茶进行处理，茶亦由绿变黑。黑茶的原料比较粗老，其基本特点是：外形粗大，色泽暗褐油润，近乎黑色；汤色深红或暗黄，香气醇和，有老茶特有的香味。黑茶的基本加工流程有四个步骤，即：杀青、揉捻、渥堆、干燥。黑茶一般分为黑毛茶和紧压茶，黑毛茶是紧压茶的主要原料；紧压茶又分为篓装茶和砖茶两种型制。黑茶的产地主要有湘、鄂、川、滇、桂等。

湖南黑茶：湖南黑茶的成品茶均为紧压茶，历史上有天尖、贡尖、生尖、花卷、黑砖、茯砖等品种，"三尖"为上品。

湖北老青茶：指湖北晒青绿茶，也称"老青毛茶"，以及用其经再加工制成的砖形紧压茶，俗称"老青砖茶"或"青砖"。在清代，湖北老青茶曾被称为"老茶"或"川字黄茶"。此外，由于湖北老青茶最初由山西商贩运至西北地区销售，故当地人又称其为"晋茶"。

四川边茶：传统上被分为南路边茶和西路边茶。南路边茶产于雅安、天全等地，主销西藏、青海地区，有两等六级之分。上等分毛尖、芽细和康砖，为细茶；中等分金尖、金玉和金包，为粗茶；西路边茶产于灌县、平武、崇庆等地，主销川西北、青海、甘肃、新疆等地，有圆包茶和方包茶之分。

云南黑茶：云南黑茶以当地晒青毛茶经潮水沤堆发酵后干燥

而成,有散茶和紧压茶之别,统称普洱茶。因茶产于普洱府,普洱府又是茶叶集散地,故名"普洱茶"。其散茶条索肥壮,汤色橙黄,香味醇厚,可直接饮用,但大多用于制作紧压茶。在紧压茶中,沱茶、方茶仍属绿茶;饼茶、紧茶和圆茶(七子饼茶)属黑茶,因为这些茶在蒸压前经过了沤堆渥色处理。普洱茶的特点是"茶味浓郁,香陈气芳,刺激性强,耐冲泡,耐久贮"。普洱茶独特的醇香和药用功能,使其在明清时已名扬中外。观代医学也证明其确有较明显的减肥、降低胆固醇的作用。

广西黑茶:广西有200多年生产黑茶的历史,以六堡茶最为知名,其茶汤以红、浓、醇、陈为特色。

2. 再加工茶类。在绿、红、青、白、黄、黑茶的基础上,再作进一步加工而得的产品,称为"再加工茶",主要有以下几种:

(1)花茶。花茶又称熏花茶、香片,系以成品茶(主要是绿茶中的烘青茶)为茶坯,用各种香花窨制而成。普通花茶窨一、二次即可,高级花茶要窨三次以上,也有的次等花茶是将花干直接加在成品茶中的。用以窨香的花种主要是茉莉、木樨、玫瑰、兰蕙、玳玳、栀子、白兰、柚花、桂花等。花茶的名称或类别不一,例如:按茶坯,可分为炒青花茶、烘青花茶、红茶花茶和乌龙花茶;按花香,可分为茉莉花茶、珠兰花茶、玫瑰花茶、白兰花茶、桂花花茶等;按茶名加花名,可分为茉莉烘青、玫瑰红茶、珠兰大方、桂花铁观音、树兰乌龙,等等。不同的花茶品种,一般都有自己独到的品质,但总体而言,"香气鲜浓,滋味醇厚,汤色鲜明"是花茶的基本特色。

(2)紧压茶。紧压茶是将加工好的半成品再经蒸压处理而成的团块状茶,故又称"蒸压茶"、"压造茶",其形状有砖状、圆饼状、碗臼状、圆柱状(篓装)等。紧压茶的半成品主要是绿茶、红茶、乌龙茶和黑茶。

绿茶紧压茶:主要产于滇、川、桂等地,常见的品种有沱茶、普洱方茶、竹筒茶、广西粑粑茶、四川毛尖、香饼茶等。

红茶紧压茶：主要产于湖北，常见的品种是米砖茶、小京砖和凤眼香茶。

乌龙紧压茶：因在烘干过程中要用白纸将茶饼包起来，故又叫"纸包茶"。福建漳平所产之"水仙饼茶"是其典型。

黑茶紧压茶：以各种黑茶的毛茶为坯料经蒸压而制得的成品茶，常见的品种如：湖南的湘尖、黑砖、花砖、茯砖，湖北的老青砖，四川的康砖、金尖、方包茶，云南的紧茶、圆茶、饼茶，广西的六堡茶等。

（3）萃取茶。以成品或半成品茶为原料，用热水萃取其中的可溶性物质，再制成的固态或液态茶，常见的如罐装饮料茶、速溶茶、浓缩茶等。

（4）果味茶。将成品或半成品茶汁按一定要求与果汁混合后得到的饮品，成品既有茶味，又有果香，较受现代人欢迎，常见的如荔枝红茶、柠檬红茶、猕猴桃茶等。

（5）药用保健茶。用各种茶与某些中草药或食品配制而成的饮品，具有一定的保健作用，如菊花茶、杜仲茶、人参茶、天麻茶等。

（6）含茶饮料。将茶与其他饮料配制而成的"混合式"饮料，如茶可乐、茶汽水、茶酒，等等。

二、古今名茶

（一）古代名茶

唐以后，见诸文献记载的知名茶品有数百种之多。茶之有名大都与名山、名寺、名泉、名树、名种、名人等有关，但由于种种原因，流传至今的古代名茶已为数不多了。现按朝代顺序列其要者：

唐代——见诸记载的名茶有 50 余种，如：顾渚紫笋、阳羡茶、寿州黄芽、蒙顶石花、神泉小团、香雨、衡山茶、夷陵茶、紫阳茶、天柱茶、天目山茶、歙州茶、腊面茶、峨嵋白芽茶、剡溪茶、蜀冈茶等。

宋代——见诸记载的名茶有近百种,如:顾渚紫笋、阳羡茶、日铸茶、瑞龙茶、双井茶、临江玉津、袁州金片、龙芽、方山露芽、普洱茶、天台茶、天尊岩贡茶、宝云茶、月兔茶、花坞茶、信阳茶、龙井茶、虎丘茶、洞庭山茶、武夷茶等。

元代——有 40 余种茶见诸文献,如:头金、泥片、绿英、早春、华英、灵草、金茗、雨前、杨梅、龙溪、太湖、茗子、龙井、阳羡、武夷、仙芝、嫩蕊、岳麓等。

明代——文献记载的名茶有约 50 种,如:蒙顶石花、玉叶长春、顾渚紫笋、碧涧、明月、真香、白露、阳羡茶、阳坡、云脚、绿花、紫英、白芽、瑞草魁、先春、苏州虎丘、苏州天池、西湖龙井、皖西六安、浙西天目、罗芥、普洱、松罗、日铸等。

清代——有 40 余种名茶,如:武夷岩茶、徽州宋罗、西湖龙井、普洱、闽红工夫茶、祁门红茶、洞庭碧螺春、六安瓜片、太平猴魁、信阳毛尖、紫阳毛尖、老竹大方、庐山云雾、君山银针、贵定云雾茶、莫干黄芽、富阳岩顶、九曲红梅等。

(二)现代名茶

传统名茶——西湖龙井、庐山云雾、洞庭碧螺春、黄山毛峰、太平猴魁、恩施玉露、信阳毛尖、六安瓜片、屯溪珍眉、老竹大方、桂平西山茶、君山银针、云南普洱、苍梧六堡茶、政和白毫银针、白牡丹、安溪铁观音、凤凰水仙、闽北水仙、武夷岩茶、祁门红茶等。

恢复传统名茶——休宁松罗、涌溪火青、敬亭绿雪、九华毛峰、龟山岩绿、蒙顶甘露、仙人掌茶、天池茗毫、贵定云雾、青城雪芽、蒙顶黄芽、阳羡雪芽、鹿苑毛尖、霍山黄芽、顾渚紫笋、径山茶、雁荡毛峰、日铸雪芽、金奖惠明、金华举岩、东阳东白等。

新创名茶——婺源茗眉、南京雨花茶、无锡毫茶、茅山青峰、天柱剑毫、岳西翠兰、齐山翠眉、望府银毫、临海蟠毫、千岛玉叶、遂昌银猴、都匀毛尖、高桥银峰、金水翠峰、永川秀芽、上饶白眉、湄江翠片、安化松针、遵义毛峰、文昌绿茶、峨嵋毛峰、雪芽、雪青、仙台大白、早白尖红茶、黄金桂、秦巴雾毫、汉水银梭、八仙云雾、南糯白毫、午子仙毫等。

第四节 品 饮

一、鉴器

(一)类别

茶具在晋以前称茶具,晋以后称茶器;陆羽以采制之器为具,以煎泡之具为器;宋至今则统称茶具。茶具之器式以古为繁,以今为简。

陆羽在《茶经》所列之煎茶用具有 29 件之多,随着散茶的流行,以及"点茶""分茶"法的出现,传统茶具逐渐简化,陆羽所言之具,现在只能在博物馆中睹其风采了。现代饮茶,因茶种之不同,在茶具选用上有所差异,常用之具有:茶壶、茶杯、茶碗、茶船、茶盅、茶荷、茶巾、茶匙、茶盘、茶托、茶罐等。

(二)材质

古代茶具的制作材料主要有陶、瓷、铜、锡、金、银、玉、玛瑙、漆器、竹木器等;现代则增加了石头、玻璃、搪瓷、不锈钢、塑料、纸等材料;现在以陶、瓷和玻璃器为主。

1. 紫砂茶具。江苏宜兴所出之紫砂茶具是陶质茶具之极品,其渊源可以上溯至北宋初年,到明代大为流行。

紫砂茶具之成名,首先在于其自身的质地极适于品茗,前人将其总结为 7 大优点:其一,用以泡茶不失原味;其二,久用之后,即使空壶注水也有茶味;其三,茶味不易馊变;其四,耐热不炸,亦可上文火烧灼;其五,传热慢,不烫手;其六,历久而光泽弥亮;其七,泥色多变,不拘一格。

其次,是自明以来的历代紫砂大师和能工巧匠的不断创造,促进了紫砂壶的制作技艺和艺术水平不断提高,并最终使其成为价比金玉的名贵器物——"上者与金玉等价"。如明代供春之后的"四大名家"(时朋、董翰、赵梁、元畅),"三大妙手"(时大彬、李仲芳、徐友泉),清代的陈鸣远、杨彭年和杨风年兄妹、邵大亨、黄玉麟等。

再者,明清两代文人士大夫中间盛行的饮茶之风,以及对茶具的精益求精,并钟情于紫砂器,也是宜兴紫砂茶具成名的重要原因之一。在明清两代的文人士大夫中,不惜笔墨以赞美紫砂茶具的比比皆是;而痴情如陈曼生者,更是亲自参与制作,其与杨彭年合作而制的茶壶,有"曼生壶"之名,为后世所重。

2. 瓷器茶具。自晋代以来,瓷质茶具在茶具中地位一直无人可敌,即使是在紫砂茶具盛行的明清时期,最常见的茶具依然是瓷质的。根据瓷的种类不同,一般可将瓷质茶具分为白瓷、青瓷和黑瓷3类。

(1)白瓷茶具。白瓷在唐代有"假玉器"之称,历史上,生产白瓷茶具的窑口主要有邢窑、越窑、长沙窑、大邑窑、景德镇等,但以景德镇所产最为著名。

(2)青瓷茶具。青瓷茶具出现于晋代,主产于浙江,16世纪时开始运销欧洲,在宋代的哥窑达到了鼎盛。产于浙江龙泉县的龙泉青瓷是青瓷中的明珠,著名的窑口是"哥窑"与"弟窑"。哥窑以釉面纹片和"紫口铁脚"(胎骨如铁,口部釉隐现紫色)为特色;弟窑以"釉色如玉""出筋"(棱沿微露白痕)和"朱砂底"(底部呈朱红色)为标记。

(3)黑瓷茶具。出于福建建安、四川、浙江等地的窑口也有生

产,流行于喜爱斗茶的宋代。黑瓷茶具中的"兔毫盏"为斗茶者所酷爱。宋·蔡襄在《茶录·茶盏》中说:

  茶色白宜黑盏,建安所造者,绀黑,纹如兔毫,其胚微厚,熁之久热难冷,最为要用。出他处者,或薄或色紫,皆不及也。其青白盏斗试自不用。

  3. 玻璃茶具。玻璃茶具流行于近现代,是目前茶具中的主流。玻璃器流行的原因首先在于其价廉物美;其次,是质地透明,给人们欣赏茶叶的形、色之美带来极大的便利;此外,玻璃器的型制变化丰富。玻璃器的不足是易碎(炸);比陶瓷器散热快,在对茶叶的适应性上有一定的局限。

(三) 品鉴

1. 选器。

(1) 因茶。所谓因茶,是说茶叶种类和档次的不同而在茶具选择上的差异,如果名贵之茶没有精致之器与之相配,实在是大煞风景之事。一般而言:绿茶按档次高低可分别选择玻璃杯、瓷杯或茶壶;红茶中的工夫红茶、小种红茶、袋泡茶和速溶红茶一般用白瓷杯或玻璃杯,红碎叶茶和片末红茶一般用茶壶;乌龙茶则有专门的茶具,由薄瓷壶、紫砂壶、小火炉、小瓷杯等构成。据说过去讲究的广东潮汕人喝乌龙茶时,大大小小的炉、炭、扇、洗、壶、杯、罐等茶具有近百件;花茶里上品一般用玻璃杯,中上品用白瓷盖杯,普通的可用茶壶冲泡;紧压茶则先要将捣碎的茶块放在壶或锅中烧煮出味,然后再倒在茶碗里饮用。

(2) 因人。所谓因人,是说有些地方的人因饮茶风俗的影响,而对茶具的选用有所偏好。例如:在北方一些喜欢喝红茶的地方,人们喜欢先用壶泡,再倒入瓷杯饮用;江浙一带喜欢喝绿茶的人,传统上习惯使用瓷盖杯泡茶,现在则多用玻璃杯或壶;粤闽台地区喝乌龙茶时,喜欢用紫砂壶泡茶;川皖之人传统上喜欢喝盖碗茶——碗盖、茶碗和茶托三件一套,在当地的茶馆至今犹然。

(3)因事。所谓因事,是说随意之饮与正式场合的区别。人们日常饮茶时对茶具的选择并不是十分在意,通常是"随遇而安",但在一些正式或正规的场合,则会对茶具有所要求,以表达一种对客人的尊重,或者是表达出茶文化应有的形式和内容。在这些场合,一套有一定档次的成套茶具是必不可少的。现在常见的成套茶具基本构成如下:

茶罐:贮放茶叶之用;

茶匙:从茶罐中取茶之用;

茶荷:展示茶叶之用;

茶船:又称"茶池",放茶壶之用,有盘形和碗形之别;

茶盅:又称"茶海",盛茶汤之用。正规饮茶时,一般先用壶泡茶,再将泡好的茶(全部或部分)倒在茶盅里,然后再斟入茶杯;

茶盘:放置茶杯之用;

茶托:放置茶杯之用;

茶杯:斟茶之用;

茶巾:吸干茶壶、茶杯底部和外壁水滴/茶水之用。

2. 赏器。茶美之欣赏,一在于茶,二在于器,二者兼得自然是最好不过的事情,但在现实中,好茶常有,而美器难见。古人说"美食不如美器!"移之品茶也是十分的恰当——美茶不如美器!自茶作为一种审美对象以来,人们对茶具之美的追求就一直未曾停止过。具体而言,茶具赏鉴之出发点主要有以下几个方面:

(1)组合。俗话说"工欲善其事,必先利其器",饮茶亦然。好茶配良具,才能得相得益彰之妙。古代人对茶具的组合是非常讲究的,唐·陆羽《茶经》中所列之茶具已有近30种之多,对其加以种类区分,则可以被分为:

生火具:风炉、灰承、筥、炭挝、火夹;

煮茶具:鍑、交床;

茶处理具:夹、纸囊、碾、拂末、罗合、则;

水具:水方、漉水囊、瓢、熟盂、竹夹;

盐具:鹾簋、揭;

饮具:碗、札;

清洁具:涤方、滓方、巾;

贮藏具:畚、具列、都篮。

现代茶具组合比之唐代已简化了许多,但水具、泡具、饮具、藏具的基本格局仍然没变。

茶具组合的基本目的首先是为了品饮的方便,以及使茶叶特质被充分展现出来;其次,是在使用不同茶具的过程中,展示饮茶特有的程式之美;再者,组合茶具自身也会体现不同程度的个体之美和组合之趣。

(2)质地。质地主要是指茶具制作材料和工艺的讲究。在唐代,越窑的青瓷茶碗是好茗人的首选,陆羽在《茶经·四之器》中说:"邢瓷白而茶色丹,越瓷青而茶色绿。"到了宋代,由于斗茶和饮茶方式的转变,黑瓷和"金瓶银铫"等器具开始流行。如果说黑瓷的流行主要是适应了斗茶的需要,那么"金瓶银铫"则主要是顺应了上层社会的"侈靡相夸"之风。而明清两代,则是紫砂茶具独领风骚。茶具的质地之鉴,主要讲究的是器之质与茶之性的相互融合,以使二者相得益彰,这是茶中之人所真正追求的目标。

(3)形制。所谓形制,即茶具的样式或款式。饮茶时对茶具形制的选择,首先是对茶碗、盖碗、茶杯、茶壶等类别上的选择,其次则是对不同款式的选择。其间既有与茶叶特性相搭配的问题,也与饮茶者的喜好因素相连,同时也与茶具(尤其是饮具)制作(创作)者有密切的关系。在一定层次上,茶具的制作已不是简单的手工劳动,而是名副其实的艺术创作,历代的茶具制作艺人为此倾注了大量的经历和心血。也正是由于历代茶具艺人创造和辛勤劳动,才使茶中之人能够按自己的喜好选择心仪的茶具。茶中之人对形制的讲究,主要表现于饮具的款式选择上。以紫砂壶为例,明代紫砂壶高手时大彬的高足徐友泉、名士衡已以善作仿古铜器形及蕉叶、莲房、菱花、鹅蛋、分档等款式而闻名;到了清代,紫砂壶的款式更加丰富,其仿古铜器款式有方扁觯、小云雷、提梁卣、分档索耳等;象形款式则有水仙、束腰、垂莲、大顶莲、橄榄、冬瓜,等等。这些款式再加上朱、紫、白、乌、黄、梨皮、松花泥等泥色的变化,确实有令人目不暇接之感。

(4)装饰。雕塑、色泽、图纹、绘画和书法等是茶具装饰的主要艺术手法,乐此不疲的文人墨客和茶具艺人中的高手历代均不乏其人,这也是许多茶具成为艺术珍品,乃至国宝的重要原因。一流的茶具装饰,不仅提高了茶具自身的艺术价值,也给饮茶者、欣赏者带来了独特的精神和艺术享受。例如,在老茶壶的盖子上,人们常可以看到"也可以清心"五个字,实际上这是中国传统诗歌体裁中"回文体"在茶具装饰中的巧妙运用。这五个字按顺时针方向读,以每个字开头均能成句。当然,比之名家手笔,这只能算是"雕虫小技"了。

(5)出处。一套/件茶具要能够或值得被人把玩、欣赏、收藏,乃至视若珍宝并不是简单的事情,除了装饰、形制、质地、组合等因素之外,茶具的"出处"往往具有决定性的影响,自古皆然。唐·陆羽在《茶经·四之器》中曾对当时诸多出产瓷质茶具的窑口做过评价,并认为:

> 碗,越州上,鼎州次,婺州次。岳州上,寿州、洪鸥次。或以邢州处越州上,殊不为然。……越州瓷、岳瓷皆青,青则益茶,茶作白红之色;邢州瓷白,茶色红;寿州瓷黄,茶色紫;洪州瓷褐,茶色黑,悉皆不宜。

在陆羽那里，对茶具出处的考虑主要还是茶色与器色之间是否相宜，到了宋代，人们对茶具出处的讲究更加注意其品质。而清代周亮工在《闽小记·德化磁》中所说，也许更能说明问题，其文云：

闽德化磁茶瓯，式亦精好，类宣之填白。予初以泻茗，黯然无色，责童子不任茗事，更易他手，色如故。谢君语予曰："以注景德瓯，则嫩绿有加矣。"试之良然。乃知德化窑器不重于时者，不独嫌其胎重，粉色亦足贱也。相传景德窑，取土徽之祁门，而济以浮梁之水，始可成。乃知德化之陋劣，水土制之，不关人力也。

以瓷质茶具而论，宋代著名的瓷/窑有均、汝、官、景德镇、龙泉、哥等，而"名窑、名瓷"概念也从此在喜欢瓷器和讲究格调的文人士大夫中间流行开来。宋元以后，人们对茶具出处的讲究又多了一个想头，即"年代"，前代所留存的茶具精品也越发显得珍贵了。明·冯可宾在《岕茶笺·论茶具》中说："茶杯，汝、官、哥、定，如未可多得，则适意者为佳耳。"由此来看，在明代想要得到宋代的名瓷已非易事。

到了明代，紫砂茶具诞生的传奇经历，又使文人士大夫把目光注意到了茶具制作的"名师"身上。清·桐西漫士在《听雨闲谈·龚春壶》中说：

宜兴砂壶创于吴氏之仆，曰供春，久而得名，人称龚春。后有时大彬、陈用卿、王南林、陈若水，制作并精妙。锡注，以黄元吉为上，归悉德次之。夫砂罐，砂也；锡注，锡也，器方脱手，而价五六金，岂非怪事。一砂罐、一锡注，直跻于商彝周鼎之列，而毫无根据惭也，则是其品第也。

其《听雨闲谈·宜兴砂壶》又说：

宜兴砂壶，以时大彬制者为佳，其余如陈仲美、李仲芳、徐友良、沈君用、陈用卿、蒋志雯诸人,亦藉藉于人口者。近则以陈曼生司马所制为重矣,咸呼之曰"曼壶"。

二、鉴水

(一) 品性

在春秋战国时代,诸子百家对"水"的研究已经上升到了文化或哲学的高度,或静或动之水在这些哲人的心中被赋予了生命和道德的含义。

上善若水,水善利万物而不争。

——《老子》

水静则明烛须眉,平中准,大匠取法焉。

——《庄子》

孔子观于东流之水,子贡问于孔子曰:"君子之所以见大水必观焉者是何?"孔子曰:"夫水,大遍与诸生而无为也,似德;其流也埤下,裾拘必循其理,似义;其洸洸乎不淈尽,似道;若有决行之,其应佚若声响,其赴百仞之谷不惧,似勇;主量必平,似法;盈不求概,似正;淖约微达,似察;以出以入,以就鲜絜,似善化;其万折也必东,似志,是故君子见大水必观焉。"

——《荀子》

水之品性如此之了得,用之于茶必定也有一番讲究了。自陆羽而下,历代帝王将相、文人墨客对煎茶之水的议论不绝于"耳",有些人确实是心有所悟,而有些人则难免有附庸风雅之嫌。

(二) 名水

陆羽在《茶经·五之煮》中,曾对水之品第高下有过一番评论,他认为:

其水,用山水上,江水中,井水下。其山水,拣乳泉石池漫流者上;其瀑涌湍濑勿食之,久食令人有颈疾。又多别流于山谷者,澄浸不泄,自火天至霜郊以前,或潜龙蓄毒于其间。饮

第六章 茶文化

者可决之,以流其恶,使新泉涓涓然,酌之;其江水,取去人远者;井水,取汲多者。

陆茶圣之意十分明了,即烹茶之水以"山水上,江水中,井水下",他在《茶经》中并没有对后来人所津津乐道的"名水"——特定地点之水,做点评。后来有个叫张又新的人,写了一篇名为《煎茶水记》的文章,在这篇文章中,他先说"故刑部侍郎"刘伯刍曾"较水之与茶宜者凡七等",即有七个地方的水与茶最宜,并将这七水记录了下来,即:

扬子江南零水第一,无锡惠山寺石水第二,苏州虎丘寺石水第三,丹阳观音寺水第四,扬州大明寺水第五,吴松江水第六,淮水最下第七。

张又新在文章中说:

斯七水,余尝俱瓶于舟中,亲挹而比之,诚如其说也。

但张又新根据自己的经验,则认为桐庐江严子濑的水最好,他说:

……至严子濑,溪色至清,水味甚冷,家人皆用陈黑坏茶泼之,皆至芳香。又以煎佳茶,不可名其鲜馥也。又愈于扬子南零殊远。

也许是机缘巧合,张又新又幸运地在一游僧的行囊中随手拣出了一本名为《煮茶记》的文章,其中,不但记述了陆羽与茶中之人李季卿在扬子驿相逢,并以对水的精鉴而令"李与宾从数十人皆骇愕"的故事,还有陆羽对天下名水的点评。其文云:

李因问陆:"既如是,所历经处之水,优劣精可判矣?"陆曰:"楚水第一,晋水最下"李因命笔,口授而次第之:

庐山康王谷水帘水第一;无锡县惠山寺石泉水第二;蕲州兰溪石水第三;峡州扇子山下有石突然,泄水清泠,状如龟形,俗云虾蟆口水第四;苏州虎丘寺石泉水第五;庐山招贤寺下方桥潭水第六;扬子江南零水第七;洪州西山东瀑布泉第八;唐州柏岩县淮水源第九;庐州龙池山岭水第十;丹阳观音寺水第十一;扬州大明寺水第十二;汉江金州上游中零水第十三;归州玉虚洞下香溪水第十四;商州武关西洛水第十五;吴松江水第十六;天台山西南峰千丈瀑布水第十七;柳州圆泉水第十八;桐庐严陵滩水第十九;雪水第二十。

自张又新《煎水记》之后,关于"名水",特别是"天下第一"的论争历代不绝,并形成了所谓的"次第"品水派。唐代以后,关于"天下第一"的新论主要有:

青城山老人村杞泉水第一,钟山八功德水第二,洪崖丹潭水第三,竹根泉水第四。

——明·朱权《茶谱》

据已尝者言之,定以惠山寺石泉为第一。

——明·张谦德《茶经》

……黄河之水,泥沙在上,其下乃清流也。……以之烹茶,美过金山第一泉矣。

——清·刘献庭《广阳杂记》

然则无更轻于玉泉之水者乎?曰:有!为何泉?曰:非泉,乃雪水也。……雪水不可恒得,则凡出山下而有冽者,诚无过京师之玉泉。

……若至此,则定以玉泉为天下第一矣。

——清·乾隆《御制文初集》

风流乾隆以帝王之尊而参与"天下第一"水之辩,并且为了证明自己的公允和所说不妄,还特地制作了一个用以称量水重的银斗,也算是中国茶文化史的一段佳话。

(三)好水

人们对于水之"第一"或次第的关注,说到底还是对"好水"的仰慕和追求,只是有些人太专注于水之"名"了,例如,精于茶道的唐代宰相李德裕以无锡惠山寺石水为第一,为了能在长安喝到惠泉水,而不惜人力专设"铺递"驿传,比起"一骑红尘妃子笑,无人知是荔枝来",是有过之而无不及。

当然,并不是所有的人都只看重水之名分,"实事求是"者也大有人在。宋徽宗在《大观茶论·水》中说:

> 水以清轻甘洁为美,轻甘乃水之自然,独为难得。古人第水虽曰中泠、惠山为上,然人相去之远近,似不常得。但当取山泉之清洁者,其次则井水之常汲者为可用。若江河之水,则鱼鳖之腥,泥泞之污,虽轻甘无取。……

赵佶此论是比较正确的,故后来的追随者亦颇多,自宋以后的大多数茶中之人对水的品鉴,大多侧重于其自身的"美恶",而不太看重次第之分。那么,好水之标准又是什么呢?综合古人之说,大致有如下几点:

源——即陆羽所谓"山水上,江水中,井水下"是也,历代对山水之源的论述尤详。

清——即水的清洁、透明、无污、无杂之谓也。

流——即"活水"或流动之水是也。苏东坡有"活水还须活火烹,自临钓石汲深清。"之句。

轻——即水中杂质含量少之义。

甘——即水有宜人之气息,古人有"味美者曰甘泉,气芳者曰香泉,所在间有之。"之说。

寒——即寒冷之水,或出于深处,或是雨雪。古人说"寒冽也,冻也,覆冰之貌。泉不难于清,而难于寒。"

三、鉴茶

(一) 新陈之别

茶之新旧一般以采制年份为界,即当年产者为新,隔年产者为陈。对于讲究的人来说,其新茶则往往是指清明前后采制上市的茶叶——春茶。人们通常是以新茶为贵,以陈茶为次,但也不能一概而论。因为有些品种的茶叶,贮存一段时间,乃至隔年或隔数年后,反而味道更为醇正,例如,武夷岩茶、云南普洱茶等。即使是清明前后采制的名贵新茶,一般也认为在以合适的方法贮存1、2个月后,味道会更加醇清。

(二)真假之分

不法商贩以假充真并非现在才有之事,只是在茶叶市场上尚未成"燎原之势"。茶叶真假的鉴别一般有两种方法,即感官判断和理化分析。对于普通消费者来说,掌握基本的感官判断常识也算是有备无患。茶叶感官鉴别主要是用看、闻、摸、尝的方法来识别真茶所具有的特定色、香、味、形,其基本常识如下:

色——不同的茶种在色泽有自己明显的标记,如青绿茶之深绿、红茶之乌黑、青茶之乌绿、黑茶之深褐等,如色泽杂乱不一,或过于突出则有假茶之嫌。

香——茶有清香,凡带异味或腥气者均为可疑,如将茶叶放在火上稍作烤灼,其气味更易于辨别。

形——形的鉴别比较专业,其基本参照是:叶边缘的锯齿(一般为16~32对)、叶背叶脉(主脉明显,并有7~10对侧脉)、茸毛(除主脉上的茸毛外,大多数茸毛有基部短、弯曲度大的特点,其他植物的叶子要么没有茸毛,要有也是直立的)。

味——把茶叶冲泡出来品尝,以辨真伪,对喝茶经验比较丰富的人来说,这一方法最为简便。

但是,"道高一尺,魔高一丈。"时下有一些黑心商贩将真茶假茶或好茶次茶混杂在一起加工,或用色素作色,令行家也颇感棘手。

(三)春夏秋之异

在四季分明的茶叶产区,茶叶采摘有春茶(5月之前)、夏茶(6

月初~7月初)、秋茶(7月中旬之后)之分。以春茶为贵是自古已然的传统,对名贵绿茶尤其如此。

四、饮茶

中国饮茶之法讲究很多,首先要注意的是茶叶的用量、泡茶之水的温度、冲泡时间和冲泡次数之间的协调和得当,否则,难以体验茶中之妙;其次,要注意不同的茶种其冲泡和饮用方法亦有所不同,否则,再好的茶也品不出滋味。

(一)绿茶饮法

玻璃杯泡——适于细嫩名贵之品,可充分展示汤、叶的品质之美。

瓷杯泡——适于冲泡中高档茶叶,意在适口、品味。

壶泡——适于冲泡中低档茶叶,此类茶叶耐泡且味浓。意不再趣,而在饮。

饮茶吃渣法——细嫩茶之渣可食。

单开兑饮法——茶只泡一开,去渣后在茶汤中加入白糖、牛奶、柠檬等,调匀后饮用。适于袋泡茶,西方较为流行。

(二)红茶饮法

红茶之饮法因人、事、茶而异,据称有百种之多,其主要者如下:

按花色品种——工夫饮法:多用冲泡法,将茶叶放入白瓷杯中,冲入沸水,几分钟后,先闻香,后观色,再饮茶。一杯茶可冲泡二到三次。要缓斟慢饮,细细品味。快速饮法:茶入杯中,加入开水即可,袋泡茶、速溶茶、奶汁茶等宜用此法。

按调味——清饮法:不在茶汤中加入其他东西;调饮法:在茶汤中加入糖、牛奶、柠檬、咖啡、蜂蜜或香槟酒等。

按茶具——杯饮法;壶饮法。

按泡法——冲泡法；煮饮法。

(三)乌龙茶饮法

选茶——高中档之乌龙茶有：大红袍、铁观音、黄金桂、武夷水仙、潮安凤凰单枞等。

选具——最精致的是"四宝"，即玉书碨、潮汕炉、孟臣罐、若琛瓯。

烫茶具——泡茶前，要用沸水将壶、盘、杯等淋洗一遍，在泡茶时也要不断浇淋，以使茶具保持一定的温度。

铺茶——碎末放在壶底，上铺粗条，中小叶放在最上面。

洗茶——将开水沿边缓缓冲入壶中，当水刚漫过茶叶时，立即将水倒掉，以洗去茶中灰尘。

泡茶——洗茶以后，马上再加入开水，至九分满，盖上壶盖，并用开水浇淋壶身，二至三分钟后，茶即泡好。

斟茶——茶汤轮流倒入杯中，先倒一半，逐渐加至八成满。斟时应先斟边缘，后斟杯中，要将壶底的浓汁均匀地分入各杯。

品茶——先闻香，再尝味。闻香之时，杯于鼻前要由远至近，由近及远往复几次，方能体验其香。品尝之时要小口慢啜。

三不饮——空腹不饮、睡前不饮、冷茶不饮。

(四)花茶饮法

高档茶——高档茶一般用带盖的玻璃杯泡茶，水温以 90℃为宜，冲入水后，要立即盖上盖，以防香散逸。然后，手托茶杯迎着光线，看茶叶在水中翻腾变幻，看汤色由淡变浓，此谓"目品"；泡约三分钟，揭盖嗅香，此谓"鼻品"；待茶汤稍凉，小口慢喝，让茶汤在舌面上来回流动一、二次，然后下咽，此谓"口品"，非如是，不能领会高档花茶的神韵。民间有"一口为喝，三口为品"的说法。

第一开汤饮至剩 1/3 时，续入开水，饮二开；三开以后，茶味已寡。

中档茶——可用白瓷盖杯冲泡,冲入沸水后,泡约5分钟即可闻香饮茶,三开仍有茶味。

中低档茶或花茶末——可用白瓷茶壶冲泡,用沸水,泡5分钟即可饮用。

(五)紧压茶饮法

现在的紧压茶多为砖茶,少数民族饮用居多。

紧压茶应质地坚实,通常之泡法难以泡出茶味。故饮用时,要先将茶砖弄碎,再入锅或壶中烹煮;烹煮之时,还要不断地搅拌,如此方能煮出茶味。

紧压茶大多采用调饮方式,在烹煮之时,常加入奶、盐、酥油、以及研细的香料,以增茶味和香。

中国植物栽培辑要(5)

果树类的栽培植物(续前):

11. 枣。属枣属,鼠李科。我国约有10种,常见的是枣和棘两种。

枣是我国栽培最早的果树之一,《夏小正》《周礼》《诗经》均有记载。《诗经·豳风》"八月剥枣"。约3000年前,已被改良成优良品种。它的原始种是棘,就是到处都有的野生酸枣。

12. 栗。属栗属,壳斗科。原产我国的重要果树之一。

距今9000年前的河南裴李岗、7000年前的浙江河姆渡文化和西安半坡原始社会村落遗址均有栗果的遗存。古称栗为桝,《诗经·秦风》有"阪有漆,隰有栗","树之榛栗";《大戴礼·夏小正》"八月栗零而后取之";《战国策》"南有碣石雁门之饶,北有枣栗之利";《史记》"秦饥,应侯请发五苑枣栗"。

栽培栗有板栗(果实较大)和山栗(果实较小)之分。自然分布的栗树有锥栗(又名榛栗、尖栗、旋栗、珍珠栗)、茅栗。

此外有日本栗(原产日本)、欧洲栗(原产亚洲西部、欧洲南部和非洲北部)、美洲栗。

13. 榛。属榛属,榛木科。

《诗经》时代(3000年前)榛栗并提,野生分布很广,至今采集未断,可代粮的重要干果。《周礼·笾人》"馈食之笾,其实榛"。现以华北、东北出产最多,西南也不少。其变种很多,其硬壳更有很大的变化。

14. 柿。属柿属,柿树科。

广布于温带和热带,我国有 40 种,是我国特产。柿干可代粮,枣、栗、榛、柿都是很好的木本粮食。《尔雅》称其为"梬"、"遵"。汉代时,被引种的一种野生柿已经改良成优良栽培品种,时称"君迁子"。《本草纲目》说:"君迁子之名,始见于左思《吴都赋》,似马奶,即今之牛奶柿"。君迁子又名软枣、羊枣,又因柿果干后变黑,又叫黑枣。君迁子是现在一切栽培柿种接枝用的砧木。《说文解字》说羊枣非枣也,乃柿之小者,初生黄色,熟则黑,似羊矢,其树再案接则成柿矣。"

15. 核桃。属胡桃属,胡桃科。一名胡桃,又名羌桃。

河南裴李岗遗址,江西修水的新石器晚期遗址曾发现炭化的山核桃果核,古文献有核桃原产西北的记载。《名医别录》说:"此果出羌胡,汉时张骞使西域,始得种还,植之秦中,渐及东土,故名之。"栽培核桃起源于野生核桃。分布于北温带的约 15 种核桃中,我国约有六种,原产中国的已知有三种(野核桃、核桃楸、核桃)。与核桃同科不同属的有山核桃(浙江、安徽)、喙核桃(云南、贵州)。核桃的天然分布很广(亚洲东部、中部、西部,欧洲东部)古代中亚细亚的波斯(伊朗)也产核桃,故核桃又有波斯胡桃之称。

16. 香榧。属榧属,紫杉科,又名榧子、文木、彼子、披子等。

雄雄异株,世界有六个树种,中国有三种,浙江特产果树。我国栽培的历史至少在 1300 年以上,以诸暨栽培最为悠久。

17. 柑和金柑。柑属和金柑属的栽培植物属芸香科。橘、柑、橙、柚等是我国特产水果。

柑橘属和其近缘金橘属、枳属的各类植物分布在我国淮南(秦岭淮河以南),淮河以北是栽培柑橘的北限。《周礼·冬官·考工记》"橘踰淮而北为枳……此地气然也"。《晏子春秋》说:"橘生淮南则为橘,生于淮北则为枳,叶徒相似,果实味不同。"在我国栽培的历史可以上溯到四五千年以前的新石器时期。《尚书·禹贡》"扬州……厥包橘柚贡"。《吕氏春秋》"果之美者江浦之橘、云梦之柚"。

古时橘柚联称,就像今天柑橘联称一样。古时橘,即今天的朱橘。古时的柚,不单纯指大果柚,它的含义比较广泛。《诗经》"终南何有,有条有梅"。《说文》"柚,条也,似橙之酢"。《列子·问汤篇》"吴楚之国有木焉,其名为櫾(同柚),碧树而冬生,实丹而味酸,……齐州珍之,渡淮而北为枳焉"。由此可见先秦所谓柚应是橙一类,有人认为就是香橙,与橘相对而言,是指果之大者而言。也包括以后的大果柚。《尔雅》有"櫾""根"二字,据考证就是指大果柚。

公元前三世纪到公元后三世纪,见于文献记载的品种主要有橘(朱橘)、橙(挺橙、甜橙)、柑(黄柑)、枸橼、成都柚(大果柚)、卢橘(金橘、给客橙)。枳是柑橘类的原始植物。唐时《本草拾遗》记录了5种柑类和5种橘类。宋时《橘录》记录了27个柑橘品种(柑8、橘14、橙5)。

18. 荔枝。荔枝与龙眼属无患子科的同类植物,为我国南方原产常绿果木。

秦汉以前已有栽培,自《汉书》起,历代农书、医书均有记载。荔枝树的寿命很长,可达上千年。荔枝有果中之王的美称。

19. 龙眼。《本草经》及以后历代文献都有所记载,多为药用,自汉代起被看作珍贵补品。《梧浔杂记》"龙眼自尉陀献汉高帝,始有名"。《后汉书·和帝记》"旧南海献龙眼、荔枝,十里一置,五里一候,奔腾险阻,死者继路"。

龙眼似荔枝而果圆小、肉薄,所以有"荔枝奴"之称,凡有荔枝生长的地方也必有龙眼生长。是我国原产的一种特种果树,栽培型仅此一种。

20. 无花果。属榕属,桑科。

唐时称阿驵,又有明目果、优昙钵、蜜果。原产非洲北部埃及附近经欧洲南部至亚洲西部地中海沿岸一带。其栽培历史极古远,考古发现在埃及金字塔内有无花果的浮雕(前1500~4000年)。《酉阳杂俎》"阿驵出波斯,拂林人(唐时东罗马人)呼为底珍树"。约1300年前,已从波斯引入我国。

21. 石榴。属石榴属,石榴科,又称安石榴、丹若、天浆。

广泛分布于地中海至喜马拉雅山一带,原产地包括俄罗斯、伊朗、阿富汗和土耳其。公元前后被传到西方地中海国家,向东传到印度和中国,以后又传到朝鲜、日本。《博物志》(232~300年)记载,张骞自西域都林带回安石榴种,种植在南阳原中,被视为名果之一。

以味分有甜、酸、苦;以花色分有红、黄、白;花期、花形差异很大。

22. 椰子。属椰子属,棕榈科。极有经济价值的果树,水液可饮,汁液可制作饮料、棕榈糖、烧酒(亚力酒),果肉可生食或榨油(椰油可用于制肥皂、人造乳酪),木材纤维可供建筑与编织,叶可盖房。

原产东南亚热带地区沿海,热带海岸几乎都有椰子生长。有人认为椰子的故乡是马来半岛,以后分散到世界各地。我国大概是在汉以前由越南传入,《交州记》《南方草木状》《南越笔记》等均有记载。"椰生琼州","味似胡桃而肉极肥美,有浆,饮之得醉",东坡有"美酒生林不待仪"(仪狄传为古代造酒之人,美酒为自然生成的椰浆酒)。

23. 菠萝。属凤梨属,凤梨科,又名凤梨、露兜子。

原产南美洲的巴西和秘鲁,以后传到美洲中部、南部及西印度群岛。1508年传到印度和马来半岛。17世纪传到我国南部栽培。

24. 香蕉。属芭蕉属,芭蕉科。此属植物约50种,分布在亚洲东南部,我国约有七种。我国应是原产地之一。常见的品种有:粉蕉(芎蕉、芭蕉、天宝蕉),原产我国。比甘蕉矮,高不过2米,又叫矮蕉。以广东、台湾栽培最多。栽培历史约2000年;甘蕉(高脚蕉、香牙蕉),原产我国、印度、马来半岛;芭蕉,只作绿化与遮阴的观赏植物。

25. 橄榄。属橄榄属,橄榄科,又叫青果。我国南方原产乔木。本属植物约百种,分布于热带和非洲,我国有橄榄和乌榄两个品种。

《南方草木状》《齐民要术》《开宝本草》等书均有记载,其栽培的历史约2000年。

26. 杧果。属杧果属,漆树科。热带著名水果。原产亚洲南部的印度和马来半岛。18世纪杧果输入美洲的巴西。我国在七世纪曾由唐玄奘从印度带回种子,但在台湾栽培的树种为17世纪从爪哇引入。据调查,我国广西、云南有野生杧果分布,故现有的杧果可能是我国原生杧果的栽培型。

茶宴考源

关剑平

"茶宴"或"茶讌"的名称最早出现在盛唐时代钱起的《与赵莒茶讌》诗里:

竹下忘言对紫茶,全胜羽客醉流霞。

尘心洗尽兴难尽,一树蝉声片影斜。

……如果要在现代寻找这样枯、寂的茶事的话,恐怕只有在日本的茶会中可以比较简单地觅到其踪迹。

钱起比陆羽长23岁,因此茶宴一词很可能在陆羽之前已经使用。在陆羽之后饮茶习俗更加盛行,茶宴也更加频繁地被举行。因此茶宴一词从盛唐开始比较经常地出现在文献中。吕温有《三月三日茶宴序》:

三月三日,上巳禊饮之日也。诸子议以茶酌而代焉,乃拨花砌,爱庭阴,清风逐人日色兴。卧措青蔼,坐攀香枝。闲花近席而未飞,红蕊拂衣而不散。乃命酌沫,浮素杯,殷凝琥珀之色,不令人醉,微觉清思,虽五云仙浆,无复加也。座右才子南阳邹子、高阳许侯,与二三子顷为尘外之赏,而曷不言诗矣。

……文章着重描写了设置茶宴的场所的环境,引用茶汤的色香味,随着茶宴的进行而产生的身心感觉的变化等方面,对于茶以外的饮食却只字未提。

茶宴被使用在各种场合中,在不能饮酒的时候茶宴更加当仁不让。其中佛教僧侣或信徒是最容易联想到的,实际上他们也比较频繁地举行茶宴。在茶宴的史料中,与佛教有关的占相当的比例就是这一特征的反映。

当然,茶宴与宗教的关系并不局限于佛教,清代朱彝尊在《金石文字跋录》中,收录了一条在祭祀泰山之后设茶宴的石刻资料:

贞元十四年(798年)正月十一日立春,祭岳,遂登太平顶,宿。其年十二月立春,再来致祭,茶宴于此。盖唐时祭毕犹不用酒,故宴以茶也。因为祭祀泰山有饮酒的禁忌,所以在泰山的祭祀活动结束之后,任要等人摆开茶宴。

(资料来源:关剑平著,《茶与中国文化》,人民出版社,2001年)

复习思考题

1. 简述茶的功效。
2. 简述陆羽对茶文化的贡献。
3. 谈谈你对"文人之茶"的看法。
4. 简述"鉴茶"之法。
5. 简述乌龙茶之饮法。

第七章

酒文化

第一节 起　　源

一、传说

古人酿酒的缘由,一般认为始于自然的启发。晋代江统在《酒诰》中说:

> 酒之所兴,肇自上皇,或云仪狄,又云杜康。有饭不尽,委馀空桑,郁积成味,久蓄气芳,本出于此,不由奇方。

专家们认为,江统的说法与科学之道理和酒产生的实际情况十分吻合。最早人工酿造的酒是果酒和乳酒,因为水果和乳类在自然微生物的作用下很容易发酵成酒。酒之酿造,在方法上有发酵和蒸馏之分,而蒸馏酒又产生于发酵酒之后。

(一) 黄帝

黄帝,传说中中原地区各族的共同祖先,姓姬,号轩辕氏、有熊氏,少典之子。相传炎帝骚扰其他部落时,是黄帝带领各部落在阪泉(今河北涿鹿东南)打败了炎帝,后又率众人击杀了蚩尤,故被推为部落联盟首领。据说,养蚕、舟车、文字、音律、医药、算数等技术和学问都是在黄帝时期发明的。至于酒的发明,在传说中似乎与黄帝的关系不大,但在托名黄帝所著的《黄帝内经·素问》所记载

的黄帝与歧伯、雷公等人的谈话中,却有关于酒的话题,这至少说明"酒"在传说中的黄帝时期已是人们的常饮之物。例如:

……歧伯对曰:"上古之人其知道者,法于阴阳,和于术数,食饮有节,起居有常,不妄劳作,故能形与神俱,而尽终其天年,度百岁乃去。今时之人不然也,以酒为浆,以妄为常,醉以入房,以欲竭其精,以耗散其真,不知持满,不时御神,务快其心,逆于生乐,起居无节,故半百而衰也。"

——《黄帝内经·素问·上古天真论篇第一》

(二)仪狄

传说中夏禹时代的酿酒之人,《战国策·魏策二》中是这样记载的:

昔者,帝女令仪狄作酒而美,进之禹。禹饮而甘之,遂疏仪狄,绝旨酒;曰:"后世必有以酒亡其国者。"

仪狄造酒说始源于《世本》(秦汉间人辑录古代帝王公卿谱系的书),书中说:"仪狄始作酒醪,变五味;少康作秫酒。"东汉人许慎在《说文解字》"酒"中,则延续了《战国策·魏策二》的说法,记下了"古者仪狄作酒醪,禹尝之而美,遂疏仪狄"之说。蜀汉学者谯周在《古史考》也说"古有醴酪,禹时仪狄作酒",并将仪狄奉为酒的发明人。

(三)杜康

传说中的另一位酿酒术发明人,又叫少康。许慎在《说文解子》中说:

古者少康初作箕帚、秫酒。少康,杜康也。

后人常以杜康为酒的代名词,曹操在《短歌行》中曾说:"何以解忧,唯有杜康。"

关于杜康的传说和文献记载要比仪狄丰富一些,但也要复杂一些。例如,在杜康所处时代的问题上,有人认为是黄帝时代,也有人认为是夏禹时代,或周代,乃至汉代的,以致宋朝人高承在《事物纪原》中说:"不知杜康何世人,而古今多言其始造酒也。"此外,如果许慎在《说文解字》中所说"少康,杜康也。"属实,那么,杜康的身份就不是普通的造酒人,而是夏禹的儿子启建立的夏朝的第五世君主了。

与仪狄仅作为传说中人物不同,在清乾隆十九年重修的《白水县志》、清道光十八年重修的《伊阳县志》和道光二十年修的《汝州全志》中,都有关于杜康遗址,乃至杜康造酒传说的记载。一些地方至今仍有与杜康相关的地理名称,如汝阳县的杜康村、酒泉沟、空桑洞、杜康河,白水县康家卫村的杜康沟、杜康河、杜康泉,等等。此外,晋代人江统在《酒诰》所说的酒产生的途径,也与传说杜康造酒的经历极其相似。据此看来,历史上很可能确有杜康其人。

(四) 猿猴

江苏淮阴洪泽湖畔下草湾曾经发现过"醉猿"化石,以此推断"猿猴造酒"似乎有些荒诞不经,但是专家们认为有一定的科学道理。猿猴不仅嗜酒,而且还会"造酒"。清·徐柯撰《清稗类钞·粤西偶记》中记载:"粤西平乐等府,山中多猿,善采百花酿酒。樵子入山,得其巢穴者,其酒多至数石。饮之,香美异常,名曰猿酒。"在其他一些书籍中也有类似的记载。实际上,猿猴居深山老林中,完全有可能遇到成熟后坠落发酵而带有酒味的果子,这些成熟坠落的果子也可能掉在了树洞里而"郁积成味,久蓄气芳"了。在人类的早期社会,我们的祖先也有可能是受猿猴喜喝"猿酒"的启发而开始对酒感兴趣的。

(五) 窦苹的观点

窦苹,字子野,宋代山东汶上县人,一说其名为"革"。在窦苹所撰之《酒谱·酒之源一》中,对酒的起源有如下的阐述:

世言酒之所自者,其说有三:其一曰:仪狄始作酒,与禹同时。又曰:尧酒千钟,则酒作于尧,非禹之世也;二曰:神农本草,著酒之性味,《黄帝内经》亦酒之致病,则非始于仪狄也;三曰:天有酒星,酒之作也,其与天地并矣。予以谓是三者,皆不足以考据,而多其赘说也。夫仪狄之名,不见于经,而独出于《世本》,《世本》非信书也。……或者康以善酿得名于世乎?是未可知也。谓酒始于康,果非也。……然则酒果谁始乎?予谓智者作之,天下后世循之而莫能废。故圣人不绝人之所同好,用于郊庙享燕,以为礼之常,亦安知其始于谁乎。

如此看来,窦苹之言是比较客观的。实际上,最初的酒绝不是有意制造,而只能是无意中发现的,酿酒方法的创造发明,也不可能由某一个人完成。

二、考古发现

(一)印证传说的证据

从上述关于酒起源的传说看,酒在距今4000多年前的夏朝或更早的时候就已经出现了,而考古发现也证明了传说之事并非空穴来风,在诸多新石器时期的文化遗址中,均发现了距今5000年前的与酒相关的出土文物,举其要者如:

距今约7000(7700)~8000年的裴李岗文化中发现的类似酒具的陶器和可用来酿酒的粟等;

距今约7235~7335年的磁山文化中发现的堆积的谷物和贮存液体的小口壶、酒杯状的陶器等;

距今约6000~7000年的河姆渡文化中发现的"斝"——古代饮酒具;

距今约5000年的大汶口文化中发现的酒器——酿器、贮器、饮具等。

仅从以上这些事实，我们就可以发现古人关于酒起源年代的传说是基本正确的，而从人们发现自然生成的"酒"，到有意识地造酒，再到造酒技术的形成，绝不是一朝一夕的事情。

(二) 新的发现

2004年12月间，一则关于考古的报道使酒在中国的起源被追溯至9000年前。报道称：

> 最新的考古发现表明，生活在公元前7000多年新石器时代的中国人老祖先，已经开始发酵酿酒了。关于这项研究成果的报告发表在本周出版的美国《国家科学院学报》上。
> ——NEW.SOHU.COM2004年12月8日东方网—新闻晚报

中美联合考古小组在对从河南省舞阳县新石器时代早期遗址——贾湖遗址发掘出的陶器中的残渣进行分析后，得出了如下的结论：

> 从残渣中包含的化学成分来看，这应该是现代大米、米酒、葡萄酒、葡萄鞣酸以及草药的混合物，另外还有山楂成分。研究小组认为："这些(分析)数据最直截了当地的解释是：贾湖遗址的器皿中装有一种经处理过的饮品，由大米、蜂蜜、水果酿成。"
> ——NEW.SOHU.COM2004年12月8日东方网—新闻晚报

这一结论将中国酿酒的历史推至了9000年前，并重新确立了中国在世界酿酒发明史上的地位。在此前的研究中，人类早期酿造酒文物的发现主要集中在古代的中东地区。本次联合考古小组的领导人，美国宾夕法尼亚大学考古学和人类学博物馆教授帕特里克·麦戈文先生，曾于1990年在伊朗西部地区发现了当时已知的最早的酒的化学证据，时间在公元前3500年。波士顿大学考古学系教授朱莉·汉森在得知这一消息后说：

> 对来自中国的发酵饮料是个令人激动的消息。这是我所

知道的科学家从该地区获得的首批证据。我认为人们可能将采摘的水果放进容器中储存,有可能是他们故意让水果发酵,也可能是偶尔为之,结果制成了这种饮料。

——NEW.SOHU.COM2004年12月8日东方网—新闻晚报

这段话似乎也印证了晋人江统之说——"有饭不尽,委馀空桑,郁积成味,久蓄气芳,本出于此,不由奇方。"

三、专家观点

酒史研究专家们对酒起源的基本看法有两点:

首先,酒是自然界的一种天然产物,人类是发现了酒,而不是发明了酒。因为,酒的主要成分是酒精,而自然界中的不少物质可以在自然环境中,通过不同方式转变为酒精。

其次,最早的酒品应该是果酒和乳酒。因为,水果和动物的乳汁在一定的温度、湿度环境中,会在自然界微生物的作用下发酵成酒。宋·周密在《癸辛杂识》中所记载的"梨酒"之事,可以佐证,其文云:

> 仲宾云:"向其家有梨园,其树之大者,每株收梨二车。忽一岁盛生,触处皆然,数倍常年,以此不可售,甚至用以饲猪,其贱可知。有谓:'山梨者,味极佳。'意颇惜之。漫用大瓮,储数百枚,以缶盖而泥其口,意欲久藏,旋取食之,久则忘之。及半岁后,因至园中,忽闻酒气熏人。疑守舍者酿熟,因索之,则无有也。因启观所藏梨,则化之为水,清冷可爱,湛然甘美,真佳酿也。饮之辄醉。"回回国葡萄酒,止用葡萄酿之,初不杂以他物。始知梨可酿,前所未闻也。

由此大致可以推断,早期人类受自然发酵而成的"果酒""乳酒"的启发,而开始进行人工酿造"果酒"和"乳酒"。

第二节　古代酒政

一、概述

当酒成为了人们的日常消费品之后,它就成为了一种重要的交换商品。酒的生成不仅与特定年份的粮食产量密切相关,也逐渐成为朝廷重要的税收来源,并具有了与铁、盐等相近的地位。因此,历代朝廷都对酒的生产与销售给予了高度的重视,并制定了种种政策、制度以对"酒"加以控制。国家政权为酒的生产、流通、销售和使用而制定的各种政策和制度一般被称之为"酒政"。朝廷采取何种酒政与其所处的时代和政治、经济状况有关,历代均有不同程度的变化,但其主要的手段有三个,即:禁酒、榷酒和税酒。

二、禁酒

(一)禁酒之法

禁酒,即禁止酿酒、卖酒和饮酒。禁酒的目的通常是为了节省粮食,以备荒年或战事;有些时候,则是为了所谓的避免"酒祸",但大多是官样文章,你说你的,我喝我的。从历史上发生过的禁酒看,"禁"的方式是有所差别的,大致可分为:

全面禁酒——官私皆禁,无一例外;

局部禁酒——在部分地区禁酒,通常是粮食歉收地区;

禁曲——禁止生产酿酒用的酒曲;

禁私——禁止私人酿酒、卖酒;

寓禁于征——对酒课以重税,以达到限制酒产量的目的。

(二)《尚书·酒诰》

古代关于禁酒的最早文献资料是《尚书·酒诰》。根据古文献的记载,夏禹虽然"恶旨酒而好善言",但其后代并没有遵照他的旨意行事,夏桀是历史上有名的好酒之徒,其"罢民力,殚民财,为酒池糟隄,纵靡靡之乐,一鼓而牛饮者三千。"(《通鉴》前编)的酗酒行为,最终成为被商汤放逐的理由之一。但是商朝后来的统治者也没有接受夏桀的教训,到了商纣王时更是有过之而无不及。商纣王曾七天七夜饮酒作乐不息,更作"酒池肉林"与裸男裸女游戏其间,荒唐如此而不被惩罚实为"天理"难容。周灭商之后,有鉴于桀、纣因酒误国的教训,一开始便竭力推行限制酒消费的政策,《尚书·酒诰》就是在这种背景下出现的。

《尚书·酒诰》是周公代表成王,告诫康叔在卫国应戒酒的训导。周公首先指明酒是用于祭祀的,戒酒是文王的教导和上天的旨意;然后总结了殷商亡国的教训,指出酗酒之害;最后则是将实行的严厉的戒酒令。周公所提出的禁酒之令是:

"厥或告曰:'群饮。'汝勿佚。尽执拘以归周,予其杀。又惟殷之迪诸臣惟工,乃湎于酒,勿庸杀之,姑惟教之。有斯明享,乃不用我教辞,惟我一人弗恤弗蠲,乃事时同于杀。"

("假如有人报告说:'有人聚众饮酒。'你不要放过他们。要全部抓起来押送到都城来,我将杀掉这些人。假如殷之旧臣百官,竟也沉溺于酒,不用杀他们,暂且教育他们。有了明白的劝戒,还是不遵守我的训导,我将不会可怜和救免他们,就用杀头来处置他们。")

如此之法,不可谓不严。但是,在"酒以成礼"的古代社会,酒实际上是禁不绝的。周成王时颁布的《酒诰》,到了他的孙子昭王时就已废弛了。

(三)历代酒禁

在"礼崩乐坏"的春秋战国时期,除秦国在商鞅变法时实行"禁御"——重税政策,以限制酿酒之外,其他统治者已不再禁酒,天下酒事亦为之一兴,酿酒人已可以在街市上悬帜卖酒——"酤酒"了。《韩非子·外储说》中所讲的"狗恶酒酸"的故事可以为证,其文云:

> 宋人有酤酒者,升概甚平,遇客甚谨,为酒甚美,县帜甚高,然而不售,酒酸。怪其故,问其所知,问长者杨倩。倩曰:"汝狗猛耶。"曰:"狗猛则酒何故而不售?"曰:"人畏焉。或令孺子怀钱挈壶瓮而往酤,而狗迓而龁之,此酒所以酸而不售也。"

秦以严刑峻法而著称,在其统一中国后,推行严厉的禁酒之政,规定由各地管理农业事务的和各乡的小官吏监督执行,违者治罪,但实际的执行却是另外一回事情。因为汉高祖刘邦在落魄时,曾经向卖酒老板娘赊过酒账,如果酒禁严格的话,刘邦就不会留下这段"佳话"了。

> 高祖为泗水亭长,好酒及色,常从王媪、武负贳酒醉卧。武负、王媪见其上常有龙,怪之。高祖每酤留饮酒,雠数倍,及见怪,岁竟,此两家常折券弃责。
>
> ——《史记·汉高祖纪》

汉代初年,萧何制律令规定:三人以上无故群饮,罚金四两。只有在皇帝"赐民酺"的日子里百姓才可以聚会饮食几天(酺,布也,王德布于天下,合聚饮食为酺)。根据此条律令,家居之饮、市酤、对酌似乎不在被禁之列。不过,这种禁令大概只能对付一下老百姓的聚众饮酒,至于对皇亲国戚、文人士大夫之流的约束力恐怕就微乎其微了。汉武帝即位后的40多年间,禁群饮的政策没有变化,并曾数次"大酺天下",私人亦可自由地酿酒、酤酒,否则,《羽林郎》中所描述的"胡姬"就没有饭吃了,更不要说佩戴价值"千万余"的首饰了。到了天汉三年(公元前98年),汉代的酒政发生了变化——"初榷酤酒"。东汉时,禁酒已是偶尔为之了,并主要是为了解决饥荒导致的粮食供应紧张。在曹操"挟天子以令诸侯"的东汉建安初年,曹操因禁酒而于孔融展开了一场争辩。孔融认为禁酒是因噎废食,而曹操则"以亡王为戒"要严厉禁酒。史载,孔融

"频书争之,多侮谩之辞",结果是孔融赢得了声誉,禁酒令依然推行。我们来看一下孔融是如何与曹操抗辩的。

……夫酒之为德久矣!古先哲王,类帝禋宗,和神定人,以齐万国,非酒莫以也。故天垂酒皇之耀,地列酒泉之郡,人著旨酒之德。尧不千钟,无以建太平;孔非百觚,无以堪上圣;樊哙解厄鸿门,非豕肩、钟酒无以奋其怒;赵之厮养、东迎其王,非卮酒无以激其气;高祖非醉斩白蛇,无以畅其灵;景帝非醉幸唐姬,无以开中兴;袁盎非醇醪之力,无以脱其命;定国不酣饮一斛,无以决其法。故郦生以"高阳酒徒",著功于汉,屈原不铺欢歠醨,取困于楚。由是观之,酒何负于政哉!

(又说)昨承训答:陈二代之祸,及众人之败,以酒亡者,实如来诲。虽然,徐偃王行仁义而亡,今令不绝仁义;燕哙以让失社稷,今令不禁退让;鲁因儒而损,今令不弃文学;夏、商亦以妇人失天下,今令不绝婚姻。而将酒独急者,疑但惜谷耳,非以亡王为戒也。

孔融之辩,不无强词夺理之嫌,但"疑但惜谷耳"之辞是大实话一句。

三国时期,魏和蜀汉均实行过禁酒,但主要目的是防止滥饮或酗酒。魏晋南北朝期间,朝廷或榷或税,禁酒只是偶尔为之。此后的隋、唐、宋、元、明、清各朝,榷、税是酒政的主要形式,酒禁虽仍有之,但往往是不了了之。酒是禁不住了,但是赞成禁酒,或对《尚书·酒诰》之禁难以忘怀的还是大有人在,如明清之时的邱浚、顾炎武。

三、榷酒

(一)榷酒之法

榷酒,即实行酒类国家专卖,此法最初出现在汉天汉三年(公元前98年)。《汉书·武帝本纪》对此事件有明确记载——"初榷

酒酤"。在《汉书》的注释中,对"榷酒"有如下的解释:

  应劭曰:"县官自酤榷卖酒,小民不复得酤也。"

  韦昭曰:"以木渡水曰榷。谓禁民酤酒,独官开置,如道路设木为榷,独取利也。"

  师古曰:"榷者,步渡桥。《尔雅》谓之石杠,今之略彴是也。禁闭其事,总利入官,而下无由以得,有若渡水之榷,因立名焉。"

在榷酒的具体操作中,又可分为:

垄断——酒事全部由官府负责;

半垄断——官府控制酿酒过程中的某个环节,如制曲;

特许——只有获得官府许可的人才可以从事酒的酿造和运销。当然,获得许可是要交纳一定费用的。

(二) 榷酒的意义

榷酒之法的建立是中国酒政史上的重要事件,其积极的意义主要有以下三个方面:

首先,实行专卖可以提高酒的销售价格,扩大了朝廷的财政收入的来源,且间接减轻了不饮酒之人的经济负担。对于饮酒之人来说,则是"周瑜打黄盖,一个要打,一个愿挨",因为酒不是生活必需品。

其次,酿酒是获利丰厚的行业,而市场亦多为豪商巨富所控制或垄断,实行专卖之后,有利于抑制豪商巨富势力的膨胀,加强中央政府对经济的控制能力,维护中央集权。

再者,实行榷酒之后,朝廷可以根据粮食的收成或其他情况,对酿酒进行宏观上的总量控制,从而有利于社会和政权的稳定。

当然,榷酒之法并非有百利而无一弊,在汉代有名的盐铁会议上即遭到反对派的猛烈攻击,其攻击点之一是"与民争利"。后来的批评者也有不少,明代的邱浚在《大学衍义补》中说:

  酒者以谷为之,县官既已取谷以为租税矣,及其造谷以为酒而又税之,则是一物而再税也,可乎?况古有酒禁,恐民沈酗以丧德,靡费以乏食耳,本无所利之也。汉武帝始为榷酤之法。谓之榷者,禁民酝酿,官自开置,独专其利,如渡水之榷焉。是则古之禁酒,惟恐民之饮,后世之禁酒,惟恐民之不饮也。呜呼!武帝其作俑者欤!

(纵民饮酒)所得几何,乃使天下国家受无穷之祸,遂至蚩蚩之民,嗜其味之甘,忘其身之大,性以之乱,德以之败,父子以是而不相慈孝,兄弟以是而不相友爱,夫妇以是而反目,朋友以是而相结怨,甚之家以之破,国以之亡。国家有所兴作,率因是以偾败者不可胜数。

邱氏之说并非没有道理,但言之过激也是显而易见的,因为,其所言酒之为害种种并非汉武榷酒之后才出现的,关键在于邱氏是一个坚定的禁酒主义者。

(三)宋代之榷酤

宋代酒的生产和消费都有很大的发展,首先是农业发展带来的粮食总量的增加;其次,是社会经济的发展带来的生活水平的相对提高,使得城市和乡村的酒风日滋;再次,宋代的冗官冗费,使得国库日窘,酒税日被看重。前人评价"史策所载历代榷酤,未有如宋之甚者。"(赵翼《陔余丛考·宋元榷酤之重》)宋代因朝廷要从酒取利,实际上推行的是"劝饮"政策,酒酿得越多,卖得越多,朝廷的收入也就越多。其专卖的方法有榷曲、榷酤和包税等,地区不同方法上往往有所差异。

榷酤——有特设的酒场、酒工酿酒,以供市场之需。一些地方官府还自设酒楼卖酒。《宋史·食货下·七》云:

> 自春至秋,酝成即鬻,谓之"小酒",其价自五钱至三十钱,有二十六等;腊酿蒸鬻,候夏而出,谓之"大酒",自八钱至四十八钱,有二十三等。凡酝用秫、糯、粟、黍、麦等及曲法、酒式,

皆从水土所宜。诸州官酿所费谷麦,准常籴以给,不得用仓储。酒匠、役人当受粮者给钱。

实行榷酤的地方也不是官府包揽全部酒的买卖,往往由"官库"批发给零售商,再由零售商向市场销售。

榷曲——主要行于北宋时的四京(京师周围),画地为界各管一方,"官卖酒、曲亦画疆界,戒相侵越,犯皆有法。"(《宋史·食货下·七》)宋代的榷曲之法较前代要宽松一些。《宋史·食货下·七》载:

> 五代汉初,犯私曲者并弃市;周,至五斤者死。建隆二年,以周法太峻,犯私曲至十五斤、以私酒入城至三斗者始处极刑,余论罪有差;私市酒、曲者减造人罪之半。……乾德四年,诏比建隆之禁第减之;凡至城郭五十斤以上、乡间百斤以上、私酒入禁地二石三石以上、至有官署处四石五石以上者,乃死。法益轻而犯者鲜矣。

包税——即由包税人承包一地的酒坊和酤酒,他人不得私酿、私卖,否则以法论处。承包期一般三年。因酒利甚丰,为得到承办权的竞争是很激烈的,有时政府为平息矛盾,采取"实封投状"之法,即如今日之投标。但流弊甚多,《文献通考·卷十七·征榷考·四·榷酤》云:

> 先是募民掌茶盐榷酤。民多增常数求掌以规利。岁或荒俭,商旅不行,致亏常课。多藉没家财以偿。

另一方面,承包者常常采用明里暗里的提价和摊派(强卖)来获取利益。这种情形下的酒已不仅仅是一般的日常消费品,成了朝廷和承包者敛财的特殊商品,酒与人们日常生活的关系显得有些怪异。

北宋末年,朝廷为刮酒利又行"比较"之法,此法始于杭州,很快扩展到淮南路和两浙路。《宋史·食货下·七·酒》载:

政和二年（1112年），淮南发运副使董正封言："杭州都酒务甲于诸路，治平前岁课三十万缗，今不过二十万。请令分务为三，更置比较务二，毋增官吏兵匠，仍请本路诸郡并增务比较。"从之。四年，两浙转运司亦请置务比较，定课额酿酒收息，以增亏为赏罚。诏："酒务官二员者分两务，三员者复增其一，员虽多毋得过四务。内有官虽多而课息不广者，听如旧。"

此法一行，酒务官为求奖赏唯酒利是图，提价、抑配、薄酒贵卖无所不用其极，扰民、害民甚烈。

宋代虽行榷酤之法，但私酿是无法彻底禁绝的，一些有身份、地位的人家仍自酿美酒，以供酣饮之需。苏东坡有《新酿桂酒》记其在山乡酿酒之趣，诗云：

捣香筛辣入瓶盆，盎盎春溪带雨浑。
收拾小山藏社瓮，招呼明月到芳樽。
酒材已遣门生致，菜把仍叨地主恩。
烂煮葵羹斟桂醑，风流可惜在蛮村。

宋代有专供官吏饮用的"公使酒"——官府以公款自酿自饮，《宋史·食货下·七·酒》载：

（熙宁七年）诸郡旧不酿酒者许酿，以公使钱率百缗为十石，溢额者以违制论。外居宗室酒，止许于旧宫院尊长及近属寄醖。

诏"熙宁五年以前，诸郡不酿酒、及有公使钱而无酒者，所酿并依熙宁编敕数。仍令诸郡所减勿逾百石，旧不及数者如旧，毋得于例外供馈。"

宣和二年，公使库假用米曲及因耗官课者，以坐赃罪之，监官移替。

从中我们可以看出，朝廷对"公使酒"的控制甚严，表面上似乎是对官吏的管束和关心百姓的疾苦，但更重要的是朝廷害怕控制不当,"公使酒"会流入市场,进而影响政府的酒利收入。

两宋相比,南宋的酒课比北宋更为厉害,绍兴末年东南及四川酒课达1400余万贯,仅次于盐课的2100余万贯,约占朝廷收入的1/4,而此时的南宋朝廷只有半壁江山。由此亦可见当时酒的消费量是相当可观的。东南一带城市中实行的是官酿、官卖,"泊户"向官府纳钱取得资格后,可到酒库买酒去卖,农村仍行包税(扑买酒坊)有时亦让诸军参与。后人曾以一个"乱"字形容南宋初年的酒政,其乱概出于官。政出多门,插手者众,哪能不乱。《宋史·食货下·七·酒》载:

渡江后,屈于养兵,随时增课,名目杂出,或主于提刑,或领于漕司,或分隶于经、总制司,惟恐军资有所未裕。

这种情况是前所未有的,也给朝廷的经济带来了困难。朝廷意识到问题的严重,不断采取措施,又将酒利渐渐收归中央政府所有。《宋史·食货下·七·酒》载:

……户部侍郎邵大受等言:"岁计赖经、总制,窠名至多,今诸路岁亏二百万,皆缘诸州公使库广造,别置店酤卖,以致酒务例皆败坏。"诏罢诸州别置酒库,如军粮库、防月库、月椿库之类,并省务寄造酒及帅司激赏酒库,凡未分隶经、总制钱处,并立额分隶,补趁亏额。(绍兴)三十一年,殿帅赵密以诸军酒坊六十六归之户部,……盖自军兴以来,诸帅擅榷酤之利,由是,县官始得资之以佐经费焉。

宋人周辉在其所著《清波杂志》中对宋代的榷酒之政作了如下评述:

榷酤创始于汉,至今赖以佐国用,群饮者唯恐其饮不多而课不美也。为民之蠹,戾于古!今祭礼宴飨馈遗,非酒不行。田亩种秫,三之一供酿材曲蘖,犹不充用。州县刑狱与夫淫乱杀伤,皆因酒而致。甚至设法集妓女以诱其来,尤为害教……

其对榷酒之弊的分析,以及肯定榷酒对国家财政的帮助是符合当时的实际情况的。

四、税酒

(一) 税酒之法

酒的酿造、经销者只要向官府交纳专项税收就可从事酒的酿造与运销,税酒之法始于汉武帝之后的汉昭帝。《汉书·昭帝纪》记载:

昭帝始元六年(前81年)二月议罢盐铁榷酤,秋七月,罢榷酤官,卖酒升四钱。

自此以后,禁酒之策虽然时而可见,如元代的屡禁屡弛,明代初年的禁酒,清康乾之时的禁酒等,但历代酒政大多是在或榷或税之间摇摆,因为"酒"实在是难以禁绝了,更何况酒利已成为朝廷税赋的重要来源。

(二) 税与榷

税酒与榷酒是管理酒业的两种行政措施,其间的不同主要在于四个方面:

第一,榷酒制度下,利益的全部或大部归官府所有;税酒制度下,利益大多归私人(酿酒者、运销者),故私人赞成税酒而反对榷酒。

第二,榷酒有时也采取征税的办法,但税额重,纳税的酒户也是得到特许的;税酒时,只要交税,谁都可以经营。

第三,榷酒时,官府要对酒的生产、销售进行严格监管;税酒时,酒户是自主经营,官府一般不加干涉。

第四,榷酒时,为保障官府和经营者的利益,会制定相应的法律严禁私酿、私贩;税酒时,只要纳税就可以自由运销,一般无严厉的禁私之法。

概而言之:榷酒的实质是:高税高价、特许经营、监督产销和禁私缉私;税额较轻、经营自由、开业无须特许、官府无缉私稽查章程,则是税酒。

此外,税酒一般总是与禁酒相对立的,即有税无禁,有禁无税。

(三) 明清税酒

1. 明代税酒。明代除初年有禁酒之令,以及末年有加税之举外,大部分时间采取的是税酒之制,这在历代封建王朝中是比较罕见的。后人总结其原因归之于四点:

第一,有鉴于元代虐政之害,采取了轻赋养民的政策;

第二,税赋收入较丰,无须借酒生财;

第三,财政支出的压力较小;

第四,商品经济有所发展,重商思想有所抬头。

2. 清代税酒。清代的酒政比较复杂,有税有禁,而后来实行的重税之法和特许制则已与榷酒相仿。就"税"而言,清代前期之税和后期之税有一定的差别。

清代前期的酒税是比较轻的,其主要税种有:

曲税——向制曲者征收。

市税——向零售酒户征收,酒铺被分为上、中、下三等,税额比油、糖低一些。

门关税——向运销者征收。

乾隆年间,开始向酒户颁发"牙帖"(营业执照),并限定其数额,据此征税,超额者将会受到惩罚。

清代后期,因国库空虚、财政紧张而加大了酒税征收的力度,在加重前期所定税种的税额之外,又新添了新的征税名目,主要有:

酒厘——对通过关卡的酒征收 1% 的税金,但大多数的省份在 4%。

烧锅税——向酿酒户征收,有特许性质。纳税者为"官烧";未纳者为"私立烧锅",要被取缔。

落地税——实际上是对"烧锅税"的增收,每户售酒百斤抽捐制钱一千六百文,并准于常价外,每斤增钱十六文销售。

门销捐、坐贾税——江苏所设,不分酒色每斤各征制钱八文。

印花税——浙江巡抚任道镕所创,"以缸计坛,给以印花执照,每年酿至五十缸者,缴纳照费洋十元。……"

出锅税——黑龙江、直隶、吉林等地,向烧商(烧酒)征收。

此外,酒户还要应付不期而至的各种摊派。

第三节　酒　品

一、酒类

(一) 基本分类

1. 酒和酒度。凡含有酒精(乙醇)在 0.5%~65%(V/V)的饮料酒,均可称之为"酒"。

酒中酒精的含量叫"酒度",其表示法有 3 种:

容积百分比——以%(V/V)为标示,即每 100 毫升酒中含有纯酒精毫升数,国际通行的测定温度为 20℃;

质量百分比——以%(m/m)为标示,即每 100 克质量的酒中含有纯酒精克数,国际通行的测定温度为 20℃;

标准酒度——欧美国家常用的标示蒸馏酒中酒精含量的一种方法。标准酒度为 100°(100Proof),现在欧美大多数国家以容积百分比酒度 50°为标准酒度 100°。

2. 按酿造方法分类。根据酿造方法及酒的特性可将酒分为酿造酒、蒸馏酒和配制酒三类:

酿造酒(发酵酒)——此类酒经酿造后,只经过简单地澄清、过滤、贮藏后即为成品酒,酒度一般在3%~18%(V/V)之间,葡萄酒、奶酒、啤酒、黄酒、清酒等均为酿造酒。

蒸馏酒——此类酒将酿造而得的发酵液(发酵醪、酒醅),利用蒸馏处理技术,提取其中的酒精等易挥发物,然后再经冷凝处理而制成的,酒度一般在30%(V/V)以上,冷凝后的原酒是一般要经数年或十数年的陈酿处理,再加工为成品酒。蒸馏酒是以粮食、果酒及糖/糖蜜等为原料。

配制酒——此类酒以酿造酒、蒸馏酒或食用酒精为酒基,利用混合蒸馏、浸泡、萃取液混合等方法,将香料、药材、动植物等成分混入其中,使之成为具有独特滋味或功效的"酒",开胃酒、利口酒、甜食酒、药酒、补酒、露酒等均为配制酒。

3. 按酒度分类。按酒中含酒精含量对酒进行分类,可将酒分为:

低度酒——酒精含量在20%(V/V)以下;
高度酒——酒精含量在38%(V/V)以上;
中度酒——酒精含量在20%~40%(V/V)之间;
低度白酒——酒精含量在40%(V/V)以下。

(二)中国酒类

1. 基本类型。中国酒分类的结构与国际上通行的方法基本一致,即分为:

发酵酒——啤酒、葡萄酒、果酒、黄酒;
蒸馏酒——白酒、其他蒸馏酒;
配制酒——露酒、调配酒。

2. 黄酒。黄酒,是谷类酿造酒的统称。黄酒的名称出现在明代,但其源头可以追溯到《诗经》中"瑟彼玉瓒,黄流其中"里的"黄流"。黄酒在作为谷类酿造酒统称之前,一般是指酿造时间长,颜色较深的米酒。中国酿造黄酒的历史极其久远,根据文献记载,周代已建立了一整套管理酒事的机构,《周礼·天官》说:"酒正,中士四人,下士八人,府二人,史八人。"酒的品种则有"五齐之名","三酒之物"。《周礼》所言之五齐为:

泛齐——酒刚熟,有酒渣滓浮于酒面,酒味薄;

醴齐——汁滓相混合的有甜味的酒;

盎齐——熟透的白色浊酒;

醍齐——赤黄色的酒;

沈齐——酒滓下沉后得到的清酒。

三酒之物为:

事酒——专为祭祀或待客而新酿的酒,酒酿成后即用;

昔酒——经过较长时间酿造的酒;

清酒——酿造时间最长,味道最醇的美酒。

现在用于酿造黄酒的原料主要有稻米、黍米、粟米、玉米等粮谷类,酒度为 12%~18%(V/V),酒呈浅黄至深黄色,传统亦称"中国老酒"和"中国米酒"。由于原料、酿造方法上的差异,黄酒有以下的区分:

按生产方式分——传统工艺黄酒、新工艺黄酒;

按原料分——大米黄酒、小米黄酒、玉米黄酒;

按曲种分——麦曲黄酒、红曲酒;

按所含还原糖量分——干黄酒、半干黄酒、半甜黄酒、甜黄酒、浓甜黄酒。

3. 葡萄酒。以新鲜葡萄或葡萄汁为原料,经发酵酿制而成的酒即为葡萄酒。

一般认为,我们的祖先在商周时期已掌握了酿造果酒的基本方法。据称,1980 年在河南发现的一个密闭的商代后期铜卣中液体,经化验被证明是葡萄酒。但一般认为,葡萄是汉代才由西域引进的。铜卣中的葡萄酒,是商代人酿造的,还是由其他途径获得的还不十分清楚。据说,古文献对葡萄酒的最早记载,是司马迁在《史记·大宛别传》中对大宛盛产葡萄酒的记述,其谓:

宛左右以蒲陶为酒,富人藏酒至万余石,久者数十岁不败。俗嗜酒,……。

如此说确实的话,商代后期铜卣中葡萄酒的来路就更值得研究了。实际上,到了东汉时期,葡萄酒仍然是名贵之物,因为《太平御览》卷972所引《续汉书》说:

扶风孟佗以葡萄酒一斛遗张让,即拜为凉州刺史。

元代诗人周权在其《葡萄酒》一诗中提及此事曾说:

……

酒成快泻宫壶香,春风吹冻玻璃光。

甘逾瑞露浓欺乳,曲生风味难通谱。

纵教典却鹔鹴裘,不将一斗搏凉州。

到了唐代,葡萄酒已成为文人学士的杯中之物,诗人王翰的《凉州词》是吟咏葡萄美酒的千古名篇,其诗曰:

葡萄美酒夜光杯,欲饮琵琶马上催。

醉卧沙场君莫笑,古来征战几人回。

因标准的不同,现代葡萄酒主要有以下几种类型上的区分:

按色泽——白葡萄酒(近无色、微黄、麦秆黄、金黄)、红葡萄酒(紫红、深红、宝石红、棕红)、桃红葡萄酒(桃红、玫瑰红、浅红)。

按酒中含CO_2压力——静止葡萄酒、起泡葡萄酒、葡萄汽酒;

按含总糖——静止葡萄酒:干型、半干型、半甜型、甜型、干加型、甜加型;起泡葡萄酒(起泡、加汽):天然型、绝干型、干型、半干型、甜型)。

按是否添加香味——正常葡萄酒:未添加任何外来香味;加香葡萄酒:加入葡萄以外的浆果或花。

4. 白酒。中国白酒是世界六大蒸馏酒之一,以高粱等粮谷为主要原料,以大曲、小曲和麸曲及酒母为糖化发酵剂,经蒸煮、糖化、发酵、蒸馏、陈酿、勾兑而制成;其特点是:基本无色、透明、高酒精度;中国白酒又称"烧酒",历史上还曾有过:阿剌吉、南番烧酒、轧赖机、法酒、火酒、酒露、高粱酒、高粱滴烧、糟烧等不同名称。

关于中国何时开始有蒸馏酒,是一个有待进一步研究的问题,主要的学术观点如下:

起源于汉代,其证据是考古发现的东汉时期的青铜蒸馏器。但是,蒸馏器的用途不明,汉代酿酒文献中也未发现于蒸馏酒相关的内容。

唐代已有蒸馏酒,其证据是唐代文献出现的"烧酒"一词。但是,根据唐代文献对"烧酒"加工过程的描述看,其"烧"仅仅是促进酒的成熟,不是真正意义上的"蒸馏"。

宋代开始有蒸馏酒,其证据,一是宋代已有蒸馏器,并有图形绘制;同时也发现了金代的蒸馏器,并与元代朱德润在《轧赖机酒赋》中所描述的蒸馏器结构相同;二是宋代文献中"烧酒"一词已非个别。但是,宋代重要的酿酒著述未提及"烧酒";此外,在大力推行以酒取利的宋代,相关的"酒政"亦未涉及"烧酒"。

元代出现烧酒或由外国传入,这是得到较普遍认可的观点。在元代的相关文献中,人们对元代"蒸馏酒"的记述已较具体和详细。例如:

阿剌吉酒,味甘、辣,大热,有大毒,主消冷、坚积,去寒气。用好酒蒸熬取露,成阿剌吉。

——元·忽思慧《饮膳正要》

法酒,用器烧酒之精液取之,名"哈利基",酒极浓烈,其清如水,……古无所有。

——明·叶子奇《草木子》

烧酒非古法也,自元时始创。其法用浓酒和糟,蒸令汽上，用器承取滴露，凡酸坏之酒，皆可蒸烧。

——明·李时珍《本草纲目》

一般认为：我国是世界上最早研制蒸馏器的国家，宋代已有蒸馏酒出现，并普及于元代。在某些时代的某些地区，也可能从国外引进过蒸馏技术及蒸馏酒生产技术。

明清两代，是白酒酿造业大发展的时期。明中叶以后，以高粱为原料，以大麦制曲，用蒸馏的方法制造的"烧酒"在北方发展很快，并渐渐取代黄酒而占据主导地位。南方虽仍以黄酒为主，但白酒的酿造也有所发展。因为，白酒与黄酒相比有诸多优点。其一，白酒度数高，能使饮者过足酒瘾；其二，价格远低于黄酒，更能满足一般百姓的需要。对经商者而言，白酒比黄酒店具有更大的市场；其三，白酒可以长期储存和长途贩运，而黄酒则不能；其四，白酒所用原料均为粗贱之物，酿造成本比黄酒店要低很多。酿造白酒于商、于民都是益事。

中国白酒的基本分类如下：

按曲种——大曲、小曲、麸曲、混曲、其他糖化剂；

按香型——茅香或酱香型（茅台酒）、泸香或浓香型（泸州老窖、五粮液）、汾香或清香型（汾酒）、米香型（桂林三花酒）、药香型（董酒）、凤香型（西凤）、兼香型（白云边酒）、豉香型（玉冰烧酒）、特香型（江西四特酒）、芝麻香型（景芝特曲）；

按原料——粮谷白酒、薯类酒、代粮酒；

按酒度——高度白酒，酒精度高于40%（V/V）；低度白酒，酒精度低于40%（V/V）。

5. 啤酒。以麦芽为主要原料，以酒花为香料，经糖化、发酵、过滤而制成的富含CO_2且酒精含量低的饮料为啤酒。

一般认为，啤酒是"舶来品"，在我国历代酒文献中也无"啤酒"一说。但是，有些酒史研究专家认为：在中国古代已具备酿造啤酒的能力，并有可能生产过啤酒。其主要论据是，在甲骨文中，醴与酒是两个不同的字,是用不同方法酿造出来的酒精饮料,而《尚书·说命篇》中的"若作酒醴,尔惟曲糵",则可认为是曲用于酿酒,糵用于造醴,而酒、醴在卜辞中是互不相混的——两种方法酿造的"酒";同时,"糵"为谷芽,而啤酒正是用谷芽来酿造的。从古文献所记载的"糵"和"醴"的生产过程看,也与啤酒的酿造流程基本相似。专家们还找出比较有力的旁证,《中国酒经·酒史篇》中说:

另外,我国古代糵及饴糖的生产都有明确的、详细的记载。而且生产方法极为成熟。虽然糵法酿醴的方法在古代文献中尚未发现,但这并不等于在远古的时代没有这种实践活动。从大麦到啤酒,要经过发芽、粉碎、糖化、发酵这四个主要阶段,前三个阶段我们的祖先都掌握了,糖化醪发酵成酒应当不是问题。

但是,就算"醴"是古代的啤酒,那么,为何后来就不见了踪影呢?是味道不好,还是其他什么原因而被古人遗弃,或者啤酒本未真正出现过?这些疑问还有待进一步澄清。

啤酒的基本分类如下:

按酿造方法——上发酵、下发酵;

按色泽——浅色啤酒(淡色、黄色)、深色啤酒(深黄至棕色)、黑啤酒(咖啡色至深黑色);

按浓度——典型浓度(或中等浓度)10°~13°P;高浓度>13°P;低浓度(或低度)10°P;(注:啤酒浓度是指啤酒发酵前麦汁中浸出物的质量百分比数,以°P 计。)

6. 果酒。以新鲜水果或果汁为原料,经发酵酿造而成,酒精度在 7%~18%(V/V)的含酒精饮料。

果酒按果实种类可以分为:北方浆果类、山楂类、苹果酒、柑橘类、猕猴桃酒、枣类、核果类、梨酒等。

果酒按酒中总糖含量可以分为:干酒、半干酒、半甜酒、甜酒、

蜜酒等。(注:总糖按葡萄糖计·g/L)

7. 配制酒。以发酵、蒸馏酒或食用酒精为酒基,与其他物质混合调配而得的饮料酒。我国习惯上将其分为露酒和调配酒两大类,其中的调配酒主要为常见的鸡尾酒。下面对"露酒"作简要介绍。

露酒,即以发酵、蒸馏酒或食用酒精为酒基,采用浸泡、复蒸等方法加入动物、植物、中草药或某些被萃取的特殊成分,加工而得的各种酒品。根据所加材料的不同,露酒可以分为:

植物类露酒——以植物的花、叶、茎、根、果等为浸提物来源,经再加工而制得。成品酒以带有明显的浸提物香味及药用或滋养成分为特点,如山西特产竹叶青酒、人参酒等;

动物类露酒——以某些具有药用或滋养作用的动物的皮、角、、骨、脏器等为浸提物来源,经浸提、复蒸等加工处理而制得的成品酒,常见的如各种蛇酒、鹿茸酒、三鞭酒,等等。

动植物露酒——以不同的动植物为共同的浸提物来源,经浸提、复蒸而制成的酒,如参茸酒。

二、古代名酒

古代名酒

汉代——百味旨酒、菊花酒、兰英酒、洪粱酒、金浆酒、乌程若下酒、椒柏酒、关中白薄、葡萄酒、宜城醪醴、苍梧清、中山冬酿九酝酒等。

魏晋——白堕酒、昆仑觞、曲阿酒、宜春酒、女酒、乾酢酒、山阴甜酒、巴乡酒、穄米酎酒、黍米酎酒、粱米酒、桑叶落、菊花秋等。

隋代——湖上酒、玉薤酒等。

唐代——李花酒、葡萄酒、酴醾酒、剑南春酒、郢州富水、乌程若下、荥阳土窟春、富平石冻春、剑南烧春、河东乾和葡萄、岭南灵溪、宜城九酝、京城西市腔、新丰酒、新州酒、瀼陵酒、荔枝酒、兰陵酒、金陵酒等、魏征家酿、焦革家酿、李琎家酿、裴度鱼儿酒、龙膏酒、五加酒、虎骨酒、乌蛇酒等。

宋代——蒲中酒、苏合香酒、鹿头酒、蔷薇露、流香酒、长春法酒、眉寿、和旨、仙醪、琼浆、玉液、玉酿、玉醑、碧光、琼波、流霞、清风、玉髓、千日春、延寿、羊羔、美禄、法清、香桂酒、雪醅、真珠泉、皇都春、流香、碧香、凤泉、蓬莱春、锦波春、东阳酒、羊羔酒、瑞露酒、红曲酒、荔枝酒、黄柑酒等。

元代——葡萄酒、马乳酒、太禧白酒、乌鸡酒、虎骨酒、松节酒、五加皮酒、翠涛饮、露襄酒饮、玉团春、石冻春、葡萄春、凤子脑、绿膏浆、香雪酒、碧香酒、腊酒、莲花白酒等。

明清——竹叶青、御制药酒五味汤、真珠红、长春酒、金茎露、太禧白、满殿香、玉泉酒、莲花白、夜合枝酒、绍兴酒、金华酒、闽酒、薏酒、豆酒、沧酒、三白酒、哑酒、青稞酒、襄陵酒、汾酒、薛涛酒、剑南春酒、泸州老窖、五粮液、茅台春、桂林三花酒、全州湘山酒、葡萄烧酒等。

明清时期还有诸多特色酒品，如：露酒之玫瑰露、寅陈露、苹果露、山楂露、葡萄露、五加皮、莲花白等；浸制酒之金酒、鲫鱼酒、绿豆酒、雪梨烧酒、错认水（烧酒浸冰糖、荸荠）、各色花酒等；果酒之山楂酒、枣酒、桑葚酒、桃酒、荔枝酒、龙眼酒、梨酒、倒捻子酒、西瓜酒、柿酒、椰子酒、树汁酒等。

三、现代名酒

白酒——茅台酒、汾酒、泸州老窖、泸州特曲、西凤酒、五粮液酒、古井贡酒、全兴大曲、董酒、董醇、剑南春酒、洋河大曲、双沟大曲、双沟特液、黄鹤楼酒、郎酒等。

黄酒——鉴湖长春酒、加饭酒、龙岩沉缸酒、福建老酒、寿生酒、醇香酒、大连黄酒、即墨老酒、绍兴善酿、无锡惠泉酒、丹阳封缸酒、兴宁珍珠红、连江元红、绍兴元红、南平茉莉青、九江封缸酒、特加饭黄酒等。

葡萄酒、果酒——张裕红葡萄酒、金奖白兰地、味美思、青岛白葡萄酒、北京中国红葡萄酒、北京特制白兰地、沙城白葡萄酒、民权白葡萄酒、王朝半干白葡萄酒、竹叶青、园林青酒等。

第四节 酒 用

一、酒饮

(一) 酒器

古语云"美食不如美器",于酒亦然。中国历代酒器的变化,既反映了酒器制作工艺水平的不断进步,也显示出酒文化自身的发展。酒,不仅是一种令人陶醉的饮品,同时也是一种特殊的审美对象,所谓"醉翁之意不在酒"确实道出了中国酒文化的深刻内涵。

1. 材质。材质,即用于制作酒器的材料,从历史上看,中国酒器在制作材料上的变化脉络主要是由陶器—青铜器—漆器—瓷器—玻璃器,此外,还有兽角器、竹器、玉器、金银器、景泰蓝,等等。

(1)陶质。陶质酒器是新石器时代主角,也是此后很长时期内普通民众的常用之器。在陶质酒器中,龙山文化中的黑陶(蛋壳陶)酒器是经典之作。陶器中常见的酒器器形有:罐、瓮、缸、碗、豆、杯、壶、鬶、樽、斝等。在新石器时期,酒器与食器有时是难以明确区分的,即使是现在的非正规场合,用碗喝酒也是常见的事情。

(2)青铜。青铜酒器是商周时期酒器的代表之作,这与该时期青铜制作技术的高度发达密切相关,"长勺氏"和"尾勺氏"是商代专门制作酒器的部落。青铜酒器在形制上一般分为:煮酒器、盛酒器和饮酒器三类。应该注意的是,青铜酒(食)器往往又是具有象征意义的"礼器""重器"——权力、地位、身份的象征。

(3)漆器。秦汉之际,青铜器皿逐渐退出历史舞台,漆器制品逐渐为上层社会或富有阶层所喜爱。与青铜器相比,漆器不仅色泽艳丽、轻巧大方,也更便于使用,非常适宜于制作酒器、食器。漆器并非秦汉人的发明,在河姆渡文化遗址中曾发现过距今7000余年的木胎漆碗,夏商周时期的漆器制作已有较高的水平,尤其是春秋战国时期的长江中上游地区。秦汉时期漆器酒器制作技术发展的主要表现是工艺更加精细,纹饰更加精美。汉代常见的漆器酒器形制有樽、钟、壶、钫、盂、卮、勺、耳杯等。

(4)瓷器。汉以后,随着瓷器烧制技术的逐步成熟,漆器酒器逐渐被瓷质酒器所取代。与瓷器相比,漆器的制作工艺过于复杂,价格亦很昂贵,在样式、亮度、手感、质感上也远不如瓷质酒器,其被新兴的、更实用、更经济、更美观、更适宜于饮酒的瓷质器具所替代也是一种必然。从魏晋至清代的千余年间,瓷质酒器的地位随着时间的推移而不断提高,并最终占据了主导的地位。当然,瓷质器具本身也在不断发生着变化——工艺、装饰的变化。

(5)玻璃。现代酒器一般以玻璃器为主,以陶瓷器为辅。玻璃器流行的原因首先在于,其相对于瓷器是一种新的材质,而"喜新厌旧"本是人的"天性";其次,晶亮、透明的玻璃酒器在视觉上会给人以舒适之感,也更能展示酒的色泽之美或特点,这是其他材质的酒器所难以比拟的。此外,一般来说玻璃酒器的加工制作比瓷器要简单一些,价格上也较适应大众消费。

(6)金银器。以金银制作酒器在中国有很长的历史,春秋时期的工匠以掌握了"金银错"的制作工艺——用金银丝在器物表面嵌出各种图案,战国时期已有用金制作的盏、匕和杯,此后的历朝历代均有金银酒器之作,并以隋唐之间为盛。当然,金银酒器不是普通百姓所能享用的,这些器物往往是富贵阶层用意炫耀财富、门第、权势的一种手段。

(7) 其他。在上述材质之外,还有其他一些材料也曾用于酒器的制作,例如:兽角器、竹器、玉器、水晶、景泰蓝,等等。景泰蓝是明代兴起的新工艺技术,其基本工艺技术是 14 世纪由拜占庭传入中国,其正式的名称应是掐丝珐琅器,因其在明景泰年间出现,故称"景泰珐琅"或"景泰琅",后来则因当时用以着色钴蓝为典型色彩而称"景泰蓝"。"景泰蓝"酒器主要是壶和杯,因其价格较高,故非常人所用。

2. 形制。中国酒器的形制变化与茶具的变化途径是基本一致的,即由繁至简、至实用。以下对古代酒器中的主要形制作简要介绍。

爵——饮酒器、温酒器。最早出现的青铜礼器之一。《说文解字》云:"爵,礼器也,象爵之形,中有鬯酒。又持之也,所以饮器象爵者,取其节节足足也。"古字爵、雀相通。

角——饮酒器、温酒器。《礼记·礼器》说:"宗庙之祭,尊者举觯,卑者举角。"郑注:"四升为角。"自宋以来,定爵形器无流而具两翼若尾者为角。

斝——盛酒行裸礼之器,或云可温酒。《礼记·明堂位》说:"灌尊,夏后氏以鸡夷(彝),殷以斝,周以黄目。"灌、瓘、裸同音通假。裸礼,祭祀时斟酒浇地以降神的一种迷信活动。

盉——王国维《说盉》云:"盉之为用,在受尊中之酒与玄酒而和之而注之于爵。"或以为盉有三足或四足,兼温酒之用。

尊——高体的大型或中型盛酒器。金文称礼器为尊彝,尊象双手奉酉形,彝象双手献沥血的鸡,即以尊酒奉鸡牲祭祀之意。尊彝是祭祀的礼器之共名,是指一组祭器,而不是某种礼器的专名。

壶——盛酒器,也有用于盛水的"壶"(盨器)。壶有多种样式,常见的如瓠壶、长颈圆体提梁壶、细长颈圆腹壶、扁壶、圆壶、方壶等。

卣——盛酒器,专用于盛秬鬯的祭器;秬鬯,为黑黍和香草酿成的酒,祭典结束后,将秬鬯酒在地上以享鬼神,或赐有功的诸侯。先秦典籍于卣是何种器型从未有过具体描述,其定名始自宋人,现在称作卣的酒器有可能是古代的尊缶。

方彝——盛酒器。彝,古代青铜器中礼器的通称。先秦古籍中未见以方彝为礼器的名称,宋代人以其形方而名之。

觥——盛酒器。真正器名尚不知,称觥是约定俗成。觥又作觵,《说文·角部》说:"鱯,兕牛角,可以饮者也。"因其形状象匜,有而也将它称之为匜。王国维在《观林堂集·说觥》中认为:有盖作牛头形的为觥,无盖的为匜。(注:匜,古代一种成组的盥器)

罍——盛酒器,为大型容酒器,亦兼作盛水之用,小口大腹,有圆形和方形两类。

瓮、瓿——常称瓿,广口大腹之形,盛酒或水浆之器,大者称瓮或甕,小者可叫瓿。

尊缶——古代瓦器,形似盆,可作汲水、盛酒、击乐等之用。古代之缶多为陶质,青铜缶只在少数较大的墓里出现过。《说文》说:"缶,瓦器,所以盛酒浆,秦人鼓之以节謌,象形。"

瓿——盛酒器。瓿为大型瓶形或罂形之敛口大腹之器。

罂——大肚小口的容器,用于盛酒或酿酒。王充《论衡》说:"酿酒于罂,烹肉于鼎,皆欲其味调得也。"

瓶——盛酒器,古亦作汲水器。

钟——盛酒器。小颈而大腹,园底,形似壶,亦可用以盛放粮食等物。

鉴——盛(冰)酒器。《说文·金部》说:"鉴,大盆也。"《周礼·天官·凌人》说:"春始治鉴,凡外内饔之膳羞,鉴焉;凡酒浆之酒醴亦如之。祭祀共冰鉴。"

枓——挹酒器。本作斗,取枓为有别于量器之斗。《诗经·大雅·行苇》有"酌以大斗"之句。

勺——挹酒器。勺、斗皆为取酒浆之具,柄曲者为枓,直者为勺。

禁——放置酒尊的底座。《仪礼·士冠礼》说:"两庑有禁",郑玄注:"禁承尊之器也。"

注子、注碗——成套盛酒和温酒用具。使用时,将注子置于盛有热水的注碗中,以达到温酒的作用。隋唐以后,随之而来随着瓷质酒杯的出现,注子就与瓷酒杯相配成对了。

铛——温酒器,也叫燋斗,曾在唐代流行一时,珍贵者为金银所制。

执壶——中唐时期出现的酒器,据唐人的记载,其正式名称应作"注子",很可能由"鸡壶演化而来,与注子相比,执壶更便于装酒和注酒。

觚——饮酒器。其形状为长身,侈口、上口和下底呈喇叭状。《论语·雍也》说:"觚不觚。"《集解》引马融注:"觚,礼器也。"《说文·角部》说:"觚,乡饮之爵也,一曰:觞受三升者谓之觚。"

觯——饮酒之杯。一类为扁体,一类为圆体。《说文·角部》说:"觯,乡饮酒角也。《礼》曰,一人洗举觯,觯受四升。"《礼记·礼器》说:"尊者举觯。"郑玄注:"三升曰觯。"在古籍记载中,觯与觚颇多混淆之处。

卮——饮酒器。古作卮,一名觛。《急就篇》注称:"觛,谓觯之小者,行礼饮酒角也。"段玉裁认为:"卮从卪,"卪"今作节。酒具"卮"字从"卪",以示节制也。

饮壶——饮酒之杯,其器名因有自名而成为单独一类。

杯——饮酒器,亦有盛羹之杯和盛水之杯。《大戴礼记·曾子事父母》说:"执觞、觚、杯、豆而不醉。"商周青铜金文中无杯字,商周青铜器之杯是根据其形制而认定的,古籍中也未明言杯的形状,文物中只有耳杯自铭为杯。

豆——主要作为食器,初以陶、木制之,形似高脚杯盘,用以盛带汁的食物,后多用于祭祀,而成为礼器,但也用于饮酒。

耳杯——饮酒器。平面呈椭园形,两侧附耳。耳杯通常与托盘一同使用,杯置托盘之中。耳杯初为漆器制品,东汉时出现瓷质耳杯。

盏托——饮酒器。东晋时兴起,由耳杯演化而来,一盏一托配套使用,是南北朝时流行的饮酒、喝茶之器具。托的作用是使盏不晃动。

(二)饮法

1. 黄酒。

(1)温度变化。根据季节的差异,黄酒之饮法有常温、加热和冰镇之别。①常温之饮。在春秋两季,通常无须对酒进行加热或冰镇处理,可直接饮用。②加热之饮。在冬季或气温较低的时候,一般要对黄酒作加热处理。其目的一是充分展现黄酒的滋味之美,二是有益于饮者的身体健康。加热的方法有烫煮两种:烫酒,一般采用隔水烫,讲究的可用专门的烫酒器——爨筒或汤壶;煮酒,则是将酒倒入壶、锅之中直接上火加热。清人梁章钜在《浪迹续谈》中说:"凡酒以初温为美,重温则味减,若急切供客,隔火温之,其味虽胜而性较热,于口体非宜。"③冰镇之饮。暑热之时,将黄酒冰镇一下再饮用别有一番滋味。冰镇之法有二:一是放在冰箱或冰柜中降温,冰箱/柜的温度宜在4℃左右;二是在杯中放适量冰块,再倒黄酒。

(2)酒肴搭配。不同品种的黄酒有不同的口味和特质,在品肴饮酒时如能巧加配搭,则会有相得益彰之效。一般认为:鸡鸭肉蛋宜配干型黄酒,冷菜宜配半干型黄酒,甜食糕点宜配半甜型黄酒,陈加饭兑元红最宜佐蟹。

2. 啤酒。饮用啤酒的讲究，一是温度，二是酒杯，三是倒酒。

（1）温度。啤酒理想的饮用温度为10℃左右。温度太低，酒味难以体现；温度过高，会有苦涩之感。

（2）酒杯。喝啤酒宜选用厚壁、深腹、窄口，容积在200~300毫升的酒杯，因此种杯型能较好地保持啤酒的泡沫与香气，也便于观察啤酒的酒色。酒杯应洁净、无垢，使用前最好能先在冰箱中冰一段时间，至外壁有一层薄霜再取出使用。

（3）倒酒。倒酒的讲究在于啤酒泡沫的多寡。较常见的方法是：先在杯中倒1/3的啤酒，待形成一层泡沫后，再把杯子斜着，慢慢将啤酒倒满，酒液与泡沫的比例以4/1左右为宜。泡沫的作用主要是防止酒香和酒中的二氧化碳外逸，故泡沫太少或泡沫太多均不适宜。

3. 葡萄酒。饮用葡萄时应注意的问题主要是温度和酒与菜肴的搭配。

（1）温度。葡萄酒滋味或品质的展现与饮用时的温度有密切的关系，常见的几种葡萄酒的适宜饮用温度是：

香槟酒 9℃~10℃

干白葡萄酒 10℃~11℃

白甜葡萄酒 13℃~15℃

干红葡萄酒 16℃~18℃

浓甜葡萄酒 18℃

（2）葡萄酒与菜肴的搭配。不同种类的葡萄酒在滋味和品质上有各自的特点，因此，在人们品尝美味佳肴时，如何选择与菜肴品质相适应的葡萄酒就显得十分重要。一般认为：

海鲜类菜肴适宜与白葡萄酒、干白葡萄酒和半干葡萄酒等相配；

一般的肉类菜肴适宜与淡味红葡萄酒、桃红葡萄酒相配；滋味厚重的肉禽类菜肴适宜与干红葡萄酒相配；

一般的牛、羊、禽类菜肴适宜与红葡萄酒；
饭后甜食适宜与白葡萄酒相配。

(三) 饮酒之忌

正所谓"有一利，必有一弊"，饮酒时如不注意有所避忌，非但无益，而祸害无穷。元·忽思慧在《饮膳正要》中，对"饮酒避忌"有过专门论述，现摘要如下：

饮酒不欲使多，知其过多，速吐之为佳，不尔成痰疾；

醉勿酪酊，大醉即，终身百病不除；

酒不可久饮，恐腐烂肠胃，渍髓蒸筋；

醉不可当风卧，生风疾；

醉不可向阳卧，令人发狂；

醉不可令人扇，生偏枯；

醉不可露卧，生冷痹；

醉而出汗当风，为漏风；

醉不可卧黍穰，生癞疾；

醉不可强食、嗔怒，生痈疽；

醉不可走马及跳掷，伤筋骨；

醉不可接房事，小者面生皯、咳嗽，大者伤脏、澼、痔疾；

醉不可冷水洗面，生疮；

醉醒不可再接，损后又损；

醉不可饮酪水，成噎病；

醉不可便卧，面生疮，内生积聚；

醉不可饮冷浆水，失声成尸噎；

醉不可忍小便，成癃闭、膝劳、冷痹；

空心饮酒必呕吐；

醉不可忍大便，生肠澼、痔；

酒忌诸甜物；

醉不可强举力,伤筋损力;

饮酒时,大不可食猪羊脑,大损人,炼真之士尤宜忌;

酒醉不可当风乘凉、露脚,多生脚气;

醉不可卧湿地,伤筋骨,生冷痹痛;

醉不可澡浴,多生眼目之疾;

如患眼疾人,切忌醉酒、食蒜。

用现代的眼光看,其中虽有个别不经之谈,但大多数还是有一定道理的。现代的饮酒避忌,与古人相差不大,忌滥饮、忌失礼、忌混饮、忌空腹,酒后忌看电视、忌服西药、忌驾车等乃其大要。

二、疗养

清·王士雄在《随息居饮食谱》中说:

酒……合欢成礼,祭祀宴宾,皆所必需。壮胆辟寒,和血养气,老人所宜。行药势,剂诸肴,杀鸟兽鳞介诸腥。陈久者良,多饮必病。

在医食同源或药食同源的文化背景下,中国人对酒疗疾养生作用的重视和研究是自然的事情。在古代文献中也有不少关于以酒疗疾的记载或故事,例如:

扁鹊过齐,齐桓侯客之。入朝见曰:"疾在肠胃,酒醪之所及也。"

——《史记·扁鹊传》

王尔、张衡、马均,昔冒重雾行,一人无恙,一人病,一人死。问其故,无恙人曰:"我饮酒。"病者食,死者空腹。

——《博物志》

峤判吏部选事,景德元年,以选人俟对崇政殿,暴中风眩,亟诏取金丹上尊酒饵之。

——《宋史·夏侯峤传》

以酒疗疾是中医治病的重要手段之一,外涂、内服、制药是常用之法,在《本草纲目》《伤寒论》《圣惠方》等中医典籍中,均有关于药酒或以酒入药的内容。中医认为酒之药理作用主要有四个方面,即驱寒、助消化、安神镇静和舒筋活血。此外,酒亦是中国人喜欢的延年益寿和养生之品,现代医学亦证明,适度饮酒有益于促进血液循环,并确有祛病延年之功效。

在酒中加入一定的药材或其他物料泡制而成的药酒或补酒,深受中国人的喜爱,普通民众也会简单地用橘皮、枸杞、人参等物料来泡制补酒,市上亦有成品药酒或补酒出售,且品种众多,知名者如鹿龟酒、参茸酒、十全大补酒,等等。在中医典籍中,有关药酒或补酒的记载也很多,下面向大家介绍元·忽思慧《饮膳正要》中所记载的几种药/补酒:

枸杞酒:以甘州枸杞依法酿酒。补虚弱,长肌肉,益精气,去冷风,壮阳道。

地黄酒:以地黄绞汁酿酒。治虚弱,壮筋骨,通血脉,治腹内痛。

松节酒:仙方,以五月五日采松节,剉碎,煮水,酿酒。治冷风虚,骨弱,脚不能履地。

茯苓酒:仙方,依法茯苓酿酒。治虚劳,壮筋骨,延年益寿。

松根酒:以松树下掘坑,置瓮取松根津液,酿酒。治风,壮筋骨。

羊羔酒:依法作酒,大补,益人。

五加皮酒:五加皮浸酒或依法酿酒。治骨弱,不能行走,久服壮筋骨,延年不老。

三、烹调

酒,具有去腥、去臊、去膻、提香、提鲜、增味和杀菌等功用,在中西烹饪中都有广泛的使用。中式烹调所用之酒主要是料酒、酒酿、白酒、啤酒和葡萄酒。

料酒是黄酒中的低档产品,市场上有现成的专用料酒出售,当然,中高档的黄酒也完全可以用于烹调,且效果会更好,但成本较大,故一般不用。料酒主要作为去腥、去臊、去膻、提香之用,是烹制动物性原料时的必用之调料。在烹制植物性原料,特别是素食荤做时也有所用,据说有提鲜、增"腥"之效。传统的醉蟹也是用黄酒醉制的。

酒酿,有的地方称醪糟或酒娘。长江下游地区的传统食俗中,有用酒酿作辅料制作酒酿元宵、酒酿鸡蛋等小吃的习惯,酒楼餐厅中亦常有供应。酒酿也可作为腌渍料用于一些冷菜的制作,如酒酿鸡、酒酿鱼等。

白酒,在中式烹调的主要用途是制作"醉"类菜肴,如,醉(炝)虾、醉鸡、炝鱼(生鱼片、丝)等。

啤酒,啤酒在中式烹调中主要用于烹制啤酒鸡、啤酒鸭一类"以酒代水"的特色菜肴,一般不作为调料使用。

葡萄酒,传统中式烹调没有用葡萄酒作调料的,随着近年来中西烹调的相互交流和学习,葡萄酒也逐渐在中式烹调中出现,其基本方法仍然是西式烹调的套路,但目前尚未普及。

糟油(酒糟),江南地区使用较多的酒香类调料,利用酿造黄酒时产生的"下脚"酒糟加工制成。糟油,既可用于冷菜的腌渍,也可用于热菜的烹制。市上有现成的"糟油"出售。但讲究的酒楼、餐馆或厨师,往往是自己按"秘方"调制——糟料,味道也确实不比寻常。

第五节 酒 事

一、觞政

觞政,或称"酒宪",明·袁宏道在《觞政》中说:

余饮不能一蕉叶,每闻罏声辄踊跃,遇酒客与流连,饮不竟夜不休。非久相狎者,不知余之无酒肠也。社中近饶饮徒,而觞容不习,大觉卤莽。夫提衡糟丘,而酒宪不修,是亦令长之责也。今采古科之简正者,附以新条,名曰觞政。凡为饮客者,各收一帙,亦醉乡之甲令也。

由此可知,觞政者,乃饮酒之规矩也。既然古有"酒以成礼"之说,那么饮酒之时的规矩和礼俗讲究就显得更加重要了。从另一方面看,觞政的被强调,却是由于有不少的人太不注意"觞容"了。例如,宋代的文学家、书法家石延年(字曼卿)是一个出名的酒徒,不但酒量巨大,还发明了一些近乎荒诞的饮酒之法。《文昌杂录》中对此人有如下的记载:

石曼卿善豪饮,与布衣刘潜为友。尝通判海州,刘潜来访之,曼卿与剧饮。中夜,酒欲竭,顾船中有醋斗余,乃倾入酒中,并饮之。至明日,酒醋俱尽。每与客痛饮,露发跣足,著械而作,谓之囚饮;饮于木杪,谓之巢饮;以藁束之,引首出饮,复就束,谓之鳖饮。其狂纵大率如此。

如此饮法哪里还有"礼"之可言。当然,既有豪饮狂纵之徒,也就有"制政立宪"之人,因为"酒以成礼"是中国几千年酒文化的核心所在。据说,"觞政"一词出现得很最,在西汉刘向的《说苑》中已有明确的记载,其文云:

魏文侯与大夫饮,使公乘不仁为觞政,曰:"饮若不尽,浮之大白。"文侯不尽,公乘不仁举白浮君。

到了明·袁宏道的《觞政》中,其内容已非尽与不尽那么简单了,在类别上被分为了16项,现略述其要如下:

吏:一为"明府",主斟酌之事;一为"录事",主监督之事,录事要有"善令、知音、大户"之才。

徒:酒徒是也。只有能饮善欢、才思敏捷、举止文雅、讲究酒德之人，才配做酒徒，"不胜杯杓而长夜兴勃勃者"也可位列其中。

容：饮酒时的仪态，要求做到"饮喜宜节，饮劳宜静，饮倦宜诙，饮礼法宜潇洒，饮乱宜绳约，饮新知宜闲雅真率，饮杂揉客宜逡巡欲退。"

宜：值得醉饮的场景，所谓"醉花宜昼，袭其光也；醉雪宜夜，消其洁也；醉得意宜唱，导其和也；醉将离宜击钵，壮其神也；醉文人宜谨节奏章程，畏其侮也；醉俊人宜加觥盂旗帜，助其烈也；醉楼宜暑，资其清也；醉水宜秋，泛其爽也。一云：醉月宜楼，醉暑宜舟，醉山宜幽，醉佳人宜微酡，醉文人宜妙令无苛酌，醉豪客宜挥觥发浩歌，醉知音宜吴儿、清喉、檀板。"

遇：（五合）五种适于饮酒和（十乖）10种饮而不畅的场合，所谓"五合"是：凉月好风，快雨时雪；花开酿熟肩尔欲饮；小饮成狂；初郁后畅，谈机乍到；"十乖"为：日炙风燥；神情索莫；特地排当，饮户不称；宾主牵率，草草应付，如恐不竟；强颜好欢，革履板摺，谀言往复；刻期登临，浓阴恶雨；饮场远缓，迫暮思归；客佳而有他期，妓欢而有别促；酒醇而易，炙美而冷。

候：13种饮酒快乐的场合和16种不快乐的场合，所谓"欢之候，十有三"是：得其时，宾主久间，酒醇而主严，非觥叠不讴，不能令有耻，方饮不重膳，不动筵，录事貌毅而法峻，明府不受请谒，废卖律，废替律，不恃酒，歌儿酒奴解人意；"不欢之候，十有六"是：主人吝，宾轻主，铺陈杂而不序，室暗灯晕，乐涩而妓骄，议朝除家政，迭谑，兴居纷纭，附耳嗫嚅，蔑章程，醉唠嘈，坐驰，平头盗瓮及偃蹇，客子奴器不法，夜逃席，狂花病叶（饮流，以目睚者为狂花，目睚者为病叶）。

战：饮酒时的游戏或"角力"，所谓"户饮者，角觥咒；气饮者，角六博局戏；趣饮者，角谈峰；才饮者，角诗赋乐府；神饮者，角尽累。是曰酒战。《经》云：'百战百胜，不如不战。'无累之谓也。"

祭：饮酒之人在喝酒时应先祭祀前代著名的"酒人"，有酒圣、饮宗、四配、十哲、祀之两庑者、祀之门垣者之别。

刑典：古代各类饮者之范例，有饮国者、饮达者、饮豪者、饮儁者、饮而文、饮而儒、饮而俳、饮而辩、饮而肆、禅饮者、仙饮者、玄饮者、饮适、饮愤、饮俊、饮矜、饮怒、饮悲等之别。

掌故：言饮酒之人应熟悉古代文献/著作所言之酒事，又分之为酒经、内典、外典和逸典。

刑书：对各色不经之徒应施行的惩罚，实为戏谑之辞。

品："凡酒以色清味冽为圣，色如金而醇苦为贤，色黑味酸醨者为愚；以糯酿醉人者为君子，以腊酿醉人者为中人，以巷醪、烧酒醉人者为小人。"

杯杓："古玉及古窑器上，犀、玛瑙次，近代上好瓷又次，黄白金巨罗下，螺形、锐底、数曲者最下。"

饮储："下酒物色，谓之饮储。一清品，如鲜蛤、糟蚶、酒蟹之类；二异品，如熊白、西施乳之类；三腻品，如羔羊、子鹅炙之类；四果品，如松子、杏仁之类；五蔬品，如鲜笋、早韭之类。"

饮饰："棐几明窗，时花嘉木，冬幕夏荫，绣裙藤席。"

欢具："楸枰、高低壶觖、筹骰子、大鼎、昆山纸牌、羯鼓、冶童、女侍史、鹧鸪、沈茶具、吴笺、宋砚、佳墨。"

从袁氏所说之觞政中可感觉到古人饮酒的乐趣，以及中国文人士大夫为何醉心酒事了。

二、酒戏

（一）渊源

酒戏，又称酒令，是人们在饮酒过程中游戏取乐的各种方式。在"酒以成礼"的古代社会，酒令的作用主要是为了维持宴乐过程中的礼节和秩序，古代文献对此有不少记载，例如：

宾之初筵，左右秩秩。笾豆有楚，殽核维旅。酒既和旨，饮酒孔偕。钟鼓既设，举酬逸逸。大侯既抗，弓矢斯张。射夫既同，献尔发功。发彼有的，以祁尔爵。

……

凡此饮酒，或醉或否。既立之监，或佐之史。彼醉不臧，不醉反耻。式勿从谓，无俾大怠。匪言勿言，匪由勿语。由醉之言，俾出童羖。三爵不识，矧敢多又？
——《诗经·小雅·宾之初筵》

闾胥，掌其比觥挞罚之事。（注：觥挞者，失礼之罚也。）
——《周礼·地官》

君子之饮酒也，受一爵而色洒如也；二爵而言言斯礼；已三爵而油油以退。
——《礼·玉藻》

宋人赵与时在《宾退录》中曾说：

余谓酒令盖始于投壶之礼，虽其制皆不同，胜饮不胜者则一。

投壶是古代盛行的宴饮之戏，《左传·昭十二年》载："晋侯以齐侯宴，中行穆子相，投壶。"投壶之戏有一套完整的程式和规矩，《礼·投壶》对此有详细记载，并说："投壶者，主人与客燕饮讲论才艺之礼也。"实际上，投壶之礼与古代的"射礼"密切相关。射礼是一种射箭比赛的礼仪，根据中靶的多少决定胜负，罚负者饮酒。

但酒事的发展是不以人的意志为转移的，用以"成礼"的酒逐渐演变为"成欢""成趣""成醉"之物，"酒令"亦随之而变为助酒兴的主要工具。古之酒戏至唐而越发兴盛，"酒令"到唐代也开始作为专有名称，指酒席上饮者以酒为注的游戏方式。唐·李肇《唐国史补》说：

……国朝麟德中，壁州刺史邓宏庆始创平、索、看、精四字令，至李稍云大备，自上及下，以为宜然。

后世流行的四大类酒令——筹令、雅令、骰子、通令，在唐均已出现。从现在的情形看,除一些"通令"和"骰令"外,筹令、雅令已近乎绝迹,而筹令、雅令却是传统酒令中较为文雅和有趣的,不亦悲夫!

(二) 筹令

以抽签来决定饮者及饮之多寡的"筹令"是一种简便和雅俗共赏的酒令形式,在唐代已非常流行。在江苏丹阳曾出土一套完整的唐代酒令筹,包括令筹 50 枚,令旗、令纛杆、筹筒各一。筹筒有龟座,银质涂金,形制极其精美。其令辞取自《论语》,如:

一箪食,一瓢饮。自酌五分

有朋自远方来,不亦乐乎。上客五分。

筹令,大者有百十筹,小者仅十余筹。玩筹时,只要按规矩抽筹即可,不必伤神费脑,而筹面又十分有趣,故流行于才子佳人之辈。较知名的筹令有:《论语》酒筹令、觥筹交错令、二十四花风令、唐诗酒筹令、六十四卦令、七十二候令、《西厢记》酒筹令、《水浒》酒筹令、《红楼梦》筹令,等等。

与筹令类似的一种酒令是"牌令",又叫"叶子酒牌",产生于唐,完备于宋,牌面往往图文并茂。玩"牌"时,先将牌反扣在桌上,众人逐次揭牌,并按牌中所写令辞、饮法行令或饮酒。例如:

第一签　　孔融开尊

孔融诚好事,其性更宽容。

座上客长满,杯中酒不空。

得此不饮,为座客斟酒,各饮一杯。

——《安雅堂觥律》

(三) 雅令

雅令,俗称口头文字令,有对诗、拆字、联句、回环等多种形式,是才子佳人、文人墨客之流的风雅之事,非常人所玩之令。下略举数例,以供欣赏。

1."落地无声令"。宋代,僧道之中亦不乏饮者,如东坡之好友佛印是也。僧道中与文人交游者,一般都有较高的品性修养。《梦

溪笔谈》就记录了东坡、佛印、晁补之和秦少游创制的"落地无声令",其云:

苏东坡、晁补直、秦少游同访佛印师,留饮般若汤。行令,上要落地无声之花,中要人名贯,末要诗句。

东坡云:"雪花落地无声,抬头见白起,白起问廉颇:'如何爱养鹅?'廉颇曰:'白毛浮绿水,红掌拨清波。'"

补之云:"笔花落地无声,抬头见管仲,管仲问鲍叔:'如何爱种竹?'鲍叔曰:'只须两三竿,清风自然足。'"

少游云:"蛆屑落地无声,抬头见孔子,孔子问颜回:'如何爱种梅?'颜回曰:'前村风雪里,昨夜一枝开。'"

佛印云:"天花落地无声,抬头见宝光,宝光问维摩:'僧行近如何?'维摩曰:'对客头如鳖,逢人项似鹅。'"

2. "两土为圭"《笑笑录·卷五·行令》言:

江南无锡令卜大有善谑,闻新任宜兴方苓有口才,思窘之,与武进令预构一令。

会公宴,举觞曰:"两火为炎,此非盐酱之盐;既非盐酱之盐,何以添水便淡?"

武进令曰:"两日为昌,此非娼妓之娼;既非娼妓之娼,何以开口便唱?"

方令曰:"我不难遵,但恐冒犯卜老先生。"众曰:"但言之。"乃曰:"两土为圭,此非乌龟之龟;既非乌龟之龟,何以添卜成卦?"众大笑。

3. 一字五行偏旁成字令。又名"五行俱配令",每人出一字,在此字的左右上下加"金、木、水、火、土"皆能成字。合席论说,错者罚酒。例如:

可:锏、柯、河、炣、坷;

兆:铫、桃、洮、姚、垗;

佳:锥、椎、淮、焳、堆;

4. 字藏字令。每人举出一字,再将此字分解成约定的字数,如一字藏五字。

章:六、立、日、十、早;

查:十、木、日、旦、一;

王:一、十、二、干、土;

5. 拆字贯句令。行令人先拆字,再合字;然后,以拆字为头,下连古诗成句,合字要在诗句中。清·梁章钜《归田琐记》中记有一例,其文云:

前明陈询,忤权贵被谪,同僚送行,因饯席说令。

陈询曰:"轰字三个车,余斗字成斜;车车车,远上寒山石径斜。"

高谷曰:"品字三个口,水酉字成酒;口口口,劝君更尽一杯酒。"

6. "春"字诗令。有两种方法,一是每人吟一句以"春"字开头的诗句;二是第一人的"春"字居首,第二人的"春"字在第二字,依此类推。例如:

春城无处不飞花

新春莫误由人意

却疑春色在人家

草木知春不久归

十二街中春色遍

昨夜日日典春花

诗家情景在新春

7. 二物同名令。每人说一名称,要两物同此名,合席依次轮说,错者罚酒。例如:

杜鹃——鸟名、花名;

尚书——官名、书名；

醁醾——花名、酒名；

8. 一物双说令。先说一物，再说两句与此物相关，且音同义反的话。例如：

风中蜡烛，流半边，留半边。

梦里拾珠，拾一颗，失一颗。

(四) 骰令

骰令，即掷骰子行令，是唐代酒令中较流行的一种。骰令以骰子的点数来确定胜负或制令，因一骰有六点（采点），且骰子数可多可少，故变化无穷。在明清时期，骰令大行其道，人们根据骰面点数的变化编制了许多酒令。例如：

二月掷骰令：合席用一枚骰子轮摇，每摇均有令辞，边摇边宣，每人一次。令辞及饮法为：

宣："二月艳阳天气。"

得"二"点免饮，无辄照点数饮。

宣："桃红柳绿鲜鲜。"

得"四"、"六"免饮，无辄照点数饮。

宣："三五游蜂浪蝶。"

得"三"、"五"免饮，无辄照点数饮。

宣："一莺飞扑花前。"

得"么"、"四"免饮，无辄照点数饮。

事事如意令：合席用四枚骰子轮摇，得"四"则口数"一四"，至第四个"四"时，掷者饮一杯；以下每得一"四"，掷者均饮一杯。累积到16个"四"，掷者饮双杯，收令。此外，每次掷骰时，四枚骰子点数合为 16 时，叫"事事如意"，全席各饮一杯。无"四"或"16"时，皆饮一杯。

猜点令：先推一人为令官，以骰筒摇两枚骰子，摇号后扣在桌上,令席间一人猜所得之点数。不中,猜者自饮一杯;中,令官自饮一杯。

抢红令:人数不限,用骰六枚,轮流掷骰,得红"四"取出,至六枚红"四"取完为止。每掷,无红"四"者,罚酒一杯。

酒逢知己令:骰子表面刻的不是点数,而是古代最相契的三对人名,即伯牙、钟期,子产、季札,管仲、鲍叔。共两骰,一人先掷,并将骰子摆在桌面上,以下诸人用令一骰子再掷,如掷得相对者,则二人对饮一杯。

人们还将骰令与其他游具相结合,而成为综合性的骰子令,如"月夜声图令""揽胜图令""日怡怡斋觞政"等,具体玩法与现在的"跳棋"相仿。

(五) 通令

通令,又称游戏令,有射覆、传花、抛球、划拳等多种形式,又以划拳最受百姓欢迎,现今仍有大量的好"拳"者。

1. 射覆。射覆由汉代的"藏勾"游戏发展而来,虽形式多样,但基本方式都是将一物藏起来,令别人猜射。下略举一二:

猜枚:又称"猜拳""博拳""藏阄",行令时,一人手握某物,令人猜射,不中罚酒。以"猜子令"而言,较简单的是出令人左右手一空一实,令对方"射"哪一只手是"实"的,猜不中罚酒,猜中由"覆"者喝酒;较复杂的如"五子三猜两不空令",其法是:用两枚花生、三枚瓜子,分别握于两手,随意出一拳,令对方先猜单双,后猜几枚,再猜红白。猜中则由覆者饮酒,猜不中则射者饮酒。

猜花令:饮者分为"覆"、"射"两队,将10只酒杯扣在盘中,覆队将一朵花覆在一只酒杯中,令射。若射不中,则将酒杯斟满,射队分饮。饮后,将杯子另放他处。若一连九杯不出,叫"全盘皆空"。若射中,则将该杯及盘中所余之杯斟满,由覆队分饮。

2. 划拳。又称"豁拳"、"豁指头"、"搳拳"、"拇战"、"拇阵"等,一般为两人对战。其法是双方各出手指之数,相加后,按一定规则论胜负,实战中有多种行令之法。下略举一二:

五行生克令:大拇指为"金"、食指为"木"、中指为"水"、无名指为"火"、小拇指为"土"。二人同时出拳,金克木、木克土、土克水、水克火、火克金,负者饮酒。

哑拳:只出手,不出言,出言者罚。猜之数事先约定,如一方认"五",则两手相加为五时,认五者胜;一方认"对",则两人出指数相同时,认"对"者胜。

内拳:以不出的手指作数。如二人各出一指,则呼"8"者中;两人各出一拳,则呼"10"者中。

抬轿令:三人猜拳,同时出手,不许出声,出声者罚酒。划拳时,如两人所出指数相同,则为"抬轿",另一人为"坐轿",坐轿者饮酒。

三、礼俗

(一) 酒礼

在《晏子春秋》中有一个故事,说晏子与景公喝酒,到了傍晚,景公要人点灯与晏子继续饮酒,晏子却说如果再喝就要失礼了。古人对宴饮之礼是十分讲究的,古代文献对此亦有详细的记载,下面我们来看一下《仪礼·乡饮酒礼第四》中的一个片段:

羹定。主人速宾,宾拜辱,主人答拜,还,宾拜辱。介亦如之。宾及众宾皆从之。主人一相,迎于门外,再拜宾,宾答拜。拜介,介答拜。揖众宾。主人揖,先入。

(肉煮熟。主人前往召请宾,宾拜谢主人的屈尊驾临,主人对宾答拜。退出时,宾又一次拜谢主人的屈驾来临。召请介的仪式相同。宾和众宾随后而至。主人与一位相礼人到乡学的大门外迎接宾客,对宾两拜,宾答拜。拜迎介,介答拜。(主人)又对众宾一揖,然后先入大门。……)

请客之礼就如此复杂,宴饮过程中的礼数就不用再说了。当然,现代的饮酒之礼与古代之礼相比在程式上已大大简化了。

不过,酒礼只是宴会之礼的一个部分,有时很难分开,如果就酒言酒的话,明·袁宏道《觞政》之说则可资借鉴。此外,清·黄周星《酒社刍言》中的"三戒"也是言之有理,现辑录于下,以供参阅:

一戒苛令:

世俗之行苛令,无非为劝饮计耳,而不知饮酒之人有三种:其善饮者不待劝,其绝饮者不能劝,惟有一种能饮而故不饮者宜用劝。然能饮而故不饮,彼先已自欺矣,吾亦何为劝之哉?故愚谓不问做主做客,惟当率真称量而饮,人我皆不须劝。既不须劝矣,苛令何为?

一戒说酒底字:

说酒底字者,将观人之博慧也。然圣贤所谓博与慧者,似不在此,况吾辈终日兀坐编摩,形神孪悴,全赖此区区杯中之物以解之。若苦心焦思,搜索枯肠,何如不饮之为愈乎?更有一种狂黠之徒,往往借觞政以逞聪明,假席纠以作威福。此非吕雉之宴,岂真许军法行酒乎?若不幸逢此辈,惟有掉头拂衣而已。

一戒拳閧:

佐饮之具多矣。古人设为琼畟(骰子)以行酒,五白六赤,一听于天,何其文而理也。即藏钩、握子、射覆、续麻诸戏,犹不失雅人之致。而世俗率用拇阵虎膺,以逞雄角胜。捋拳奋臂,叫号喧争,如许声态,亦诚异于市井之夫、舆儓之辈乎。愚尝谓天下事无雅俗,皆有学问存焉。若此种学问,则敛手未敢奉教。

(二) 酒俗

酒俗,即饮酒的风俗习惯,一般可分为日常之俗、节令之俗和民事之俗。与酒之礼一样,酒之俗也与相关的宴会之礼密切相关,有时很难分开而言。但如果把酒作为一种特定的民俗事象来看,我们可以发现在不同场合,不同地区和不同民族(人群)之间,还是能识别出一些饮酒习俗上的差异。

1. 日常之饮。要而言之,日常之饮的差异首先表现在酒的类别上,例如,江浙人比较喜欢喝黄酒,北方人则比较喜欢白酒;哈尔滨人喝啤酒闻名天下,广东、海南一带则对各种补酒、药酒很感兴趣;蒙族人喜欢喝马奶酒,藏族同胞则钟情青稞酒。

其二,是一席之酒的差异。传统上是"从一而终",现在更多的则是"三中全会"——白酒、葡萄酒、啤酒一起上;传统上,很少根据季节的变化而选择适宜的酒种,现在很多人则因时而异,夏季是啤酒的天下,冬季则是白酒的世界。

其三,是"觞政"之异。一些民族或地区喝酒时宾主皆醉,方为尽兴。因此,也衍生出诸多的"酒规",如:"酒过三巡,自找对象""先干为敬""敬者干,被敬者随意""敬者随意,被敬者干杯""被敬必回敬""尊(长)者随意""打通关"等等;有些地区则是主随客便,随意而为,各取所需。现在,除传统"酒令"中的"划拳""猜枚"等时有所见外,其他的形式已难得一见了。在一些少数民族地区,一些传统的"觞政"还被延续着,如布依族人喝酒时所唱的"酒歌"(对歌)。

其四,是饮具与饮法之异。碗和杯是现在常见的饮酒具。杯的尺寸差异很大,有些好酒的地方喜欢用小杯("牛眼杯")喝酒,看起来杯子很小,闹起酒来,则是"害人不浅";在一些少数民族,酒具则是坛或瓮。通常饮酒,均是一人一具,但有些少数民族则有众人共器而饮的习俗,如贵州苗族的"饮咂酒"、彝族的"转转酒"和"杆杆酒"、壮族的"打鬏"等。

其五,是待客之俗。"以酒待客"是中华民族的传统风俗习惯之一,相对说来,则少数民族的酒俗更加丰富多彩,以蒙古族为例:

客人上门,主人要先敬奶酒,然后是酒宴款待。喝酒时,客人将杯中酒喝尽方为礼貌,主人会很高兴。饮酒时,还有主客互尝杯中酒或换杯而饮的习俗。如若是换杯,则客人要将杯中酒饮尽。客人喝醉了,才显得主客一条心,主人则格外高兴。有贵客光临,蒙古族人会举行名为"德吉拉"的仪式:主人在酒瓶口上抹上酥油,先由上座客人用右手食指蘸一点在额头上抹一下,然后依此轮流,结束后,主人才开始斟酒宴客。

2. 节令之饮。各个民族都有自己的传统节日,有些民族也有与其他民族共有的节日,酒宴也是节日中不可缺少的活动内容。有些节日对酒或饮酒之法并无特别的规定,而在另外的一些节日则会对酒或饮法有专门的讲究。对汉族节日来说,比较特殊的节日之酒有:上巳节的"流觞曲水"之饮,端午节的"雄黄酒",重阳节的"菊花酒"等;而中秋节的赏月之饮,通常是在晚饭之后的"闲庭"之中进行的。在少数民族中,比较有代表性的节日之酒有蒙古族的马奶节之酒和除夕夜的祭酒,达斡尔族的"耍青"之酒,闽东畲族二月二的祭酒,广西壮族四月初八的"牛魂节"之酒,台湾高山族的"丰收节"之酒,藏族的"洛萨节"之酒,宪族年节的"咂酒"对唱,云南哀劳山哈尼族年节的"资乌都"(街宴),苗族吃新节的祭酒,贵州侗族二月二的"龙肉酒",广西瑶族六月六"护青保苗节"的祭酒,广东连南、连山八排瑶的"耍歌堂节"之酒,广西灌阳县瑶族的"贺年酒",广西巴马瑶族的"留拉酒节",以及广西西部瑶族正月初一的"喷酒"之俗,等等。

3. 民事之饮。在婚嫁诞寿、丧葬祭祀、迁居造屋、饯行接风等诸多民事活动中,也少不了酒的踪影,各民族皆然。在各种民事活动中,对"酒"或用"酒"有专门讲究的主要是婚嫁、祭祀和丧葬等。下面简要介绍一下婚嫁之酒。

婚嫁之酒,各民族及不同地区有所不同,以汉族而言,过去行提亲、定亲之俗时,有"提亲酒""定亲酒"之名;结婚时则曰"喜酒",赴喜宴则常称"吃喜酒"。喜宴上,新婚夫妻喝"交杯酒"是必不可少的项目。浙江绍兴一带的"女儿酒"和"状元红"更是名扬四海。"女儿酒"是生女孩的人家在孩子出生之年酿造的酒,并窖藏起来,等到女儿出嫁时作为"嫁妆",或是招待宾客;"状元红"则是生男孩之家所酿之酒。

少数民族的婚嫁之酒名目繁多,特色鲜明。例如:传统藏族风俗中的"提亲酒"和"订婚酒",四川阿坝羌族提亲时的"开口酒",云南拉祜族求亲时的"火笼酒",云南丽江纳西族求亲时的"小酒"和"大酒",朝鲜族订婚时的礼酒;侗族婚礼上的"打马游街,解粮讨赏",湖南湘西土家族婚礼上的"喝上马酒",云南独龙族婚礼中的"喝同心酒",广西瑶族婚礼上的"连心酒",海南黎族的"收席酒",等等。

四、祸德之论

从"帝女令仪狄作酒而美,进之禹。禹饮而甘之,遂疏仪狄,绝旨酒;曰:'后世必有以酒亡其国者'"开始,因惧酒害而起的禁酒之论几乎历代不绝于耳。《尚书·酒诰》是周公以成王之命,告诫康叔禁酒而作之文。《周礼》中亦有多处关于酒政的记载。后人拥护《尚书》《周礼》之禁酒或"谨酒",言酒害者颇多。晋人葛洪在《抱朴子·酒诫》中说:

宜生之具,莫先于食,食之过多,实结症瘕,况于酒醴毒之物乎?夫使彼夏桀、殷纣、信陵、汉惠,荒流于亡国之淫声,沉溺于倾城之乱色,皆由乎酒薰其性,醉成其势,所以致极情之失,忘修饰之术也。

此外,如宋代之苏轼、明代之邱浚、清代之顾亭林和方苞等都是赞成酒禁或"谨酒"的知名人士。

与"酒祸"论形成鲜明对比的是"酒德"论,历代为酒歌功颂德的也大有人在,且不乏名流。孔融之说已成"千古名言",即使是杀孔融的曹操亦不能对酒忘情,他在《短歌行》说:"对酒当歌,人生几何""何以解忧,唯有杜康"。晋时沛人刘伶有"狂徒"之称,其《酒德颂》亦为古来咏酒名篇,其曰:

有大人先生者,以天地为一朝,万暮为须臾,日月为牖,八荒为庭衢。行无辙迹,居无室庐,幕天席地,纵意所如。行则操卮执觚,动则挈榼提壶,唯酒是务,焉知其余?有贵介公子,缙绅处士,闻吾风声,议其所以。乃奋袂攘襟,怒目切齿,陈说礼法,是非锋起。先生于是方捧罂承槽,衔杯漱醪。奋髯箕踞,枕曲藉糟。无思无虑,其乐陶陶。兀然而醉,恍尔而醒,静听不闻雷霆之声,熟视不见泰山之形,不觉寒暑之切肌,利欲之感情。俯观万物之扰扰,如江、汉之浮萍。二豪侍侧焉,如螺蠃之与螟蛉。

酒醉之后的飘然欲仙确实令人陶醉。南北朝以来,历代文人墨客对酒的赞美不绝于耳。唐代"天子呼来不上船"的李白自不必言;而赞同《尚书》《周礼》之说的苏东坡先生,实际上是一个善酿之人,对酿酒之法尤其关心。

宋·王禹偁在《续酒德颂》中对酒之祸德的剖析颇中其要,他说:

《诗》有六义焉,颂居其一也,所以游扬德业,褒赞成功,美盛德之形容,告于神明者也。观乎伯伦之颂,异乎是哉。徒以大人先生放荡为辞,似未知酒德之故。乃赓而颂之。夫天有酒星,地有酒泉。圣人之法天地而为酒。先用之以祭神祇,次用之以飨宾客,然后劳来众士,宠锡有功。中其礼者,酒之德也。是故尧设衢尊,使至者尽饮;禹疏仪狄,恐国以酒亡。此天子之德也。勾践投醪,士卒皆醉;文侯受锡,征伐自专。此诸侯之德也。傅说应命,著曲蘖之用;管仲弃酒,陈讽谏之词。此卿士之德也。斯乃载在前籍,垂之后昆。操卮持觚,幕天席地者,不得与焉。至于尧舜千钟,孔子百觚,亦无所取也。肖梁重浮华之文,忘礼法之度,列于王褒、陆机之间,不其失耶?必于衔杯漱醪,提壶挈榼,称之为德,则糟丘酒池,德之大者也。及乎亡桀纣,败义和,篾不由于斯矣,又何德云?颂曰:……饮无沉湎,道乃昭格。畅叶人神,是酒之德。

如果撇开政治、经济和道德背景,祸德之争对于饮酒者而言主要是饮酒之度的问题。在这个问题上,宋·邵雍有一句名言,曰:"美酒饮到微醉后,好花看到半开时。"

五、酒著述

古往今来,与酒相关的著述不胜枚举,举其要者有如下数种:

《酒令》,汉·贾逵撰,见诸著述最早的酒令之书,已佚。

《九酝酒法》,汉魏·曹操撰,记述"九酝春酒"的酿造之法。

《齐民要术》,北魏·贾思勰撰,记录了40多种酒的酿造方法,其中有作者亲历的,亦有辑自古籍的。此书对研究古代酿造技术极为重要。

《北堂书钞》,唐·虞世南等撰,卷142~148为酒食部,卷148为酒部,所录酒典故、诗文丰富,多有亡佚之书的内容。

《艺文类聚》,唐·欧阳询等撰,卷70食物部有酒的内容,收录唐以前的酒事、酒典,颇多亡佚之书的内容。

《醉乡日月》,唐·皇甫崧撰,为"觞政"之作,全书已佚,只存部分内容。

《酉阳杂俎》,唐、段成式撰,卷7酒食,记述了南北朝及唐代的酒俗、酒名、酒产地、酒掌故等内容。

《太平御览》,宋·李昉等撰,卷843~867为饮食部,对唐及唐以前的酒事记述甚丰。

《太平广记》,宋·李昉笋撰,卷233为酒部,资料十分丰富,有大量唐以前的酒文化资料。

《酒经》,宋·苏轼撰,讲述酿酒之法。

《北山酒经》,宋·朱肱著,据称是古代酿酒史上学术水平最高、最能体现黄酒酿造技术精华,对酿造最有指导价值的著述。

《酒谱》,宋·窦苹著,百科全书式的酒著。书中有大量有关酒事的历史资料,从源、名、事、功、节、度、诫、异、异域、性味、酒令、饮器等方面对酒进行了全面的论述。

《熙宁酒课》,宋·赵珣撰,宋熙宁年间的酒政资料,记录有当时各道州郡的酒务数、税款额。

《觥记注》,宋·郑獬撰,著录历代酒器及来历掌故。

《清异录》,宋·陶谷撰,书中有较多关于唐、五代时期酿酒、饮酒习俗的资料。

《武林旧事》,宋·周密撰,书中有大量关于宋代酒业、酒事、酒俗的资料。与此书相类似的还有:宋·赵□(耐得翁)的《都城记胜》,宋·吴自牧的《梦粱录》,宋·孟元老的《东京梦华录》等。

《酒名记》,宋·张能臣撰,记载了北宋时各地名酒百余种和出处。

《酒尔雅》,宋·何剡撰,训诂与酒有关的各种字义。

《酒本草》,宋·田锡撰,记述数种药酒的性味、功用和禁忌。

《罚爵典故》,宋·李廌撰,记历代罚酒器,并注明出处。

《觞政述》,宋·赵与时撰,讲述酒令来源及行令之法。

《酒小史》,元·宋伯仁撰,记历代名家及各地所出之名酒。

《酒乘》,元·韦孟撰,著录"六经"以来有关酒的文献著述,目录学价值较高。

《安雅堂觥律》,托名苏轼,实为元明人之作,是行酒令用的"酒牌"集。

《饮膳正要》,元·忽思慧撰,书中明确提及蒸馏烧酒,对饮酒之宜忌作了总结。

《居家必用事类全集》,元·佚名撰,为研究元代酿酒史的重要资料。

《醉乡律令》,明·田艺蘅撰,为"觞政"之书。

《农政全书》,明·徐启光撰,其食物部中有造曲、酿酒之法。

《本草纲目》,明·李时珍撰,分米酒、烧酒、葡萄酒各论其事,收录了大量的药酒方。

《天工开物》,明·宋应星撰,对明代制曲工艺有较详细记载。

《遵生八笺·酝造类》,明·高濂撰,为研究明代酒曲发展和药补酒酿制提供了宝贵的资料。

《觞政》,明·袁宏道撰,详述"觞政"之事。

《酒史》,明·冯时化撰,摘录前人著述,兼记历代名酒、酒事、酒诗文。

《酒颠》,明·夏树芳撰,记历代酒人、酒事。

《酒社刍言》,清·黄周星撰,为"觞政"之述。

《嬾园觞政》,清·蔡祖庚撰,酒令之书。

《胜饮篇》,清·郎廷极撰,酒文化著述,涉猎广博。

《调鼎集》,清·佚名撰,一般以其烹饪资料为重,实际上其中关于绍兴酒的记述具有重要的资料价值。

第七章 酒文化

中国植物栽培辑要(6)

豆菜类的栽培植物：

1. 豌豆。属豌豆属，豆科。

相传汉时由张骞从西域带回，但自先秦以来文献多有记载。《尔雅》中的戎菽豆，就含有豌豆，《本草经》中的胡豆，《辽志》中的回鹘豆，《四民月令》中的宛豆，《唐史》中的毕豆等皆指豌豆。大概2000年前，豌豆品种已由西北地区输入内地栽培。

2. 蚕豆。属野豌豆属，豆科。一般认为原产在亚洲西南部到非洲北部一带。《旧约》有关于蚕豆的记载。西方蚕豆传入我国的时间大约是13世纪，据说阿拉伯人曾在元代将蚕豆传入云南和四川，四川人至今仍称蚕豆为胡豆(或佛豆)。我国是否有原产蚕豆，意见不一。

3. 菜豆。菜豆属的栽培植物主要有：

绿豆，唐代孟诜《食疗本草》，宋代马志等所著《开宝本草》均有记载，栽培绿豆是我国的原生植物。菜豆，又叫芸豆、四季豆、豆角，一般认为大都分布在南美洲。大约在16世纪由美洲输入欧洲和亚洲(中国和日本)。

赤小豆和赤豆是我国的原产豆类。

4. 豇豆。属豇豆属，豆科，又称带豆，原产东亚，我国有很久的栽培历史。

5. 扁豆。扁豆属，又叫蛾眉豆。较早的记录有《名医别录》《唐本草》等书。据说原产印度和印度尼西亚，广东有一种双花扁豆却是本地原有。

糖料类的栽培植物：

1. 甘蔗。属甘蔗属，禾本科，是我国一个相当古老的栽培植物。

古代称柘，春秋战国时已出现在诗歌典籍之中。

2. 恭菜。属甜菜属，藜科。分布世界各地。

我国唐代以前应已有栽培。《名医别录》《唐本草》等书均有恭菜和莙荙的记载。

兴奋类的栽培植物：

1. 烟草。属烟草属，茄科。原产地在美洲大陆中部。

在发现新大陆之前，据说旧大陆人不知吸烟。哥伦布在1492年第一次发现新大陆时，才记载当地人栽培烟草，和水手仙哥开始学吸烟的故事。烟草开始输入欧洲是16世纪后半期。英国栽培烟草开始于1580年(由美国弗吉尼亚传入)。澳大利亚和俄国栽培烟草是1670年由土耳其输入的。土耳其的烟草是17世纪由意大利威尼斯商人带来的，同时传到印度、中国(明万历年间，1573~1619年)、日本，后又传入波斯。烟草传入我国的另一条路线是西班牙人于16世纪(1543年)将烟草带到菲律宾,然后传入中国。17世纪赫伯特记载过波斯人如何用水烟袋吸烟,这种吸烟方法以后很快传遍中国各地。

2. 茶。属山茶属,山茶科。我国特产植物,原产地。

3. 咖啡。属咖啡属,茜草科。原产热带非洲东部。

人类何时开始饮用咖啡无确切记载,据说最早饮用的是埃塞俄比亚人,13世纪的记载表明阿拉伯人已饮用咖啡,17世纪咖啡种植在法国普及,由此渐渐发展到欧洲各地。我国引种的历史不长。

4. 可可。属可可属,梧桐科。中南美洲和西印度群岛一带,即美洲的热带是其原产地。

种子焙炒制粉就是可可粉,可饮用、药用,又是制巧克力的原料。新大陆发现之前,旧大陆人对此一无所知。

16世纪西班牙开始栽培可可,以后遍及欧洲各国,我国引进的时间很短。

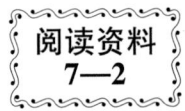

戒　酒

老舍

并没有好大的量,我可是喜欢喝两杯儿。因吃酒,我交下许多朋友——这是酒的最可爱处。大概在有些酒意之际,说话做事都要比平时豪爽真诚一些,于是就容易心心相印,成为莫逆。人或者只在"喝了"之后,才会把专为敷衍人用的一套生活八股抛开,而敢露一点锋芒或"谬论"——这就减少了我脸上的董事会气,看着红扑扑的,人有点样子!

自从在社会上做事至今的廿五六年中,虽不记得一共醉过多少次,不过,随便的一想,便颇可想起"不少"次丢脸的事来。所谓丢脸者,或者正是给脸上增光的事,所以我并不后悔。酒的坏处并不在撒酒疯,得罪了正人君子——在酒后还无此胆量,未免就太可怜了! 酒的真正的坏处是它伤脑子。

"李白斗酒诗百篇"是一位诗人赠另一位诗人的夸大的谀赞。据我的经验,酒使脑子麻木、迟钝,并不能增加思想产物的产量。即使有人非喝醉不能作诗,那也是例外,而非正常。在我患贫血病的时候,每喝一次酒,病便加重一些;未喝的时候若患头"昏",喝过之后便改成"晕"了,那妨碍我写作!

对肠胃病更是死敌。去年,因医治肠胃病,医生嘱我戒酒。从去岁十月到如今,我滴酒未入口。

不喝酒,我觉得自己像哑巴了:不会嚷叫,不会狂笑,不会说话! 啊,甚至于不会活着了! 可是,不喝也有好处,肠胃舒服,脑袋昏而不晕,我便能天天写一二千字。虽然不能一口气吐出百篇诗来,可是细水长流的写小说倒也保险;还是暂且不破戒吧!

(资料来源:唐大斌编,《名家论饮》,湖北人民出版社,2004年)

复习思考题

1. 谈谈你对"酒德论"的看法。
2. 你如何评价"酒祸"之说?
3. 简述宋代酒政的特点。
4. 简述酒的功用。
5. 传统"酒令"能复兴吗?

第八章

宫廷、家庭、市肆

第一节　宫廷饮食

在古代，皇帝是一人独尊的"天子"，享有自称是上天赋予的统治子民的权力，因此，在日常生活的衣食住行上也要表现出这种天赋权力的威严和气势——不同寻常。自有文献记载以来的历史中，宫廷饮食或记之于正史，或传诸于野乘，或见之于诗文笔记，而成为饮食文化传承中的独特一景，即使是在现代社会，"国宴"也是一国饮食文化之"重头戏"。下面我们将从四个方面对古代宫廷饮食作简要描述。

一、专门的机构

传说中，夏代"少康中兴"之主少康在落难时，曾做过有仍氏的牧官，后被寒浞追杀，又逃到舜的后裔有虞氏那里做了一位"厨官"，后来攻灭寒浞，恢复了帝位。既然有虞氏都有厨官伺候，夏帝的宫中也就自然是有的了。这说明，在夏代的宫廷中已经有专门掌管厨事的"行政官员"了。对此，目前虽然还缺乏更多的文物或文字资料加以充分证明，但从常理推断：随着等级观念的产生、国家的出现和财富的相对增加，维系和显示统治者的个人权威就成为了一种"社会需要"，这种需要的维持则需要借助一定的行政和服务体系才能够实现,而统治者的饮食供给服务则是不可或缺的内容。因为,一方面,统治者的饮食行为要与其特定的身份、地位相称,以显示其不同常人;另一方面,饮食也是统治者用以治国或维持其统治地位的一种有效工具。

在中国,文献对古代宫廷食事的详细记载始于《周礼》。根据《周礼·天官冢宰》所记之内容,我们可以知道,其时已形成了一套比较完备的宫廷饮食供给体系,并突出地表现于机构和职位的设置上。据王仁湘先生的统计,《周礼》中的食官有20多种,每官之下还有不同数量士、府、史、胥、贾、徒、奄、女和奚等之类的助手或役工,人数总计达2294人之多。现将主要官职及主要工作任务简述如下:

膳夫——掌管周王及王后、世子的饮食供给。

庖人——掌管六畜、六兽、六禽等原料的供给。

内饔——掌管王及后、世子饮食的烹调之事。

外饔——掌管祭祀及宴客肴馔的烹调,并要准备用于赏赐军队的脯肉。

亨(烹)人——负责内外饔所需肴馔的具体烹调,负责用于祭祀和招待宾客的大羹、铏羹的烹制。

甸师——负责王田的耕作和粮草果蔬的供应。

兽人——负责狩猎之事,供应应时猎物。

渔人——负责捕鱼事务,应时而供。

鳖人——负责"春献鳖蜃,秋献龟鱼。"

腊人——负责制作腊肉。

食医——负责周王"六食、六饮、六膳、百羞、百酱、八珍"的滋味调和之事。如凡和,春多酸,夏多苦,秋多辛,冬多咸,调以滑甘"之类是也。

酒正——掌管"酒政",负责供应酿酒的原料,以及酒的供应。

浆人——负责为酒正提供"六饮",即水、浆、醴、凉、医、酏。

凌人——负责凿冰、藏冰、备冰及赐冰之事。

笾人——负责四"笾"(竹或木制高脚盘)所盛食物的供应。四笾为朝事之笾、馈食之笾、加笾和羞笾。

醢人——负责四"豆"(陶制高脚盘)所盛食物的供应。四豆为朝事之豆、馈食之豆、加豆和羞豆。

醯人——负责"五齐七菹"(酱菜、腌菜之类的食物)的供应。

盐人——掌管盐政,并负责各种盐的供应。其时盐有苦盐(池盐)、散盐(海盐)和形盐(做成虎形)之分。

幂人——负责巾幂(覆盖、擦拭之物)的布置。

历代食官之制虽有名目或"岗位"设置上的差别,但"分工细致、各司其职、惟恐不周"的基本思路则与周代之制是一脉相承的。隋后历代,大多承隋制,设"光禄寺"以总管宫廷之膳食。以唐代光禄寺而言,其下设太官、珍羞、良酝和掌醢四署,具体分工是:

太官署——置令2人、丞4人,掌供祠宴朝会膳食。官员有府4人、史8人、监膳10人、监膳史15人、供膳2400人、掌固4人。

珍羞署——置令1人、丞1人,掌供祭祀、朝会、宾客之庶羞,以及榛、栗、脯、脩、鱼、盐、菱、芡等的供应。统领府3人、史6人、典书8人、饧匠5人、掌固4人。

良酝署——置令2人、丞2人,掌供五齐三酒郁鬯。统领府3人、史6人、监事2人、掌酝20人、酒匠13人、奉觯120人、掌固4人。

掌醢署——置令1人、丞2人,掌供醯醢之物。统领府2人、史2人、主醢10人、酱匠23人、酢匠12人、豉匠12人、菹醢匠4人、掌固4人。

二、讲究礼仪

在强调"礼之初,始诸饮食"的中国社会,进食过程中的礼节问题历来为人们所重视,而这种礼仪对于帝王之家尤其显得重要,否则,不足以体现皇家的尊贵,泱泱帝国的权威,以及神圣不可侵犯的纲常伦理。宫廷膳食中礼仪集中地体现于规格、程式等方面。

(一)规格

随着时代的发展,历代宫廷膳食之规格也有所不同,例如,周王以"六食、六饮、六膳、百羞、百酱、八珍"为度,但这主要是以供食的原料而论的,不过仅此也可看出其膳食的"规模"了。宫廷宴飨的规格,是维护封建纲常秩序的重要手段之一。《礼记·燕义》对此有明确的解释,其文云:

> 燕礼者,所以明君臣之义也。席,小卿次上卿,大夫次小卿,士庶子以次就位于下。献君,君举旅行酬;而后献卿,卿举旅行酬;而后献大夫,大夫举旅行酬;而后献士,士举旅行酬;而后献庶子。俎豆、牲体、荐羞,皆有等差,所以明贵贱也。

在前面的章节里,曾介绍过南宋张俊宴请高宗赵构的一份食单,那么多的食物,赵构就是每样尝一点肚子也是受不了的。实际上,这种气势主要还是为了表现皇帝的尊贵及与众不同,当然也有张俊拍马奉迎的成分。因为,吃是一回事,场面又是一回事。那么,皇帝在宫中自个儿吃饭时,又是什么样子呢?现在就来看一份清朝乾隆皇帝的早膳食单:

> 肥鸡锅烧鸭子云片豆腐一品(肥鸡和锅烧鸭子再加上豆腐制成的菜)——厨师常二作;
> 燕窝火熏鸭丝一品(燕窝和熏鸭肉丝)——厨师常二作;
> 清汤西尔古一品——厨师荣贵作;
> 攒丝锅烧鸡一品(细切的锅烧鸡)——厨师荣贵作;

肥鸡火熏白菜一品（肥鸡熏制后，再加入白菜制成的菜）——厨师常二作；

三鲜丸子一品（肉丸子一品）——厨师常二作；

鹿筋炮肉一品（鹿筋用旺火烧制而成的菜一品）——厨师常二作；

清蒸鸭子煳猪肉喀尔沁攒肉一品（用盐汤渍的鸭子和猪肉）——厨师荣贵作；

上传炆鸡一品（宫廷传来的炒鸡菜）——皇帝指定做的菜。

以上为正菜。

竹节卷小馒头一品（方形小馒头）；

孙泥额芬白糕一品（夹着枣馅的白糕）；

蜂糖一品（用米粉、面粉和蜂蜜蒸成的蛋糕样点心）；

珐琅葵花盒小菜一品（饰有葵花纹的珐琅盒盛的腌菜）；

南小菜一品（苏州腌菜）；

炭腌菜一品（用盐长时间腌成的菜）；

酱黄瓜一品（用酱油腌的黄瓜）；

苏油茄子一品（花椒油拌茄子）；

以上为腌菜。

粳米饭一品（米饭一品）；

以上为主食。

——爱新觉罗·浩著《食在宫廷》

乾隆就是胃口再大，无论如何也是吃不下这许多"御膳"的，更何况是早上。宫廷饮食对规格的讲究使得奢侈糜费之风盛行。溥佳在《清宫回忆》一书中说：

皇帝每餐都有定制，辛亥革命后已有所削减，但菜还是有六七十种之多。这些都是御膳房做的，另外还有四莅太妃送来的二十几种精致的家常菜。米饭有三四种，小菜有十几种，粥有五六种。在宫内流传这样一句话："吃一看二眼观三"，大概就是形容饭菜多的意思。

(二) 程式

宫廷膳食除了规格上的讲究之外，吃饭时的程式或规矩也是十分了得，尤其是在举行正式宴会之时。例如，《仪礼》所记载之"公食大夫礼"只是国君招待别国来朝的大夫的礼节，规格尚不算很高，但在程式和礼节方面已经是很"隆重"了，"公食大夫礼"的程式包括：如何通知主宾，如何摆放待客之物，如何迎接来宾，如何设俎（食案），如何为宾设正馔、加馔，宾如何祭馔，公如何侑宾，宾卒食如何退，宾如何拜赐等都有详细的规定。下面来看一看其中的两个片段：

……

即位，具。羹定。甸人，陈鼎七，当门，南面，西上，设扃鼏，鼏若束若编。设洗如飨。小臣具槃匜，在东堂下。宰夫设筵，加席几。无尊。饮酒，浆饮，俟于东房。凡宰夫之具，馔于东房。（主人就位。招待主宾的食物陈列在朝庙门外。肉熟了。甸人安放七个鼎，对着门，面朝南，以西为上位，设置鼎杠、鼎盖，鼎盖用茅草，或捆或编结。洗的位置与飨礼相同。小臣在东堂下为国君摆放盛水的盘和匜。宰夫在户西摆放蒲筵，在室中摆放萑席，在左边摆放几。没有酒尊。酒、浆放在东房。凡是宰夫所用之具和食物放在东房。）

……

赞升宾。宾坐席末，取梁，即稻，祭于酱湆间。赞者北面坐，奠取庶羞之大，兴，一以授宾。宾受，兼壹祭之。宾降拜，公辞。宾升，再拜稽首，公答再拜。（辅助之人按国君的旨意让主宾登堂就坐。主宾在席的末端坐下，取粱米，取稻米饭，祭于酱与肉羹中间。辅助之人面朝北坐下，遍取美味中的大块肉,站起来,一一交给主宾。主宾一一接受,一次同时祭。主宾下堂拜谢,国君辞谢。主宾登堂,两次行拜礼,行稽首礼。国君再次回拜。)

……

而"公食大夫礼"仅仅是一种以吃饭为主的待客之礼,如果是以酒为主的"燕礼",或是酒饭兼顾的"飨礼",就更要复杂了。

秦汉以来,随着"罢黜百家,独尊儒术"的"正统"思想的繁衍,历代宫廷的宴飨仪式大多承周代之训,并以"三礼"为圭臬,仿而作之。与周代相比,后来宫廷宴飨的内容或名目逐渐增多,不同名目的宴飨也都有相应的程式和规矩上的要求。《宋史·志·礼十六》说:

> 宴飨之设,所以训恭俭、示惠慈也。宋制,尝以春秋之季仲及圣节、郊祀、籍田礼毕,巡幸还京,凡国有大庆皆大宴,遇大灾、大札则罢。天圣后,大宴率于集英殿,次宴紫宸殿,小宴垂拱殿,若特旨则不拘常制。凡大宴,有司预于殿庭设山楼排场,为群仙队仗、六番进贡、九龙五凤之状,司天鸡唱楼于其侧。殿上陈锦绣帷帘,垂香毬,设银香兽前槛内,藉以文茵,设御茶床、酒器于殿东北楹间,群臣酸豁于殿下幕屋。设宰相、使相……坐于殿上,文武四品以上、知杂御史……坐于朵殿,自余升朝官……,以上分于两庑。宰臣、使相坐以绣墩……自朵殿而下皆绯缘毡条席。殿上用金,余以银。其日,枢密使以下先起居讫,当侍立者生殿。宰相率百官入,宣徽、閤门通唱,致辞讫,宰相升殿进酒,各就坐,酒九行。每上举酒,群臣立侍,次宰相、次百官举酒;或传旨命醋,即揖笏起饮,再拜(曲宴多令不拜)。或上寿朝会,止令满酌,不劝。中饮更衣,赐花有差。宴讫,蹈舞拜谢而退。

乐歌侑食是古来宫廷宴飨的惯制,《诗经》之"小雅""大雅"中的诸多篇章就是贵族宴飨时所用诗歌。如周王宴群臣时所唱的著名的《鹿鸣》，周王夜宴同姓诸候时吟诵的《湛露》，周王赏赐并宴请有功诸候时的乐歌《彤弓》等。当然，周以后宫廷宴飨时所唱颂的内容已发生了变化。鼎鼎大名的《鹿鸣》之歌，其曲调在魏晋之后就已无闻了；一些《诗经》中诗歌的名称虽然还被保留着，但歌词的内容已根据时代的变化而改变了。例如，宋代的宫廷宴飨中仍然有《鹿鸣》《关雎》《鹊巢》《嘉鱼》等《诗经》中诗篇的名目。在宫廷宴飨中，乐歌的安排也是遵照一定程式和规矩的。《宋史·志·乐》对宋代宫廷宴飨时的乐歌安排有详细的记载，以"政和鹿鸣五首"为例：

初酌酒——《正安》

再酌酒——《乐育人才》

三酌——《贤贤好德》

四酌——《烝我髦士》

五酌——《利用宾王》

要严格遵守既多且繁的宫廷宴飨之程式和规矩，并不是一件简单的事情，尤其是在大宴的场合，故与宴者常常会"敷衍了事"，即使是在皇帝的眼皮底下也是照行不误。《宋史·志·礼十六》中说：

……直史馆陈靖上言："古之飨宴者，所以省祸福而观威仪也。故宴以礼成，宾以贤序，风、雅之作，兹为盛焉。伏见近年内殿赐宴，群臣当坐于朵殿、两廊者，拜舞方毕，趋驰就席，品列之序，纠纷无别。及至尊举爵，群臣起立，先后不整，俯仰失节。欲望自今令有司预依品位告谕，其有踰越班次、拜起失节、喧哗过甚者，并令纠举。又惟饫赐之典，以宠武夫，大烹之余，故为盛馔。计一饭所费，可数人之属厌，而将校辈或至终宴之时，尚有欲炙之色，盖执事者失于察视，不及洁丰而使然也。伏望并申严制。"

试想,大多数宴会本来应该是轻松愉快的事情,却偏偏有诸多的规矩、程式让人缩手缩脚,难以尽兴,如果再不能吃饱喝足,也就难怪与宴者要"犯上作乱"了。不过,有些皇帝对此似乎也不是很在意,皇帝毕竟也是人,而人总是希望有比较自由和宽松的环境。

三、精美

宫廷膳食之精美是不用多说的,因为,皇家的权势使其可以用尽天下的人力——最好的厨师和物力——各种名贵食料、器具,而民间的一些美味佳肴也会通过各种途径传入宫廷。在爱新觉罗·浩所著的《食在宫廷》一书中,就明确记载了一些由民间传入宫廷的佳肴,如:陈元龙献给乾隆的"豆丝锅烧鸡",乾隆年间传入宫廷的江南菜"红烧肚档""清炒虾仁",乾隆年间江南名厨张东官带入宫廷的"肥鸡火熏白菜""核桃鸡丁",荣寿内亲爱王儿媳献给宣统的"拌菠菜"等。

隋炀帝是历史上有名的"穷极侈靡"之君,《隋书·帝纪第四》说:

> 初,上(隋炀帝)自以藩王,次不当立,每矫情饰行,以钓虚名,阴有夺宗之计。……即事巡游,以天下承平日久,士马全盛,慨然慕秦皇、汉武之事。乃盛治宫室,穷极侈靡……帝性诡谲,所幸之处,不欲人知。每之一所,辄数道置顿,四海珍羞殊味,水陆必备焉,求市者无远不至。郡县官人,竞为献食,丰厚者进擢,疏俭者获罪。

历史上虽也有如隋炀帝之父文帝之类的"节俭之君",但在膳食问题上则大多与"穷极侈靡"的隋炀帝相仿。在曾经担任过隋尚食直长的谢讽所写的《食经》中,记录了50余种当时的美味佳肴,名目如下:

北齐武成王生羊脍、细供没忽羊羹、急成小脔、飞鸾脍、咄嗟脍、剔缕鸡、爽酒十样卷生、龙须炙、千金碎香饼子、花折鹅糕、修羊宝卷、交加鹅脂、君子飣、越国公碎金饭、云头对炉饼、剪云析鱼羹、虞公断醒鲊、鱼羊仙料、紫龙糕、十二香点臁、春香泛汤、滑饼、象牙拶、汤装浮萍面、金装韭黄艾炙、白消熊、恬乳花面英、加料盐花鱼屑、专门脍、拖刀羊皮雅脍、折箸羹、香翠鹑羹、朱衣馂、千日酱、露浆山子羊蒸、加乳腐、天孙脍、添酥冷白寒具、金丸玉菜臛鳖、暗装笼味、高细浮动羊、乾坤夹饼、干炙满天星、含浆饼、撮高巧装坛样饼、杨花泛汤糁饼、天真羊脍、鱼脍、永加王烙羊、成美公藏蟹、含春侯新治月华饭、无忧腊、连珠起肉。

可以肯定的是,其所记之肴馔不是寻常百姓之食,大抵为帝王之家所出。虽然《食经》没有写明各种菜点所用的原料和制法,但仅从其名称也可想见其精美程度。不过,这些菜肴比起后来的一些宫廷名馔,就显得有些"寒碜"了。例如,清代宫廷中有一道名食叫"清汤虎丹",是用小兴安岭雄虎的睾丸做成的,其做法是:

先将"虎丹"放在要沸不沸的鸡汤中煨三个小时;取出剥去皮膜,放入调味料中浸渍;入味后取出,用刀片成纸一样的薄片,并摆成小碗口大小的牡丹花状;佐以蒜泥、香菜末上桌。

此类精美,实际上更多的是奢侈,而奢侈之食本来就是宫廷饮食的一大"特色"。"一骑红尘妃子笑,无人知是荔枝来。"以及"天子须尝阳羡茶,百草不敢先开花。"之类的咏叹是其真实的写照。

四、工具

膳食之事,除了满足帝王一家子的饮食之需外,还有一个重要的功能——作为帝王笼络人心、玩弄权术,以及进行政治斗争的工具。帝王利用宴飨或赏赐食物以笼络人心或玩弄权术历代皆然,正史、野乘中的相关记载亦是"多如牛毛"。下略举几例,以供读者解读。

(一)秦缪公赐酒

《吕氏春秋·仲秋纪第八·爱士》记载了一则故事,说秦缪公驾车之马被"野人"盗走,秦缪公找到时,"野人"们正要吃马肉,穆公不但没有惩罚"野人",而且还送了一些酒给他们喝。后来当缪公遇到危难时,正是这些"野人"救了缪公一命。其文是:

五曰,衣,人以其寒也;食,人以其饥也。饥寒,认真负责大害也。救之,义也。人之困穷,甚如饥寒,故贤主必怜人之困也,必哀人之穷也。如此则名号显矣,国土得矣。

昔者秦缪公乘马而车为败,右服失而野人取之。缪公自往求之,见野人方将食之于岐山之阳。缪公叹曰:"食骏马之肉而不还饮酒,余恐其伤女也!"于是遍饮而去。后一年,为韩原之战,晋人已环缪公之车矣,晋梁由靡已扣缪公之左骖矣,晋惠公之右路石奋投而击缪公之甲,中之者已六札矣。野人之尝食马肉于岐山之阳者三百有余人,毕力为缪公疾斗于车下,遂大克晋,反获惠公以归。此《诗》之所谓曰:"君君子则正,以行其德;君贱人则宽,以尽其力"者也。

(二)蔺相如抗秦

蔺相如,战国时赵人,他一手导演的"完璧归赵""渑池会"上孤身斗秦,以及令后人称颂不已的"将相和",使其以机智、勇敢而闻名后世。下面我们就来看一下,蔺相如在秦王的渑池会上是如何智斗嚣张的秦王的吧。

……

秦王使使者告赵王,欲与王为好,会于西河外渑池。赵王畏秦,欲毋行。……王许之,遂与秦王会渑池。

秦王酒酣,曰:"寡人窃闻赵王好音,请奏瑟!"赵王鼓瑟。

秦御史前,书曰:"某年月日,秦王与赵王会饮,令赵王鼓瑟。"蔺相如前曰:"赵王窃闻秦王善为秦声,请奉盆缶秦王,以相娱乐。"秦王怒,不许。于是相如前进缶,因跪请秦王。秦王不肯击缶。相如曰:"五步之内,相如请得以颈血溅大王矣!"左右欲刃相如,相如张目叱之,左右皆靡。于是秦王不怿,为之一击缶。相如顾召赵御史书曰:"某年月日,秦王为赵王击缶。"秦之群臣曰:"请以赵十五城为秦王寿。"蔺相如亦曰:"请以秦之咸阳为赵王寿。"秦王竟酒,终不能加胜于赵。赵亦盛设兵以待秦,秦不敢动。

——汉·司马迁《史记·廉颇蔺相如列传》

(三)鸿门宴

"鸿门宴"是妇孺皆知的故事,已成为不怀好意或居心叵测之请的代名词。下面我们就来看看,司马迁在《史记·项羽本记》中是如何描述不可一世的楚霸王在鸿门设宴的吧。

……

沛公旦日从百余骑来见项王,至鸿门,谢曰:"臣与将军勠力而攻秦,……今者,有小人之言,令将军与臣有郤。"项王曰:"此沛公左司马曹无伤言之。不然,籍何以至此?"项王即日因留沛公与饮。

项王、项伯东向坐;亚父南向坐——亚父者,范增也;沛公北向坐;张良西向侍。范增数目项王,举所佩之玉玦以示之者三,项王默然不应。范增起,出,召项庄,……庄入则为寿。寿毕,曰:"君王与沛公饮,军中无以为乐,请以剑舞。"项王曰:"诺。"项庄拔剑起舞,项伯亦拔剑起舞,常以身翼蔽沛公,庄不得击。于是张良至军门见樊哙。……哙遂入披帷西向立,瞋目视项王,头发上指,目眦尽裂。项王按剑而跽曰:"客为何者?"张良曰:"沛公之参乘樊哙也。"项王曰:"壮士!赐之卮酒!"则与斗卮酒,哙拜谢,起立而饮之。项王曰:"赐之彘肩!"

则与一生彘肩。樊哙覆其盾于地,加彘肩上,拔剑切而啖之。项王曰:"壮士!能复饮乎?"樊哙曰:"臣死且不避,卮酒安足辞!……今沛公先破秦入咸阳,毫毛不敢有所近,封闭宫室,还军霸上,以待大王来。故遣将守关者,备他盗出入与非常也。劳苦功高如此,未有封侯之赏,而听细说,欲诛有功之人,此亡秦之续耳,窃为大王不取也!"项王未有以应,曰:"坐!"樊哙从良坐。

坐须臾,沛公起如厕,因招樊哙出。沛公已出,项王使都尉陈平召沛公。沛公曰:"今者出,未辞也,为之奈何?"樊哙曰:"大行不顾细谨,大礼不辞小让。如今人方为刀俎,我为鱼肉,何辞为!"于是遂去。……张良入谢,曰:"沛公不胜桮杓,不能辞;……亚父受玉斗,置之地,拔剑撞而破之,曰:"唉!竖子不足与谋!夺项王天下者,必沛公也!吾属今为之虏矣!"

沛公至军,立诛杀曹无伤。

(四)赏赐

以食物赏赐臣下是帝王惯用的笼络人心的手段,赏赐之物可以是茶叶、菜肴、宴席,也可以是奉旨伴宴;赏赐的对象可以是宠臣、皇亲国戚,也可以是新科举子,或者是普天下之百姓。在中国之社会,能得到"天子"的赏赐,那将是莫大的荣幸。

1. 宋帝之赐茶。在茶文化兴盛的宋代,皇帝常以贡茶作为赏赐臣下之物,受赏之人则无不"感激涕零",并视其茶为"珍宝"。

范仲淹是宋代名臣,其《岳阳楼记》名贯古今,"先天下之忧而忧,后天下之乐而乐"之思常为后来者所津津乐道。我们来看一下范仲淹在收到皇帝御赐之茶后,所上《谢赐凤茶表》中的说辞吧。

臣某言:入内西头供奉官麦知微至,传宣旨抚问臣,并赐臣凤茶一合者。久离帝右,曷测天衷。异恩一临,群疑尽决。臣(中谢)。窃念臣至诚许国,孤立事君。屡触雷霆之威,数蹈风波之险。一心自信,三黜宁逃。方安江海之情,敢觊云天之问。伏蒙皇帝陛下,仁存旧物,泽被远臣。圣训丁宁,皇慈委曲。念犬马之微志,锡龙凤之上珍。馨掩灵芝,味滋甘醴。濯五神之精爽,祛百疾之冥烦。允彰仁寿之恩,特出圣神之眷。谨当饵为良药,饮代凝冰。思苦口以进言,励清心而守道。上酬君父,旁质神明。臣云云。

——《范文正公集·卷十七》

"醉翁"欧阳修之名和洒脱之性一直为传统文人所倾慕。但是,当他得到"朝思暮想"的御赐"龙茶"时,其欣喜雀跃之情亦溢于言表。"六一先生"在《〈龙茶录〉后序》一文中是这么说的:

茶为物之至精,而小团又其精者,录叙所谓上品龙茶者是也。盖自君谟始造而岁贡焉,仁宗尤所珍惜,虽辅相之臣未尝辄赐。惟南郊大礼致斋之夕,中书、枢密院各四人共赐一饼,宫人剪金为龙凤花草贴其上。两府八家分割以归,不敢碾试,相家藏以为宝,时有佳客,出而传玩尔。至嘉佑七年,亲享明堂,斋夕,始人赐一饼,余亦忝预,至今藏之。余自以谏官供奉仗内,至登二府,二十余年,才获一赐,而丹成龙驾,舐鼎莫及,每一捧玩,清血零交而已。因君谟著录,辄附于后,庶知小团自君谟始,而可贵如此。治平甲辰七月丁丑,庐陵欧阳修书还公期书室。

——《欧阳文忠公集·卷六十五》

2. 赐宴。古代帝王为了笼络臣下,收买人心,常以各种名目进行"赐宴"。宋代皇帝的"赐宴"名目是比较多的,除日常年节、朝会大宴之外,朝臣出使时,皇帝还有饯行和接风之宴款待,对于新科士子,皇帝则有"闻喜宴"相待。《宋史·礼十七》对"赐贡士宴,名曰'闻喜宴'"有具体的记述。据《明会典》记载,永乐年间,在立春、元宵、四月八、端阳、重阳、腊八等节日,朝廷都要在"奉天门通赐百官宴"。到了清代,"赐宴"的名目依然很多,宋代的"闻喜"一宴，已变成了"上马宴""下马宴""恩荣宴"、"会武宴"等名目。清代皇帝赐宴中最为有名的要数"千叟宴"了，但此种赐宴非清代之创，因前代已有"养老之礼"，《礼记·文王世子》中说："遂设三老五更，群老之席位焉。（郑玄注：三老五更各一人也，皆年老更事致仕者也，天子以父兄养之，示天下之孝悌也）"而皇帝行养老之礼时，赐宴是不可缺少的内容，因此，"千叟宴"只是一种偶尔为之的"养老之礼"。

3. 赐酺。赐酺，皇帝下诏令天下百姓一同饮酒吃肉，以示"与民同乐"或体恤百姓的惯用招术。在前文论及"酒文化"时曾经说过，历代行酒禁之时，往往也是皇帝行"赐酺"之时，"一张一弛"之用心可谓"良苦"。《宋史·礼十六》中，对宋代赐酺之事有具体叙述，其文云：

赐酺。自秦始。秦法，三人以上会饮则罚金，故因事赐酺，吏民会饮，过则禁之。唐尝一再举行。

太宗雍熙元年十二月，诏曰："王者赐酺推恩，与众共乐，所以表升平之盛事，契亿兆之欢心。累朝以来，此事久废，盖逢多故，莫举旧章。今四海混同，万民康泰，严禋始毕，庆泽均行。宜令士庶之情，共庆休明之运。可赐酺三日。"二十一日，御丹凤楼观酺，召侍臣赐饮。自楼前至朱雀门张乐，作山车、旱船，往来御道。又集开封府诸县及诸军乐人列于御街，音乐杂发，观者溢道，纵士庶游观，迁市肆百货于道之左右。召畿甸耆老列坐楼下，赐之酒食。明日，赐群臣宴于尚书省，仍作诗以赐。明日，又宴群臣，献歌、诗、赋、颂者数十人。

……

天禧五年，以畿道追集、老人疲劳之故，止召两赤县、坊县父老预会，其不预名亦听，给以赐物。天下赐酺，各令州、府会官属父老，边州或遣中使就赐。又诏曰："赐酺日，罪人酗酒而不伤人者,咸释之,再犯论如法。"后赐酺皆准此。宋之繁庶,于斯为盛,后遂为定制云。

赐酺的由头不一而同,例如:有人送给汉文帝一刻有"人主延年"的玉杯,于是天下大酺。后来发现是假的;汉宣帝时,一只凤鸟在皇宫里的书上,于是"大酺五日";晋惠帝立皇太子、立皇太弟、改元都要赐酺。看来,只要皇帝一高兴,天下的百姓就有机会享受到"大酺"之乐了,事实上"赐酺"并非常有之事,尤其是"天下大酺"。

(五)杯酒释兵权

宋太祖赵匡胤靠兵变起家,为防"陈桥之变"重演,故宋代的政治以皇权的高度集中和对大臣的严密防范而著称。《涑水纪闻》(卷1)载:

太祖既得天下,诛李筠、李重进。召(赵)普问曰:"天下自唐季以来,数十年间,帝王凡易十姓,兵革不息,苍生涂地,其何故也?吾欲息天下兵,为国家建长久之计,其道何如?"普曰:"……唐季以来,战斗不息,国家不安者,其故非他,节镇太重,君弱臣强而已矣。今所以治之,无他奇巧也,惟稍夺其权,制其钱谷,收其精兵,天下自安矣。"语未毕,上曰:"卿勿复言,吾已喻矣。"

顷之,上因晚朝,与故人石守信、王审琦等饮酒。酒酣,上屏左右,谓曰:"我非尔曹之力,不得至此,念尔之德,无有穷已。然为天子,亦大艰难,殊不若为郡节度使之乐。吾今终夕未尝敢安寝而卧也。"守信等皆曰:"何故?"上曰:"是不难知,居此位者,谁不欲为之?"守信等皆顿首曰:"陛下何为出此言?今天命已定,谁敢复有异心?"上曰:"然,女曹无心,其如麾下之人欲富贵者何?一旦以黄袍加女之身,女虽欲不为,不可得也。"皆顿首涕泣曰:"臣等愚不及此,惟陛下哀怜,指示以可生之途。"上曰:"人生如白驹之过隙,所以好富贵者,不过多积金银,厚自娱乐,使子孙无贫乏耳。女曹何不释兵权,择便好田宅市之,为子孙立永久之业,多置歌儿舞女,日饮酒相欢,以终其天年,君臣之间两无猜嫌,上下相安,不亦善乎?"皆再拜谢曰:"陛下念臣及此,所谓生死而骨肉也。"明日,皆称疾,请解军权。上许之,皆以散官就第,所以慰抚赐赉之者甚厚,与结婚姻,更度易制使主亲军。

这就是历史上有名的"杯酒释兵权"的故事,《宋史·石守信传》对此事亦有详细记载。由此,"优宦"成了宋朝的基本国策之一,这也是宋朝背上"冗官""冗费"的沉重包袱的重要原因之一。

第二节 家庭饮食

家庭饮食,即人们的居家饮食。在一个特定的社会形态中,作为社会构成的基本单位,家庭的饮食状况或"饮食文化"在相当程度上反映着该社会饮食文化的基本特征。当我们以一个特定的社会作为饮食文化的研究对象时,其社会成员的居家饮食是不可忽视的内容,因为,即使是在以快节奏、高效率为特点的现代都市,绝大多数人的大部分饮食问题也还是在家中解决的。

一、家庭饮食的差异

人们居家饮食的实际状况是千差万别的,其间的悬殊或差异有时确实有天壤之别,就像唐代诗人杜甫所说的那样——"朱门酒肉臭,路有冻死骨。"在不文明时代或社会尤其如此。造成这种状况的因素是多方面的,但社会的政治、经济和文化状态,以及具体家庭所处的地域、社会地位、经济状况、生活观念、家庭人口结构等因素具有决定性的影响。例如,在城乡差别明显的时代或社会,生活在城市家庭与乡村家庭的饮食状况就具有明显的差异,典型的情况如:城市家庭的基本饮食供给必须从市场购得,而乡村居民的基本饮食供给则大多依靠自种自食;城市居民外出就餐的机会较多,而乡村百姓则较少有外出就餐的需要。以家庭所处的地域而言,由于不同地域或地区的自然条件、经济水平和社会文化传承差异的客观存在,而使不同地域或地区的饮食文化具有各自的风貌。例如,北方人喜欢饮白酒,江南人喜欢喝黄酒;游牧民族以肉食为主,农耕民族以谷物为主,如此等等。值得注意的是,地域或地区饮食习惯上的差异,通常会在生活于此的人身上打上难以磨灭的印记,甚至相伴终身。当然,从社会的角度看,家庭饮食差异给人最直接的感受是由于经济因素而造成的,不同家庭在饮食消费层次上的差别,古来就有"富人一席饭,穷人一年粮"之说,今之日亦然。

从中国社会的实际情况出发,我们认为大致可以将家庭饮食的类型作以下的划分,即首先在城市与乡村之间进行区分;其次,是对城市和乡村家庭进行再度区分,即各自再分为奢侈型、享受型、小康型、温饱型和贫困型等,其中:贫困型家庭饮食的基本特征为:难以维持基本的一日饮食之需。以今天的情形而论,即基本的一日三餐也不能得到保证。温饱型家庭饮食的基本特征为:一日之基本饮食需求有所保障,主食能够得到保证,但副食供给欠缺;小康型家庭饮食的基本特征为:饮食无忧,主副食供应比较均衡,以中等品质的食物为主,偶尔也会品尝一下高档食物。享受型家庭饮食的基本特征为:注重饮食的安全、营养、卫生,讲究饮食的滋味,高品质食物是其消费的主体,有明显的"家庭特色",乃至特色食物。在古代,此类家庭一般是"主妇"掌事,亦有"家庖"事厨。奢侈型家庭饮食的基本特征为:一味追求饮食生活的高品质,而不惜工本,不计代价,只为享受"美味"和得到饮食消费心理上的满足——尤其是排场、规格、奇特。

不同类型家庭饮食状况的差异主要表现在饮食观念、膳食结构、制作技术、进食方式等方面,而这些方面又与特定时代或社会的整体饮食文化发展状况息息相关,当然,不同类型的家庭饮食对社会整体饮食状况发展的影响力是不一而同的。就"吃什么""如何做""怎样吃"等事关饮食文化自身发展的基本问题而言,在上述5种类型的家庭饮食中,后两种类型的家庭饮食状况也许能更多地反映出"时代"的进步与特点。

二、古代"名门"之饮食

(一)"门第"

门第观念在中国有悠久的传统,魏晋南北朝是其"鼎盛"时期,"门第"思想在中国最普遍的表现形式当数婚姻之事中的"门当户对",各阶层皆然。不过,对"门第"慎重其事,并处处讲究的,主要是传统上的所谓"名门大户"——或贵或富之家。在家庭饮食文化层面上看,此类家庭饮食类型当属于"享受型"或"奢侈型"。目前,中国古代家庭饮食文化的研究对象也主要集中于历代的"名门大户"。造成这种情况的原因,首先是这些家庭的饮食状况可以反映出一个时代或社会饮食文化的某些主要特点;其次是相关的资料文献或文物比较丰富。其他类型的家庭饮食状况虽然也是研究特定社会饮食文化状况的重要参照,但由于种种原因,可供研究参照的文献资料相对稀少。

(二)颜氏之训

颜之推,北齐文学家。字介,琅琊临沂(今属山东)人。初仕梁元帝为散骑侍郎。江陵为西魏所破后,投奔北齐,官至黄门侍郎、平原太守。齐亡入周,为御史上士。隋开皇中太子召为学士,以疾卒。颜之推后世之得名,主要不在他的文学成就和经世济民之道,而在于他为训诫子孙而著的《颜氏家训》。宋·沈揆在其《跋》中

说:

> 颜黄门学殊精博。此书虽辞质义直,然皆本之孝弟,推以事君上,处朋友乡党之间,其归要不悖《六经》,而旁贯百氏。至辩析援证,咸有根据。自当启悟来世,不但可训思鲁、愍楚辈而已。

《颜氏家训》中与居家饮食直接相关的内容并不多,但治家、做人、做事、修心、养生等训辞则常与饮食之事相涉,现举其要者于下:

> ……父母威严而有慈,则子女畏慎而生孝矣。吾见世间无教而有爱,每不能然。饮食运为,恣其所欲,宜诫翻奖,应诃反笑,至有识知,谓法当尔。骄慢已习,方复制之,捶挞至死而无威,忿怒日隆而增怨。逮于成长,终为败德。孔子云:"少成若天性,习惯成自然"是也。(教子)

> 生民之本,要当稼穑而食,桑麻以衣。蔬果之蓄,园场之所产;鸡豚之善,圈之所生。爰及栋宇器械,樵苏脂烛,莫非种殖之物也。至能守业者,闭门而为生之具以足,但家无盐井尔。今北土风俗,率能躬俭节用,以赡衣食;江南奢侈,多不逮焉。(治家)

> 裴子野有疏亲故属,饥寒不能自济者,皆收养之。家素清贫,时逢水旱,二石米为薄粥,仅得遍焉。躬自同之,常为厌色。邺下一领军,贪积已甚,家童八百,誓满千人,朝夕每人肴膳,以十五钱为率,遇有客旅,便无以兼。后坐事付法,籍其家产,麻鞋一屋,弊衣数库,其余财宝,不可胜言。南阳有人,为生奥博,性殊俭吝。冬至后,女婿谒之,乃设一铜瓯酒,数脔獐肉,婿恨其单,率一举尽之。主人愕然,俯仰命益,如此者再,退而责其女曰:"某郎好酒,故汝尝贫。"及其死后,诸子争财,兄遂杀弟。(治家)

> 妇主中馈,唯事酒食衣服之礼尔,国不可使预政,家不可使干蛊。如有聪明才智,识达古今,正当辅佐君子,助其不足,必无牝鸡晨鸣,以致祸也。(治家)
>
> 《礼》云:"欲不可纵,志不可满。"宇宙可臻其极,情性不知其穷,惟在少欲知足,为立涯限尔。……
>
> 天地鬼神之道,皆恶满盈。谦虚冲损,可以免害。人生衣趣以覆寒露,食趣以塞饥乏尔。形骸之内,尚不得奢靡,已身之外,而欲穷骄泰耶?周穆王、秦始皇、汉武帝,富有四海,贵为天子,不知纪极,犹自败累,况士庶乎?

以今天的眼光来看,虽然其中有一些过时或不当之语,但其基本精神还是值得称道的,这也是《颜氏家训》历来为正直人士所崇奉的重要原因。颜氏之家的具体饮食状况我们已无从得知,如果真是行如其言的话,在饮食上应该是享受之事常有,而骄奢之事鲜为。

(三)孔府之食

孔子虽生不逢时,历尽坎坷,但汉代以后,其后代则托他之福,享尽了人间富贵。在中国历史上,历朝历代都不乏富贵之家,但能绵延千年而不衰者只此一家,"别无分店",因此,常有人开玩笑说:中国的世袭贵族只有孔府一门。自20世纪80年代以后,孔府饮食开始受到饮食文化研究者的注意,并推出了名震一时的"孔府宴"和"孔府家酒"。赵荣光先生对孔府饮食有深入的研究,在其所著《衍圣公府饮食生活》(该文收录在赵荣光先生所著《中国饮食史论》一书中,黑龙江科学技术出版社,1990年)一文中,赵先生主要从三个方面对孔府之食进行了描述,即宴飨、美食与美器和饮食制度。

1. 宴飨。

(1)祭祀宴。关于祭祀之宴,赵先生是这样说的:

> 孔府的祭祀如仪,具有服务和服从于封建国家的责任和义务,树立封建的礼仪规范楷模,是它的使命。……孔府的祭

祀可分为因国祭、公祭、私祭及其他私人、社团的献祭而举行的多种。……孔府祭祀活动非常频繁,每年不下70~80次之多。其中祭孔子的活动大大小小有50余次。主要是四大丁、四仲丁、八小祭;每月初一、十五祭,一年中的二十四节气的二十四祭,……此外还有许多难以确数的"计划外"临时性祭祀。这些祭祀都有严格的规制,不能错乱礼仪。

祭祀宴的第二类是与祭者为祭祀而置办的宴享。这在公府中是非常隆重的,而且构成了衍圣公府宴享的主体部分。……因为每逢各种名目的祭日,"多数都是大摆席数百桌"。不难想象,照孔府中各类、各时、各节的名目繁多的祭祀来看,恐怕这种为祭祀而进行的大规模宴享是日日相连无有绝期的了。……由此及彼,我们似乎可以说,衍圣公府饮食生活和饮食文化的发展,正是这种"天下第一家"特有的祭祀活动的存在和发展的结果。

(2)迎宾宴。孔府的迎宾宴通常被分为上席、中席和下席。上席用于款待如皇子、亲王、大学士、钦差、督抚之类的尊贵的宾客,康熙年间(康熙五十七年以后),"满席"和"汉席"出现在孔府的上席之供中。上席后来被称为"燕菜全席"。据孔德懋女士所说,孔府"在宴请贵宾时,要设'高摆酒席',摆出孔府的'高摆餐具',上菜130多道;中席用于招待上等宾客,晚清时称为"鱼翅席";下席供普通宾客享用,如贵宾和上等客人的随从,晚清时称为"海参席",并有"八味菜"、"六味菜"、"四味菜"的档次之分。

(3)家宴。主要包括逢年过节的家族宴飨、寿宴、婚宴、"白喜宴",以及为袭爵、受封、修谱等举行的宴会。

2. 美食与美器。

(1)美食。作为"天下第一家"的孔府,其饮食的精美是不用多说的,下面是赵先生文章中所辑录的,见诸孔府档案的部分肴馔名

目:

菜肴类:

大菜——燕窝"万"字金银鸭块、燕窝"寿"字红白鸭丝、燕窝"无"字三鲜鸭丝、燕窝"疆"字口蘑肥鸭、八仙鸭子、锅烧鲤鱼、清蒸白木耳、葫芦大吉翅子、寿字鸭羹、黄焖鱼骨、黄焖海参、鸡丝翅子、桂花翅子、蜜制金腿、挂炉猪、挂炉鸭、燕窝八仙汤、烹鲜虾、红烧海参、清蒸鸭子、红烧鱼、烧海参、翅子一品锅、燕菜一品锅、海参一品锅、素菜一品锅、罐蹄、黄焖鸡、焗海参、海参少卤肉、海参汤面饱(泡)、玉带虾、佛手鱼翅、烤花揽桂鱼、神仙鸭子、烤鸭、红鸭子、绣球干贝、诗礼银杏等。行菜及饭菜——熘鱼片、烩鸭腰、烩虾仁、炒蕉白、熏鱼、炒鱼、汤泡肚、炒软鸡、炝鸡丝、瓦块鱼、软烧鱼、桶子鸡、炸胗干、醉活虾、粉蒸鸡、干炸鱼、炒尤鱼、烩乌鱼穗、蟹黄白菜、炸葡萄虾仁、……各种酱菜及各种鲜干果品等。

主食类:

点心——寿字油糕、寿字木樨糕、百寿桃、如意卷、元宵、月饼、鸡蛋糕、虾容(茸)蛋糕、火腿烧饼、油炸糖面饼、杏仁茶、大草糖、核桃山楂糕、龙凤饼等。

其他主食——鸡丝卤面、扁食、大米饭、馍馍、煎饼、糊糊、稀饭、荷叶饼、包子、粽子、炒金银饭、鸡丝炒面、京卤面、糖面饼、荷叶夹子、千层饼、水晶包、甜饭、腊八粥等。

仅从这些肴馔的名称我们也可以感觉到孔府食事的奢华,当然,比之宫廷御膳似乎还是有些逊色;对照《颜氏家训》则又相去甚远,这也许是孔府的特定历史地位使然。

(2)美器。在孔府诸多美器中,以乾隆三十七年御赐的一套银质大宴餐具为代表。这套餐具是因71代衍圣公之子孔宪培与大学士于敏中之女结婚而赐,由广东潮阳潮城的"颜和顺正老店"的杨义华打造,计404件,可上190多道肴馔。此套餐具在形制上以仿古(簋、彝、鬲、豆、鼎等)和象形(鱼、鸭、鹿、桃、瓜、琵琶等)为主;器饰则以吉祥图案、祝福之语为主,其手法或镶或雕;其中的盛具多有隔层之设,以便于冬季放热水给菜肴保温。此套餐具中的"扛鼎之作"是一件镌有"当朝一品"四字,用于盛放头菜的"一品锅"。

3. 饮食制度。孔府的饮食事务既庞大,又繁杂,宴席动辄上百桌且持续数日。例如:清咸丰年间举办的"太太千秋"祝寿宴,一共办了七天,"通共使钱一千三百八十九千文",其中六菜以上的宴席就办了464桌;清光绪年间,孔令贻为庆祝他的30岁生日,曾摆宴10多天,仅翅席、海参席就办了700多桌,耗资约6100000文。因此,如果没有一套有效的厨事管理制度,是很难应付这种场面的。

历史上的豪门巨富之家,一般都有一批固定的事厨之人——家厨,负责烹饪之事,少则几十人,多则上百人。按孔府动辄上百桌的宴饮规模,如果没有百来个厨师是不能解决问题的,但孔府采取的是"因事而举,班头招募"的用厨制度,即专职为孔府事厨并掌管厨房的只是少数几个父子相传,精通厨艺,熟悉孔府膳事的"班头"。班头们分三班执役,每班10天,每月轮换一次。遇到大规模的宴飨或祭祀活动,则三班共值。各班头有自己的"班底"——帮厨,这些帮厨多为当地或周边地区的厨师。班头当值时,帮厨随班头事厨;班头轮休时,帮厨则各自散去。此种制度对提高孔府厨事管理的效率和促进厨师技艺的提高都有很大的好处。

(四)何曾之豪

何曾,晋代人,在历史上以豪奢而著名,《晋书·列传第三·何曾》说:

……

然性奢豪,务在华侈。帷帐车服,穷极绮丽,厨膳滋味,过于王者。每燕见,不食太官所设,帝辄命取其食。蒸饼上不坼作十字不食。食日万钱,犹曰无下著处。……

(其子)劢博学,善属文,陈说近代事,若指诸掌间。……而骄奢简贵,亦有父风。衣裘服翫,新故巨积。食必尽四方珍异,一日之供以钱二万为限。时论以为太官御膳,无以加之。……

魏晋南北朝是豪门望族醉生梦死,奢靡成风的时期,追求饮食奢华似何门父子者不在少数。时人对此多有议论,北齐人元孝友曾说:

> 今人生皂隶,葬拟王侯,存没异途,无复节制。崇壮丘陇,盛饰祭仪,邻里相荣,乘称为至孝。又夫妇之之始,王化所先,共食合瓢,足以成礼。而今之富者弥奢,同牢之设,甚于祭槃,累鱼成山,山有林木之像,鸾凤斯存。徒有烦劳,终成委弃。仰惟天意,其或不然。请自兹以后,若婚葬过礼者,以违旨论。

——《北齐书·列传第二十·兀孝友》

> ……今天下宰守所以皆尚贪残,罕有廉白者,良由风俗侈靡,使之然也。淫奢之弊,其事多端,粗举二条,言其尤者。夫食方丈于前,所甘一味。今之宴喜,相竞誇豪,积果如山岳,列肴同绮绣,露台之产,不周一宴之资,而宾主之间,裁取满腹,未及下堂,已同臭腐。又歌姬舞女,本有品制,……故为吏牧民者,竞为剥削,虽致赀巨亿,罢归之日,不支数年,便已消散。盖由宴醑所费,既破数家之产;歌谣之具,必俟千金之资。所费事等丘山,为欢止在俄顷。乃更追恨向所取之少,今所费之多。如复傅翼,增其博噬,一何悖哉!其余淫侈,著之凡百,习以成俗,日见滋甚,欲使人守廉隅,吏尚清白,安可得邪!

——《梁书·列传第三十二·贺琛》

(五)东坡之养

苏轼是历代文人士大夫中数得上的美食家之一,关于他的饮食逸事流传甚多,在民间广为流传的则莫过于"东坡肉",并有诗诀

传世,其诗曰:

> 黄州好猪肉,价贱如粪土。
> 富者不肯吃,贫者不解煮。
> 慢著火,少著水,火候足时它自美。
> 每日起来打一碗,饱得自家君莫管。

东坡喜好食事,但并不奢华,更多地是寻求一种自然之美和饮食之趣,并注重饮食养生和节制食欲。他在《记三养》一文中说:

> 东坡居士自今日以往,不过一爵一肉。有尊客,盛馔则三之,可损不可增。有召我者,预以此先之,主人不从而过是者,乃止。一曰安分以养福,二曰宽胃以养气,三曰省费以养财。

东坡的门生黄庭坚是宋代有名的书法家和文学家,也许是受老师的影响,他也提倡人之饮食应以"适度"为原则,并写了一篇名为《食时五观》的文章,其观点是:

一要"计功多少,量彼来处"——人应知道稼穑之艰和钱财来之不易;

二要"忖己德行,全缺应供"——人应注重道德修养,面对饮食要感到受之有愧,不要奢靡;

三要"防心离过,贪等为宗"——人不可过贪(美食)、过嗔(恶食)、过痴(不知食的来处);

四要"正事良药,为疗形苦"——人要明白以食养生的道理,"举箸常如服药";

五要"为成道业,故受此食"——所食之物要与所成就的"功名"相吻合。

宋及以后,文人士大夫中持与东坡、黄庭坚相同或相似饮食观念者颇多,如果把奢侈无度,贪得无厌之"名门"视为"浊流"的话;东坡、黄庭坚之"同道",则是"清流"。

(六) 盐商之奢

明清扬州之盐商,以豪富名闻四方,极尽享乐之能事。盐商之

豪奢是一般人所难以想象的,即使石崇、王恺之辈亦会自叹不如。李斗在《扬州画舫录》中说:

> 有欲以万金一时费去者。门下客以金尽买金箔,载至金山塔上,向风飏之,顷刻而散,沿沿草树之间,不可收复。又有三千金尽买苏州不倒翁,流于中水,波为之塞。有喜美者,自司阍以至灶婢,皆选十数龄清秀之辈。或反之而极尽用奇丑者,自镜以为不称,毁其面而以酱敷之,暴于日中。有好大者,以铜为溺器,高五六尺,夜欲溺,起就之。一时争奇斗异,不可胜记。
>
> ……有某姓者,每食,庖人备席十数类。临食时夫妇并坐堂上,侍者抬席置于前,自荤面荤素等色,凡不食者摇其颐,侍者审色则更易其他类。

据《水窗春呓》所记,道光时,改革两淮盐法,盐商为之一蹶,景况大不如前。但其时的总商黄潆,仍有王侯之气派,早上待客之食,各色点心之外,单粥就不下10余种,听客自便,与今日之"自助餐"很有几分类似。人讶其奢侈,"其仆则曰:'此乃常例耳',若必以客礼相视,非方丈不为敬矣。"

盐商之食不仅排场不逊帝王,其饮食的稀奇古怪怕是王侯也有所不及。皇宫里的饮食通常是很昂贵的,爱新觉罗·浩在《食在宫廷》里说:"西太后垂帘听政时,曾调查过膳房的财务。西太后吃的鸡蛋每个需银二两,而当时用一两银子能买一百五十个鸡蛋,由此可知他们是怎样赚钱的。"这大概也算是清内务府中的一种"腐败"吧!不过,西太后也许不知,天下确实有两把银子才能买到一只鸡蛋。《清稗类钞·豪侈类·盐商起居服食之奢靡》中说:

> 黄某者,家业醓,均太其名也。然人但知有均太而不知有黄某,故呼黄某者辄以均太呼之。均太为两淮八大盐商之冠,晨起饵燕窝,进海参,更食鸡蛋二枚,庖人亦例以是进。一日

无事,偶翻阅簿记,见蛋二枚下注每枚纹银一两,均太大诧曰:"蛋值即昂,未必如此之巨。"即呼庖人至,责以浮冒过甚。庖人曰:"每日所进之鸡蛋,非市上所购者可比,每枚纹银一两,价犹未昂。主人不信,请别易一人,试尝其味,以为适口,则用之可也。"言毕,自告退。黄遂择一人充之,而其味逈异于昔。一易再易,仍如是,意不怿,仍命其入宅服役。翌日以鸡蛋进,味果如初,因问曰:"汝果操何术而使味美若此?"庖人曰:"小人家中畜母鸡百余头,所饲之食皆参术等物,研末掺入,其味乃如是之美。主人试使人至小人家中一观,即知真伪也。"均太遣人往验,果然,由是复重用之。

陆舜在《广陵赋》中,曾以"饮馔精凿,珍错是务,肥甘不足,水陆搜奇,烹羔膰熊,炝鳖脍鲤,麟髓鼍脂,腥唇凤腊"形容扬州的富豪之食。如此食风就观念来看,是朱门豪族享乐思想的极端表现;就行为而言,大多是有闲群落的穷极无聊之举。当然,盐商一类的豪富之族对美味的追求在一定程度上,对烹饪技术的发展是有所帮助的。例如,盐商马曰琯在《新店食饼有怀半查》中写道:

溲之揉之舒卷之,软贴轻翻还小烙。
挝绵擣练何足云,贮雪凝霜或相若。
盈槃大可一尺强,入口饶馋二分弱。
瓦壶盛水炙清泉,岩下冲冲冰旋凿。
以润沃焦理最宜,见色闻香馋口角。
南人食品笑北人,如此风味差不恶。
回南准拟载归装,预饬行厨再三学。

但是,盐商之食也好,御膳、官府之馔也罢,其奢侈之为没有任何值得夸耀之处。

第三节　市肆饮食

市肆饮食,即街市上出售的各色各样饮食。市肆饮食的供应状况,不仅反映出一个时代或地区的饮食技术水平,同时也是反映其社会饮食文化风貌,以及政治、经济和文化特征的重要窗口。例如,隋炀帝为了显示"中国"的繁荣富庶,曾下令酒店免收过往"胡商"的酒食钱。隋代初年由于"老天爷"的帮助,确实过了不少年风调雨顺的好日子,国库也比较充实,不过,再富裕也不至于吃饭不要钱这么夸张。但这恰恰表现出隋炀帝当政时期的政治特点,至高无上的皇权和妄自尊大皇帝的结合——好大喜功加胡作非为。

一、汉代市肆

两汉时期政府虽采取重农抑商的政策,但市肆饮食业似乎发展得还不错。其时,既有靠贩卖饮食而养家糊口的,也有因贩卖饮食而发家致富的。下面的两条史料就是最好的证明。

《史记·货殖列传》云:

卖浆小业也,而张氏千万;胃脯简微耳,浊氏连骑。

《三辅旧事》云:

太上皇不乐关中,高祖徙丰沛屠儿、酤酒、卖饼商人,立新丰市,故一县小人。

而汉高祖刘邦手下的大将樊哙,本也就是丰沛的屠狗卖肉之徒。至于"文君当垆,相如卖酒",则是千古流传的才子佳人的风流雅事。

饮食业的发展,必然带来烹饪技艺的进步。潘岳在《西征赋》中有"饔人缕切,鸾刀若飞"之语;《淮南子》中对当时烹牛之艺的描写则是,"今屠牛而烹其肉,或以为酸,或以为甘,煎、熬、燎、炙,齐味万方,其一牛之体也";而煎、炙、脍、菹、鲊和生食,则是时人制作鱼菜的常用之法。

见诸文献记载的汉代及汉代以前的市肆饮食资料不多,汉代画像砖中虽有一些关于市肆的题材画像,但数量有限。现辑录一些与汉代及汉代以前的市肆饮食相关的文献资料于下,以供读者参阅:

伊尹酒保,太公屠牛。

——《鹖冠子·世兵》

有酒湑我,无酒酤我。

——《诗经·小雅·伐木》

沽酒、市脯不食。

——《论语·乡党》

宋人有酤酒者,斗概甚平,遇客甚谨,为酒甚美,悬帜甚高,然而不售,酒酸。

——《韩非子·外储说右上》

胡姬年十五,春日独当垆。……就我求清酒,丝绳提玉壶。就我求珍肴,金盘脍鲤鱼。

——汉·《羽林郎》

古者不鬻饪,不市食。及其后则屠酤,酤酒市脯鱼盐而已。今,熟食遍列,肴旅成市,作业堕怠,食必趣时,杨豚韭卵,狗(月习)马朘,煎鱼切肝,羊淹鸡寒,蜩马酪日,寒脾庸脯,胹糕豆饧,毂膹雁羹,白鲍甘瓠,熟梁和炙。

——《盐铁论·散不足》

二、隋唐市肆

隋唐五代期间的社会经济与文化的进步,促进了市肆饮食业的繁荣,并为此后的进一步发展奠定了坚实的基础。

(一)荒唐隋炀帝

据记载,隋炀帝大业六年(公元610年),外国商人请求到都城经商,炀帝为了显示大国风范,命市肆酒食店凡遇胡客则邀其入店饮酒吃肉,不收分文,还要告诉胡客"中国丰饶,酒食例不取值"。炀帝之举固然荒唐,但或多或少可以反映出隋代都城的饮食业已具有一定的规模。

(二)胡店

唐代长安有许多胡人开设的酒店,并以能歌善舞的胡姬招徕顾客,是令文人学士和富贵之人流连忘返的销魂之所。有"斗酒学士"之称的王绩在《过酒家》一诗中说:

有钱须教饮,无钱可别沽。

来时常道贳,惭愧酒家胡。

再来看看诗仙李白是如何描写胡人之店的吧。

胡姬貌如花,当垆笑春风。

笑春风,舞罗衣,君今不醉将安归!

——《前有樽酒行》

五陵年少金市东,银鞍白马度春风。

落花踏尽游何处,笑入胡姬酒肆中。

——《少年行·之二》

(三)专卖店

据韦巨源《食谱》载,有一个在长安皇建僧舍旁卖花糕的人,卖糕发了财,并用卖糕赚来的钱,买了个员外郎,时人称之为"花糕员外"。这应该是今天"专卖"的先声。此类专卖一类食物店铺的出现至少说明两个问题:一是,市场需求已达到一定的水平,否则店铺将无法生存;二是,是食物制作水平有较大的进步,其技艺精湛或突出者可以专卖一物来谋生。据《食谱》记载,"花糕员外"制作的美味花糕有"满天星""金糕縻员外糁""花截肚""大小虹桥""木蜜金毛面"等品种,从名称看,"花糕员外"确有一定的专业水平。

(四)应时而卖

据韦巨源《食谱》记载,其时有一家叫"张手美"的食肆,可根据食客的需要随时供应多种肴馔,并能在不同节日推出独特的应时肴馔以供"事口腹者"享用。食学能供应多种肴馔并不稀罕,但要能应时、应节推出受食客欢迎的"专卖之物"就不那么简单了。张手美应节专卖的肴馔有:元阳肉(元日)、六一菜(人日)、油画明珠(上元)、涅槃兜(二月十五)、手里行厨(上巳)、冬凌粥(寒食)、指天梭馅(四月八日)、如意圆(重午)、绿荷包子(伏日)、辣鸡脔(二社饭)、罗喉罗饭(七夕)、玩月羹(中秋)、盂兰饼馂(中元)、米锦(重九糕)、宜盘(冬至)、萱草面(腊日)、法王料斗(臘人)。

(五)专业服务

唐代是文人宴集盛行的时代,在朝廷取士之时,为新科士子们举办的宴集就有大相识、次相识、闻喜、樱桃、月灯、打球、牡丹、看佛牙和关宴等诸多名目。唐代繁荣的宴会市场催生出一个专为新科进士提供宴集服务的专门团体——"进士团",其成员实为长安城里的无业游民。五代人王定保在《唐摭言》中说:

>   (进士团)"自大中、咸通以来,人数颇众。其有何士参者为之酋帅,尤善主张筵席。凡今年才过关宴,士参已备来年游赏之费,由是四海之内,水陆之珍,靡不毕备。"

专业宴集服务团体的出现,说明唐代长安的饮食业已具有相当的经营规模和非同一般的专业服务水准。了解了这一点,就不会对宋代出现的,服务更为完善的"四司六局"感到奇怪了。

(六)唐代酒楼

唐代诗人皮日休在苏州为官时,曾与另一名流陆龟蒙以酒为题相唱和,从这些以酒为题的诗歌唱和中,我们不难看出唐代城市饮食市场的繁荣,现辑录如下:

>   红炉高几尺,颇称幽人意。火作缥醪香,灰为冬醴气。
>   有枪尽龙头,有主皆狭鼻。倘得作杜根,佣保何足愧。
>   ——皮日休《酒中十咏·酒垆》

>   钩楯跨通衢,喧闹当九市。金罍潋滟后,玉斝纷纶起。

舞蝶傍应酬,啼莺闻亦醉。野客莫登临,相雠多失意。
——皮日休《酒中十咏·酒楼》

青帜阔数尺,悬于往来道。多为风所扬,时见酒名号。
拂拂野桥幽,翻翻江市好。双眸复何事,终竟望君老。
——皮日休《酒中十咏·酒旗》

锦里多佳人,当垆自沽酒。高低过反坫,大小随圆甊。
数钱红烛下,涤器春江口。若得奉君欢,十千求一斗。
——陆龟蒙《奉和袭美酒中十咏·酒垆》

百尺江上起,东风吹酒香。行人落帆上,远树涵残阳。
凝睇复凝睇,一觞还一觞。须知凭栏客,不醉难为肠。
——陆龟蒙《奉和袭美酒中十咏·酒楼》

摇摇倚青岸,远荡游人思。风敲翠竹杠,雨澹香醪字。
才来隔烟见,已觉临江迟。大旆非不荣,其如有王事。
——陆龟蒙《奉和袭美酒中十咏·酒旗》

三、宋代市肆

宋代社会经济的发展,带来了城市饮食市场的繁荣,下面我们以南宋都城临安(今杭州)的饮食市场为主,对此期的饮食业发展作概要性介绍。

(一)原料供应

据宋·吴自牧所著之《梦粱录·卷十三·团行》所记,其时贩卖食物原料的店铺有"团""行""市"之分,如花团、青果团、柑子团、鲞团、鱼行、蟹行、姜行、菱行、猪行、菜行、鲜鱼行、鸡鹅行,药市、花市、肉市、米市,等等。分工如此之细,即使与今天的原料市场相比也毫不逊色。《梦粱录·卷十六》云:

"杭州城内外,户口浩繁,州府广阔,遇坊巷桥门及隐僻去处,俱有铺席买卖。盖人家每日不可阙者,柴米油盐酱醋茶。"

(二)诸般食肆

据《梦粱录》记载,临安的市肆食铺大体可分为茶肆、酒肆、分茶酒店、面食店和荤素从食店等类型，每类之中又有不同的讲究。以"茶肆"而言："挂牌儿"是富家子弟、诸司下直的去处，"人情茶肆"则专为觅取茶金，"行头"为五奴聚会之所，"花茶坊"则有妓女在楼上伺候，士大夫约朋会友则去"黄尖嘴蹴球茶坊"、"一窟鬼茶坊"、"大街车儿茶肆"和"蒋检阅茶肆"，在巷陌街坊还有提茶瓶沿门点茶的。

各类食铺所提供的食物亦是非常丰富，据宋·周密所著《武林旧事》所记，其时街市上日常供应的食物有：市食41种、果子42种、菜蔬20种、粥9种、粑鲜30种、凉水17种、糕19种、蒸作从食52种，外加"诸色夹子、诸色包子、诸色角儿、诸色果食、诸色从食"、酒54种。

此外，南宋临安食肆在经营上多仿效汴京格局。《梦粱录》说："杭城食店，多效学京师人，开张亦效御厨体式、贵官家品体。"又说："汴京熟食店，张挂名画，所勾引观者，留连食客。今杭城茶肆亦如之，插四时花，挂名人画，装点门面。"

(三)"四司六局"

"四司六局"本是官府和富贵人家操办宴席的服务机构，后为市肆饮食业所仿效，遂成一专门服务机构。宋·赵□(耐得翁)所著之《都城纪胜·四司六局》说：

官府贵家置四司六局，各有所掌，故筵席排当，凡事整齐，都下街市亦有之。当时人户，每遇礼席，以钱倩之，皆可办也。帐设司，专掌仰尘、缴壁、卓帏、搭席、帘幕、罘罳、屏风、锈额、书画、簇子之类。厨司，专掌打料、批切、烹炮、下食、调和节次。茶酒司，专掌宾客茶汤、暖烫筛酒、请坐咨席、开盏歇坐、揭席迎送、应干节次。台盘司，专掌托盘、打送、斋擎、劝酒、出食、接盏等时。果子局，专掌装簇、盘钉、看果、时果、准备劝酒。蜜煎局，专掌糖蜜花果、咸酸劝酒之属。菜蔬局，专掌瓯钉、菜蔬、糟藏之属。油烛局，专掌灯火照耀、立台剪烛、壁灯烛笼、装香簇炭之类。香药局，专掌药碟、香球、火箱、香饼、听候索唤、诸般奇香及醒酒汤药之类。排办局，专掌挂画、插花、扫洒、打渲、拭抹、供过之事。

如此周到的宴会服务，即使是在餐饮服务业发达的今天也不多见。仔细想来，宴会"外卖"之所以在今天的中国餐饮市场中没有形成气候，除去消费需求的因素之外，恐怕服务的不完善也是重要的原因之一。因为，现有的一些宴会外卖服务，主要提供菜肴的烹制，其他服务则很少提供，如果我们的餐饮企业能提供类似"四司六局"式的服务，局面应该会有所改观吧。

(四) 临安"市食"

宋代饮食市场的繁荣突出地表现在肴馔品种的丰富多彩，仅这些肴馔的名称，就可令后来人由衷地感叹宋代都市之人"口福"不浅。下面的市肆肴馔名称辑录自《梦粱录·卷十六·食次名件》：

百味羹、锦丝头羹、十色头羹、闲细头羹、酥没辣、海鲜头食、象眼头食、百味韵羹、杂彩羹、五软羹、四软羹、三软羹、集脆羹、三脆羹、双脆羹、群鲜羹、江瑶清羹、青虾辣羹、五羹决明、小鸡元鱼羹、蚶子辣羹；

冻鸡、冻三鲜、冻石首、假驴事件、冻蛤蜊、三色水晶丝、五辣醋羊、冻三色炙；

酒蒸鸡、盐酒腰子、酒蒸羊、酒烧香螺、酒香螺、酒烧江瑶、酒蒸石首、酒烧蚶子、酒法白虾、酒泼蟹、酒炙青虾、酒撮蛎、生烧酒蛎、姜酒决明、糟鹅事件、糟羊蹄、糟脆筋；

鸡丝签、鸡元鱼、鸡脆丝、笋鸡鹅、朝鸡羣、五味焙鸡、鹅粉签、绣吹鹅、闲笋蒸鹅、米脯羊、八焙鸡、红熬鸡、八糙鹅鸭、白炸春鹅、汁小鸡、撺小鸡、(火奥)小鸡、五味炙小鸡、红熬小鸡、脯小鸡；笋焙鹌子、清撺鹌子、酿黄雀、煎黄雀、红熬鸠子、蜜炙鹌子、熬野味、清供野味、清撺鹿肉、炙(羓)儿；

焙腰子、脂蒸腰子、酿腰子、银丝肚、肚丝签、双丝签、荤素签、抹肉笋签、酿笋、落索儿、蒸软羊、鼎煮羊、羊四软、绣吹羊、千里羊、羊头元鱼、羊蹄笋、细点羊头、炸肚山药、蹄脍；

大官粉、三鲜粉、鲜虾粉、梅血细粉、杂合粉、珍珠粉、七宝科头粉；

润鲜粥、润江鱼咸豉、十针咸豉、下饭二色炙、润骨头、波丝姜豉、影戏算条、寸金鲊；

撺香螺、香螺脍、撺青虾、生丝江瑶、签决明、海鲜脍、群鲜脍、清汁鳗鳔、鲈鱼脍、鲤鱼脍、鲫鱼脍、酥骨鱼、酿鱼、两熟鲫鱼、油炸春鱼、石首桐皮、石首鳝生、炒鳝、银鱼炒鳝、水荷虾儿、紫苏虾、虾包儿、水龙虾鱼、虾元子、芥辣虾、辣羹蟹、签糊斋蟹、枨酿蟹、生蚶子、枨醋蚶、蚶子脍、淡菜脍、蛤蜊淡菜、改汁辣淡菜、米脯鲜烩、米脯淡菜、米脯风鳗、鲜蛤、水龙肉、水龙江鱼；

辣菜饼、熟肉饼、羊脂韭饼、荷叶饼、芙蓉饼、菊花饼、月饼、梅花饼、开炉饼、甘露饼、千层儿、炊饼、乳饼、薄脆、春饼；

鸡丝面、三鲜面、盐煎面、笋泼肉面、炒鸡面、大熬面、虾鱼棋子、丝鸡棋子、七宝棋子、丝鸡冷淘、素骨头面；

四色馒头、生馅馒头、煎花馒头、糖肉馒头、羊肉馒头、太学馒头、蟹肉馒头、笋丝馒头、裹蒸馒头；重阳糕、肉丝糕、丰糖糕、乳糕、粟糕、镜面糕、枣糕、拍花糕；

水晶包儿、笋肉包儿、虾鱼包儿、蟹肉包儿、鹅鸭包儿、七宝包儿；

细馅夹儿、笋肉夹儿、油炸夹儿、素夹儿；

山药元子、真珠元子；

金橘水团、澄粉水团、豆团、麻团、糍团；

果粽、裹蒸粽、巧粽。

(五) 宋代酒楼服务

宋代都市繁华的饮食市场，食客旺盛的消费热情，以及同业之间的相互竞争，必然会在酒楼食铺的服务档次、水准上有所反映，下面是《东京梦华录》和《梦粱录》对其时酒楼食铺服务状况的一些记述：

凡京师酒店门首，皆缚彩欢门。唯任店入其门，一直主廊约百余步，南北天井两廊皆小阁子。向晚灯烛荧煌，上下相照。

五楼相向，各用飞栏槛，明暗相通，珠帘绣额，灯烛晃耀，初开数日，每先到者，赏金旗。

诸酒店必有厅院，廊庑掩映，排列小阁子，吊窗花竹，各垂帘幕。

其正酒店户，见脚店三两次打酒，便敢借与三五百两银器，以至贫下人家就店呼酒亦用银器供送。有连夜饮者，次日取之。诸妓馆，只就店呼酒而已，银器供送，亦复如是。

凡酒店中，不问何人，止两人对坐饮酒，亦须用注碗一副、盘盏两副、果菜碟各五片、水菜碗三五只，即银百两矣。

客坐，则一人执著纸，遍问坐客。都人侈纵，百端呼索，或热或冷，或温或整，或绝冷、精烧、臕浇之类，人人索唤不同。行菜得之，近局次立，从头唱念，报与局内。当局者谓之铛头，又曰着案讫。须臾，行菜者左手权三碗，右肩自手至肩驮叠约二十余碗，散下尽合各人呼索，不容差错。

凡百所卖饮食之人，装鲜净盘合器皿，车担动使奇巧、可爱，食味和羹，不敢草略。

从上述记述中，我们可以看出宋代酒楼食铺的服务档次已有很高水平,其一,业者对酒楼的建筑和室内外环境装饰十分注意,善于渲染氛围;其二,器具奢华,两人所用之器就需白银百两打造;其三,买卖双方讲究信誉,数百两重之银器亦可外借;其四,"铛头"和"行菜"已有很高的职业素养,厨事管理有相当的水平;其五,饮食行业普遍注重讲究职业道德或操守——"食味和羹,不敢草略"。今日餐饮业之经营者看了以上内容,应该不会"无动于衷"吧!

(六)临安(今杭州)船宴

近年来,船宴之食在江浙一带颇为流行,不过它不是现代人的发明和创造,只是"古为今用"而已。据文献记载,在宋代的临安(今杭州)城,船宴已是"风光无限"了。下面来看一看《都城纪胜》和《梦粱录》是如何记述的吧:

……而西湖舟船,大小不等,有一千料,约五十余丈,中可容百余客;五百料,约三二十丈,可容三五十余客。皆奇巧打造,雕栏画栋,行运平稳,如坐平地。无论四时,常有游玩人赁假。舟中所须器物,……毕备,但朝出登舟而饮,暮则径归,不劳余力,惟支费钱耳。其有贵府富室自造者,又特精致耳。

——《都城纪胜·舟船》

杭州左江右湖,最为奇特,湖中大小船具,不下数百舫。……更有贾秋壑府车船,船棚上无人撑驾,但用车轮脚踏而行,其速如飞。又有御舟,安顿小湖园水次,其船皆是精巧雕刻创造,俱用香楠木为之。遇大雪亦有富家玩雪船。……更有豪家富宅,自造船只游嬉,及贵官内侍,多造采莲船,用青布幕撑起,容一二客坐,装饰尤其精致。

——《梦粱录·湖船》

湖中更有许多穿梭往来做买卖的小船,有卖羹汤、时果的,卖酒的,卖菜蔬、糖果的,卖鸡儿、湖蚶、海蜇、螺头的,卖茶水的,放生龟鳖螺蚌的,载妓的,唱戏的,投壶卖艺的,游人需要的几乎应有尽有。

(七) 南食北食

宋代都市饮食市场的一个重要特点是不同"风味"纷呈,既有不同地域饮食风味的相互"较量",也有不同酒楼食铺间档次和特色肴馔的"抗衡",这也是宋代饮食市场繁荣的重要原因之一。

以"南食北食"而言,《东京梦华录》中说:

北食则矾楼李四家、段家爊物、石逢巴子;南食则寺桥金家、九曲子周家,最为屈指。……川饭店则有插肉面、大(火奥)面、大小抹肉、淘煎(火奥)肉、杂煎事件、生熟烧饭。

以酒楼、食铺的档次而论,《东京梦华录》中说:

卖贵细下酒,迎接中贵饮食,则第一白厨,周西安州巷张秀;以次保康门李庆家、东鸡儿巷郭厨、郑皇后宅后宋厨、曹门?筒李家、寺东骰子李家、黄胖家。

而《东京梦华录》中所记录的一些酒楼、食铺的店名也颇能说明一些问题,如:

曹婆婆肉饼　曹家从食　李四分茶　清风楼酒店

鹿家包子　徐家瓠羹店　李七家正店　张家油饼

石逢巴子　万家馒头　八仙楼　段家爊物

关于南食和北食的分野,在宋代文人士大夫的饮食诗文中多有涉及,如:

越俗僭宫室,倾资事雕墙。佛屋尤其侈,耽耽似侯王。
文彩莹丹漆,四壁金焜焜。上悬百宝盖,宴坐以方床。
胡为弃不居,楼身客京坊。辛勤营一室,有类燕巢梁。
南方精饮食,菌笋鄙羔羊。饭以玉粒粳,调以甘露浆。
一馔费千金,百品罗成行。晨兴未饭僧,日昃不敢尝。
乃兹随北客,枯粟充饥肠。东南绝秀地,山水澄清光。
余杭几万家,日夕焚清香。烟霏四面起,云雾什芬芳。
岂如车马尘,鬓发染成霜?

——欧阳修《送慧勤归余杭诗》

四、元明清市肆

元明清三代的市肆之食与发达的宋代市肆饮食相比,其主要的特点首先是,在"南食北食"的基础上,"帮口"分化日渐明显,并直接导致为现代人所熟悉的"四大风味""八大菜系"等概念的出现;其次,由于商业流通和社会发展等因素的影响,一些中小城市的饮食市场也逐渐繁华起来;其次,一些饮食业经营者开始注意用"文化"来包装自己;再次,酒楼、食铺的服务出现了程式化的倾向——"几碗""几碟""燕窝席""鱼翅席""全羊席""全鱼席",等等。下面就元明清三代市肆饮食发展的一些代表性事例做简要介绍。

(一)马可·波罗眼中的市肆之食

马可·波罗其人、其《记》已不用我们多说,我们需要了解的是,作为一个元代时曾在中国长时间生活的意大利人,对其时中国的市肆饮食或中国人的饮食生活都做了哪些记录——他认为重要,并值得记录的。限于篇幅,仅摘录马可·波罗对"江南"饮食的一些记录于下:

> 镇江是蛮子省的一个城市。居民是佛教徒,属于大汗的臣民,使用他的纸币。他们靠经营工商业谋生,广有财富。他们制造丝绸和金线织物。各种狩猎活动,在这里极为盛行,各种食物也极其丰盛。(73章)

> 离开镇江府,朝东南方向行走四天,沿途经过许多市镇和要塞。居民是佛教徒,依靠工艺和商业维持生计,也是大汗的百姓,使用他的纸币。到第四天的黄昏,便到达常州城,这是一个美丽的大城市,盛产生丝,并且用它织成花色品种不同的绸缎。这里的生活必需品很充足。种类繁多的猎物,给人们提供了极好的游猎机会。(74章)

（苏州）在城外附近的山上，大黄长得茁壮喜人，并从这里分布到全省各地。也盛产生姜。(75章)

（杭州）城内，除了各街道上有不计其数的店铺外，还有十个大广场或市场。这些广场每一边长八百多米，大街在广场的前面，宽四十步，从这座城市的一端，笔直伸展到另一端。……在距运河较近的那一边岸上，建有容量很大的石砌仓库，供给从印度和其他东方来的商人，储存货物及财产之用。如果从市场着眼的话，这些仓库的位置是很适中的。每个市场，一周三天，都有四万到五万人来赶集，人们把每一种大家想得到的物品提供给市场。(76章)

（杭州）这十个方形的市场，每一个都被高楼大厦环绕着，大厦的下层是商店，经营各种制品，出售品种齐全的货物，如香料、药材、小装饰品和珍珠等。有些商店，除了酒之外，不卖其他货物。他们不断地酿酒，用适当的价格，将新鲜的货品供应顾客。很多街道和市场相通，其中一些街道有冷浴澡堂，由男女服务员为你服务。……这里的所有人，都习惯每日沐浴一次，特别是在吃饭之前。(76章)

（杭州）……街道的两边，有许多深宅大院和花园。鳞次栉比，连成一片。工匠的住宅也在附近，他们在自己的家里或铺子里，从事自己本行业的工作。从早到晚，每时每刻，都有大群的人，忙于自己的本职，往返奔波、川流不息地供应他们充足的食物，维持他们的生活。这种事，也许你们认为是不可能的。然而人们都看到：每逢开市集日，市场上摩肩接踵，熙熙攘攘的小商贩满地摆着各种用船运来的货物。所有这些货物，都能找到顾主。仅仅以胡椒这一小宗物品销量为例，你就会对杭州居民的肉、酒、杂货和其它食品的消费量得到某种概念。马可·波罗从一个在大汗的海关工作的官吏那里得悉，

这里每日胡椒的销售量竟达四十三担,每担重达九十公斤。(76章)

(杭州)各种猎物非常丰富,如小种牡鹿、大赤鹿、黄鹿、野兔和家兔,以及鹧鸪、雉、似雉的鹧鸪、鹌鹑、普通家禽、阉鸡,而鸭和鹅的数量更是多得不可胜数。因为,它们很容易在湖中饲养起来。一个威尼斯的银币,可买一对鹅和两对鸭。(76章)

(杭州)城中也有许多屠宰场,宰杀家畜,如牛、牛犊、小山羊和羔羊,提供富人和大官们下饭之用。至于低阶层的人民,他们不加选择地什么肉都吃。(76章)

(杭州)一年四季,市场上都有种类繁多的香菜和水果,尤其是梨子,大得出奇,每粒约重四公斤半,肉色白洁、呈糊状,滋味芳香清甜。在产桃的季节里,还有大量的桃子上市,分黄白两种,味道可口。这里不产葡萄,但有从外地运来的葡萄干,滋味很好。也有从外地运来的酒,这种酒不被当地人所看重,因为他们吃惯了用大米和香料自制的酒。每日都有大批的鱼,从离城二十四公里的海边,经过河道运到城中。湖中也产大量的鱼,使专门捕鱼的人终年都有鱼可捕。鱼的种类,随季节的不同而有差异。当你看到运来的鱼,数量是这样庞大,或许会认为无法买光,可是在几个小时之内,竟一售而空。因为,这里居民的人数实在太多,就是那些追求口腹之欲,餐餐有鱼有肉的富裕人家的人数,也已够多的了。(76章)

(杭州)这地区大批地栽种糖料作物,并且制成大量的糖。(78章)

(杭州)西湖的周围,有许多美丽宽敞的大厦,建筑在湖滨上。这些都是高官贵人的公寓。还有不少庙宇寺院,许多僧侣尼姑,住在里面朝夕礼佛。靠近湖心的地方,有两个小岛,每一个岛上,都有一座壮丽的建筑物,里面分隔着许多精室巧舍。岛上,亭台水榭,各自成趣,其数量之多,也简直令人无法想象。本市的居民每逢男婚女嫁,或举办豪华饮宴的时候,就来到这个岛上。这里他们需要的物件,如器皿、桌布、台布等一应齐备。这些家具用品,甚至亭台楼阁,都是市民集资建设起来的。有时,开办婚丧喜庆的筵席,同一时间内,多达一百来起。可是整个的布置和安排,井然有序,有条不紊。各家都能安排到一定的房间或亭子,不会彼此相混,互相干扰。(76章)

(杭州)除此之外,在湖上还有许多游艇画舫,长十五至二十步。可乘坐十人、十五人或二十人。……画舫上桌椅板凳,宴客的设备,无不布置得整齐清洁。……这地方的居民,颇有闲情逸志。在他们一天工作之余,或是一次商业交易了结之后,除了希望带上自己的妻子或情人,租一条画舫或是雇一辆街车,借以消磨闲暇的时光,从中取乐之外,还能有什么东西能吸引他们呢?(76章)

(杭州)君王法克佛依照惯例,每年都在这里开朝会,赐宴款待他的重要贵族、高官显贵以及京师城内著名的人物。这些圆柱厅廊,显然能够容纳一万人同时就席。这样的节日,往往要延续十天或十二天。在那种场合下,绸缎、黄金和宝石所展现出的富丽堂皇,超出一切想象之上;因为每一位宾客都竭尽所能,盛装华服,来表现他们的雍容华贵。(77章)

离开杭州市,向东南方向骑行一天,沿途不断地看到房屋、别墅和令人爽心悦目田园,这里种着各种各样的蔬菜,十分丰盛,最后抵达太平府市。(79章)

(二)"外庖"

"外庖",是清代扬州对"自由厨师"的称谓,李斗在《扬州画舫

录》(卷11)中有如下的解释:

……城中奴仆善烹饪者,为家庖;有以烹饪为佣赁者,为外庖,其自称曰:"厨子",称诸同辈曰:"厨行"。游人赁以野食,乃上沙飞船。举凡水……锓勺盂铛,茱萸芍药之属,置于竹筐,加之僵禽毙兽,镇压枕藉,覆幂其上,令拙工肩之,谓之"厨担"。厨子随其后,各带所用之物,裹之以布,谓之"刀包"。拙工司炬,窥伺厨子颜色,以为炎火温蒸之候。于是画舫在前,酒船在后,橹篙相应,放乎中流。传餐有声,炊烟渐上……,左之右之,且前且却,谓之"行庖"。

"外庖"的出现,从一个侧面说明了清代扬州饮食市场的繁荣以及野游、船宴之盛。"外庖"之厨看来颇似今日身怀一技之长,又无固定工作的"自由职业者",在技术上亦要略逊"家庖"一等。

(三)清代苏州食肆

明清时期,一些城市饮食消费市场的繁荣可与南宋临安食肆相媲美。刊于道光壬寅年(1842)的《桐桥倚棹录》是清代吴县人顾禄记述苏州虎丘山塘一带山水名胜、市井风情之作,其中"市廛"、"舟楫"等节记叙了当时苏州饮食市场的风貌。根据《桐桥倚棹录》中的描述,虎丘山塘一带的食肆酒楼具有以下的特点:

其一,酒楼十分注重环境气氛,文化气息浓郁。《桐桥倚棹录》中说:虎丘边酒楼有三,曰"三山馆""山景园""聚景园"。

("山景园"是)乾隆某年,戴大伦于引善桥旁,即接驾楼遗址筑山景园酒楼,疏泉叠石,略具林亭之胜。亭曰"坐花醉月",堂曰"勺水卷石之堂"。山有飞阁,接翠流丹,额曰"留仙"。联曰:"莺花几绷展,鰕菜一扁舟。"又柱联曰:"竹外山影,花间水香。"皆吴云书。坐楼三楹,扁曰"一楼山向酒人青"。……右楼曰"涵翠""笔峰""白雪阳春阁"。

其二,服务周到,上档次。《桐桥倚棹录》中说:

……冰盘牙箸,美酒精肴。客至则先馈以佳茗,此风实开吴市酒楼之先。

其三,季节性营业,则从一个侧面说明当时酒楼业的经营已有一定水准。《桐桥倚棹录》中说:

三山馆四时不断烹庖,以山前后居民有婚丧宴会之事,多资于是,非若山景园、聚景园只招市会游屐。每岁清明前始开炉安锅,碧槛红阑,华灯璀灿。过十月朝节,席冷樽寒,围炉乏侣,青望乃收矣。是以昔人有"佳节待过十月朝,山塘寂静渐无聊"之句。

顾禄在《桐桥倚棹录》中,还对其时街市供应的"满汉大菜"和汤炒小吃有详细的记载,从中我们似乎又看到了宋代临安繁华的街市之景,但食料的珍贵是宋代市场难以比拟的。(菜肴名目在前文已有介绍)从原料、烹法看是典型的江南风范,仍可从中找到今天苏州菜的影子。从菜式、烹法变化看,酒楼的烹饪技术并不逊色于今天的一些酒楼。

根据顾禄的记述,其时苏州的酒楼消费已有一定的格式或"套路"即所谓:

盆碟则十二、十六之分,统谓之"围仙",言其围于八仙桌上,故有是名也。其菜则有八盆四菜、四大八小、五菜、四荤八拆、以及五簋、六菜、八菜、十大碗之别。

"围仙"应是今天宴席菜中的冷碟——"围碟"的前身,而菜肴数量的多寡则能适应不同消费的需要。酒楼在经营上已很有章法。幽雅的环境,良好的服务,上乘而丰盛的肴馔,价格自然不菲——"每席必七折钱一两至十余两码不等。"城郊的酒楼有如此景致,城中的酒楼想必是更加热闹了。

苏州山塘边,除酒楼之外,尚有茶坊。这些茶坊也是颇多情致,顾禄在书中说:

（茶坊）多门临塘河，不下十处，皆筑危楼杰阁，妆点书画，以迎游客，而以斟酌桥东情园为最。春秋花市及竞渡市，裙屐争集。湖光山色，逐人眉宇。木樨开时，尤令人流连不止。……费参诗云："过尽回栏即讲堂，老僧前揖话兴亡。行行小幔邀人坐，依旧茶坊共酒坊。"

(四) 清代扬州茶肆/食铺

与清代的苏州相比，扬州的茶肆也许更有特色。李斗在《扬州画舫录·卷一》中说：

双虹楼，北门桥茶肆也，楼五楹，东壁开牖临河，可以远眺。吾乡茶肆，甲于天下。多有以此为业者，出金建造花园，或鬻故家大宅废园为之，楼台亭舍，花木竹石，杯盘匙箸，无不精美。辕门桥有二梅轩、蕙芳轩、集芳轩，教场有腕腋生香、文兰天香，埂子上有丰乐园，小东门有品陆轩，广储门有雨莲，琼花观有文杏园，万家园有四宜轩，花园巷有小方壶，皆城中荤茶肆之最盛者；天宁门之天福居，西门之绿天居，又素茶肆之最盛者；城外占湖山之胜，双虹楼为最。其点心各据一方之盛，双虹楼烧饼，开风气之先，有糖馅、肉馅、干菜馅、苋菜馅之分。宜兴丁四官开蕙芳、集芳，以糟窖馒头得名；二梅轩以灌汤包子得名；雨莲以春饼得名；文杏园以稍麦得名，谓此鬼蓬头；品陆轩以淮饺得名；小方壶以菜饺得名，各极其盛。而城内外小茶肆或为油镟饼、或为甑儿糕、或为松毛包子，茆檐荜门，每日络绎不绝。

据此看来，扬州茶肆的特点在于：大茶肆不仅多，而且以花园建筑为其特色；茶肆不仅卖茶，而且出售点心，大茶肆的点心各有特色；茶肆的生意十分兴隆。这大概也是扬州赢得"早上皮包水，晚上水包皮"之名的重要原因之一。至今，扬州的老年人仍然有"泡茶馆"的习惯，只是人越来越少，茶馆里的点心也不似从前那么

"特色鲜明"了!

与苏州山塘一带酒楼、茶坊相同的是,扬州的茶肆、食铺也很讲究文化的气息或氛围,具体而言,则是对招牌、楹联之类的装饰的讲究。加之寄居扬州的众多文人墨客中不乏饮食中人,一时间茶肆、食铺是"文采斐然"。例如,大名鼎鼎的郑板桥,就曾为六安山僧茶叶馆"青莲斋",书联"从来名士能评水,自古高僧爱斗茶"。而《扬州画舫录》(卷7)所记载的关于"知己食"燻烧铺的故事也许更能说明问题,其文云:

  "知己食"在头桥上,宰夫杨氏,工宰肉,得炙肉之法,谓之燻烧。肆中额云"丝竹何如",人皆不得其解。或以"虽无丝竹管弦之盛"语解之,谓其意在觞咏;或以"丝不如竹,竹不如肉"语解之,谓其意在于肉。然市井屠沽,每藉联扁新异,足以致远,是皆可以不解解之也。

由此不难看出当时经营者的用心良苦,同时也反映出一地的文化特色和氛围。

(五)"帮口"

帮口,又简称为"帮",有伙、群、同伙、同行及帮会等不同解释,对饮食市场来说,"帮口"则是指不同的饮食风味或地方风味。先秦时期的《吕氏春秋·本味篇》在述及食物原料时,对地域特色原料已有明确的认识。在宋元饮食市场中,已有所谓南食店、北食店的区分。时至明清时代,城市饮食市场中不同风味特色的菜肴已逐渐自成门户,并最终形成"帮口"。《清稗类钞·饮食类·各省特色之肴馔》对此有明确叙述,其云:

  肴馔之有特色者,为京师、山东、四川、广东、福建、江宁、苏州、镇江、扬州、淮安。

《清稗类钞》一书虽成书于清末,但所言之状况绝非突然出现,应该有一较长时间的市场检验过程。

(六) 清真和素食

清真和素食在明清时期有新的发展,并形成一定的气候,其标志则是"回回馆""素茶肆"之类的专门食铺的出现。清·李斗《扬州画舫录·卷九》载:

> 申申如者,素食肆也,在钓桥外。旁有羊肉店,名曰"回回馆"……小东门街多食肆,有熟羊肉店。

同书"卷一"中还说:

> ……天宁门之天福居,西门之绿天居,又素茶肆之最盛者。

扬州尚且如此,其他都市的状况则可想而知也。

明清时期,素食发展的另一特点是寺院"斋食"制作已有很高水平。《清稗类钞·饮食类·高宗谓蔬食可口》云:

> 高宗南巡,至常州,尝幸天宁寺,进午膳。主僧以素肴进,食而甘之,乃笑语主僧曰:"蔬食殊可口,胜鹿脯、熊掌万万矣。"

能令吃遍天下美食的高宗皇帝作出如此评价,常州天宁寺的蔬食必定非同寻常。

五、近代市肆

(一) 西餐东来

清末民初是继汉唐"胡食"传入之后,外来饮食文化又一次对中国产生重要影响的时期。在明末清初进入中国的西方传教士,如利玛窦、汤若望、南怀仁等,虽然名声很大,毕竟人数不多,所介入的社会领域亦十分有限,因此在饮食方面的影响甚微。鸦片战争以后,各色外国人大量地进入中国沿海甚至内陆地区,而且受到不平等条约的保护,所以他们的生活习惯(包括饮食)也就随之而来。华南、长江下游地区和渤海湾地区是他们首选的聚集地。

最初认识西餐的中国人,当然是外出谋生的华侨,而最早记述西方饮食的中国人则是首批留学生和外交官,例如,徐建寅在其所著的《欧游杂录》中,便有很多的饮食活动的记述和感受,因为他是中国第一位派往欧洲进行科学考察的外交官,所以他的观察角度比别人更加不同。在中国本土认识"西餐",而又下详细记述的,当推徐珂。徐珂在其《清稗类钞》一书中,对其时的"西餐"有细致的描写,他说:

国人食西式之饭,曰西餐,一曰大餐,一曰番菜,一曰大菜。席具刀、叉、瓢三事,不设箸。光绪朝,都会商埠已有之,至宣统时,尤为盛行。席之陈设,男女主人必坐于席之两端,客坐于两旁,以最近女主人之右手者为最上,最近女主人左手者次之,……既入席,先进汤。及进酒,主人执杯起立(西俗先致颂词,而后主客碰杯起饮,我国颇少),客亦起执杯,相让而饮。于是继进肴、三肴、四肴、五肴、六肴均可,终之以点心或米饭,点心与饭亦或同用。饮食之时,左手按盆,右手取匙。用刀者,须以右手切之,以左手执叉,叉而食之。事毕,匙仰向于盆之右面,刀在右向内放,叉在右,俯向盆右。欲加牛油或糖酱于面包,可以刀取之。一品毕,以瓢或刀或叉置于盘,役人即知此品食毕,可进他品,即取已用之瓢刀叉而易以洁者。食时,勿使食具相触作响,勿咀嚼有声,勿剔牙。

进点心后,可饮咖啡,食果物,吸烟(有妇女在席则不可,我国普通西餐之宴会,女主人入席者百不一见),并取席上所设之巾,揩拭手指、唇、面,向主任鞠躬致谢。

今繁盛商埠皆有西餐之肆,然其烹饪之法,不中不西,徒为外人扩充食物原料之贩路而已。

我国之设肆售西餐者,始于上海福州路之一品香,其价每人大餐一元,坐茶七角,小食五角,外加堂彩、烟酒之费。当时人鲜过问,其后渐有趋之者,于是有海天春、一家春、江南春、万长春、吉祥春等继起,切分室设座焉。

又云:公司菜,西餐馆有之,肴馔若干品,由馆中预定,客不能任意更易,宜于大宴会,以免客多选肴之烦琐也。谓之公司菜者,意若结团结而为之也。

西餐传入中国后的情形,大致如上所云。西餐传入对中国饮食文化的影响,主要表现在三个方面:一是让中国人了解到更多的食物原料和食物制作方法;二是使中国人认识了一种新的饮食观念——讲究营养;三是为餐饮市场带来一种新的风味,及新的经营服务理念。

(二)京城"饭庄"

自金代海陵王1153年定北京为中都之后,城市日见繁荣;至元明两朝定北京为都城,则"皇城"气派逐渐显露出来。清末民初,虽国运不济,但京城的喧嚣和繁华却依然如故,其突出的表现之一就是"饭庄"的兴旺发达。

据说,早先京城的饭庄在称呼上是有讲究的,上等的叫"堂"、次之者称"庄"、再次者为"居",而以"斋"为名的,都是在点心铺的基础上,再办饭庄的,所以较"堂、庄、居"又次一等。一般而言,高档的餐馆酒楼可称之为"饭庄",而大众饮食店则叫"饭馆",因此,老北京对庄肴和馆肴的各自不同曾十分讲究,混淆不得。此外,还有所谓"冷庄子"和"热庄子"的区分。简单地说,冷庄子平时只开门,不升火,有了生意才开炉造饭,主要适应办事之需;热庄子则是人们日常宴请、小聚的去处,各有看家本领,并有较稳定的顾客群。老北京通金受申先生曾说:

……再又熟识顾客,还可以吩咐灶上拆改变更做法,不异家有良庖。从前各大府第宅门,全有熟饭庄作为外厨房,熟书馆作为外书房。热饭庄也应办事,大饭庄并有戏台,可以彩唱大戏,串演八角鼓小戏,又有以地形取胜的,如会贤堂便以什刹海得名,为盛夏办事好所在。

近代的北京是四海风味云集之地。京城一地可以品尝各种知名的地方风味菜肴,乃至西式大餐。早先的北京食铺几乎是山东风味的天下,用金受申先生的话说,就是"北京旧饭庄,除清真教饭庄(如元兴堂)以外,全部都是山东帮"。虽说康乾之时,北京人对南方饮食已有不少的了解,但南方风味饭馆进入北京餐饮市场,并立足生根则主要是清末民初之际的事情。最早进入北京的外地饭馆主要有四川馆、淮扬馆、沪宁馆、福建馆、贵州馆和广东馆等。其中,以四川馆进入北京最早,广东馆最能保持原有风味。北京最早的西餐馆是1905年开张的"六国饭店",奇特的是"六国饭店"同时经营西餐和日本菜。其时曾有打油诗云:"海外奇珍费客猜,两洋风味一家开。外朋座上无多少,红顶花翎日日来。"

(三)上海"帮口"

近代上海有"冒险家的乐园"之称,无国籍犹太人哈同在上海的成功,便是最好的注脚。

近代上海是一个名副其实的移民城市,据称到20世纪20年代前后,上海居民的原籍几乎包括了全国所有的行政区划,且以同乡为纽带相对集中聚居。"五方杂处"的格局给不同饮食风味的展示与交流带来了机会;另一方面,外国租界及大量外国人的存在,又形成了中西文化的交流与碰撞,饮食文化交流自在其列。

根据周三金的统计:"在清末民初时,已有11个地方风味菜馆在上海出现,宣统元年(1909年)出版的《上海指南》记载:'酒馆种类有上海馆、四川馆、福建馆、广东馆、南京馆、苏州馆、镇江馆、扬州馆、徽州馆、宁波馆、教门馆之别。'民国初期到30年代末,又先后增加了杭州菜、潮州菜、湖南菜等。于是形成了沪、苏、锡、宁、徽、粤、京、川、闽、湘、豫、鲁、扬、潮、清真、素菜等16个地方风味聚于一地的格局,为发展和丰富上海菜提供了良好的条件。"

根据刘守敏等的查证,1949年以前的上海著名餐饮店和食品店计有近100家,其中历史较长的有:

翁隆盛茶叶店,清乾隆三年(1738年)杭州人翁家山所创,1938中因避难从杭州迁来上海租界,现址南京东路388号。

王宝和酒家,清乾隆九年(1744年),由王宝和在小东门咸瓜街创办,以绍兴酒和河鲜菜著名,现址福州路603号。

老人和饭店,始创于嘉庆年间,以经营上海本帮菜为特色,糟卤见长,现址瑞金二路416号。

程裕新茶叶店,道光十八年(1838年)由徽商程某开设,经营皖、浙两省茶叶,现址浙江路50号。

真老大房食品商店,1850年创办,创始人陈奎富,经营糖果、糕点、烟酒等,现址南京东路542~546号。

万有全火腿店,清咸丰元年(1851年)创办,经营火腿,现址东门路85号。

北万有全火腿行,也创办于1851年,与前述店号相同,但业主不同,故人称"北万有全",经营火腿、香肠等熏腊食品,现址南京东路289号。

邵万生南货店,清咸丰二年(1852年)创办,经营南北货,宁波糕点和糟醉土产。现址南京东路414号。

五芳斋点心店,清咸丰八年(1858年)创办,经营苏州糕糰,现址南京东路391号。

老正兴菜馆,清同治元年(1862年)创办,经营苏锡菜,现址上海河南中路428号。

杏花楼,创建于清同治二年(1863年),经营西式菜肴和茶食,现址福州路343号。

德大西菜社,创办于光绪十三年(1887年),主营德式菜肴,兼营法式、意式、俄式、日式等菜肴,现址四川中路359号。

除了以上这些百年老店外,上海的餐饮业、宾馆饭店业,还有许多历史不是很长的名店,如:国际饭店、锦江饭店、沈大成糕糰店、新雅粤菜馆、王家沙点心店、扬州饭店、功德林、老半斋、状元楼、小绍兴酒家等,这里不可能一一列举。例如,位于陕西南路37号的红房子西菜馆,开设于1945年,是意大利人路易·罗迈首创,因门面及外墙均涂上红色,故人称"红房子",而它的原名"喜乐意"反而倒没有几个人知道。它是上海最著名的法式西菜馆,尽管只有50年的历史,但却极具盛名。

(四)杭州"雅食"

徐珂在《清稗类钞》中曾说:

杭州以繁盛著称,然在光绪初,城中无酒楼,若宴特客,必预嘱治筵之所谓酒席馆者,先日备肴馔,担送至家而烹调之。仓猝客至,仅得偕至丰乐桥之聚胜馆、三和馆两面店,河坊巷口之王顺兴(杭人曰吃王饭儿),荐桥之赵长兴两饭店,进鱼头豆腐、醋搂鱼、炒肉丝、加香肉等品,已自谓今日宴客矣。盖所谓酒席店者,设于僻巷,无雅座,虽能治筵,不能就餐也。光绪中叶,始有酒楼。最初者为聚丰园,肆筵设席,咄嗟立办。

从上述记载中,我们可以看出,杭州的饮食业在清末已是昨日黄花,不复南宋临安和清康乾之时的盛况,呈秋风萧瑟之状。此后则慢慢恢复了元气,又现往日的风采,让人又感觉到南宋"四司六局"的影子。一个值得注意的现象是,杭人习惯于在自家宴客,与京城凡是上馆子有明显的区别,而与扬州醝客习用家庖有类似之处。这种作派应该是地缘饮食文化特点的一种表现,也可算作当今餐饮市场上流行的"家常菜"和"私家菜"的先声。从历史上看,江浙一带传统烹饪的精华实在于家厨,而非市肆。

近代杭州有名气的老字号餐馆也有不少,又以"楼外楼"最为知名。

南宋初年,有一个叫林升的文人写了一首诗,诗曰:
　　山外青山楼外楼,西湖歌舞几时休?
　　暖风吹得游人醉,直把杭州作汴州。

在他之后600多年(1848年),有一位落第文人洪瑞堂,从绍兴来到杭州,在西湖孤山脚下开了一家小饭店,以"楼外楼"3字作店名。由于经营有方,加之风光如画,吸引了众多食客前来,而文人食客似乎格外钟爱。著名爱国作家郁达夫曾于1935年,以《乙亥夏日楼外楼坐雨》为题作诗,诗曰:
　　楼外楼头雨似酥,淡妆西子比西湖。
　　江山也要文人捧,堤柳而今尚姓苏。

这就说明,许多名扬四海的事物,都是文人捧出来的。如今名震江湖的许多杭州名菜,如叫化童鸡、蜜汁火方、龙井虾仁、醋熘鱼、宋嫂鱼羹、东坡肉等,大多与文人雅士的"吹捧"和逸事相关。尽管有"君子远庖厨"之说,但自古以来大多数的文人雅士大都对饮食之事有浓厚的兴趣,亲力亲为者也不在少数,这也许应算作中国饮食文化的特色之一吧。

("近代市肆"部分参考了季鸿崑先生的研究成果)

高贵的谭家菜

凡是老北京人没有不知道谭家菜的,尤其是在二十世纪三四十年代,谭家菜可算是故都风光的最后一点精彩。官府富商对谭家菜可以不惜百金而求之,市民百姓对谭家菜也是有口皆碑。

谭家菜是官府菜的典型,创办人谭宗浚是同治年间的榜眼,后入翰林,督学四川,再后又任江南科考官。谭宗浚一生酷爱美味,在翰林为官时便热衷于宴请之事,因此在当时京官的圈子里,谭家菜颇具名气。民国时期,谭府家境中落,谭宗浚之子谭瑑青将鼎鼎大名的谭家菜拿出来营业,以获得一些收入。消息传出,趋之若鹜,订座位的客人往往要排到一个月以后,谭家菜的名气可见一斑。

谭家菜在烹饪上最大的特点是用料讲究。谭家父子在吃上历来是非常挑剔的,熊掌必须吃左前掌,据说这只掌是熊经常用舌头舔的,所以味道格外鲜美。鱼翅要选"吕宋黄",鲍鱼要选珍贵的紫鲍……谭家菜有近200种佳肴,以海味菜最为有名,海味菜中又以燕翅席为最。吃燕翅席有专门的讲究,客人进门,先在客厅小坐,上茶水和干果,待人到齐后,步入餐室,围桌坐定,一桌10人。先上6个酒菜,如"叉烧肉""红烧鸭肝""蒜蓉干贝""五香鱼""软炸鸡""烤香肠"等,一般都是热上。接着,烫得热乎乎的上好的绍兴黄酒端上桌来,供客人交杯换盏。酒到二成,上头道大菜——黄焖鱼翅。鱼翅软烂味厚、金黄发亮、浓鲜不腻,吃罢口中余味悠长。第二道大菜为"清汤燕菜"。上菜之前,侍者会为每位客人送上一小酒杯温水,以供漱口,因为这道菜鲜美醇釅,非净口后不能体味其妙处。第三道菜是鲍鱼,或红烧或蚝油,汤鲜味美,妙不可言。但盘中的原汁汤浆仅够每人一匙之饮,食者每引以为憾。这道菜亦可用熊掌代之。第四道菜是"扒大乌参"。一只参便有尺许长,3斤重,软烂糯滑,汁浓味厚,鲜美适口。紧接着,第五道菜上鸡,如"草菇蒸鸡"。第六道菜上素菜,如"银耳素绘""虾子荬白""三鲜猴头"之类。第七道菜上鱼,如"清蒸鳜鱼"。第八道上鸭子,如"黄酒焖鸭""干贝酥鸭""葵花鸭"等。第九道上汤,如"清汤珍土蟆""银耳汤""珍珠汤"等。

最后一道菜为甜菜,如"杏仁茶""核桃酪"等。随后是"麻茸包""酥盒子"两样甜咸点心。至此,谭家菜燕翅席便告结束了。热手巾揩面后,众人起座,到客厅,又上四干果、四鲜果,一人一盏云南普洱茶,醇厚爽口,饮后回甘留香。

有人曾借用一句古话,来形容吃罢谭家菜燕翅席后的心情,"观止矣,虽有他乐,不敢请矣"。

(资料来源:《北京晚报》,2004年4月25日)

阅读资料
8—2

唐代餐馆饮食业(辑录)

张泽咸

随着生产事业的发展,城居人口增多,商贸交易的频繁,各地饮食餐馆业已是日趋兴旺。《唐国史补》卷中记唐德宗是,长安"两市日有礼席,举铛釜而取之。故三五百人之馔,常可立办"。三五百人的宴席可以轻易地操办出来,不能不惊叹那时长安大餐馆业的功效。市面餐馆业与似家饮食制作互为表里,不少富豪之家也都精于饮馔。前蜀赵雄武家,"当厨者十五余辈,皆著窄袖鲜洁衣装,事一餐,邀一客,必水陆具备。……有能造大饼,每三斗面擀一枚,大于数间屋"(《太平广记》卷234《大饼》)。由此可见,唐代餐馆业以及私家饮食制造业都有很大发展。

9世纪时,段成式在《酉阳杂俎·前集》卷7《酒食》中说:"近衣冠家名食,有萧家馄饨,滤去汤肥,可以瀹茗。庾家粽子,白莹如玉。韩约能作樱桃䭔䭀,其色不变。又能造冷胡突、鲙醴鱼、肫连蒸诈草草、皮索饼。将军曲良翰,能为驴骏驼峰炙。"这些都是当时最有名望的熟食品种。在长安有不少"沽浆卖饼之家",……汴洛间的小店板桥镇有"以鬻餐为业"的三娘子,她的家中"多有驴畜,往来公私车乘有不逮者,辄贱其估以济之,……故远近行旅多归之。"(《太平广记》卷286)三娘子,是一位善于经营的饭店老板,很能招揽大批客人光顾。

(资料来源:张泽咸著,《唐代工商业》,中国社会科学出版社,1995年)

复习思考题

1. 简述宫廷膳食的特点。
2. 简析家庭饮食差异形成的主要原因。
3. 简析《颜氏家训》所倡导的饮食之道。
4. 简述宋代餐馆酒楼服务的基本特点。

主要参考书目

明·陶宗仪等编:《说郛》,上海,上海古籍出版社,1988年。

清·徐珂编撰:《清稗类钞》,北京,中华书局,1986年。

清·袁枚著:《随园食单》,南京,江苏古籍出版社,2000年。中华书局:《二十四史》。

《中国酒类专卖》编写组编著:《中国的酒类专卖》,北京,中国商业出版社,1982年。

爱觉新罗·浩著,王仁兴译:《食在宫廷》,北京,中国食品出版社,1988年。

中国大百科全书出版社编:《中国烹饪百科全书》,北京,中国大百科全书出版社,1992年。

陈宗懋主编:《中国茶经》,上海,上海文化出版社,1992年。

王仁湘著:《饮食与中国文化》,北京,人民出版社,1993年。

熊四智主编:《中国饮食诗文大典》,青岛,青岛出版社,1995年。

朱宝镛、章克昌主编:《中国酒经》,上海,上海文化出版社,2000年。